Christfried Böttrich
Themen des Neuen Testaments in der Grundschule

Christfried Böttrich

Themen des Neuen Testaments in der Grundschule

Ein Arbeitsbuch für Religionslehrerinnen und Religionslehrer

Calwer Verlag Stuttgart

Die Deutsche Bibliothek – CIP-Einheitsaufnahme

Böttrich, Christfried:
Themen des Neuen Testaments in der Grundschule:
ein Arbeitsbuch für Religionslehrerinnen und Religionslehrer /
Christfried Böttrich. – Stuttgart: Calwer Verl., 2001

ISBN 3-7668-3729-X

© 2001 by Calwer Verlag Stuttgart
Alle Rechte vorbehalten. Wiedergabe, auch auszugsweise,
nur mit Genehmigung des Verlags
Einbandgestaltung: Karin Sauerbier, Stuttgart
Satz: Karin Klopfer, Calwer Verlag
Druck und Verarbeitung: Druckhaus Beltz, Hemsbach

Inhalt

Vorwort 9

Die Entstehung des Neuen Testaments 11
  »Bücher haben ihre Schicksale ...« 11
  Schriften und Schriftengruppen 12
  Persönlichkeiten und Namen 15
  Wege zum neutestamentlichen Kanon 17

Die Jesusgeschichte nach Markus 21
  »Krieg und Kriegsgeschrei« 21
  »... aber meine Worte werden nicht vergehen« 23
  »Anfang des Evangeliums ...« 27
  »Evangelium nach Markus« 29
  »Wahrhaftig, dieser Mensch ist Gottes Sohn gewesen!« 31

Geburt Jesu 35
  Weihnachten und seine Geschichte 35
  Nachrichten von der Geburt Jesu 36
  Historische Daten im Kreuzverhör 38
  Geburtsgeschichten in der antiken Welt 40
  Matthäus und Lukas erzählen 42
  Geburt Jesu – Verkündigung von Christus 44
  Textbeispiel: Mt 2,1–12 (Geburt Jesu und Huldigung durch die Magier) 46
  Textbeispiel: Lk 2,1–20 (Geburt Jesu und Huldigung durch die Hirten) 48

Tod und Auferstehung Jesu 52
  Streit um die Auferstehung 52
  Jesu Tod – die unerwartete Katastrophe 53
  Erscheinungen des Auferstandenen – die überraschende Wende 56
  Osterglaube – das Bekenntnis der Zeugen 60
  Leeres Grab – ein handfester Beweis? 63
  Aufbrüche – die Perspektive der Hoffnung 65
  Textbeispiel: Mk 14–15 (Passionsgeschichte) 67
  Textbeispiel: Mk 16,1–8 (Ostermorgen) 72
  Textbeispiel: Lk 24,13–35 (Emmausjünger) 76

Nachfolge Jesu 79
  Begriff und Sache 79
  Lehrer und Schüler in der Umwelt Jesu 81

    Merkmale der Nachfolge 82
    Adressaten des Nachfolgerufes 83
    Nachfolge nach Ostern 84
    Textbeispiel: Mk 1,16–20 (Berufungen am See) 86
    Textbeispiel: Mk 2,13–17 (Berufung des Levi) 88

Botschaft Jesu 91
    Lehre in Vollmacht 91
    Jesus und Johannes der Täufer 93
    Muttersprache und Vaterhaus 95
    Nähe der Gottesherrschaft 97
    Worte und Gleichnisse 99
    Bergpredigt und Feldrede 101
    Gebetsunterweisung 103
    Hören und Tun 106
    Textbeispiel: Mt 5,9 (Friedensstifter) 108
    Textbeispiel: Mt 6,26 (Sorglosigkeit der Vögel) 111
    Textbeispiel: Lk 4,14–21 (Antrittspredigt in Nazaret) 113

Gleichnisse Jesu 117
    Rätsel – Klarheit – Komplexität 117
    Gattungen der Gleichnisrede 119
    Bildwelt und Zeitgeschichte 122
    Regeln volkstümlichen Erzählens 123
    Literarische Parallelen 124
    Gleichnisrede und Wirklichkeit Gottes 126
    Erzählen – Wiedererzählen – Weitererzählen 127
    Textbeispiel: Lk 10,30–37 (barmherziger Samaritaner) 130
    Textbeispiel: Lk 15,1–7 (verlorenes Schaf) 134
    Textbeispiel: Lk 15,11–32 (verlorener Sohn) 137

Wunder Jesu 143
    Schwierige Texte 143
    Wundertäter in der Antike 145
    Wundererzählungen als literarische Gattung 146
    Historische Fakten oder fromme Legenden? 149
    Sinn und Funktion von Wundererzählungen 150
    Wunder bei den vier Evangelisten 152
    Textbeispiel: Lk 5,12–16 (Heilung eines Aussätzigen) 154
    Textbeispiel: Mk 2,1–12 (Heilung eines Gelähmten) 156
    Textbeispiel: Mk 3,1–6 (Heilung am Sabbat) 159
    Textbeispiel: Mk 3,7–12 (Heilungssummarium) 161
    Textbeispiel: Mt 8,23–27 (Sturmstillung) 163
    Textbeispiel: Mk 6,30–44 (Speisungswunder) 165

Textbeispiel: Mk 8,22–26 (Blinder von Betsaida) 167
Textbeispiel: Lk 18,35–43 (Blinder von Jericho) 170

Verhalten Jesu 173
  Persönlichkeit mit Ausstrahlung 173
  Prophetische Zeichenhandlungen 174
  Streitgespräche und Konfliktsituationen 176
  Frauen im Umfeld Jesu 180
  Jesus und die Kinder 182
  Zöllner und Sünder 184
  Gelebte Feindesliebe 186
  Textbeispiel: Mk 2,23–28 (Ährenabreißen am Sabbat) 188
  Textbeispiel: Lk 7,36–50 (Jesus und die Sünderin) 190
  Textbeispiel: Mk 10,13–16 (Kindersegnung) 194
  Textbeispiel: Lk 19,1–10 (Zachäus) 196
  Textbeispiel: Mk 11,1–11 (Einzug in Jerusalem) 199
  Textbeispiel: Lk 22,47–51 (Gefangennahme Jesu) 202

Taufe 204
  Rätsel des Ursprungs 204
  Impulse aus der Umwelt 205
  Taufpraxis der Urchristenheit 206
  Taufe und Geistverleihung 209
  Theologie der Taufe 210
  Säuglingstaufe – ein Spezialfall 211
  Textbeispiel: Apg 8,26–40 (Minister aus Äthiopien) 213

Abendmahl 216
  Probleme mit dem Abendmahl 216
  Abschied und Deuteworte 217
  Passafest und Passamahl 219
  Jesu anstößige Mahlzeiten 221
  Turbulenzen in Korinth 223
  Mahltheologie bei Johannes 226
  Kinder beim Abendmahl? 227
  Agenden – Agapen – Alternativen 228
  Textbeispiel: Mt 8,5–13 (Hauptmann von Kafarnaum
  und eschatologisches Mahl) 229
  Textbeispiel: Lk 15,1–2 (Kritik an Jesu Mahlgemeinschaften) 232
  Textbeispiel: Mk 14,12–16.22–25 / Mt 26,17–19.26–29 (letztes Mahl) . 235

Abkürzungsverzeichnis der biblischen Bücher 238
Glossar der im Text nicht unmittelbar erläuterten Fachbegriffe 239

Vorwort

Das vorliegende Arbeitsbuch bezieht sich auf den Lehrplan für die Grundschule im Fach Evangelische Religion. Wer diesen Lehrplan aufschlägt, findet darin eine ganze Reihe alt- und neutestamentlicher Texte, die wie in einem Kaleidoskop geschüttelt, mit verschiedenen Themen verbunden und in übergreifende Lernbereiche eingebettet sind. Vertraute und weniger vertraute Texte treten dabei zu einem bunten Bild zusammen. Einige Themen des Neuen Testaments werden in größerem Umfang aufgenommen, andere nur kurz angerissen. Ziel des Arbeitsbuches ist es deshalb, diese Themen und Texte zu sammeln und im Blick auf ihre exegetischen Grundlagen aufzubereiten.

In seiner Anlage geht das Arbeitsbuch nicht einfach am Lehrplan entlang, sondern bringt die behandelten Themen und Texte in ein neues Beziehungsgefüge. In zehn Themenkapiteln werden grundlegende Fragen wie Geburt Jesu, Tod und Auferstehung, Nachfolge ... usw. behandelt. Diesen Themenkapiteln sind dann jeweils die aus dem Lehrplan entnommenen Textbeispiele in Gestalt kurzer Auslegungen zugeordnet. Daran soll bereits deutlich werden, dass nicht primär die Vorarbeit zu Stundenentwürfen, sondern zunächst die Aufarbeitung exegetischen Grundwissens im Mittelpunkt steht. Deshalb sind auch die Proportionen gegenüber dem Lehrplan häufig verschoben: Das Thema Taufe z.B. erhält ein ganzes Kapitel, obwohl mit Apg 8,26–40 nur ein einziger Text auf dieses Thema bezogen ist. Andere Themen wie z.B. das der Botschaft Jesu werden nicht mit Hilfe ihrer zentralen Texte, sondern in strengem Bezug auf den Lehrplan nur anhand der dort vorgesehenen Beispiele entfaltet. Doch diese gelegentlichen Verkürzungen auf der einen bzw. der häufige »Überschuss« an Information auf der anderen Seite gleichen einander letztlich aus und mögen evtl. auch zu eigenen Entdeckungen anregen. Zugleich sind alle Teile des Arbeitsbuches so angelegt, dass sie als in sich abgeschlossene Einheiten benutzt werden können. Das gilt vor allem für die Textbeispiele, die zur schnellen Sachinformation für den jeweils vorliegenden Bedarf gedacht sind.

Sprache und Stil des Arbeitsbuches vermeiden bewusst alle Ausflüge in die wissenschaftliche Diskussion. Dewegen habe ich auch auf Fußnoten und Literaturhinweise verzichtet. Dass dabei der jüngste Stand der exegetischen Forschung stets in die Darstellung eingegangen ist, versteht sich von selbst. Aber die flüssige Lektüre und ein lesbarer Text sollten Vorrang vor verwirrender Vielfalt oder ausufernder Gelehrsamkeit erhalten. Basiswissen und grundlegende Sachinformation für einen schnellen, zielgerichteten Zugriff – das ist die Intention des Buches.

Manches muss dabei auch unberücksichtigt bleiben. Natürlich gäbe noch viel mehr an belangvollen Themen, Hintergründen oder Zusammenhängen darzulegen. An dieser Stelle bleibt das Arbeitsbuch jedoch konsequent auf die Vorgaben des Lehrplans begrenzt. Die Thematik »Die Heimat Jesu – Land und Menschen«, die vor allem bildlicher Materialien bedarf, muss hier ausgespart werden, was jedoch aufgrund der zahlreichen gut illustrierten Sachbücher zur Landeskunde kein allzu schwerer Verlust sein dürfte. Auch die alttestamentlichen Themen und Texte sind hier nicht mit eingebunden worden. Ein unmittelbar praktischer »Nutzeffekt« im Blick auf die Gestaltung von Unterrichtseinheiten war bei der Niederschrift nicht beabsichtigt – dafür habe ich mich jedoch von der Erfahrung leiten lassen, dass die Entdeckung von Zusammenhängen sowie konkrete Beobachtungen am Text die beste Vorgabe für jeweils eigenständige Umsetzungen sind.

Für die Benutzung des Arbeitsbuches gibt es nur eine Voraussetzung: den Text des Neuen Testaments! Die Themenkapitel enthalten immer wieder Hinweise auf Bibelstellen, die nicht nur als Beleg, sondern vor allem als Ermunterung zum Nachschlagen und Weiterlesen gedacht sind. Wer die Auslegungen der einzelnen Textbeispiele liest, kann dies sinnvollerweise nur nach vorausgegangener Lektüre der Texte selbst tun. Besonders empfielt sich dabei die Benutzung einer Synopse, die mit Hilfe schneller Seitenblicke die Eigenart jedes Evangelisten noch besser zu erfassen hilft. Auch ein Bibellexikon kann dabei nur von Nutzen sein. Zitate sind direkt aus dem griechischen Urtext übersetzt – zum einen, weil dies der Genauigkeit dient, zum anderen, weil es vertraute Hör- und Lesegewohnheiten verfremdet. Ansonsten (etwa für alttestamentliche Zitate) bevorzugt der Wortlaut die Einheitsübersetzung.

Die Idee für dieses Buch entstand während einer Lehrveranstaltung an der Universität Leipzig (Sommersemester 1999) unter dem Thema »Neutestamentliche Texte im Religionsunterricht«. Herrn Helmut Hanisch, mit dem ich dieses Seminar gemeinsam gestalten konnte, gilt dabei ein ganz besonders herzlicher Dank für die angenehme Zusammenarbeit, die vielen anregenden Gespräche – und für den entscheidenden Anstoß zu dem vorliegenden Buch! Darin sollen auch die beteiligten Kommilitoninnen und Kommilitonen einbezogen sein, die in den Seminareinheiten zur Klärung und Präzisierung mancher Themen beigetragen haben. Danken möchte ich schließlich Frau Monika Silbermann und Frau stud. theol. Maria Gundelach für die Mühen des Korrekturlesens!

Das Buch ist für ein breites Lesepublikum bestimmt. Seine Anlage empfiehlt es natürlich zuerst für alle, die mit dem Religionsunterricht in der Grundschule befasst sind. Aber auch darüber hinaus können die Themen und Texte vielleicht in anderen Zusammenhängen – wie der Gemeindearbeit, der Weiterbildung oder dem Studienbetrieb – Impulse vermitteln. Die ideale Lesesituation des Buches stelle ich mir etwa folgendermaßen vor: Bei der ersten Begegnung mit einem Text oder Thema tauchen Fragen auf. Die Zeit drängt. Die Bibliothek ist weit oder hat am Wochenende geschlossen. Doch da liegt glücklicherweise gerade das Arbeitsbuch bei der Couch oder auf dem Nachttisch. Zehn Seiten lassen sich auch zwischendurch lesen und verlocken dazu, im Bibeltext weiterzublättern. Dabei stellt sich plötzlich ein Aha-Erlebnis ein, eine Idee gewinnt Gestalt und beginnt sich für die anstehende Aufgabe umzusetzen. Wenn sich dies so oder ähnlich ereignete – dann wäre der Zweck dieses Buches erfüllt!

Leipzig, April 2001   Christfried Böttrich

Die Entstehung des Neuen Testaments

»Bücher haben ihre Schicksale ...«

Am Neuen Testament haben viele Hände geschrieben. Es ist eine Anthologie aus den Beiträgen von ca. 13 bis 15 Autoren. Die einen sind gleich mit mehreren Schriften vertreten, andere haben nur einen Text beigesteuert. Man findet lange, durchkomponierte Erzählungen dicht neben kurzen, situationsbezogenen Briefen, kunstvoll konzipierte Traktate neben persönlichen Mitteilungen. Prägt palästinisches Kolorit die eine Schrift, so weht durch die andere die Atmosphäre einer hellenistischen Metropole. Und alle umspannen sie einen Zeitraum von etwa 100 Jahren.

Das Neue Testament ist kein Buch wie »aus einem Guss«. Die bewegte Geschichte der frühen Christenheit spiegelt sich vielfältig in seinen Schriften wider. Dass man überhaupt die »frohe Botschaft« aufschreiben müsste, fiel wohl zunächst niemandem ein. Denn die Christen der ersten Generationen erwarteten, dass der Herr noch zu ihrer Lebenszeit wiederkommen würde. »Die Zeit ist kurz!« (1 Kor 7,29) und »Das Wesen dieser Welt vergeht!« (1 Kor 7,31), ruft Paulus der Gemeinde in Korinth zu. Vor diesem Hintergrund rät er sogar davon ab, überhaupt noch Ehen zu schließen. Angesichts des nahen Endes gilt es vielmehr, alle Kräfte auf die Vorbereitung für die Ankunft des Herrn zu konzentrieren. Wer aber jeden Tag mit dem Kommen Christi rechnet, der schreibt keine dicken Bücher – bestenfalls kurze Briefe, die Kontakt halten und in der gemeinsamen Erwartung bestärken. Hundert Jahre später referiert der Autor des zweiten Petrusbriefes, was ihm seine Zeitgenossen mittlerweile höhnisch unter die Nase reiben: »Wo bleibt denn seine verheißene Ankunft? Seit die Väter entschlafen sind, ist alles geblieben, wie es seit Anfang der Schöpfung war.« (2 Petr 3,4) Längst hat die Christenheit gelernt, dass es mit der Ankunft des Herrn auch noch ein bisschen dauern kann. Und dieser Einsicht folgte nun das Bemühen, die Berichte jener Frauen und Männer der ersten Generation aufzuzeichnen und so festzuhalten, dass sie auch an die folgenden Generationen weitergegeben werden können. Zu den Briefen der Anfangszeit kommen die Evangelien hinzu, und Lukas bindet seine Jesusgeschichte in das große Konzept eines Doppelwerkes ein, das den Bogen von den Verheißungen Israels bis hin zur Völkermission des Paulus schlägt.

So entsteht erst allmählich jenes Buch, das wir heute bequem zwischen zwei Deckeln und in allen erdenklichen Formaten in der Hand halten. Die Christen der Anfangszeit besaßen günstigstenfalls Teile davon. Kopieren hieß abschreiben, und das bedeutete einen erheblichen Kostenaufwand. In vielen Gemeinden wird wohl zunächst nur ein einziges Evangelium im Bücherschrank gelegen haben. Briefe waren schneller zu kopieren – aber ob man dazu, gerade angesichts ihres situationsbezogenen Charakters, auch immer die Notwendigkeit empfunden hat? Die ersten Sammlungen lassen zusammenwachsen, was anfangs durchaus noch nicht zusammengehört.

Nach einer »heiligen Schrift« müssen die Gemeinden der Anfangszeit übrigens nicht erst suchen: Sie besitzen bereits die Tora, die Propheten und die anderen Bücher dessen, was wir heute »Altes Testament« nennen. Als Juden sind Jesus und seine Anhänger mit dem literarischen Erbe Israels bestens vertraut. Immer wieder wird im Neuen Testament auf »die Schrift« oder »die Schriften« Bezug genommen. Vor allem da, wo es um die Deutung von Tod und Auferstehung Jesu geht, stellen die ersten Christen ihre eigenen Erfahrungen in das Licht »der Schrift«. Lukas lässt den Auferstandenen selbst mit seinen Jüngern mehrere »Seminarsitzungen« abhalten, in denen er sie »die Schriften« verstehen lehrt. In den gottesdienstlichen Versammlungen hatte man also Text genug, um ihn zu lesen und auszulegen. Die neuen »Schriften« wie die eines Paulus, Markus, Matthäus und all der anderen kamen erst langsam hinzu. Dass damit auch ein Problem entstand – nämlich die Verhältnisbestimmung der neuen zu den alten Schriften –, das trat erst vom 2. Jh. an in den Blick.

Dieser Wachstumsprozess macht jedoch nicht nur die historische oder literarische Seite des Neuen Testaments sichtbar – er hat auch eine gewichtige theologische Bedeutung. So wie Jesus als Mensch zu einer bestimmten Zeit in einer bestimmten Region gelebt hat, kulturellen und religiösen Einflüssen ausgesetzt war, mit politischen Konstellationen konfrontiert wurde – so sind auch die Schriften, die von Jesus Christus Zeugnis geben, eingebunden in bestimmte geschichtliche Situationen. Ihre Autoren unterscheiden sich nach Herkunft, Bildungsgrad und Zeitumständen. Die Art ihrer literarischen Tätigkeit wird auch von den Sorgen und Anliegen ihrer Gemeinden geprägt. Das Neue Testament ist kein heiliges Buch, das komplett und originalverpackt vom Himmel gefallen wäre. Dass es sich von anderen Büchern unterscheidet, liegt allein an dem gemeinsamen Anliegen seiner Autoren: Sie alle wollen Jesus Christus verkündigen – und sie tun das mit dem Anspruch, dabei zugleich zuverlässige Nachricht von den Anfängen des christlichen Glaubens zu vermitteln. Deshalb sprechen Christen im Blick auf das Neue Testament auch zu Recht von »Gottes Wort« – nicht etwa aufgrund irgendwelcher mirakulösen Entstehungsumstände, sondern allein aufgrund seines zentralen Themas: Jesus Christus, das Wort Gottes (Joh 1,1).

Schriften und Schriftengruppen

Insgesamt enthält das Neue Testament 27 Schriften – allein 21 davon sind Briefe, und auch die Offenbarung des Johannes bietet in ihrem Eingangsteil noch einmal eine Sammlung von 7 »Sendschreiben« an Gemeinden in Kleinasien. Dagegen heben sich die 4 Evangelien als große Erzählwerke ab, unter denen Lukas durch die Tatsache hervortritt, dass er die Geschichte Jesu in einer Geschichte der Urchristenheit fortsetzt. Eigenartig und unvergleichbar steht die Offenbarung da. Üblicherweise fasst man diese 27 Schriften zu folgenden Gruppen zusammen:

Paulusbriefe / »Corpus Paulinum«
   1. Brief an die Thessalonicher   (50/51)
   1. Brief an die Korinther   (54/55)
   Brief an die Galater   (55)
   2. Brief an die Korinther   (55/56)
   Brief an die Philipper   (53–56)
   Brief an Philemon   (53–56)
   Brief an die Römer   (56/57)

»Deuteropaulinische« Briefe
   Brief an die Kolosser   (um 70)
   Brief an die Epheser   (nach dem Kol)
   2. Brief an die Thessalonicher   (81–96)
   »Pastoralbriefe« / »Corpus Pastorale«   (80–100)
      1./2. Brief an Timotheus
      Brief an Titus
   Brief an die Hebräer   (80–100)

»Katholische« Briefe
   Jakobusbrief   (80–90)
   1. Petrusbrief   (81–96)
   Judasbrief   (2. Jh.)
   2. Petrusbrief   (Mitte 2. Jh.)

»Synoptische« Evangelien und Apostelgeschichte
   Evangelium nach Markus   (um 70)
   Evangelium nach Matthäus   (um 80)
   Evangelium nach Lukas   (um 90)
   Apostelgeschichte des Lukas   (um 90)

Johanneisches Schrifttum
   Evangelium nach Johannes   (um 100)
   1.–3. Johannesbrief   (um 100, nach Joh)

   Offenbarung des Johannes   (81–96)

Die 7 Paulusbriefe stellen die ältesten Schriften des Neuen Testaments dar. Dabei greift Paulus mitunter auch liturgische Texte oder Bekenntnisformeln auf, wie sie in den angeschriebenen Gemeinden bereits in Gebrauch waren (z. B. Phil 2,6–11; 1Kor 11,23–25; 15,3–7 u. a.), sodass man in den Paulusbriefen auch manche Bruchstücke urchristlicher Gemeindeüberlieferung entdecken kann.

   Davon unterscheidet man die Gruppe der »deuteropaulinischen« Briefe. »Deuteros« heißt auf griechisch »der zweite«, womit hier ein Unterschied in der zeitlichen Abfolge gemeint ist. Diese Briefe tragen zwar den Namen des Paulus als Absender, sind aber aller Wahrscheinlichkeit nach nicht von Paulus selbst geschrieben worden. Oft hat man sie deshalb auch als »unechte« Paulusbriefe etikettiert, was jedoch missverständlich und auch sachlich falsch ist – denn »echt« und »unecht« bringen ein Werturteil zum Ausdruck, das hinsichtlich der Verfasserfrage überhaupt nicht zur Debatte steht. Auch als Briefe von Schülern, die unter dem Namen und in der Autorität ihres Lehrers schreiben, enthalten sie nicht weniger »echte«, authentische Christusverkündigung als jene Briefe, die Paulus selbst verfasst hat. Unter den Deuteropaulinen bilden die Pastoralbriefe noch einmal eine besondere Einheit – zum einen, weil sie alle drei bewusst an den jeweiligen Gemeindeleiter, den »Pastor / Hirten« adressiert sind, zum anderen, weil sie nach Sprache, Argumentationsweise und Anliegen einer gemeinsamen Situation zugeordnet werden müssen.

Der Hebräerbrief ist ein Einzelgänger, der das Geheimnis seiner Herkunft, Adresse und seines Anliegens weitgehend für sich behält. Die Grußliste am Schluss erweckt den Eindruck, als ob sie (im Gegensatz zu dem übrigen Briefkorpus) ein bisschen wie Paulus klingen solle – aber ausdrücklich erhoben wird dieser Anspruch nicht.

»Katholische« Briefe haben nichts mit konfessionellen Sachverhalten zu tun. »Katholisch« ist hier im ursprünglichen Wortsinn (griechisch »katholikos« = über die ganze Erde verbreitet) verwendet und beschreibt den Umstand, dass diesen Briefen eine konkrete Adresse fehlt. Offensichtlich sind sie also an alle Christen an allen Orten gerichtet.

»Synoptische« Evangelien sind Markus, Matthäus und Lukas deshalb, weil man sie »zusammenschauen« kann (griechisch »Synopsis« = Zusammenschau): Ihr Text läuft über weite Strecken z.T. wörtlich parallel, wobei Matthäus und Lukas dann über Markus hinaus noch einen großen Teil eigenständiger Überlieferung enthalten. Gemeinsam mit Johannes hat man die 4 Evangelien später dann an den Anfang des Neuen Testaments gestellt – um den Preis, dass dadurch das lukanische »Doppelwerk« auseinander gerissen wurde. Lukasevangelium und Apostelgeschichte bilden jedoch nach wie vor eine große literarische und theologische Einheit.

Auch Johannes erzählt von Jesus – von seinen Worten und Taten, von Tod und Auferstehung. Deshalb bietet sein Evangelium verständlicherweise viele Parallelen zu den Synoptikern. Aber er lässt sich mit ihrer Darstellung viel weniger »zusammenschauen«. Er erzählt die Jesusgeschichte auf eine Weise, die viel konsequenter die Deutung der Person Jesu schon in der Darstellung seiner Geschichte anlegt. Sprache und Theologie des Evangeliums begegnen auch in den Briefen wieder, sodass man sie – wenn nicht demselben Autor – so doch zumindest derselben Schule, dem »johanneischen Kreis«, zuordnet. Ob auch die Offenbarung dazugehört, ist immer umstritten geblieben. Sie bewahrt bei vielen Gemeinsamkeiten immerhin ein sehr eigenständiges Profil.

Mitunter hat man auch gemäß der Abfassungssituation eine Schriftengruppe der »Gefangenschaftsbriefe« zusammengefasst (Philipper, Kolosser, Epheser, Philemon, dazu auch 2 Timotheus), aber diese Gruppierung hat sich nie recht durchsetzen können.

Persönlichkeiten und Namen

Über einen Autor des Neuen Testaments sind wir sehr genau unterrichtet: Paulus. In Gal 1,11–2,21 oder Phil 3,4–9 sowie in zahlreichen Nebenbemerkungen seiner anderen Briefe teilt er biographische Einzelheiten mit, die – ergänzt durch manche Aussagen der Apostelgeschichte – einen relativ gut belegten Lebenslauf erkennen lassen. Bei allen anderen Autoren muss es indessen bei Vermutungen bleiben. Wer verbirgt sich hinter den Namen der Evangelisten? Sind Matthäus und Johannes tatsächlich die Jünger Jesu, wie es die altkirchliche Tradition verstanden hat? Ist Markus wirklich der Dolmetscher des Petrus, wie der Kirchenvater Papias meinte? Und lässt es sich nachweisen, dass Lukas den Paulus auf seinen Reisen begleitet hat, wie man seit dem »Kanon Muratori« um 200 immer wieder vermutete? Viele Beobachtungen sprechen dagegen. Im Text der Evangelien selbst bleiben diese Fragen offen. Die Überschriften (»Evangelium nach ...«) sind jedenfalls erst später hinzugefügt worden.

Ein viel diskutiertes Problem stellt die Verfasserfrage bei den deuteropaulinischen Briefen dar. Kann es sein, dass Briefe als Paulusbriefe gekennzeichnet sind und dennoch nicht von Paulus stammen? Sind Absenderangabe (Kol 1,1 »Paulus, ein Apostel Christi Jesu ...«), »Echtheitssiegel« (2Thess 3,17 »Der Gruß mit meiner, des Paulus Hand«), Grußliste (mit wohl bekannten Paulusmitarbeitern) oder persönliche Notizen (2Tim 4,13 »Wenn du kommst, bring den Mantel mit, den ich in Troas bei Karpus gelassen habe, auch die Bücher, vor allem die Pergamente.«) dann nicht eine dreiste Fälschung? Entsprechend emotional wird die Frage bis heute diskutiert. Mit schnellen Antworten lässt sie sich nicht erledigen.

Zunächst gilt es, den Befund möglichst nüchtern zu überprüfen. Der Kolosserbrief etwa spricht eine ganz andere Sprache, als wir sie von Paulus kennen. Das betrifft aber nicht nur einzelne Begriffe und Lieblingswendungen, sondern den Satzbau überhaupt, die Verwendung von Partizipien, Konjunktionen usw. – also alles das, was den unverwechselbaren Stil eines Autors ausmacht. Auch die theologischen Anliegen haben sich gewandelt. Hatte Paulus stets die Einzelgemeinde im Blick, so geht es dem Kolosserbrief jetzt um die ganze Kirche. Paulus spricht von Christus stets als von dem Herrn, der in seiner Gemeinde gegenwärtig ist. Der Kolosserbrief betont Christus als das Haupt des Kosmos, als den Herrn aller Mächte und Gewalten, durch den die Welt entstanden ist und in ihrem Bestand zusammengehalten wird. Die Reihe ließe sich fortsetzen.

Damit werden zwar keine direkten Widersprüche beschrieben, aber doch ganz auffällig andere Anliegen vorgetragen. Die Pastoralbriefe wiederum setzen eine biographische Situation voraus, wie sie sich mit dem ansonsten bekannten Lebenslauf des Paulus nur schwer in Übereinstimmung bringen lässt – es sei denn, man nimmt an, dass Paulus nach seiner letzten römischen Gefangenschaft noch einmal freigekommen und zu erneuten missionarischen Unternehmungen im Osten aufgebrochen sei. Wie auch immer man entscheidet: Die Texte bieten Schwierigkeiten, die geklärt werden müssen. Die stimmigste Lösung bietet die Annahme nicht-paulinischer Verfasserschaft.

Dabei bleibt aber die Frage bestehen: Ist das überhaupt vorstellbar? Einerseits gab es in der Antike noch kein © copyright, das die Rechte eines Autors schützen konnte. Andererseits kannte man durchaus den Begriff des geistigen Eigentums und wusste, was Fälschungen sind. »Pseudepigraphie« (= Schreiben unter einem anderen Namen) war also nicht gerade an der Tagesordnung, kam aber dennoch in bestimmten Bereichen vor. Eine ganze Reihe jüdischer Schriften, die vom 3. Jh. v. Chr. an entstanden und weite Verbreitung erlebten, waren z. B. unter dem Namen eines Henoch, Abraham, Esra und anderer Gestalten aus längst vergangenen Zeiten verfasst, was niemand in Frage stellte. In den Schulen des Pythagoras oder des Hippokrates schrieben Schüler noch über Jahrhunderte hin die Lehren ihres Meisters unter dessen Namen fort, da sie ihm ja letztlich all ihr Wissen verdankten. In dieses Spektrum akzeptierter Autorfiktion ordnet sich auch die Pseudepigraphie im Neuen Testament ein. Es ist ein literarisches Mittel, um dessen Ambivalenz die Autoren wohl wussten. Aber es ist auch ein legitimes Mittel, wenn die Umstände dazu nötigen.

Gründe für die Anwendung des literarischen Mittels der Pseudepigraphie lassen sich schnell erkennen. Mit dem Tod des Paulus vollzog sich der erste Generationswechsel in der Urchristenheit. Die Autoritäten der ersten Stunde, die »von Anfang an Augenzeugen und Diener des Wortes« (Lk 1,2) gewesen waren, gab es nicht mehr. Persönlichkeiten, die sich mit gleicher Autorität gesamtkirchlich Gehör verschaffen konnten, gab es noch nicht. In dieser Situation eines »Autoritätsvakuums« aber standen die folgenschwersten Entscheidungen an, die den Weg der Kirche für die nächsten Jahrhunderte bestimmen sollten: Der Verbund der paulinischen Gemeinden löste sich nach dem Tod ihres Gründers auf – eine neue Form der Vernetzung, die Struktur einer kirchlichen Einheit, musste aber erst aufgebaut werden. Welche Lehrtradition sollte dabei für die christlichen Gemeinden zwischen Syrien, Griechenland und Italien Verbindlichkeit erlangen? Wie sollte die Verantwortlichkeit bestimmt – also die Einrichtung von Ämtern geregelt werden? Welche Organisationsform sollte die mit rasanten Zuwachszahlen immer unübersichtlicher werdende Kirche annehmen? Solche Probleme mussten nicht nur praktisch gelöst, sondern auch theologisch bedacht werden. Genau diese Fragen aber beschäftigen die Deuteropaulinen. Kolosser- und Epheserbrief reflektieren die Gestalt einer weltumspannenden Kirche und sind in ihren ethischen Unterweisungen auf eine Stabilisierung der Gemeindeverhältnisse für längere Zeit aus. Die Pastoralbriefe thematisieren die Ämterfrage und mühen sich um eine glaubwürdige Außenansicht des Gemeindelebens gegenüber einer anders gläubigen Umwelt. Ganz ähnlich liegen die Probleme bei den katholischen Briefen, die ebenfalls unter Pseudonym geschrieben sind.

Offenbar hatte das literarische Mittel Erfolg: Die Briefe unter dem Namen des Paulus, Petrus, Jakobus und Judas drangen durch und erreichten eine weite Leserschaft. Zugleich vermittelten sie ein bestimmtes Bild dieser wichtigen Traditionsträger der Frühzeit (Paulus etwa, der mit der Genügsamkeit eines Philosophen lediglich nach Mantel und Pergamenten verlangt). Nach der Wende zum 1. Jh. ist dann manches schon erreicht, wofür die uns unbekannt gebliebenen Christen der zweiten und dritten Generation noch kämpfen mussten. Nun beginnen die neuen Autoritäten auch wieder ihren eigenen Namen einzusetzen. Bischof Clemens schreibt aus Rom, Bischof Ignatius von Antiochien schreibt Briefe auf der Reise zu seinem Martyrium, ein gewisser Hermas verfasst eine in Rom viel gelesene Apokalypse.

Namen sind nicht nur Schall und Rauch. Sie garantieren auch die Zuverlässigkeit einer Überlieferung. Deshalb gebraucht die paulinische Schultradition weiterhin den Namen ihres Gründers. Für uns heute ist die Klärung der Verfasserfrage wichtig, um eine Schrift genauer einordnen und damit besser verstehen zu können. Aber ihre Bedeutung liegt nach wie vor allein im Inhalt: Ob sie Christusverkündigung enthält, das ist entscheidend. Keiner hat dies schärfer formuliert als Luther: »Was Christus predigt, das ist apostolisch, wenn es gleich Judas, Hannas, Pilatus oder Herodes täte.« (Vorrede auf den Jakobus- und Judasbrief).

Wege zum neutestamentlichen Kanon

Die ersten Briefe waren Gelegenheitsschreiben. Dies trifft in einem solchen Maße zu, dass Paulus offenbar Grund zu der Besorgnis haben musste, die unmittelbaren Empfänger könnten sein Schreiben nur im kleinen Kreise lesen. Deshalb mahnt er in 1Thess 5,27 nachdrücklich an: »Ich beschwöre euch beim Herrn, diesen Brief allen Brüdern vorzulesen.« Ort der Verlesung wird die gottesdienstliche Versammlung gewesen sein. Benachbarte Gemeinden haben ihre Briefe auch ausgetauscht – Kol 4,16 heißt es: »Wenn der Brief bei euch vorgelesen worden ist, sorgt dafür, dass er auch in der Gemeinde von Laodizea bekannt wird, und den Brief an die Laodizener lest auch bei euch vor!« Dabei erfährt man ganz nebenbei, dass noch mehr Briefe existierten, als wir heute kennen. Das gilt auch von den Paulusbriefen. In 1Kor 5,9 wird auf einen Brief angespielt (»Ich habe euch in meinem Brief ermahnt, dass ...«), den wir heute als verloren ansehen müssen. Nicht alle apostolischen Schreiben waren wohl von der Art, die man hinter den Spiegel stecken oder der Nachbargemeinde weiterreichen konnte. Manches Papyrusblatt wird für immer in irgendeinem »Gemeindearchiv« verschwunden sein. Sehr bald aber scheint man auf dem paulinischen Missionsgebiet damit begonnen zu haben, Briefe abzuschreiben und zu einer Sammlung zusammenzustellen. Damit war ein erster Anfang gemacht. Das »Corpus Paulinum« verbreitete sich nun als ein zusammenhängender Textkomplex, dem auch die Deuteropaulinen mit einverleibt wurden.

Komplizierter verlief die Entstehung und Sammlung der Evangelienschriften. Solange die Augen- und Ohrenzeugen der ersten Generation noch am Leben waren, überlieferte man die Geschichte von Jesus durch mündliche Erzählung. Dabei garantierten die kleinen Formen (Worte, Gleichnisse, Wunder) eine relativ konstante Weitergabe der jeweiligen Inhalte. Mit dem Abtreten der ersten Generation aber setzte sich schon bald das Bewusstsein durch, dass diese Überlieferungen auch schriftlich fixiert werden sollten. Erste Sammlungen betrafen wahrscheinlich die Worte Jesu sowie einen Passionsbericht, der die wichtigsten Stationen der letzten Jerusalemer Ereignisse festhielt. Markus fügte als erster die verschiedenen Überlieferungen zusammen und brachte sie in die Abfolge einer stimmigen Erzählung. Matthäus und Lukas, die Markus kannten, übernahmen dessen Aufriss, fügten aber weitere Überlieferungen, z.T. aus einer gemeinsamen Spruchquelle, ein (übliches Kürzel = Q). Johannes scheint unabhängig von den Synoptikern geschrieben zu haben. Seine Kenntnis etwa des Lukasevangeliums lässt sich zwar gelegentlich vermuten, aber nicht schlüssig nachweisen. So haben alle vier Evangelien zunächst ihren eigenen Wirkungskreis und gewinnen über ihre Gemeinden hinaus nur regionale Bedeutung. Matthäus vermag sich zuerst die Geltung eines gesamtkirchlichen Evangeliums zu erwerben. Eine Konkurrenzsituation lässt sich indessen nirgends erkennen. Schon die Bezeichnung »Evangelium *nach* ... « weist ja darauf hin, dass es sich um das *eine* Evangelium handelt, das lediglich nach einem anderen Bericht vorgelegt wird. Gegen Ende des 2. Jhs. hatte der syrische Theologe Tatian mit seinem so genannten »Diatessaron« den Versuch unternommen, die vier Texte zu einem einzigen zusammenzuziehen. Aber dieser Versuch setzte sich nicht durch. Vielmehr wurde es nun üblich, alle vier Texte nebeneinander zu stellen und ihre Autorität als die eines »viergestaltigen Evangeliums« (Irenäus von Lyon) zu vertreten.

Zwischen dem Corpus Paulium und dem Vier-Evangelien-Kanon lag jedoch noch lange Zeit eine Grauzone, in der sich die verschiedensten Schriften aufhielten. Gern las man z.B. die Briefe des Clemens und des Barnabas. Hermas, Bruder des damaligen Bischofs Pius von Rom, verfasste eine beliebte apokalyptische Schrift unter dem Namen »Der Hirte«. Apokalypsen waren auch unter den Namen des Petrus und des Paulus in Umlauf. Vom 2. Jh. an entstanden zahlreiche weitere Apostelgeschichten, Evangelienschriften und Briefe, die jedoch auch immer auffälligere Differenzen zu den schon bestehenden Texten erkennen ließen. Hier musste die Kirche regulierend eingreifen.

Zum einen folgte die Festlegung eines verbindlichen Schriftenkanons innerer Notwendigkeit. Nachdem die persönlichen Garanten der apostolischen Tradition abgetreten waren, bedurfte es formaler Entscheidungen. Zugleich aber wurde die sich allmählich formierende Kirche auch von außen zu einer solchen Entscheidung genötigt. Denn mit zunehmendem Wachstum meldete sich nun auch ein christlicher Pluralismus zu Wort. Einzelne Gruppen, von der Kirche als »Häretiker«* bekämpft, stellten ihre eigenen Lehrmeinungen auf und bezogen sich dabei in großzügig eigenständiger Weise auf die überlieferten Schriften. Marcion z. B., der 144 aus der Gemeinde in Rom ausgeschlossen wurde, verwarf für seine »Gegenkirche« das ganze AT, wählte sich von den Evangelien allein Lukas aus (den er kräftig zensierte) und stellte sich seine eigene Sammlung von Paulusbriefen zusammen. Andere Gruppen wie die so genannten Montanisten ließen die verbreiteten Texte zwar bestehen, fügten ihnen aber eigene, durch unmittelbare prophetische Offenbarung entstandene Texte hinzu. Zwischen beiden Extremen musste ein Weg gefunden werden. Die Christen im weiten römischen Reich mussten wissen, welche Schriften als die verlässliche Grundlage ihres gemeinsamen Glaubens Gültigkeit beanspruchen konnten.

Um unter der Vielzahl von Schriften auswählen zu können, entwickelte die Kirche feste Kriterien. Im Wesentlichen waren das drei: a) eine Schrift muss auf apostolische Verkündigung zurückführen, b) sie darf nicht in Widerspruch zu anderen apostolischen Schriften stehen, c) sie muss sich in überregionalem Gebrauch bewährt haben. So kristallisierte sich allmählich der Bestand jener 27 Schriften heraus, die heute unser Neues Testament ausmachen. Nur einzelne Bestandteile wie die Offenbarung des Johannes, der Hebräerbrief oder Jakobus- und Judasbrief blieben noch einige Zeit umstritten. Als der Bischof Athanasius von Alexandrien im Jahre 367 an die Bischöfe seiner nordafrikanischen Diözese den 39. Osterfestbrief verschickte und darin eine Liste von 27 Schriften vorstellte, brachte er einen verbreiteten Konsens zum Ausdruck. Verschiedene Synodalentscheidungen bekräftigten in den folgenden Jahren seine Liste. Und dabei ist es dann vom Ende des 4. Jhs. an bis in unsere Gegenwart hinein geblieben. Auch die Reformatoren haben diesen »Kanon« (= Regel, Maßstab, Verzeichnis) akzeptiert, obwohl Luther dem Jakobusbrief oder der Offenbarung des Johannes mit Vorbehalten begegnete.

Erst seit dem Ende des 4. Jhs. kann man also vom »Neuen Testament« als einem eigenständigen, klar bestimmbaren Buch sprechen, wenngleich seine einzelnen Teile in der großen Mehrzahl schon zwischen 50 und 90 entstanden sind. Jetzt erst wird es jedoch als Ganzes abgeschrieben. Dass gerade im 4. Jh. das Christentum von einer verfolgten Minderheit zur Staatsreligion wurde, hat dem Bedarf an Abschriften und damit der Verbreitung des ganzen Neuen Testaments einen großen Aufschwung verliehen.

Die Schriften des »Neuen Testaments« sind damit ganz allmählich neben jene des »Alten Testaments« getreten und haben vor allem durch die gottesdienstlichen Lesungen schließlich gleiche Autorität erlangt. Zu keinem Zeitpunkt kam es den Christen der ersten Generationen jedoch in den Sinn, dass die Schriften des »Alten Testaments« dadurch ersetzt werden könnten. Solche Versuche unternahmen andere – wie der bereits genannte Marcion. Von der Kirche wurden sie stets konsequent abgelehnt. Allerdings brachte der Sprachgebrauch von »alt« und »neu«, der sich nun in der christlichen Theologie durchzusetzen begann, die Gefahr einer Abwertung des »Alten Testaments« als letztlich überholte Vorstufe der Christusoffenbarung mit sich. Oft genug ist das auch so verstanden und propagiert worden und hat damit antijudaistischen Strömungen Vorschub geleistet. Juden lehnen einen solchen Sprachgebrauch verständlicherweise ab und bezeichnen unser »Altes Testament« als »Tenach« (= hebräisches Kürzel aus »Tora / Propheten / Schriften«) oder Mikra (= hebräisch »zu Lesendes«, »Lesebuch«). Christliche Theologen, sensibilisiert durch die verhängnisvolle Geschichte eines jahrhundertelangen Antijudaismus, haben neuerdings die Bezeichnungen »Hebräische Bibel« oder »Erstes Testament« vorgeschlagen, die das Problem jedoch nur verschieben. Passender wäre es da noch eher, von der »Jüdischen Bibel« oder der »Bibel Israels« zu sprechen. Die eingeführten Begriffe gehen indessen schon auf Paulus zurück. In 2Kor 3,4–18 spricht er vom »alten« und vom »neuen Bund« und meint damit zunächst die Sinai-Tora und das Evangelium von Jesus Christus. Von da aus hat sich die Bedeutung der Worte dann auch auf die Textsammlungen verlagert, die nun die beiden »Bundesschlüsse« repräsentieren. Der ältesten lateinischen Bibelübersetzung verdanken wir schließlich die Wiedergabe von griechisch »Diatheke« (= »Bund«) mit »Testamentum« – und dieser Begriff hat sich durchgesetzt. Wenn Christen seither vom Alten und Neuen Testament reden, bringen sie damit zum Ausdruck: Beide sind Teil des einen Wortes Gottes und gehören unlösbar zusammen, beide verweisen aufeinander, kein Teil kann auf den anderen verzichten. Das ist natürlich aus der Perspektive des Evangeliums von Jesus Christus gesagt. Und dieser Perspektive entspricht es auch, dass »alt« dann in diesem Zusammenhang nicht »überholt« meinen kann, sondern auf die Würde und die bleibende fundamentale Bedeutung des Wortes Gottes an Israel verweist. Das »neue« Testament geht aus dieser Geschichte Gottes mit Israel hervor, trägt diese Geschichte in sich und bleibt vom Anfang des Matthäusevangeliums bis zum Schluss der Offenbarung des Johannes darauf bezogen.

Die Jesusgeschichte nach Markus

»Krieg und Kriegsgeschrei«

Jesus aus Nazaret wird in eine politische Krisenregion hineingeboren. Seit im Jahre 64 v. Chr. die Römer zum ersten Mal in Judäa aufgetaucht sind, reißen die Konflikte des jüdischen Volkes mit der aufstrebenden Weltmacht nicht ab. Niemand mochte es dem Pompejus vergessen, dass er seinerzeit in voller Rüstung den Tempel betreten und das Allerheiligste entweiht hatte. Diese Erinnerung blieb umso lebendiger, als auch in der Folgezeit die römischen Statthalter von Syrien bzw. ab 6 n. Chr. dann auch die Präfekten* der Provinz Judäa mit gleicher Rücksichtslosigkeit für ständige Provokationen sorgten. Der römische Friede erwies sich als äußerst brüchig, zumal an den Rändern des Imperiums. Bereits die Geburtsgeschichte Jesu ordnet sich nach Lukas in den Kontext staatlicher Zwangsmaßnahmen ein. Während Jesus in Galiläa zu lehren beginnt, gewinnen die Zeloten als antirömische Widerstandsbewegung zunehmend an Einfluss. Man legt dem Wanderprediger eine Steuermünze mit dem Bild des Kaisers vor (Mk 12,13–17), um ihn auf das Glatteis zelotischer Steuerverweigerung zu locken. Sein Ende schließlich gerät in Jerusalem zwischen die Fronten macht- und sicherheitspolitischer Interessen. Die Empfindlichkeit der römischen Besatzungsmacht tritt im Prozess Jesu deutlich zutage. Charismatische* Gestalten, die sie als Aufrührer betrachten musste, gab es zur Genüge.

Auch nach dem Tode Jesu ändert sich nichts an dieser Situation. Im Gegenteil – die Spannungen verschärfen sich. Gegen die immer brutaler durchgesetzten römischen Interessen regt sich auf immer breiterer Front der jüdische Widerstand. Aber die Kräfte sind in unterschiedliche Interessengruppen zersplittert, die es den Legaten* und Prokuratoren* Roms gestatten, die Lage im Griff zu behalten. Auch zwischen Juden und Nichtjuden als einfachen Nachbarn im Lande beginnen die Feindseligkeiten zu eskalieren. In Cäsarea am Meer etwa kommt es im Jahre 66 zu Pogromen an der jüdischen Bevölkerung, die zu bewaffneter Gegenwehr führen und schließlich in einem grausamen Blutbad enden. Der Prokurator Florus, als Vermittler angerufen, trägt durch Intrigen wesentlich zur Ausweitung des Konfliktes bei. Als er auch noch den Tempelschatz antastet, läuft das Fass über. In Judäa bricht ein Aufstand los, der in kürzester Zeit auch auf Samarien und Galiläa übergreift und das Land für vier Jahre in Chaos und Vernichtung stürzt. Er geht als »Jüdischer Krieg« in die Geschichte ein und findet erst in der Zerstörung des Tempels durch Titus im Jahre 70 sein Ende. Bis 73 hält sich noch die Festung Massada. Aber dann ist der letzte Widerstand gebrochen, die Überlebenden werden ins Exil getrieben, das Zentrum kultischen Lebens ist mit dem Tempel für immer verloren.

In dieser Zeit unternimmt die christliche Verkündigung des Evangeliums ihre ersten Schritte »in Jerusalem, ganz Judäa und Samarien und bis an die Enden der Erde« (Apg 1,8). Sie bewegt sich in einem Land, das ca. 30 Jahre lang ständig am Abgrund eines Krieges taumelt und schließlich in diesem Abgrund versinkt. Politisch hat die kleine christliche Gemeinde im Mutterland dabei denkbar ungünstige Karten. Denn, obgleich vorwiegend aus gebürtigen Juden bestehend, steht sie unter dem ständigen Verdacht, aufgrund ihrer Mission in Syrien, Kleinasien und Griechenland gemeinsame Sache mit den Feinden des jüdischen Volkes zu machen. In Jerusalem versucht die judenchristliche Gemeinde den Drahtseilakt, trotz ihrer Kontakte zu den heidenchristlichen Gemeinden ihre Toratreue unter Beweis zu stellen. Wie wenig das gelingt, wird etwa in Apg 21 schlaglichtartig klar. Bei Kriegsausbruch gerät die christliche Gemeinde Jerusalems dann endgültig zwischen alle Stühle. Der Kirchenhistoriker Eusebius berichtet im 4. Jh., die Christen seien damals aufgrund eines Prophetenspruches in das Ostjordanland ausgewandert. Falls dies zutrifft, so haben sich ihre Spuren dort im Laufe der folgenden Jahrzehnte verloren. Doch mit der Zerstörung des Tempels wird auch für die Christen vieles anders. Geographisch verlagern sich die Schwerpunkte jetzt nach Nordafrika, Syrien und Kleinasien. Die Ablösung vom Judentum führt zu grundlegenden theologischen Veränderungen. Die christliche Kirche kommt nun endgültig im Imperium Romanum an.

»Krieg und Kriegsgeschrei« (Mk 13,7) klingen auch in das Markusevangelium herein. Das ganze Kapitel 13 hallt davon wider. In dieser »Endzeitrede Jesu« spiegeln sich offensichtlich die aktuellen Erfahrungen des Markus und seiner Gemeinde. Die Schändung des Tempels (13,14) lässt an unmittelbar bevorstehende militärische Ereignisse denken. Die Aufforderung zur Flucht (13,14–18) atmet höchste Dringlichkeit und erinnert an jenes Prophetenwort, von dem Eusebius berichtet. Die Ankündigung einer Zerstörung des Herodianischen Tempels mit seinen gewaltigen Quaderblöcken, bei der kein Stein auf dem andern bleiben solle (13,1–2), hat offenbar schon die Belagerung Jerusalems vor Augen. Hier ist der Puls der Zeit am stärksten zu verspüren. Und auch wenn Markus in dieser Redekomposition sicher einzelne Worte Jesu aufnimmt – sein eigenes Anliegen wird nirgends greifbarer als in der Gestaltung, die er diesem Kapitel gibt.

Die Zeitumstände, unter denen das älteste Evangelium niedergeschieben worden ist, haben Bedeutung. Sie machen deutlich, warum die bisherigen Überlieferungen der Jesusgeschichte nun in eine schriftliche Form gebracht werden müssen. Und sie lassen den Kontext erkennen, in dem dies geschieht. Denn für Markus und seine Gemeinde geht es dabei nicht um die Archivierung schöner Erinnerungen. Für sie spricht die Jesusgeschichte als eine höchst aktuelle Botschaft mitten in die Spannungen und Probleme ihrer Welt hinein.

»... aber meine Worte werden nicht vergehen«

Dass sich dieser Ausspruch Jesu (Mk 13,31) bewahrheiten sollte, dazu hat der Evangelist Markus einen entscheidenden Beitrag geleistet. In einer Welt, in der alle Ordnungen ins Wanken geraten, gilt es die Worte und Taten Jesu als unverbrüchliche Orientierung zu bewahren. Das wird um so dringlicher, als mit dem ersten Generationswechsel die Augen- und Ohrenzeugen nicht mehr zur Verfügung stehen. Zugleich aber setzt sich auch trotz der drohenden Kriegsgefahr die Erkenntnis durch: »Das ist noch nicht das Ende!« (Mk 13,7). So nahe Markus und seine Gemeinde das Kommen Christi nach wie vor erhoffen (13,28–29) – sie müssen sich dennoch darauf einrichten, die Verkündigung des Evangeliums auch folgenden Generationen, zumindest der nächsten, weiterzugeben.

Bislang sind die Worte und Taten Jesu hauptsächlich weitererzählt worden. Kurze aphoristische Aussprüche, markante Gleichnisse, eindrückliche Wundererzählungen bleiben in der Erinnerung haften und prägen im Zuge des Erzählens allmählich feste Formen aus. Darauf kann Markus zurückgreifen. Es sind solche kleinen Einheiten, die seine Jesusgeschichte prägen. Aber daneben mögen auch schon schriftliche Sammlungen existiert haben. Besonders für den Passionsbericht kann man das annehmen. Aus diesen Bestandteilen fügt Markus nun eine stimmige, in sich geschlossene Erzählung zusammen. Dabei muss er auswählen und eine Anordnung des Stoffes schaffen, die Schwerpunkte markiert und Zusammenhänge sichtbar macht.

Für das Verständnis des Markusevangeliums ist es daher unabdingbar, zunächst seinen Aufbau zu begreifen. Doch schon diese Aufgabe ist nicht ganz einfach. Die Ausleger schlagen eine Fülle von verschiedenen Gliederungen vor. Das Schema auf Seite 24 versucht, die wichtigsten Modelle zusammenzufassen und ihnen einige Schwerpunkttexte zuzuordnen.

Markus hat sein Evangelium als eine fortlaufende Erzählung gestaltet. Doch seine chronologischen Angaben gestatten noch keine sinnvolle Gliederung. Erst von 11,1 an lässt sich ein präziser zeitlicher Ablauf der Ereignisse nach der »Jerusalemer Woche« (siehe unten) erkennen, während bis dahin nur relative Zeitangaben zu finden sind. Jesus betritt als erwachsener Mann die Bildfläche. Für einen »Lebenslauf« benennt Markus im Grunde nur zwei Eckpunkte: Das erste biographisch relevante Datum ist die Taufe Jesu durch Johannes als Auftakt der Wirksamkeit in Galiläa, ohne dass damit jedoch (wie etwa in Lk 3,1) Hinweise auf zeitgeschichtliche Ereignisse verbunden wären. Eindeutiger lässt sich dann der Endpunkt in Jerusalem bestimmen, da in den Prozess verschiedene datierbare Persönlichkeiten verwickelt sind. Dazwischen aber gibt es, von den an Jerusalem gebundenen Passionsereignissen einmal abgesehen, eine Fülle von Möglichkeiten für die Abfolge der verschiedenen Episoden.

	1,1–15 Prolog	
1. Galiläa / Umgebung 1,16–8,26	1,16–3,6 **I. Anfänge** 1 Jüngerberufung 1–2 Heilungen 2–3 Konfliktgeschichten 3,7–6,29 **II. Entscheidungen** 3 Sammlung der Anhänger 4 Gleichnisrede 4–5 Machterweise 6 Ausstrahlung 6,30–8,26 **III. Grenzüberschreitungen** 6 Speisung 5000 / Seewandel 7 Lehre über rein und unrein 7 Heilungen (Syrophönizierin) 8 Speisung 4000 / Pharisäerstreit 8 Heilung eines Blinden	**A. Wirken in Vollmacht** 1,16–8,26
2. Weg nach Jerusalem 8,27–10,52	8,27–10,52 **IV. Aufbruch** 8 Messiasbekenntnis 8 *1. Leidensankündigung* 8 Nachfolgeworte 9 Verklärung / Elija 9 Heilung des epil. Knaben 9 *2. Leidensankündigung* 9–10 Jüngerbelehrungen 10 *3. Leidensankündigung* 10 Heilung des Bartimäus	**B. Leiden des Gottessohnes** 8,27–16,8
3. Jerusalem 11,1–16,8 (Ausblick) 16,7	11,1–12,44 **V. Auseinandersetzungen** 11 Einzug in Jerusalem 11 Feigenbaum / Tempelaktion 11 Vollmachtsfrage 12 Böse Winzer 12 Streitgespräche 13,1–37 ENDZEITREDE 14,1–16,8 **VI. Tod und Auferstehung** 14 Eröffnung 14 Abschiedsmahl 14 Aufbruch in die Nacht 14 Verhör vor dem Synedrion 15 Verhör vor Pilatus 15 Hinrichtung 15 Bestattung 16 Auferstehungsbotschaft	

Wenn man nach Signalen für eine Gliederung sucht, dann bieten sich deshalb vor allem geographische Strukturen an. Sie bringen nicht nur die wichtigsten Orte der Wirksamkeit Jesu in eine plausible Reihenfolge, sondern implizieren auch ein theologisches Programm: Aus Galiläa mit seinen heidnischen Nachbargebieten führt der Weg in das Zentrum des Gottesvolkes als ein Weg zum Leiden und zur Auferstehung. Im Galiläateil, der von Wanderungen im Umfeld des Sees Gennesaret berichtet, fallen dabei die wiederholten Rückzüge Jesu in heidnisches Gebiet auf (5,1–20 Gerasa; 7,24–30 Tyrus; 7,31–37 Dekapolis*; 8,10–13 Dalmanuta). Auch in diesen gelegentlichen geographischen Grenzüberschreitungen deuten sich bereits die späteren Schritte der christlichen Mission an.

Eine Frage für sich stellt die Abgrenzung des Prologs dar. Während Matthäus und Lukas mit der Geburt Jesu einsetzen und selbst Johannes einen hymnisch geprägten Abschnitt über die »Fleischwerdung des Logos« voranstellt, setzt Markus direkt mit dem Beginn der öffentlichen Wirksamkeit Jesu ein. Doch zunächst hat auch er nach der »Überschrift« in 1,1 noch eine Art »Motto« vorangestellt: 1,2–3 zitiert Mal 3,1 / Jes 40,3 und ordnet damit die folgenden Ereignisse schon in die Verheißungsgeschichte Israels ein. Man hat deshalb diesen Passus gelegentlich als einen »Prolog wie vom Himmel her« bezeichnet und damit festgehalten, dass auch für Markus das Auftreten Jesu nicht voraussetzungslos beginnt. In diesen Prolog aber sind dann auch noch 1,4–8.9–15 mit einzubeziehen – zwei Abschnitte, die in deutlich paralleler Weise das erste Auftreten des Täufers und Jesu schildern. Geographisch vollzieht sich dabei der Übergang von der Wüste (1,4) nach Galiläa (1,9). Sachlich wird damit der Ausgangspunkt beschrieben, ohne den die folgende Geschichte sonst unverständlich bleiben müsste. Einen entsprechenden »Epilog« gibt es nicht. 16,1–8 ist dafür viel zu eng mit der Passionsgeschichte 14–15 verbunden. Aber den Hinweis in 16,7 auf die Erscheinung des Auferstandenen in Galiläa könnte man durchaus als einen Ausblick verstehen, der schon über die erzählte Geschichte hinaus auf die Gemeinde des Markus verweist.

Die wichtigste Zäsur befindet sich zweifellos zwischen 8,26/27 und legt damit grundsätzlich eine Zweiteilung nahe. Nach dem vollmächtigen Wirken in Galiläa, das schon bis über die Grenzen der Region hinaus seine Kreise gezogen hat, beginnt nun der zielgerichtete Weg zur Passion. Mit dem Messiasbekenntnis des Petrus bei Cäsarea Philippi ist ein deutlicher Wendepunkt erreicht. Die bislang nur verhüllt wahrgenommene Messianität Jesu spricht Petrus nun offen aus. Unmittelbar daran aber schließt sich die ebenso offene Ankündigung des bevorstehenden Leidensweges an. Diesen zweiten Teil kann man noch einmal untergliedern, wenn man die Ankunft in Jerusalem als weitere Zäsur bewertet. Doch der Weg nach Jerusalem steht bei Markus schon ganz im Lichte der kommenden Konflikte und besitzt längst nicht das Eigengewicht wie später bei Lukas, der diesen Abschnitt auf ganze zehn Kapitel ausdehnt. Nach sachlichen

Kriterien, die jedoch der geographischen Struktur korrespondieren, kann man insgesamt sechs Gliederungseinheiten abgrenzen. Eine solche Einteilung hat vor allem der katholische Neutestamentler R. Pesch favorisiert, der damit eine besondere Entdeckung verbindet: Diese sechs Abschnitte sind nach Umfang und Anordnung überraschend symmetrisch aufgebaut, was sich bis auf die Ebene von Verszahlen herab nachweisen lässt. Nur Kapitel 13 fällt aus diesem kunstvollen Aufbau heraus und ist in keiner Weise einzuordnen. Die Endzeitrede als die einzige große, durchkomponierte Einheit (auch die »Gleichnisrede« Kapitel 4 ist aus ursprünglich eigenständigen Perikopen* zusammengefügt) sprengt insgesamt den sonstigen kleinteiligen Aufbau des Evangelientextes. Daraus zieht Pesch den Schluss, dass Kapitel 13 erst nach Abschluss des Evangeliums von Markus noch aus aktuellem Anlass eingefügt worden ist – und dies an der einzig möglichen Stelle. Ansonsten bleibt an dieser sechsteiligen Gliederung bemerkenswert, dass man zwischen I–III und IV–VI im Einzelnen jeweils Entsprechungen feststellen kann. Zudem berichtet III bereits von Vorstößen über die Grenzen Israels hinaus, und VI lenkt dann mit dem Hinweis auf die Erscheinung des Auferstandenen wieder nach Galiläa zurück. 13,10 (»zuvor aber muss das Evangelium allen Völkern verkündigt werden«) hat darüber hinaus dann die Perspektive der Völkermission endgültig festgeschrieben.

Aus dem Aufbau des Evangeliums kann man eine weitere wichtige Eigenheit ableiten: Alles Gewicht liegt auf dem Schluss. Das wäre zunächst mit den Regeln volkstümlichen Erzählens zu erklären. Aber mehr noch sind hier theologische Motive bestimmend. Erst von Tod und Auferstehung Jesu her lässt sich auch sein Lebensweg vor Ostern begreifen. Deshalb hat Markus die gesamte Jesusgeschichte so konzipiert, dass sie zielstrebig auf das Kreuzesgeschehen zuläuft. Ein viel zitiertes Wort von M. Kähler bringt diesen Sachverhalt treffend auf den Punkt: Das Markusevangelium sei letztlich eine »Passionsgeschichte mit ausführlicher Einleitung«. Im Jerusalemteil verdichten sich die bislang in eher lockerer Aneinanderreihung entfalteten theologischen Motive. Die Erzählung gewinnt an chronologischer Präzision, verrät zunehmend detailliertere Orts- und Personenkenntnis, um dann schließlich den Kontrast zwischen der Katastrophe des Karfreitags und der überwältigenden Botschaft des Ostermorgens in scharfen Linien herauszustellen. Schon früh setzt Markus im Text Signale, die auf das Kreuz hinweisen. Am Schluss jenes ersten Abschnittes, der die Anfänge in Galiläa schildert, wird in 3,6 zum ersten Mal ein Tötungsbeschluss gefasst. In Nazaret nehmen die Landsleute Jesu Anstoß am großen Sohn ihres Städtchens (was Lukas dann sogar noch durch eine versuchte Steinigung ausmalt). Mit der Wende des Messiasbekenntnisses setzt die Abfolge der drei Leidensankündigungen ein, durch die die Leserinnen und Leser wie an einem Geländer zum Beginn der Passionsereignisse hingeführt werden. Dazwischen steht die Verklärungsgeschichte, an deren Schluss die Auferstehung Jesu von den Toten als zeitliche Befristung für das Schweigen der Jünger genannt und diskutiert wird.

In Jerusalem nehmen die Tötungsabsichten der Gegner dann immer konkretere Formen an: Nach der Tempelaktion Jesu kommt es zu ersten Überlegungen (11,18), die sich nach dem als eindeutige Polemik verstandenen Gleichnis von den bösen Winzern (12,12) fortsetzen und in der Fangfrage nach der Steuermünze (12,13) einen misslungenen Versuch erleben. In 14,1 geht es dann nur noch um den geeigneten Zeitpunkt, und mit dem Angebot des Judas (14,10–11) kommt die Sache schließlich ins Rollen.

Sicher hat Markus nicht alles aufgeschrieben, was er wusste. Matthäus und Lukas, die der geographischen und chronologischen Struktur des Markusevangeliums gefolgt sind, belegen die Existenz eines viel breiteren Stromes an Jesusüberlieferungen. Und Johannes, der in seiner Erzählfolge und Stoffbenutzung ganz eigene Wege geht, weist ausdrücklich auf die vielen anderen, nicht berücksichtigten Zeichen oder Taten Jesu hin (20,30–31 / 21,25). Auf alle Fälle aber hat Markus durch seine Auswahl und Anordnung die wichtigste Grundlage geschaffen, die Worte und Taten Jesu nun in einer leicht fasslichen und auf die wesentlichen Sachverhalte konzentrierten Gestalt weitergeben zu können.

»Anfang des Evangeliums ...«

Die Beobachtung der vielen, z.T. ganz eigenständigen Erzähleinheiten im Markusevangelium könnte zu der Annahme verleiten, dass der Evangelist die verschiedenen Überlieferungsstücke lediglich nach der Art eines Zettelkastens sortiert und schließlich zu Papier gebracht habe. Doch damit entsteht sofort die Frage nach der Gattung, die man einem solchen Text dann zuerkennen müsste. Wie lässt sich die Jesusgeschichte des Markus überhaupt in das Spektrum des antiken Literaturbetriebes einordnen? Gibt es dafür Vorbilder, an die sich Markus anlehnen konnte, oder begründete er einen völlig neuen Texttyp? Befriedigt er gehobene literarische Ansprüche, oder bedient er ein eher volkstümliches Lesepublikum? Ist Markus wirklich nur Sammler, oder lässt der Text auch ein klares theologisches Profil seines »Redaktors« erkennen? Diese Fragen sind gerade in den letzten Jahren intensiv diskutiert worden und haben dabei zu einer Reihe wichtiger Einsichten geführt.

Als Ausgangspunkt kann dabei jene Wendung fungieren, die in 1,1 dem gesamten Text vorangestellt ist und in der ein gewichtiges Stichwort fällt: »Anfang des *Evangeliums* ...« – will Markus damit schon die literarische Gattung des folgenden Textes beschreiben? In welchem Sinne könnte er das überhaupt tun? Der Begriff »Evangelium« sowie das dazugehörige Verb sind in der hellenistischen* Welt längst bekannt. Man müsste sie wörtlich mit »gute / frohe Botschaft« bzw. »frohbotschaften« übersetzen. Als eine solche »gute Botschaft« galten vor allem Siegesnachrichten. Aber auch andere Mitteilungen freudigen Charakters aus dem politischen, religiösen oder persönlichen Bereich konnten so bezeichnet werden. Immer sind sie an einen »Boten / Angelos« gebunden, der sie übermittelt. Ein besonderes Gewicht erlangte der Begriff dann im Rahmen der politischen Terminologie des römischen Imperiums: Nahezu alle offiziellen Verlautbarungen des Kaisers – etwa im Blick auf seine Thronbesteigung, seinen Geburtstag, die Geburt eines Nachkommens, den Besuch in einer Provinz usw. – wurden als »Evangelium« propagiert. Diesen Begriff greift die Urchristenheit nun auf, füllt ihn aber in einer spezifischen Weise, die allmählich die ursprünglichen Inhalte verdrängt. »Frohbotschaften« ist nachweislich von Anfang an bevorzugter missionarischer Fachausdruck, der die Mitteilung des Heilsgeschehens von Tod und Auferstehung Jesu beschreibt. In diesem Sinne verwendet Paulus das Verb etwa 60-mal. »Evangelium« meint dementsprechend die mündlich ausgerichtete Heilsbotschaft und kann insofern auch synonym zu Begriffen wie »Wort« oder »Kerygma (= Verkündigung)« gebraucht werden. Es geht also primär nicht um die Darstellung eines »Lebenslaufes« Jesu, sondern um die Mitteilung eines bedeutsamen Ereignisses von allgemeinem öffentlichen Interesse, die durch besonders beauftragte Boten Verbreitung erfährt. Erst von der Mitte des 2. Jhs. an beginnt »Evangelium« dann zunehmend einseitiger auch jenen Texttyp zu bezeichnen, der die Jesusgeschichte zum Inhalt hat. Für Markus indessen dürfte der Begriff noch immer die Ausrichtung der Heilsbotschaft nach Vollzug und Inhalt umfassen.

In Anbetracht dieser Begriffsgeschichte hat man das Unternehmen des Markus, die »gute Botschaft« in Gestalt einer ausgeführten Erzählung von Jesus Christus zu verkündigen, lange Zeit als ein Novum ohne jede Analogie in der antiken Literaturgeschichte, als eine »genuin christliche Schöpfung« betrachtet. Mit Markus sei eine Innovation erfolgt, die Geburt einer neuen Gattung, die dann von Matthäus, Lukas und Johannes aufgenommen und etabliert worden sei und die in den zahlreichen späteren apokryphen* Evangelien Nachahmer gefunden habe. Die Briefe, Evangelien und Apostelgeschichten der Anfangszeit seien deshalb insgesamt als christliche »Urliteratur« zu verstehen, entstanden aus eigenen Mitteln und weitgehend unabhängig von Einflüssen der hellenistischen Literatur. Es fällt in der Tat nicht leicht, das Markusevangelium genauer einzuordnen. Die Gattung der Biographie mochte man vor allem deshalb nicht heranziehen, weil hier (zumindest nach unserem modernen Verständnis) zu viele Lücken klaffen, vor allem aber, weil die entscheidende Absicht des Markus eben Verkündigung einer Heilsbotschaft und nicht Darstellung eines Lebensweges ist. Näher läge vielleicht die Gattung des »Enkomions«, der Verherrlichung einer bestimmten Person durch rühmendes Hervorheben ihrer Taten. Mittlerweile aber ist hier in der Exegese ein Umschwung erfolgt, der die antike Biographie wieder stärker in den Blick nimmt. Eine Reihe von jüngeren Untersuchungen hat nachgewiesen, dass im Markusevangelium die aus dem Alten Testament vertraute Tradition idealbiographischen Erzählens mit Vorbildern antiker Biographieliteratur zu einer neuen Einheit verschmolzen sind. Dabei darf man jedoch weder einen »Entwicklungsroman« noch eine Reduktion auf die Fixierung exakter Daten erwarten. Solches biographisches Erzählen verfolgt stets eine verherrlichende, belehrende oder unterhaltende Absicht, der historische Fakten untergeordnet bleiben. Entscheidend ist, dass die Bedeutung einer Person mit Hilfe von aussagekräftigen Episoden ihres Lebensweges zur Sprache gebracht werden soll. In diesem Sinne lässt sich dann auch das Markusevangelium als »Idealbiographie von Jesus Christus, dem Nazarener« begreifen.

Markus unternimmt also die Verkündigung des Heilsgeschehens von Tod und Auferstehung Jesu in Gestalt einer biographischen Erzählung. Dass seine Konzeption zielstrebig auf die Passionsgeschichte hin angelegt ist, kann deshalb nicht verwundern. Denn der Erzähler Markus ist viel weniger Historiker als »Frohbotschafter«. Natürlich »erfindet« er seine Botschaft nicht einfach. Sie beruht auf den Ereignissen, die von den Augenzeugen der ersten Generation berichtet worden sind. Aber er gestaltet die Mitteilung dieser Ereignisse so, dass die Bedeutung des Jesus aus Nazaret als des Sohnes Gottes in jeder einzelnen Episode sichtbar wird und auch für die Christen kommender Generationen Orientierung vermitteln kann. Im literarhistorischen Vergleich erweist sich Markus dabei als volkstümlicher Erzähler, der ein breites Publikum zu erreichen vermochte. Erst Lukas baut diese Vorgabe des Markus dann für gehobenere Ansprüche aus, indem er auch die Konventionen antiker Geschichtsschreibung in seiner Jesusgeschichte berücksichtigt.

»Evangelium nach Markus«

Für die Urchristenheit gab es selbstverständlich nur ein Evangelium, eine einzige frohe Botschaft von Jesus Christus. Das schloss auch die Interpretation des verkündigten Heilsgeschehens mit ein. Als in Galatien Missionare auftauchen, die gegen die Verkündigung des Paulus agitieren, hält der Apostel den Gemeinden entgegen: »Mich wundert, dass ihr euch so schnell von dem abwendet, der euch durch die Gnade Christi berufen hat – hin zu einem anderen Evangelium, obwohl es doch kein anderes gibt ...« (Gal 1,6–7). Dieses eine Evangelium wird durch seine Boten zwar auf vielstimmige Weise verkündet, wobei jede Stimme ihre persönliche Eigenheit behält. Doch es ist eine Polyphonie ohne Dissonanzen. Im Grundsatz stimmen die Verkündiger überein, sodass Paulus ein »anderes Evangelium« nur als ein Unding betrachten kann und deshalb unter den Fluch Gottes stellt (Gal 1,8–9). Auch Markus verkündigt das eine Evangelium, für das die Kennzeichnung »von Jesus Christus« vollauf genügt. Erst eine spätere Zeit, die nicht nur die mündliche Verkündigung, sondern inzwischen auch verschiedene schriftliche Jesuserzählungen kennt, muss nun differenzieren. Eine genauere Kennzeichnung machte sich zuerst da erforderlich, wo mehrere Rollen oder Kodizes im »Bücherschrank« einer Gemeinde lagen.

Zunächst wird es sich dabei wohl nur um eine äußerliche Aufschrift gehandelt haben. Erst im Verlauf fortgesetzten Kopierens scheint diese Kennzeichnung dann auch an den Anfang des Textes selbst gerückt zu sein. Die Formulierung »Evangelium nach ...« hält jedoch unmissverständlich fest: Nicht die Autorenpersönlichkeit steht hier im Mittelpunkt, sondern die eine, unteilbare Sache.

Wenn der Autor so hinter die Verkündigung des einen Evangeliums zurücktritt – was lässt sich dann überhaupt noch zu seiner Person ermitteln? Nirgends begegnet das »Ich« des Erzählers – wie etwa bei Lk 1,1–4. Kein textinterner Verweis deutet auf einen bestimmten Autor hin – wie etwa in Joh 19,35 oder 21,24. Gelegentlich hat man überlegt, ob er sich in dem anonymen Jüngling Mk 14,51–52 selbst als ein Augenzeuge eingetragen habe. Aber das bleibt Spekulation. Auf jeden Fall ist Markus keiner aus dem Kreis der vorösterlichen Jesusanhänger. Im Neuen Testament findet sich der Allerweltsname Markus ansonsten nur noch für einen Judenchristen namens Johannes Markus, dessen Mutter ein Haus in Jerusalem besaß (Apg 12,12) und der mit Paulus und Barnabas an der ersten Missionsreise teilnahm (Apg 12/13). Kol 4,10 kennt einen gewissen Markus als Cousin des Barnabas; Phlm 24 nennt einen Markus unter den Mitarbeitern des Paulus. Am Schluss des 1. Petrusbriefes grüßt dann auch noch »Markus, mein Sohn« (1Petr 5,13), was auf einen Reisebegleiter des Petrus hindeutet. Die alte Kirche harmonisierte diese mageren Nachrichten und brachte sie mit dem Autor des Evangeliums in Verbindung. Zuerst war es Papias von Hierapolis (um 110), der unter Berufung auf ältere Gewährsmänner den Evangelisten Markus als »Dolmetscher des Petrus« identifizierte. Dieser Markus habe die situationsbedingten Lehrvorträge des Petrus nach seiner Erinnerung aufgezeichnet. Die Theologen der Frühzeit sind der Auffassung des Papias gefolgt und sahen hinter dem Markusevangelium nun vor allem die Autorität des Petrus stehen. Dass damit auch ein apologetisches* Interesse verbunden war, liegt auf der Hand. Einigermaßen sicher aber lässt sich nur sagen, dass der Evangelist namens Markus mit jüdischen Traditionen wohl vertraut ist, gleichzeitig aber für ein nicht jüdisches Publikum schreibt. Der Ort, an dem er sich befindet, liegt deshalb wohl außerhalb Palästinas. Er gehört nicht mehr zur ersten Generation, was auch die kirchliche Tradition mit ihrer Deutung auf den Apostelschüler nicht infrage gestellt hat. Als Abfassungszeit drängen sich durch die vielen zeitgeschichtlichen Anspielungen in Kapitel 13 die Jahre des Jüdischen Krieges auf, sodass man die Endgestalt des Textes am besten um 70 datiert. In jüngster Zeit sind verschiedene Versuche unternommen worden, das Markusevangelium noch bis in die 50er Jahre vorzurücken – unter anderem mit Hilfe der Hypothese, dass unter den wenigen griechischen Fragmenten aus Qumran* auch ein Stück aus Mk 6,52–53 identifiziert werden könne (7Q 5). Doch hier ist eindeutig der Wunsch Vater der Entdeckung. Eine solche Identifizierung lässt sich weder paläographisch* verifizieren, noch hat sie überhaupt irgendwelche Wahrscheinlichkeit für sich. Die Zeit des Autors und seiner Gemeinde bleibt von den

Ereignissen des Krieges und von dem ersten Generationswechsel bestimmt. Das Imperium Romanum kommt als Raum der Evangeliumsverkündigung nun mit aller Konsequenz in den Blick.

So wenig sich über die Person des Markus ausmachen lässt, so deutlich tritt doch die theologische Absicht des ältesten Evangelisten in seinem Werk selbst zutage. Lange Zeit drehte sich die Diskussion vor allem um den Grad theologischer Eigenständigkeit: Ist Markus als ein »konservativer Redaktor« zu betrachten, der den Stoff weitgehend in der überlieferten Gestalt bewahrt – oder ist er der kreative Verkündiger, der die Jesusüberlieferung maßgeblich durch die Anliegen seiner Zeit prägt? Die Beobachtungen der so genannten Form- und Redaktionskritik haben hier zahlreiche Indizien zusammengetragen, deren Auswertung mittlerweile ein methodisch begründetes Urteil gestatten. Auch der synoptische Vergleich mit Matthäus und Lukas, die das Markusevangelium benutzt haben, lässt das Profil des Markus deutlicher hervortreten. Vereinfachend kann man daraufhin sagen: Markus weiß sich der Überlieferung von Jesus Christus in großer Treue verpflichtet. Er will die Worte und Taten Jesu so bewahren, dass sie auch unter veränderten Bedingungen als Lehre für die christliche Gemeinde fungieren können. Aber er kleidet sie gerade deshalb in eine Gestalt, die ihre Konturen von der Gegenwartsbedeutung des Auferstandenen erhält. Die Frage »Wer *ist* dieser?«, die immer wieder gestellt und in immer neuen Anläufen immer konkreter beantwortet wird, enthält das theologische Programm des Markus. Leserinnen und Leser sollen in einer Situation des Umbruchs und der damit verbundenen Verunsicherungen (13,6.21–22) erfahren, woran sie sich orientieren können. Dem Bekenntnis zu Jesus Christus tritt die erzählende und vertiefende Entfaltung zur Seite.

»Wahrhaftig, dieser Mensch ist Gottes Sohn gewesen!«

Man kann die Christologie (die Lehre von Jesus Christus) als das theologische Hauptanliegen des Markus bezeichnen. Aber eine solche Feststellung bedarf natürlich noch der Präzisierung. »Christologie« hat in der Frühzeit viele Facetten und ist so vielfältig wie die Erfahrungsweisen des Auferstandenen in seiner Gemeinde. Sie schlägt sich nieder in einer Reihe von Würdetiteln wie z.B. Messias, Menschensohn, Gottessohn, Retter, Herr – oder äußert sich in großen Vorstellungszusammenhängen wie z.B. Christus als Beherrscher des Alls, als Schöpfer und Erhalter der Welt, als Ursprung und Ziel der Geschichte. Hier haben die Autoren des Neuen Testaments jeweils eigene Akzente gesetzt. Auch die Christologie des Markusevangeliums lässt sich genauer bestimmen.

Durch die epochemachende Untersuchung von W. Wrede (1902) richtete sich die Aufmerksamkeit der Markusinterpreten vor allem auf jenes Phänomen, das man seither als das »Messiasgeheimnis« zu bezeichnen pflegt. Der Begriff

»Geheimnis / Mysterion« wird zwar nur in 4,11 gebraucht, doch die Sache selbst springt schon bei einer flüchtigen Lektüre ins Auge: Immer wieder verhüllt Jesus das Wesen seiner Person mit dem Schleier der Geheimhaltung. Geheilte Menschen dürfen nicht weitersagen, was sie erlebt haben. Besiegten Dämonen wird es verwehrt, den Stärkeren als Sohn Gottes anzusprechen. Selbst die Jünger müssen ihre gelegentlich aufbrechende Erkenntnis für sich behalten. Weithin aber begegnen sie den Worten und Taten Jesu ohnehin mit einem erstaunlichen Unverständnis. Nur in wenigen Fällen wird diesem Defizit noch durch eine zusätzliche Belehrung der Jünger im kleinen Kreis abgeholfen. Wrede betrachtete alle diese verschiedenen Züge als Teil eines zusammengehörigen Motivkomplexes, den er auf die Handschrift des Theologen Markus zurückführte. Darin sei auf erzählende Weise die Einsicht umgesetzt, dass vor Ostern die Person Jesu nur gebrochen wahrgenommen werden konnte. Erst durch die Erfahrung von Karfreitag und Ostern wird verstehbar, was davor nur zu ahnen war oder missverständlich bleiben musste. Den Schlüssel liefert dabei das Schweigegebot für die Jünger am Schluss der Verklärungsgeschichte (9,9): »Während sie den Berg hinabstiegen, verbot er ihnen, irgendjemandem zu erzählen, was sie gesehen hatten, bis der Menschensohn von den Toten auferstanden sei.« Es steht außer Frage: Die merkwürdigen Missverständnisse und bewussten Verhüllungen der Hoheit Jesu bringen ein zentrales christologisches Anliegen zum Ausdruck. Wer Jesus ist – das lässt sich nicht scharfsinnig ermitteln, sondern erst durch die Tat Gottes (Dahingabe und Auferweckung) erfahren. Zunehmend kritisch wird indessen hinterfragt, ob man darin wirklich nur ein durchdachtes Konzept des Markus sehen muss, der das zunächst so unmessianische Leben Jesu mit der nachösterlichen Erkenntnis des Gottessohnes ausgleichen wollte. Denn die einzelnen Elemente des von Wrede beschriebenen Motivkomplexes »Messiasgeheimnis« lassen sich auch unabhängig voneinander erklären. Sie scheinen Markus zudem schon vorgegeben zu sein. Ihr Ursprung führt am wahrscheinlichsten auf Jesus selbst zurück, dessen hoher Vollmachtsanspruch in krassem Gegensatz zu seinem unspektakulären Leidensweg stand. Was den Zeitgenossen deshalb immer wieder als rätselhaft und geheimnisvoll erscheinen musste, das klärte sich dann erst rückblickend nach Ostern auf. Doch es bleibt das unbestrittene Verdienst des Evangelisten Markus, diesen wichtigen Zug der Jesusüberlieferung bewahrt und erzählerisch prägnant dargestellt zu haben.

Auf der Erzählebene schildert Markus somit einen Weg der allmählichen Enthüllung jenes Geheimnisses, das die Person Jesu aus Nazaret umgibt. Seine Leserinnen und Leser sind indessen schon vom Prolog an im Bilde: »Anfang des Evangeliums von Jesus Christus, des Sohnes Gottes«. Beide Würdetitel sagen grundlegend aus, wer Jesu ist. Als »Christus / Messias« bekennt Petrus am Wendepunkt der Erzählung in 8,29 den Meister und wird daraufhin zunächst noch zum Schweigen aufgefordert. Unverhohlen bejaht Jesus dann jedoch in

14,61–62 die Frage des Hohenpriesters, ob er der »Christus / Messias« sei. Von dem Titel »Sohn Gottes« wiederum spannt sich ein Bogen bis hin zum Bekenntnis des Centurio* unter dem Kreuz in 15,39: »Wahrhaftig, dieser Mensch ist Gottes Sohn gewesen!« Der Römer spricht damit aus, was zuvor durch eine Himmelsstimme bei der Taufe (1,11) und auf dem Berg der Verklärung (9,7) den engsten Vertrauten schon offenbart wurde. Die Dämonen mussten diese Erkenntnis zähneknirschend zugestehen (3,11; 5,7). In der Passionsgeschichte schließlich fällt der Titel wiederum mit zunehmender Deutlichkeit (12,6; 13,32; 14,61). Als »Messias« steht Jesus aus Nazaret in der langen Verheißungsgeschichte Israels; als »Sohn Gottes« befindet er sich in einer einzigartigen Beziehung zum Vater. Das sind die Fixpunkte in der Christologie des Markusevangeliums.

Über das genauere Verständnis dessen, was »Sohn Gottes« für Markus bedeutet, gehen die Meinungen jedoch auseinander. Die Geschichte von der Geburt des Kindes Jesus aus einer Jungfrau erzählt Markus nicht. Ebensowenig spricht er von der »Präexistenz« des schon immer bei Gottes befindlichen Sohnes, wie das etwa Kol 1,15–20 (»Erstgeborener vor aller Schöpfung«) oder Joh 1,1 (»Am Anfang war das Wort ...«) tun. Statt dessen könnte die Taufszene 1,9–11 dazu verleiten, die Gottessohnschaft Jesu im Sinne eines »Adoptianismus« zu verstehen. Der Mensch Jesus aus Nazaret wäre demnach in der Taufe von Gott als Sohn angenommen worden, was die Himmelsstimme dann analog zum Ritual der königlichen Inthronisation (Ps 2,7) proklamiere. Schon im 2. Jh. lässt sich dieses Verständnis beobachten, das in der Exegese des 19. Jhs. wieder zu neuen Ehren gekommen ist. Aber damit wäre Markus sicher missverstanden. Das Jesajazitat in 1,2–3 deutet bereits vorsichtig an, dass auch für ihn die Geschichte des Gottessohnes nicht erst am Jordan beginnt. Die urchristlichen Aussagen von der »Sendung des Sohnes« oder dessen »Erniedrigung und Erhöhung« werden auch Markus bekannt gewesen sein. An solchen Konkretionen liegt ihm allerdings nichts. Die Frage nach dem Ursprung des Gottessohnes tritt bei Markus ganz hinter die Frage nach dessen Vollmacht zurück.

Es fällt auf, dass Markus den Wundertaten Jesu zentrale Bedeutung zuerkennt. In ihnen malt er das Bild Jesu mit den leuchtendsten Farben. Matthäus und Lukas haben diese Dominanz dann wieder reduziert und anstelle der Wunder die Worte Jesu stärker in den Mittelpunkt gerückt. Das Jesusbild des Markus hat man deshalb immer wieder mit dem Typ eines »Theios Anēr« (eines »göttlichen Menschen«) in Verbindung bringen wollen, wie er in der hellenistischen Umwelt bekannt war. Als bedeutendster Vertreter dieses Typs gilt Apollonius von Tyana, der als wandernder Philosoph und Wundertäter ein Zeitgenosse des Paulus war und sich durch eine Reihe übernatürlicher Eigenschaften auszeichnete. Doch eine solche Zuordnung wird der markinischen Darstellung nicht gerecht. Die Taten Jesu sind bei Markus keine Mirakel, die den Wundertäter herausstellen, sondern Hinweise auf die Nähe Gottes. Natürlich kommt in ihnen auch die einzigartige Gottesbeziehung des Gottessohnes zum Vorschein sowie seine Vollmacht, im Auftrag und sogar an der Stelle Gottes zu handeln. Durchgängig aber bleibt Gott selbst derjenige, der durch den Sohn am Werk ist. Von der Stimme Gottes im Prolog an bis hin zur Ostergeschichte schildert Markus das Handeln Gottes an und durch Jesus.

Markus erzählt. Das mag zunächst banal klingen, hat aber weitreichende Konsequenzen. Denn es entspricht der Eigenart einer Erzählung, nicht nur Fakten zu dokumentieren, sondern Personen und Ereignisse im Zuge ihrer Darstellung auch zu deuten. Was in der Vergangenheit geschehen ist, besitzt eine Bedeutung, die bis in die Gegenwart hineinreicht. Insofern erfolgt durch die Erzählung eine Verschränkung verschiedener Zeitebenen. Die Ebene der erzählten Zeit gewinnt Transparenz für diejenigen, die nun im Prozess des Hörens oder Lesens in die Geschichte verwickelt werden. Markus hat seine Jesuserzählung bewusst konzipiert und auf sein Lesepublikum hin angelegt. Schon im Prolog führt er in das Geschehen ein und rüstet seine Leserinnen und Leser mit jenem privilegierten Wissen über »Jesus Christus, den Sohn Gottes« aus, das auf der Erzählebene erst allmählich zum Durchbruch und schließlich zur offenen Bestätigung gelangt. Im Evangelientext selbst entdecken sie ihre eigene Bedürftigkeit und gewinnen Vertrauen in die Nähe Gottes. Am Schluss aber führt Markus seine Leserinnen und Leser wiederum über die Furcht und das Zittern der Frauen am Ostermorgen hinaus und entlässt sie mit der Aufforderung des Gottesboten, dem Auferstandenen nachzufolgen, in ihre Gegenwart. So hat das »Evangelium nach Markus« durch die Jahrhunderte hindurch der fortgesetzten Begegnung mit dem Auferstandenen immer neue Impulse vermitteln können.

Geburt Jesu

Weihnachten und seine Geschichte

»Alle Jahre wieder ...« – nachhaltiger kann sich eine Geschichte kaum einprägen, als dass sie mit jährlicher Regelmäßigkeit auf den Tisch kommt. Zu Weihnachten geschieht dies schon seit Jahrhunderten und mittlerweile auch weit über den Raum kirchlicher Verkündigung hinaus. Kein Fest des Kirchenjahres hat – besonders in den Kirchen der westlichen Welt – eine solche Popularität gewonnen. An keinem anderen Fest haften so viele volkstümliche Bräuche und Traditionen wie gerade am Weihnachtsfest. Die Geschichte von der Geburt Jesu ist in aller Munde. Sie erklingt in unzähligen Vertonungen, tritt in Bildern allgegenwärtig vor Augen, wird inszeniert und ausgestaltet. Das Weihnachtsfest hat sie zu einem »Best-seller« gemacht.

Das war freilich nicht von Anfang an so. Während die Christenheit schon früh das Fest der Auferstehung feierte, begann sich das Weihnachtsfest mit der gottesdienstlichen Feier am 25. Dezember erst ganz allmählich vom 4. Jh. an zu etablieren und auszubreiten. Es dauerte noch einige Jahrhunderte, bis aus dem schlichten Gedächtnistag ein ganzer Festkreis wurde, der nun auch in Liturgie, theologischer Deutung und bildlicher Darstellung zu festen Formen fand. Gerade zwischen den Kirchen des Ostens und des Westens gibt es hier bis heute noch auffällige Unterschiede.

Insgesamt aber hat die Entwicklung des Weihnachtsfestes dazu geführt, dass eine ganze Reihe biblischer Texte im Laufe der Jahrhunderte in Gesang, Bild und Spiel zu »der Weihnachtsgeschichte« verschmolzen sind. Schon die Evangelisten Matthäus und Lukas hatten ihre Erzählungen von der Geburt Jesu (unabhängig voneinander) in das Licht alttestamentlicher Verheißungen gestellt. In der Theologie vom 2. Jh. an rücken sie nun aber mit all den anderen biblischen Aussagen immer enger zu einem harmonischen Gefüge zusammen, sodass die eigenständigen Akzente der einzelnen Texte allmählich hinter die Aussage der gemeinsamen »Festlegende« zurücktreten. Längst gehören z. B. Ochse und Esel zum festen Inventar der »Weihnachtsgeschichte« – obgleich beide Tiere nur in Jes 1,3 zu finden sind und ursprünglich eine polemische Spitze innerjüdischer Kritik enthielten: »Ein Ochse kennt seinen Herrn und ein Esel die Krippe seines Herrn; aber Israel kennt's nicht, und mein Volk versteht's nicht.« Die Frage ist deshalb unumgänglich: Welche Nachrichten von der Geburt Jesu, die wir alljährlich feiern, lassen sich im Neuen Testament finden?

Nachrichten von der Geburt Jesu

Zuerst fallen natürlich die ausführlichen Geburtsgeschichten ins Auge, die Matthäus und Lukas erzählen. Mit ihnen beginnen die beiden großen Evangelien – und bei Matthäus steht die Geschichte zugleich am Beginn des gesamten Neuen Testaments. Doch diese optische Dominanz täuscht. Diese Erzählungen gehören – darüber herrscht heute bei den Auslegern Konsens – zu den jüngsten Schichten der Jesusüberlieferung. Sie sind erst gegen Ende des 1. Jhs. aufgeschrieben worden, wenigstens 80 oder 90 Jahre nach den berichteten Ereignissen. Das muss zwar noch nicht gegen ihre Zuverlässigkeit sprechen. Doch es fällt immerhin auf, dass der Evangelist Markus, der Matthäus und Lukas zeitlich vorausgeht, jede Andeutung einer wunderbaren Geburt in Betlehem völlig vermissen lässt. Mehr noch – nach Markus besteht ein durchaus spannungsvolles Verhältnis zwischen Jesus und seiner Familie: Jesus distanziert sich gegenüber seinen Zuhörern von Mutter, Brüdern und Schwestern (Mk 3,31–35), die kurz zuvor gerade die wenig schmeichelhafte Meinung geäußert hatten: »Er ist verrückt!« (Mk 3,21) Überhaupt schätzt man in Nazaret den großen Sohn nicht besonders, was Jesus zu dem Wort veranlasst: »Nirgends gilt ein Prophet so wenig wie in seiner Vaterstadt, bei seinen Verwandten und in seinem Haus / seiner Familie.« (Mk 6,1–6) Sind denn alle die wundersamen Umstände der Geburt, vom Erzengel Gabriel über das Gloria der Engel bis hin zur Huldigung der Magier, völlig in Vergessenheit geraten? Und hätte nicht wenigstens Maria die großen Zusagen weiter »in ihrem Herzen bewegen« müssen? Ganz offensichtlich hat der Evangelist Markus, von dem Matthäus und Lukas sonst weithin abhängig sind, diese Überlieferungen nicht gekannt.

Aber auch bei Johannes ist die Situation kaum anders. Zeitlich ist er sicher nach Matthäus und Lukas einzuordnen, und mit Letzterem teilt er sogar einige auffällige Gemeinsamkeiten. Dennoch fällt auch bei ihm kein Wort, das an die Geburtsgeschichten bei Matthäus und Lukas erinnert. Sein Evangelium beginnt mit einem Hymnus (1,1–18) auf das Wort Gottes, das »Fleisch (= Mensch) wurde« und »unter uns wohnte« (1,14). Er nennt auch beiläufig Jesus einen Sohn Josefs (1,45; 6,42) und erwähnt seine Familie (7,3–10), die nicht an ihn glaubt. Doch die Geburt in Betlehem scheint er geradezu auszuschließen. Während eines Jerusalemaufenthaltes kommt es zum Streit unter den Zuhörern Jesu (Joh 7,40–43), in dem die Kontrahenten seine Messianität mit dem Argument ablehnen: »Kommt denn der Messias aus Galiläa? Sagt nicht die Schrift: Der Messias kommt aus dem Geschlecht Davids und aus dem Dorf Betlehem, wo David lebte?« Johannes hätte dieses Argument leicht entkräften können – wenn ihm dieselben Überlieferungen wie Matthäus und Lukas vorgelegen hätten.

Paulus, dessen Briefe die ältesten Schriften im Neuen Testament darstellen, schweigt über Jesu Geburt. Nun spielt auch sonst die Jesusgeschichte in seiner Korrespondenz mit den Gemeinden in Kleinasien, Griechenland und Italien keine Rolle – wohl deshalb, weil er sie als Bestandteil der gemeindegründenden Predigt schon veraussetzen konnte und sich nun aktuellen Problemen widmen musste. Um so mehr fällt auf, wie unspektakulär sein knapper Verweis auf Jesu Geburt in Gal 4,4 klingt: »Als aber die Fülle der Zeit gekommen war, sandte Gott seinen Sohn, geboren von einer Frau, dem Gesetz unterstellt.« Paulus gebraucht dabei den Begriff »Gynē«, der die verheiratete Frau meint – nicht den Begriff »Parthenos«, der bei Matthäus und Lukas dezidiert die noch unberührte Frau / die Jungfrau bezeichnet.

In der Urchristenheit stand die Einzigartigkeit Jesu außer Frage. Sie wurde jedoch auf verschiedene Weise bekannt. Eines der ältesten Bekenntnisse galt dabei Jesus als dem »Sohn Gottes«, das seinen Klang zunächst aufgrund alttestamentlicher Vorstellungen erhielt: »Sohn Gottes« – das ist Israel als Ganzes oder auch der König als Einzelperson. Fern aller physischen Beziehungen zielte dieses Würdeprädikat auf einen Akt der Erwählung bzw. der »Adoption«, die in eine einzigartige Gottesbeziehung beruft. Ein solcher eher juristischer Kontext klingt noch in Röm 1,3–4 oder in den Szenen von Taufe und Verklärung Jesu nach. Dieses Bekenntnis aber ging schon früh mit der Glaubensaussage einher, dass dieser »Sohn« von Gott »gesandt« sei. Auch hier wird zunächst mit der Sendung der Propheten eine alttestamentliche Tradition in Erinnerung gerufen. Doch ihren besonderen, unüberbietbaren Charakter gewinnt diese Sendung nun im Zusammenhang weiterer Bekenntnisaussagen. Der berühmte urchristliche Hymnus des Philipperbriefes (2,6–11) spricht von der Menschwerdung dessen, der bereits aus der Welt Gottes kommt: »... er (Christus) erniedrigte sich selbst, indem er die Gestalt eines Sklaven annahm, den Menschen gleich wurde; an Gestalt wurde er wie ein Mensch erfunden ...«. In diesem Sinne musste es naheliegen, auch die »Sendung des Sohnes« als einen Vorgang zu begreifen, der seinen Ursprung in Gottes Welt hat – so wie Johannes später dann ganz konsequent den Weg Jesu schematisiert: Am Anfang war der Sohn bei dem Vater – er wird in die Welt gesandt und kehrt wieder zum Vater zurück. Ausgangspunkt aller dieser christologischen Aussagen ist das Bekenntnis zu Jesus als dem Sohn Gottes. Die Stimmen von Matthäus und Lukas fügen sich hier in einen größeren, polyphonen Chor ein.

Diese Beobachtungen lassen nur einen Schluss zu: Die Geburtsgeschichten bei Matthäus und Lukas haben im Gesamtzusammenhang des Neuen Testaments eher singulären Charakter. Sie sind nur eine (und dazu offenbar späte) Möglichkeit neben anderen, von Jesus als dem »Sohn Gottes« zu sprechen. Sie tun dies in ihrer narrativen Gestalt freilich auf eine besonders plastische und anschauliche Weise. Als »erzählte Theologie« war ihnen von vornherein eine weit größere Wirkungsgeschichte beschieden als den eher abstrakten Formeln von der »Sendung des Sohnes«. Zugleich aber waren sie in ihrer realistischen Erzählfreude auch viel weniger gegen die Missverständnisse ihres späteren Lesepublikums geschützt. Deshalb kommt es gerade hier darauf an, ein möglichst genaues Bild von dem zeitgeschichtlichen Kontext der Erzählungen zu gewinnen.

Die Frage nach der Herkunft (Familie, Ort, Zeit) steht am Anfang einer jeden Biographie. Wer die Geburtserzählungen bei Matthäus und Lukas danach befragt, wird schnell fündig. Besonders Lukas fügt seine Geschichte mit dem Selbstverständnis eines antiken Historikers in den Zusammenhang der politischen Verhältnisse seiner Zeit ein. Beide Evangelisten liefern zudem eine Fülle von Details, die Zeit und Lokalkolorit widerspiegeln. Übereinstimmend nennen Matthäus und Lukas Betlehem als Geburtsort. Lukas notiert als engere Zeitbestimmung der Geburt die Steuerschätzung des Quirinius, und Matthäus verweist mit dem Stern der Magier auf ein offenbar astronomisches Phänomen. Die genauere Nachfrage zeigt allerdings ebenso schnell, dass diese Daten – sowohl für sich genommen als auch in ihrem Zusammenspiel – eine ganze Reihe von Unsicherheiten aufweisen.

Nach Markus, dem ältesten Evangelisten, ist Nazaret die Heimat Jesu. Wenn nur seine Geschichte erhalten geblieben wäre, käme niemand auf den Gedanken, dass Jesus an einem anderen Ort geboren wäre. Durchgängig wird er als Galiläer geschildert, der aus judäischer Perspektive den charakteristischen Beinamen »Nazarener« trägt – ein Zug, in dem alle anderen Evangelisten Markus gefolgt sind. Johannes schließt darüber hinaus in dem bereits genannten Streitgespräch (7,40–43) die Geburt in Betlehem geradezu aus. Allein Matthäus und Lukas berichten von der Davidsstadt: Nach Matthäus ist Betlehem die Heimat von Maria und Josef, und erst die Verfolgung durch Herodes bzw. die Furcht vor seinem Sohn Archelaus nötigen sie dann zum »Exil« in Nazaret; nach Lukas ist Nazaret hingegen die Heimat des Paares, und die Geburt in Betlehem findet nur während eines ohnehin zeitlich begrenzten Aufenthaltes in Judäa statt. Gemeinsam ist ihnen aber vor allem das theologische Interesse, das diese Mitteilung leitet: Die Geburt in Betlehem führt eindrücklich vor Augen, dass dieses Kind der verheißene Messias Israels ist. Mt 2,5–6 zitiert deshalb die einschlägige Belegstelle Mi 5,1, während Lk 2,11 den Engel vom »Herrn in der Stadt Davids« verkündigen lässt; beiden liegt daran, Josef wiederholt als Davidsnachkommen zu betonen. Die apologetische Funktion des Geburtsortes ist damit eindeutig erkennbar: Sie dient der Bestätigung, Veranschaulichung und Entfaltung des Bekenntnisses zu Jesus als dem Messias Israels. Mit einer standesamtlichen Beglaubigung des Geburtsortes darf man die Erzählungen nicht verwechseln.

Der Geburtsort Betlehem ist (nur) bei Lukas mit der Geschichte von der Steuerschätzung des Quirinius verbunden. Augustus (37 v. Chr. – 14 n. Chr.) wird als ihr Initiator eingeführt, der syrische Statthalter Quirinius führt sie in dem die Geschichte betreffenden Gebiet durch. Von einer solchen Steuerschätzung, die das gesamte römische Reich betraf, ist aus anderen Quellen allerdings nichts bekannt. Denkbar wäre, dass Quirinius (im Auftrag des Augustus) bei seinem Amtsantritt 6/7 n. Chr. eine lokale Erhebung in seiner Provinz vorgenommen hätte. Doch da war Herodes (73–4 v. Chr.), zu dessen Zeit nach dem übereinstimmenden Zeugnis des Matthäus und Lukas Jesus doch geboren wurde, schon 10 Jahre tot. Alle Hypothesen, einen Ausgleich der Daten dennoch zustandezubringen, bleiben spekulativ. Sie müssten außerdem noch den Nachweis führen, dass in solchen Fällen die Registrierung nur am Geburtsort – und nicht wie sonst üblich – am Wohnort stattgefunden hätte. Die Episode lässt also viele Fragen offen. Klar erkennbar ist jedoch, warum Lukas sie erzählt: Sie wirft ein bezeichnendes Schlaglicht auf die politische Großwetterlage, in die der Messias hineingeboren wird – und hilft, die Familie aus Nazaret an den Ort der Verheißung zu bringen.

Mit der Regierungszeit des Herodes wiederum verbindet sich die (nur) von Matthäus erzählte Geschichte vom Stern der Magier. Seit Johannes Kepler (1604) wird die faszinierende Theorie diskutiert, dass es sich dabei um ein reales astronomisches Phänomen handeln könnte – nämlich eine Konjunktion von Jupiter (Königsstern) und Saturn (Stern der Juden) im Sternbild der Fische (für Syrien / Palästina). In jüngster Zeit hat der Wiener Astronom K. Ferrari d'Occhieppo diese Theorie bis in die kleinsten Details hinein durchgeführt und kommt dabei mit seinen Berechnungen auf exakte Daten: Geburt Jesu in der Nacht zum 17. Januar 7 v. Chr.; Ankunft der Magier am Abend des 12. November 7 v. Chr. Nun lässt sich die astronomische Konstellation in der Tat mit jedem Planetariumsprogramm am heimischen PC leicht nachstellen: Im Jahre 7 v. Chr. hat es diese seltene und astrologisch ausdeutbare Erscheinung gegeben. Im Detail bleiben jedoch Fragen – so z. B., wenn d'Occhieppo mit Hilfe des Zodiakallichtes die Magier sogar punktgenau das Haus von Maria und Josef finden lässt. Was, wenn Betlehem als Geburtsort fraglich ist? Vor allem aber – lässt sich der Bericht des Matthäus überhaupt als eine Art Verlaufsprotokoll von Naturerscheinungen lesen? Matthäus erzählt vielmehr von *einem* Wunderstern, der mitwandert, zeitweise verschwindet, schließlich stillsteht. Eine astronomische Verifizierung des Textes ist wohl reizvoll, aber durchaus nicht zwingend. Die Magier finden den Weg zum Messias gerade nicht aufgrund nüchterner Berechnung oder geheimnisvoller Mantik, sondern durch Gottes Führung, die Vorhersage der Schrift (Mi 5,1) und einen Befehl Gottes im Traum. Gegenüber astrologischen Deutungen verfolgt Matthäus eher eine kritische Tendenz: Die Vertreter orientalischer Wissenschaft erkennen den Heilsplan Gottes und huldigen dem Kind.

Zeit und Ort der Geburt Jesu lassen sich zweifelsfrei bestimmen: Es geschah zur Zeit des Augustus und unter der Herrschaft des Herodes in Palästina, vermutlich in Nazaret. Alle weiteren Präzisierungen aber bleiben mit Unsicherheiten behaftet. Wieviel genau »vor Christus« Jesus geboren wurde, muss offen bleiben. Als der Mönch Dionysius Exiguus im Jahre 525 die Zählung der Jahre »seit Christi Geburt« einführte, blieb er ohnehin auf schwierige Rückrechnungen angewiesen. Die konkreten Daten bei Matthäus und Lukas dienen der theologischen Intention des Erzählers. Dass auch sie Zeitgeist, politische Spannungen oder Lokalkolorit zur Zeit von Jesu Geburt zutreffend wiedergeben, steht dabei außer Frage.

Geburtsgeschichten in der antiken Welt

Den auffälligsten Zug der Erzählungen bei Matthäus und Lukas stellen die wunderbaren Umstände der Geburt – besonders aber die betonte Jungfräulichkeit der Maria – dar. Sie stehen freilich in einem ganz anderen Kontext als dem unseres modernen Weltbildes, sodass erst die Rückfrage nach diesem Kontext den ursprünglichen Verstehenshorizont der Erzählungen erhellen kann.

Wunderbare Geburten werden bereits in der alttestamentlichen Überlieferung mehrfach berichtet. Sie erzählen von großen Persönlichkeiten und ihrem ungewöhnlichen Eintritt ins Leben: Isaak (Gen 17–21), Simson (Ri 13) und Samuel (1Sam 1) sind die späten Kinder von Müttern, deren Schwangerschaft erst durch Gottes Eingreifen ermöglicht wird. Die Geburt des Johannes (Lk 1) fügt sich diesen Geschichten, die einem festen Erzählschema folgen, nahtlos ein:
1. Kinderlosigkeit: Unfruchtbarkeit, hohes Alter
2. göttliche Verheißung: direkt oder durch einen Boten
3. Reaktion: Verunsicherung, Rückfrage
4. Geburt: gelegentlich von Wundern begleitet (Zacharias)
5. Lobpreis: Hymnus oder Einlösen von Gelübden

In allen Fällen kommt die Schwangerschaft freilich durch einen natürlichen Zeugungsvorgang zustande – Gott bringt »nur« den bis dahin ausgesetzten biologischen Ablauf in Gang. Auch die Geburtsgeschichten Jesu sind deutlich von diesem Erzählschema geprägt, wobei jedoch zwei neue Elemente auftreten: kinderlos ist Maria aufgrund ihrer Jungfräulichkeit, und die Zeugung geschieht auf übernatürliche Weise durch den heiligen Geist. Zudem erhalten auch die wunderbaren Begleitumstände der Geburt selbst (Engelchor, Stern, Huldigungen usw.) ein ganz neues Gewicht.

Neben dieser alttestamentlichen Traditionslinie muss deshalb auch das religiöse Umfeld der hellenistischen Welt in den Blick genommen werden. Denn hier war die Vorstellung einer jungfräulichen Empfängnis bzw. göttlichen Vaterschaft von hervorgehobenen Personen wohl bekannt. Man erzählte sie sich nicht nur von Heroen wie z.B. Herakles, die durch die Vereinigung des Göttervaters mit einer irdischen Mutter gezeugt wurden. Auch Herrschern wie Alexander dem Großen oder sogar Philosophen wie Aristoteles sagte man die Zeugung durch eine Gottheit nach. Nicht notwendig, aber doch gelegentlich fungierte dabei die Jungfräulichkeit der Mutter als eine Voraussetzung, da sie sich mit Vorstellungen einer besonderen kultischen Reinheit verband. In den alexandrinischen Mysterien* des Ewigkeitsgottes Aion etwa wurde dessen zyklische Wiedergeburt mit dem Kultruf der Mysten* »Die Jungfrau hat geboren!« begrüßt.

Dem Judentum waren solche Vorstellungen grundsätzlich fremd. Dennoch ist auch die jüdische Theologie in hellenistischer Zeit von diesen Einflüssen nicht völlig unberührt geblieben. Der Religionsphilosoph Philo von Alexandrien (1. Jh. n. Chr.) z. B. deutete die Stammütter Sara, Lea, Rahel und Zippora auf allegorische Weise: Ihre Kinder hätten sie zwar (rechtlich) ihren Ehemännern geboren, in Wahrheit aber von Gott empfangen. Das so genannte slavische Henochbuch (1. Jh. n. Chr.), eine ebenfalls in Alexandrien entstandene jüdische Schrift, erzählt von der wunderbaren Geburt des Melchisedek, dessen Mutter Sopanima ohne jeden sexuellen Kontakt schwanger wird und unter wunderbaren Umständen ein vollendetes Kind zur Welt bringt.

Den entscheidenden Einfluss hatten jedoch auch in diesem Falle die alttestamentlichen Verheißungen. Ausdrücklich greift Mt 1,23 auf Jes 7,14 zurück: »Siehe, die Jungfrau wird schwanger sein und einen Sohn entbinden, und sie werden seinen Namen Immanuel nennen.« Matthäus nimmt hier den Wortlaut der Septuaginta, der griechischen Übersetzung des Alten Testament auf, die gegenüber dem hebräischen Wortlaut bereits ein Stück Interpretation darstellt: Während es im hebräischen Text heißt »die junge Frau ist schwanger«, schreibt der griechische Text »die Jungfrau wird schwanger sein«. Jesaja meinte mit der jungen Frau offensichtlich die bereits verheiratete, aber noch kinderlose Königin und kündigte mit ihrer Schwangerschaft einen Friedensherrscher in allernächster Zeit an. Für die späteren Übersetzer aber hat sich diese Zusage verschoben – die Schwangerschaft wird zum zukünftigen Ereignis, für das auch die Mutter noch nicht die nötigen Voraussetzungen erfüllt. Ob schon hier Einflüsse der religiösen Umwelt eine Rolle gespielt haben und diese erhoffte Schwangerschaft als göttliches Wunder (Jungfrauengeburt) verstehen ließen, kann man überlegen. In jedem Falle aber hat Matthäus diese Verheißung so verstanden und stellt ihre Erfüllung nun in der Geburt Jesu dar. Lukas verzichtet auf diesen Schriftbeleg, folgt aber dem gleichen Verständnis: Der göttliche Ursprung Jesu, des verheißenen »Retters«, des »Lichtes zur Erleuchtung der Völker«, kommt bereits in seiner Geburt zum Ausdruck.

Die Geburtsgeschichten sind in einer Zeit überliefert worden, die von großen Hoffnungen und Erwartungen bestimmt war. Im Judentum war es die Messiaserwartung, die gerade unter den bedrückenden politischen Verhältnissen des 1. Jhs. n. Chr. an Intensität und Facettenreichtum gewann. In der heidnischen Umwelt wirkte die vierte Ekloge des Vergil (40 v. Chr.) nach, in der die Geburt eines (Herrscher-)Kindes als der Beginn des Goldenen Zeitalters angekündigt wurde. Die Geschichten von der Geburt Jesu vermochten somit bei einem ganz unterschiedlichen Publikum Jesus als den erwarteten Heilsbringer zu verkündigen. Dies betrifft auch einen weiteren Zug, der sich nur bei Matthäus findet: Eben erst geboren, wird das Kind schon von seinen Feinden bedroht, mit Gottes Hilfe jedoch in Sicherheit gebracht. Erzählungen von dem verfolgten und geretteten Königskind finden sich in der hellenistischen Literatur zahlreich, von Romulus über Kyrus bis Nero. Aber auch jüdische Leserinnen und Leser mussten hier unwillkürlich an Mose denken, der allen Nachstellungen auf wundersame Weise entgeht und schließlich im Auftrag Gottes die Befreiung des Volkes aus der ägyptischen Sklaverei ins Werk setzt. Diesen Reichtum an Assoziationen gilt es zurückzugewinnen, wenn die Geburtsgeschichten Jesu am Anfang des 21. Jhs. gelesen werden.

Matthäus und Lukas erzählen

Wenn deutlich geworden ist, dass Matthäus und Lukas mit ihren Geburtsgeschichten »erzählte Theologie« bieten, dann verdient die Struktur dieser Erzählungen besondere Beachtung. Dabei fällt auf: Beide Evangelisten greifen auf verschiedene Geschichten zurück, die sie zu einer jeweils eigenständigen Erzählung verbinden. Ihre Übereinstimmungen legen nahe, dass es sich um gemeinsame Traditionen handelt. Ihre Unterschiede belegen, dass die Erzählungen selbst jedoch unabhängig voneinander verfasst worden sind.

Gemeinsamkeiten	Mt	Lk
Zeit	zur Zeit des Herodes	zur Zeit des Herodes
Ort	Betlehem (Mi 5,1)	Betlehem
Eltern	Josef ist Nachkomme Davids	Josef ist Nachkomme Davids
	Maria ist Jungfrau (Jes 7,14)	Maria ist Jungfrau
Ankündigung	der Engel des Herrn	Erzengel Gabriel
Zeugung	hl. Geist	hl. Geist / Kraft des Höchsten
Namensgebung	»Jesus« – im Auftrag des Engels	»Jesus« – im Auftrag Gabriels
Stammbaum	am Anfang	am Ende

Unterschiede	Mt	Lk
Einzelheiten		
Ort	Betlehem ist Heimatort	Betlehem ist nur Geburtsort
	Nazaret ist Zufluchtsort	Nazaret ist Heimatort
Ankündigung	gegenüber Josef im Traum	gegenüber Maria wachend
Huldigung	durch Magier vom Osten	durch Hirten aus Betlehem
Schauplatzabfolge	Betlehem-Ägypten-Nazaret	Nazaret-Betlehem-Nazaret
	Jerusalem gemieden	Jerusalem / Tempel aufgesucht
Stammbaum	von Abraham bis Christus	von Christus bis Adam / Gott
Stoffkomplexe		Täufergeschichte parallel
		Reise nach Betlehem / Zensus
	Magierepisode	Hirtenepisode
		Säugling im Tempel
	Flucht nach Ägypten	
	Kindermord in Betlehem	Zwölfjähriger im Tempel
Besonderheiten	eingefügte Schriftzitate	eingefügte Hymnen
	Jes 7,14; Mi 5,1; Hos 11,1;	Ave Maria, Magnificat,
	Jer 31,15	Benedictus, Gloria, Nunc dimittis

Aus einem Kranz verschiedener Episoden haben Matthäus und Lukas Erzählungen geschaffen, die den Ursprung Jesu mit jeweils eigenen Akzenten versehen. Die Erzählweise des Matthäus ist knapp und prägnant. Vieles bleibt dabei offen. Manche Stichwörter erhalten erst im weiteren Fortgang des Evangeliums eine Erklärung. Und immer wieder sind Schriftzitate in den Text eingefügt, die das Geschehen interpretieren. An den Anfang hat Matthäus einen Stammbaum Jesu gesetzt und damit für sein judenchristliches Publikum den Anschluss an die Geschichte des Gottesvolkes hergestellt. Dann folgen drei in sich geschlossene Episoden: von der Ankündigung der Geburt, von der Huldigung der Magier und von der Bedrohung und Errettung des Kindes. Der Blick bleibt ganz auf die Person des Josef konzentriert, der als Adressat der Ankündigung fungiert und auch im weiteren Fortgang die Initiative behält. Die Geburt wird nur beiläufig erwähnt. Dafür stellt Matthäus den Kontrast heraus, der zwischen den Magiern als den Vertretern der Völkerwelt und den Jerusalemer Autoritäten als den Vertretern des Gottesvolkes sichtbar wird.

Mt		Lk	
1,1	Titel	1,1–4	Vorwort
1,18–25	Ankündigung der Geburt	1,5–56	Ankündigung
1,18–19	Situation	1,5–25	Johannes
1,20–23	Vision	1,26–38	Jesus
1,24–25	Reaktion	*1,28–33*	*Ave Maria*
2,1–12	Huldigung der Magier	1,39–56	Maria bei Elisabeth
2,1a	Geburt	*1,46–55*	*Magnificat*
2,1b–9a	die Magier bei Herodes	1,57–2,20	Geburt
2,9b–12	die Magier bei dem Kind	1,57–80	Johannes
2,13–23	Bedrohung und Bewahrung	1,57–58	Geburt
2,13–15	Flucht nach Ägypten	1,59–80	Beschneidung
2,16–18	Kindermord in Betlehem	*1,67–79*	*Benedictus*
2,19–23	Rückkehr nach Nazaret	2,1–20	Jesus
3,1–12/17	Wirksamkeit des Täufers / Taufe	2,1–5	Zensus / Reise nach B.
		2,6–7	Geburt
		2,8–20	Huldigung der Hirten
		2,14	*Gloria*
		2,21	Beschneidung
		2,22–52	Tempel
		2,22–40	Säugling
		2,25–35	Simeon
		2,29–35	*Nunc dimittis*
		2,36–40	Hannah
		2,41–52	Zwölfjähriger
		3,1–20/22	Wirksamkeit des Täufers / Taufe

Viel weitläufiger und kunstvoller gestaltet Lukas seine Geschichte. Hymnische Texte unterbrechen immer wieder den Ablauf und interpretieren das Geschehen. Vor allem aber sind nun zwei verschiedene Erzählfäden ineinander geflochten. Ankündigung und Geburt Jesu werden jeweils durch Ankündigung und Geburt des Johannes vorbereitet. Deutlich richtet sich das Interesse auf die Frauengestalten: Für die Jesusgeschichte steht Maria nahezu allein im Mittelpunkt, und die beiden Textblöcke von Ankündigung und Geburt hat Lukas durch die Episode vom Besuch Marias bei Elisabeth miteinander verknüpft. Kontrastierend setzt Lukas der Hoheit des angekündigten Kindes die Armut seiner Geburt und den sozialen Status der Hirten entgegen. Ohne Verfolgung zu fürchten, zieht die Familie dann nach Jerusalem zum Tempel, wo Lukas einen dritten Textblock lokalisiert hat: Über dem Säugling werden an diesem bedeutsamen Ort prophetische Worte gesprochen, und eine letzte Episode zeigt noch einmal das mittlerweile zwölfjährige Wunderkind im Tempel, wie es mit den Schriftgelehrten diskutiert.

Geburt Jesu – Verkündigung von Christus

Die Geburtsgeschichten Jesu bei Matthäus und Lukas sind im Dienst christlicher Verkündigung erzählt worden. Ihnen fehlt vieles, was man in einer ordentlichen Biographie erwarten sollte. Um so mehr bieten sie ein reflektiertes Verständnis der Person Jesu Christi. Wenn man sie so als Zeugnisse einer »narrativen Christologie« versteht, dann verliert auch die Frage nach dem Anteil historisch gesicherter Details oder legendarischer Ausgestaltungen an Bedeutung. Dass Jesus unter schwierigen politischen Konstellationen geboren wurde »im jüdischen Land«, unterliegt auch ohne diese Erzählungen keinem Zweifel. Viel wichtiger ist jedoch die Frage, was die Geburt Jesu bedeutet – von den Gemeinden eines Matthäus und Lukas bis hin zu den christlichen Gemeinden in unserer Zeit.

Matthäus führt Jesus von Anfang an als den Davidssohn, den königlichen Messias Israels, ein. Deshalb ist Josef, der Davidsnachkomme, auch der wichtigere Handlungsträger. Deshalb stellt Matthäus auch den Davidssohn mit seinem Stammbaum betont in die Verheißungsgeschichte Israels hinein. Dass er diesen Stammbaum indessen bei Abraham beginnen lässt, blickt bereits voraus auf den Weg, den das Evangelium zu den Völkern nehmen wird. Überhaupt klingen die wichtigsten Themen, die den Fortgang der Jesusgeschichte bestimmen, in diesen ersten Kapiteln schon an. Das Kind erhält einen doppelten Namen: Jesus soll es heißen (»denn er wird sein Volk von seinen Sünden erretten«), und im Zitat von Jes 7,14 wird der Name Immanuel (»mit uns ist Gott«) auf das Kind bezogen. Von dem Immanuelsnamen aber spannt sich ein großer Bogen bis hin zum letzten Satz des scheidenden Jesus am Ende des

Evangeliums in 28,20 (»mit euch bin ich alle Tage bis an das Ende der Weltzeit«). Von Betlehem als dem Ort der Verheißung (Mi 5,1) führt der Weg des Kindes nach Nazaret in das »Galiläa der Heiden« (4,15), so wie der Weg des Auferstandenen später von Jerusalem fort nach Galiläa und der Weg der Gemeinde von Judäa zu den Völkern führen wird. In der heiligen Stadt Jerusalem planen die Repräsentanten des Gottesvolkes unterdessen das Verderben des Kindes, während die Repräsentanten der Völkerwelt dem Kind huldigen – so wie die Führer des Volkes später das Todesurteil in Jerusalem sprechen, die Glaubenden aus den Völkern indessen zu Christus finden werden. »Buch des Ursprungs Jesu Christi« betitelt Matthäus sein Evangelium, analog zum Wortlaut der griechischen Übersetzung von Gen 2,4 (»Buch des Ursprungs von Himmel und Erde«) oder Gen 5,1 (»Buch des Ursprungs der Menschen«): Mit der Geschichte Jesu beginnt also eine neue Heilsgeschichte. Die Flucht des Kindes nach und seine Rückkehr aus Ägypten rückt Mt 2,15 mit dem Zitat von Hos 11,1 (»Aus Ägypten habe ich meinen Sohn gerufen.«) in das Licht eines neuen Exodus. So gestaltet Matthäus die Erzählung von der Geburt Jesu zu einem »heilsgeschichtlichen Präludium« für sein ganzes Evangelium.

Lukas versteht sich als Historiker, der für ein heidenchristliches Publikum schreibt. Ihm liegt vor allem daran, das Auftreten Jesu nicht nur als ein Ereignis in der Geschichte des Gottesvolkes, sondern als einen neuen Akt auf der Bühne der Weltgeschichte zu begreifen. Sorgfältig notiert er die zeitgleichen politischen Machtverhältnisse – zunächst in Judäa (1,5), dann im Imperium Romanum (2,1–2), später noch einmal detailliert im Spannungsgebiet Palästina (3,1–2). Sein gegenüber Matthäus nachgereichter Stammbaum führt von Jesus rückwärts bis zu Adam / Gott und unterstreicht so die universale, menschheitsgeschichtliche Perspektive des ganzen Doppelwerkes. Bei Gott liegt der Ursprung Jesu – von Anfang an stellt Lukas seinen Leserinnen und Lesern den »Sohn Gottes« noch vor dem »Davidssohn« vor Augen. Auch für ihn sind die Geburtsgeschichten eben nicht nur ein biographisch notwendiger Vorspann. Vielmehr gestaltet Lukas in diesen Kapiteln so etwas wie die Skizze seiner ganzen Christusverkündigung – sie sind eine Art »Evangelium in Kurzfassung«. In der Verquickung der beiden Ankündigungs- und Geburtsgeschichten wird die heilsgeschichtliche Funktion des Johannes als des »Vorläufers« im Sinne der späteren Aussagen (Lk 7,28; Apg 19,4) bereits erzählerisch geklärt. In der Verknüpfung beider Erzählstränge wird der Übergang von der Zeit Israels zur Zeit Jesu anschaulich dargestellt. Die Zeit Jesu – nach dem heilsgeschichtlichen Epochenschema des Lukas »die Mitte der Zeit« – ist seit den Worten Gabriels an Maria vom Wirken des Gottesgeistes bestimmt. Und auch die noch weit entfernt liegende Zeit der Kirche klingt schon an, wenn der greise Simeon das Kind ein »Licht zur Erleuchtung der Völker« (2,32) nennt. Die Zuwendung Jesu zu denen am Rande der Gesellschaft erhält in der Huldigungszene der Hirten vor dem Kind in der Notunterkunft ihr erstes deutliches Signal. So ist es nur konsequent, wenn Lukas diese Vorschau auf den Weg des »Retters« durch die Episode vom Zwölfjährigen im Tempel beschließt: Weisheit und Gnade (2,40) begleiten den Weg des Gottessohnes seit seinem Eintritt in diese Welt.

So konnten die Geschichten von der Geburt Jesu bei Matthäus und Lukas – weit über die Mitteilung biographischer Anfangsdaten hinaus – Menschen zu allen Zeiten ergreifen und mit der Frage konfrontieren, wie sie zu diesem Jesus von Nazaret als dem Sohn Gottes stehen.

Textbeispiel:
Mt 2,1–12 (Geburt Jesu und Huldigung durch die Magier)
Matthäus hat seine Geburtsgeschichte in die Abfolge von drei etwa gleich langen Episoden gegliedert. Die mittlere (2,1–12) von der Geburt Jesu und der Huldigung durch die Magier steht dabei auch sachlich im Zentrum des ganzen Erzählzusammenhanges. Sie wird durch die Ankündigungsszene vorbereitet und findet in der Bedrohung und Errettung des Kindes eine Fortsetzung, die sich im Verhalten des Herodes bereits andeutet.

Den Schwerpunkt bildet das Auftreten der Magier. Die Geburt Jesu selbst kommt nur im einleitenden Nebensatz zur Sprache – einerseits um die Verbindung zum vorherigen Abschnitt herzustellen, andererseits um die Szene für die Magier als die Hauptakteure zu bereiten. Aus ihrer Perspektive werden die folgenden Ereignisse nun erzählt. Eine erste Szene schildert die Begegnung der Magier mit Herodes, ein zweite Szene die Begegnung der Magier mit dem Kind. Der Stern liefert das verbindende Motiv und verweist auf die Führung Gottes, dessen Regie die Magier folgen.

Gerade diese mittlere Episode hat auch die weitreichendste Wirkungsgeschichte erlebt. Zum Epiphaniasfest steht sie allein im Mittelpunkt und verbindet sich mit zahlreichen volkstümlichen Bräuchen. Dabei nimmt es das religiöse Brauchtum mit den Vorgaben des Textes nicht eben genau: weder ist dort von Königen die Rede noch von ihrer Zahl, ihrer Hautfarbe oder ihren Namen – all jenen Dingen also, die in den szenischen Aufführungen am »Dreikönigsfest« eine so wichtige Rolle spielen.

Ähnlich großzügig geht schon der Erzähler Matthäus mit den historischen Gegebenheiten um: Es ist kaum glaubhaft, dass die Hohenpriester und Schriftgelehrten, dazu das ganze Volk von Jerusalem, derart einträchtig erschrocken sein sollten – viel eher hätte wohl das Volk, bei dem Herodes höchst unbeliebt war, die Nachricht von einem neuen König mit Freuden zur Kenntnis genommen. Zudem erscheint die Strategie des Herodes nicht gerade besonders clever. Doch darauf kommt es dem Erzähler nicht an: Ihm geht es darum, den Kontrast zweier Gruppen möglichst scharf hervortreten zu lassen.

Auf der einen Seite steht Herodes mit den Jerusalemer Autoritäten. Der König im Bund mit den Vertretern der Tempelaristokratie und der Volksfrömmigkeit repräsentiert sozusagen die Führungsspitze des Volkes. Das Volk selbst aber wird pauschal hinzugenommen. Dieser Zug spiegelt sicher die Situation zur Zeit des Matthäus wider, in der sich die Wege von christlicher Gemeinde und jüdischer Gemeinschaft schon getrennt haben. Auf der anderen Seite stehen die Magier, die »vom Osten« aus einer unbestimmten Ferne kommen und offensichtlich die Völkerwelt vertreten. Während die erste Szene die Herodesgruppe hervorhebt, schwenkt die zweite Szene auf die Gruppe der Magier über. In beiden Szenen aber bleibt der Kontrast bestimmend: Herodes und seine Leute verfügen über die Schriften der Propheten, finden jedoch nicht zu dem Kind; die Magier folgen nur einem vagen Zeichen, gelangen jedoch ans Ziel. Herodes plant die Beseitigung des Kindes; die Magier aber erweisen ihm Verehrung. Herodes reagiert heimtückisch; die Magier agieren offen und arglos. Herodes bleibt in Unkenntnis und handelt planlos; die Magier werden durch Gottes Offenbarungen geführt. Bezugspunkt in diesem Bild ist das Kind. Dabei gewinnt der Kontrast eine weitere Dimension: Dem »falschen« König in Jerusalem tritt der »wahre« König in der Davidsstadt entgegen. Unmerklich wird das Publikum in die Geschichte verwickelt: Was ist das angemessene Verhalten gegenüber dem Evangelium von Jesus Christus? Matthäus bietet ihnen das Verhalten der Magier als Identifikationsmöglichkeit an.

Die Geschichte ist anschaulich erzählt. Ganz selbstverständlich wird Betlehem als Geburtsort eingeführt – erst später werden die Hohenpriester und Schriftgelehrten den Beleg dafür nennen. Auch Herodes kommt schon als derzeitiger König in den Blick. Es genügt, Ort und Zeit der Geburt Jesu nur kurz zu benennen. Denn sogleich wird die Aufmerksamkeit auf die Ankunft der Magier gelenkt. Der Begriff »Magier« hatte in der hellenistischen Welt einen durchaus ambivalenten Klang. Einerseits bezeichnete er Angehörige des persischen Priesterstandes bzw. allgemein die Vertreter orientalischer Religiosität und Wissenschaft, andererseits haftete er auch allen möglichen wandernden Scharlatanen an. Die Magier bei Matthäus erscheinen in einem positiven Licht. Dass sie die Zeichen des Himmels deuten können, weist sie eher als Vertreter einer Wissenschaftselite aus. Durch den Stern von Gott geführt, machen sie sich auf den Weg, gelangen jedoch zunächst einmal an die falsche Adresse. Sie sind in dieser Geschichte die Suchenden. Herodes und seine Leute hingegen gehen sofort in die Defensive. Ihr Schrecken ließe sich ganz einfach mit der Angst aller Machthaber vor Rivalen erklären, wenn die Nachfrage des Königs bei den Fachleuten nicht so auffallend präzis formuliert wäre: Herodes fragt sie ohne Umschweife nach dem Geburtsort »des Christus / des Messias«. Offenbar begreift er genau, was die Stunde geschlagen hat. Aber er nimmt eine feindliche Haltung ein und gibt damit seine Gesinnung zu erkennen. Auf der Erzählebene bleibt den Magiern die Absicht des Herodes verborgen, die Leserinnen und Leser indessen können in dem Erschrecken schon die verhängnisvollen Folgen ahnen. Eher wider Willen und nur aus eigennützigen, unlauteren Absichten bringt Herodes die Magier auf den richtigen Weg, den der Stern als göttliches

Zeichen dann bestätigt. Erst bei dieser Bestätigung stellt sich die Freude der Magier wieder ein und sie betreten das »Haus«, in dem sich Maria mit dem Kind befindet. Alle Züge einer ärmlichen Geburt hat Matthäus vermieden. Dem König Israels huldigen die Vertreter der Völker so, wie es sich gegenüber einem Herrscher gehört. Der Terminus der »Proskynese«, der die kniefällige Verehrung ausdrückt, zeigt den Rang des Kindes an. Die Geschenke, denen die spätere Auslegung fantasievolle Bedeutungen beigelegt hat, besagen wohl nur: Einem Herrscher bringt man die kostbarsten Dinge zum Geschenk – wie eben Gold und die seltenen Wohlgerüche. Kurz und schnörkellos erfolgt dann der Abgang. Im Traum wird den Magiern noch die böse Absicht des Herodes offenbart. Sie weichen Jerusalem aus und ziehen auf einer anderen Route heim. An ihrem weiteren Weg hat Matthäus kein Interesse mehr.

Die Leserinnen und Leser sind spätestens mit dieser Geschichte in Kenntnis gesetzt, wer Jesus Christus ist: Er ist der wahre König Israels, der von den Propheten verheißene davidische Messias. Seine Ablehnung durch die Vertreter des eigenen Volkes und die Zuwendung von Gläubigen aus den Völkern deuten sich bereits an. Darin wird eine grundsätzliche Entscheidungssituation sichtbar, die auch für die Gemeinde des Matthäus sowie die Gemeinden späterer Generationen Transparenz besitzt.

TEXTBEISPIEL:
LK 2,1–20 (GEBURT JESU UND HULDIGUNG DURCH DIE HIRTEN)
Im Gesamtzusammenhang der Geburtsgeschichten bei Lukas stellt 2,1–20 den erzählerischen Höhepunkt dar. Rein formal liegt mit der Episode die Parallelerzählung zur Geburtsgeschichte Johannes des Täufers vor, die im zweiten Textblock den beiden Ankündigungserzählungen folgt. Die bis dahin sorgfältig vorbereiteten Erwartungen der Leserinnen und Leser werden nun erfüllt. Dennoch fällt auf, dass der Abschnitt als eine relativ unabhängige Einheit erscheint: Josef und Maria werden zu Beginn noch einmal neu vorgestellt – und auch am Schluss könnte der Eindruck entstehen, als habe Maria erst aus den Worten der Hirten die Bedeutung ihres Kindes erkannt. Der dritte Textblock mit jenen Episoden, die im Tempel spielen, fügt sich daran als eine Art Epilog an.

Der Abschnitt konzentriert das Interesse vorrangig auf die Hirten. In der ersten Szene, die von der Steuerschätzung des Quirinius und dem Weg nach Betlehem handelt, geht es genaugenommen nur um die Vorbereitung des Schauplatzes: Einerseits wird die weltpolitische Bedeutung des Geburtstermines signalisiert, andererseits muss das Paar in die Davidsstadt gelangen. Die Geburt selbst schließt diese Szene ab – ähnlich knapp wie bei Matthäus notiert, wenngleich um einige Details der näheren Umstände bereichert. Dann aber kommen die Hirten ins Spiel. Eine erste Szene berichtet von der Engelerscheinung auf dem Feld, eine zweite von der Reaktion der Hirten, ihrer Huldigung und ihrer Weitergabe dessen, was sie gehört (8–14) und gesehen (15–19) haben. Alle entscheidenden Aussagen finden sich in den Worten des »Engels des Herrn« in der ersten Szene, die im Gloria der himmlischen Scharen gipfelt. Die zweite Szene bietet demgegenüber nur noch in knappen Strichen die Bestätigung der vorangegangenen Proklamation.

Mehr noch als die Geschichte der Magier bei Matthäus ist die Huldigung der Hirten vor dem Kind zum Inbegriff der »Weihnachtsgeschichte« geworden. Die oft dargestellte Romantik des Geschehens geht freilich an der ursprünglichen Situation vorbei. Auch von einer verzweifelten Herbergssuche oder der Hartherzigkeit der Betlehemer, die etwa in den Krippenspielen einen geradezu klassischen Topos darstellen, steht nichts im Text. Immerhin ist dabei zutreffend empfunden, dass die Niedrigkeit der Umstände in einem von Lukas bewusst gestalteten Kontrast zur wahren Hoheit des Kindes steht.

Die historischen Gegebenheiten macht Lukas seiner Verkündigungsabsicht dienstbar. Fremdherrschaft und ökonomische Bedrückung kennzeichnen die Situation in Palästina zu einer Zeit, die in der offiziellen politischen Propaganda als Goldenes Zeitalter galt und in der Augustus als Friedensherrscher gepriesen wurde. Deutlich tritt solchen Signalen am Anfang der Episode die machtvolle Proklamation des Engels auf dem Hirtenfeld gegenüber. Ohne Mi 5,1 zu zitieren steht auch für Lukas der Ort Betlehem als »Stadt Davids« (2,11) fest. Deshalb sind wohl gerade Hirten die ersten Adressaten der »guten Botschaft«. Denn es geht bei dieser Gruppe nicht nur um einen weiteren Zug, der die Armut Jesu und seine Zuwendung zu den Bedrückten hervorhebt. Vor allem erinnert das Hirten-Szenario natürlich an den »Ahnen« des Davidssohnes, der in Betlehem die Schafe hütete und als der kleinste unter seinen Brüdern von Gott erwählt und durch Samuel zum König gesalbt wurde.

Die Kontraste, mit denen der Erzähler Lukas seine Geschichte ausstattet, beziehen sich ganz auf das Kind. Die Gestalt des Kaisers Augustus bleibt vom ersten Vers her in Erinnerung, wenn das Kind im Munde des Engels durch eine Sprache, die sich mit politischer Herrscherterminologie berührt, als »Retter« proklamiert wird. Der »Gesalbte, Herr in der Stadt Davids« ist geboren – in diesen Wendungen schwingt im griechischen Text noch viel mehr an Anspruch und Hoheit mit, als die deutsche Wiedergabe erkennen lässt. Im krassen Gegensatz dazu aber stehen die konkreten Umstände: Die Entbindung findet in einer überfüllten Karawanserei statt; für das Kind bleibt nur der Futtertrog oder Futterplatz; trotz der Bedeutung des Ortes Betlehem schwingt das Moment der Heimatlosigkeit mit. Konsequent führt Lukas den verheißenen Messias als den ein, dessen Weg in Niedrigkeit seinen Anfang nimmt und der auch so enden wird.

Die Erzählung beginnt mit einem weiten Rundblick – das ganze Imperium Romanum sowie die Provinz Syrien tauchen vor den Augen der Leserinnen und Leser auf. Dann aber wird der Focus sehr schnell auf ein kleines Stück Wegstrecke zwischen Nazaret und Betlehem eingestellt. Josef und Maria treten als

Paar auf, das offenbar schon zusammen lebt, auch wenn die Wendung »seine Verlobte« zunächst noch den Rechtsstatus vor der Hochzeit benennt. Ansonsten wäre die Schwangerschaft angesichts der Öffentlichkeit einer Reise auch problematisch. Denn nur wer die Ankündigungsgeschichte zuvor gelesen hat, weiß, wie dieser durchaus delikate Sachverhalt zu verstehen ist. Die Mühsal der (Fuß-) Reise für eine hochschwangere Frau wird mit der Steuerschätzung begründet. Doch jenseits aller Versuche, die Details einer solchen Aktion zu rekonstruieren, gibt Lukas selbst die entscheidenden Hinweise zu ihrem Verständnis. In Betlehem muss der Davidssohn geboren werden. Für die Geburt genügt wiederum ein Halbsatz, in den Lukas allerdings noch ein präzisierendes Attribut einfügt: Sie entband ihren »erstgeborenen« Sohn. Damit soll noch einmal die Bedeutung des Kindes hervorgehoben werden – Erstgeborene sind immer die Prätendenten besonderer Verheißungen oder Auszeichnungen. Mit dem Verweis auf Windeln und Futtertrog führt Lukas Details ein, auf die später dann der Engel zurückgreifen kann. Sie sind nicht nur »Zeichen« für die Hirten im Sinne eines Erkennungsmerkmales – sie sind zugleich Hinweis auf die Niedrigkeit des Retters und damit Ausweis seiner Einzigartigkeit. Inzwischen ist in aller Stille das Kind geboren. Dieses Ereignis verlangt danach, bekannt gemacht zu werden. Die Szene wechselt somit zu den Feldern vor dem Ort. Lukas verzichtet darauf, die Hirten näher zu charakterisieren. Weder eröffnet er eine Idylle, noch führt er einen besonders verachteten Berufsstand ein. Fraglos aber sind sie – anders als die Magier – Vertreter des jüdischen Volkes und (in Erinnerung an die Davidsgeschichte) sozusagen die geborenen Adressaten der Heilsbotschaft. In ihnen wird das Volk selbst und nicht seine Führungselite angesprochen. Die Szene ist in Gestalt einer Klimax angelegt: In die nächtliche Finsternis erstrahlt die Herrlichkeit des Herrn – übermittelt durch seinen Boten. Die verständliche Furcht der Hirten lässt sich zugleich als ein festes Element von Theophanieschilderungen* erkennen. Der Botenspruch des Engels proklamiert das in der Geburt Jesu geschehene Heilsereignis. Was der Engel zu sagen hat, gilt »dem ganzen Volk«, womit wiederum zunächst Israel gemeint sein dürfte; erst Simeon spricht dann in 2,32 von der »Erleuchtung der Völker«. Die Hirten selbst aber sind Repräsentanten des Gottesvolkes. Die Hoheitstitel in der Engelsbotschaft enthalten gefüllte Würdebezeichnungen – »Retter / Heiland« kann im Alten Testament für Gott selbst gebraucht werden und gehört in der hellenistischen Welt zur Titulatur des Herrschers; »Christus / Messias« greift die messianische Hoffnung auf; der »Herr / Kyrios« lässt außer der Bezeichnung einer innerweltlichen Machtposition wiederum an die verbreitetste Gottesprädikation denken. Wenn der Engel noch ein Zeichen nennt, dann soll auf der Erzählebene die Suche der Hirten vorbereitet werden. Die Leserinnen und Leser erkennen darin jedoch die göttliche Bestätigung der zeichenhaften Geburtsumstände, die eben nicht nur einer biographischen Zufälligkeit geschuldet sind. Eine letzte Steigerung erfolgt mit dem Auftreten der himmlischen Heerscharen und ihrem zweizeiligen Hymnus, der sprachlich korrekt folgendermaßen zu übersetzen ist: »Verherrlicht ist Gott in den Höhen, und auf Erden ist Frieden bei den Menschen seines Wohlgefallens!« Der Zusatz zur zweiten Zeile betont nicht den guten Willen der Menschen, sondern bezieht das Geschehen auf alle jene, denen Gottes Wohlgefallen gilt – eine Aussage, die schon hier den universalen Horizont der Heilsbotschaft anklingen lässt. Was dann auf den Engelchor folgt, wird knapp und reportageartig berichtet. Mit den Engeln verlässt auch die Erzählung das Hirtenfeld und wechselt zum Ort der Geburt über, zu dem die Hirten aufbrechen. Diese zweite Szene ist insgesamt viel weniger durch ein statisches Bild als durch verschiedene Bewegungen gekennzeichnet. Die Hirten kommen eilend, finden, sehen, breiten das Wort aus und kehren wieder um, preisend und lobend. Nichts den Magiern Vergleichbares wird von ihrer Huldigung berichtet. Dafür aber werden sie zu den ersten Boten des Geschehens. Als Zeugen tragen sie das Gehörte und Gesehene weiter und lösen damit Verwunderung aus. Maria ist ebenso von der Bewegung ergriffen, wenngleich sie sich nur in ihrer Reflexion abspielt. Lukas deutet damit an, dass die Worte der Hirten, die von der Proklamation des Gottesboten berichtet haben, auch ihr ein neues Verständnis des Kindes eröffnen.

In ihrer erzählerischen Offenheit bietet die Geschichte für die Leserinnen und Leser eine Fülle von Assoziationen. Szenische Ausgestaltung und Vertiefung einzelner Züge drängen sich beinahe unwillkürlich auf. Die konkrete Geschichte im weltgeschichtlichen Horizont, die paradoxe Verbindung von Herrlichkeit und Niedrigkeit, die Art, wie Gott seinem Volk und allen Menschen begegnet – das alles fordert dazu auf, weiter bedacht und immer wieder neu verstanden zu werden.

Tod und Auferstehung Jesu

Streit um die Auferstehung

Am Glauben an die Auferstehung Jesu scheiden sich die Geister. Wenn schon die Wundererzählungen der Evangelien auf die Skepsis der Zeitgenossen stoßen, dann gilt das für die Ostergeschichten um so mehr. Erstaunliche Heilungen mag man durchaus noch den besonderen Fähigkeiten eines außergewöhnlichen Menschen zuschreiben – aber ein neues Leben nach dem Tod, sichtbar wahrgenommen von seinen Anhängern? Laut SPIEGEL-Umfrage von 1999 sind nur 29% der um ihre Meinung Gebetenen bereit, das für »wahr« zu halten. Unterdessen sorgt der Göttinger Theologe G. Lüdemann für Furore, der mit seiner medienwirksam verbreiteten Meinung, eine leibliche Auferstehung Jesu habe nie stattgefunden, Öl ins Feuer gießt. Vor allem geht es dabei um ein Feuer, auf dem die verschiedensten Missverständnisse gekocht und in kleinen, gut dosierten Portionen stets und immer wieder neu ausgeteilt werden.

Solche Skepsis ist durchaus kein modernes Phänomen. Allerdings ist sie erst seit der Aufklärung zu einer dauerhaften Herausforderung an die Theologie geworden. Damals hatte der Hamburger Orientalist Hermann Samuel Reimarus (1694–1768) in einem Werk, das erst nach seinem Tod von Lessing in den »Fragmenten eines Ungenannten« anonym herausgegeben wurde, die Auferstehung Jesu einer radikalen historischen Kritik unterzogen. Die Schrift löste ein theologisches Erdbeben aus, denn der Anonymus hatte behauptet, dass die »Auferstehung« auf eine trickreiche Erfindung zurückführe. Die Jünger, denen die Predigt der Gottesherrschaft als einträgliches Geschäft erschienen sei, hätten den Leichnam Jesu heimlich beiseite geschafft und dann das Gerücht von seiner Auferstehung ausgestreut. Die ganze Geschichte beruhe also auf einem Betrug, aus reinem Egoismus inszeniert. Etwas moderater versuchten es dann die Rationalisten des 18./19. Jhs., die den Tod Jesu als einen Scheintod verstehen wollten und damit die Fantasie der Romanciers bis in unsere Gegenwart hinein nachhaltig befruchtet haben. Hier war Reimarus zweifellos konsequenter. Viel Scharfsinn hatte er freilich für seine Konstruktionen nicht aufwenden müssen, denn schon im 1. Jh. kursierten ähnliche Anschauungen, die er im Neuen Testament vorfand. Der Evangelist Matthäus selbst berichtet in 27,62–64 davon: »Am nächsten Tag gingen die Hohenpriester und die Pharisäer gemeinsam zu Pilatus; es war der Tag nach dem Rüsttag. Sie sagten: Herr, es fiel uns ein, dass dieser Betrüger, als er noch lebte, behauptet hat: Ich werde nach drei Tagen auferstehen. Gib also den Befehl, dass das Grab bis zum dritten Tag sicher bewacht wird. Sonst könnten seine Jünger kommen, ihn stehlen und dem Volk sagen: Er ist von den Toten auferstanden. Und dieser letzte Betrug wäre noch schlimmer als alles zuvor.« Die Botschaft von der Auferstehung Jesu hat wohl schon immer zu einer Polarisierung der Meinungen geführt.

Zugleich aber gab es da jene Gruppe der Anhänger Jesu, für die die Begegnung mit dem Auferstandenen zum Grunddatum ihres Glaubens wurde. In der Auferstehungsbotschaft war der ungeheure Impuls enthalten, der aus einer verängstigten, sich bereits auflösenden Schar von Galiläern in Jerusalem eine Gemeinschaft machte, die in die Welt des römischen Imperiums aufbrach und unter enormen Entbehrungen binnen kurzer Zeit genau diese Botschaft bis an die Grenzen des damals bekannten Erdkreises trug. Ohne Ostern gäbe es keine Kirche. Und schon die Erinnerung an die Worte Jesu wäre ohne das Erlebnis der Auferstehungszeugen wohl bald verblasst. Paulus bringt es in 1Kor 15,14 auf den Punkt: »Wenn aber Christus nicht auferstanden ist, dann ist unsere Verkündigung leer, und euer Glaube ist sinnlos.« Folgerichtig wird das Bekenntnis zum Auferstandenen zum Ausgangspunkt christlichen Glaubens. Von Anfang an versammelten sich die Christen am Auferstehungstag und brachten damit den entscheidenden Grund ihrer neuen Gemeinschaft sichtbar zum Ausdruck. Im christlichen Festkalender lässt sich das Osterfest als das früheste aller Feste nachweisen, von dem dann das Kirchenjahr erst allmählich ausgeht und wächst. Was Christen seither von Jesus aus Nazaret überliefern, wie sie ihre Gegenwart gestalten und was sie für ihre Zukunft erhoffen – das alles steht nun im Licht dieser grundstürzenden Erfahrung der ersten Osterzeugen.

Auf diesem Bekenntnis der ersten Zeugen gründet der christliche Glaube bis auf den heutigen Tag. Deshalb verdienen die Texte, die uns davon berichten, eine besonders sorgfältige Betrachtung. Sie sind jedoch nicht von den Berichten über den Tod Jesu abzulösen. Tod und Auferstehung gehören zusammen. Auch wenn das zunächst etwas simpel erscheinen mag, ist es doch mehr als nur eine Binsenweisheit. Dahinter steht auch nicht etwa nur das Anliegen, jeder Idee von einem Scheintod Jesu von vornherein den Wind aus den Segeln zu nehmen. Die Anhänger Jesu haben den Tod ihres Meisters tatsächlich als das Ende ihrer Hoffnung erlebt. Und erst vor diesem Hintergrund erhielt die Botschaft von seiner Auferstehung jene Wucht, die sich dann als Initialzündung einer neuen Gemeinschaft auswirken konnte.

Jesu Tod – die unerwartete Katastrophe

Wer die Jesusgeschichte der Evangelien liest, wird schon früh auf ihren Ausgang vorbereitet. Besonders Markus hat eine Dramatik geschaffen, die bei fortschreitender Erzählung an Dichte gewinnt und mit unweigerlicher Konsequenz auf die Passion zuläuft. Zum ersten Mal erwähnt er in 3,6 den Plan, Jesus zu töten. Ab 8,31 lässt er Jesus sein Leiden selbst voraussagen, was dann durch die Zunahme der geschilderten Konfliktsituationen auch zunehmend an Wahrscheinlichkeit gewinnt. Das Kreuz wirft seinen Schatten weit voraus. Aber hier erfahren die Leserinnen und Leser des Markus schon mehr als die Anhänger Jesu selbst. Denn so, wie sich diese in dem Passionsbericht verhalten, scheinen sie von den sich überstürzenden Ereignissen in Jerusalem geradezu überrollt zu werden. Das Ende Jesu trifft sie offensichtlich unvorbereitet. Alle fliehen bei der Verhaftung. Ein anonymer Jüngling lässt nach Mk 14,51–52 sogar sein Gewand in den Händen der Häscher zurück, um das nackte Leben zu retten. Nur die Frauen, die von Galiläa an dabei sind, beobachten die Kreuzigung aus der Ferne. Petrus bringt zwar den Mut auf, dem Verhafteten noch bis in den Palast des Hohenpriesters nachzugehen – doch dann leugnet auch er seine Zugehörigkeit zu Jesus und setzt sich ab. Die Anhänger zerstreuen sich und kehren wohl zum Teil wieder nach Galiläa zurück. Die Emmausgeschichte in Lk 24 berichtet von zwei Männern, die zur Tagesordnung übergehen und dabei ihrer Enttäuschung unmissverständlich Ausdruck geben: »Wir aber hatten gehofft, dass er der sei, der Israel erlösen werde.« Diese Hoffnung ist gescheitert! Als die Frauen am Ostermorgen nach Mk 16,6 die Proklamation des Gottesboten »Er ist auferstanden!« vernehmen – da packt sie lediglich das Entsetzen. Und die Männer, denen sie nach Lk 24,11 davon erzählen, halten das kurz und bündig für »Geschwätz«. Wieso erinnert sich niemand an die Ankündigungen Jesu?

Man darf den tiefen Einschnitt, den der Karfreitag für alle Beteiligten bedeutete, nicht im Rückblick überspielen. Für die Nachfolgerinnen und Nachfolger war der Tod Jesu eine Katastrophe. Am Kreuz zerbrachen die Hoffnungen und Erwartungen, die sie in ihn gesetzt hatten. Auch was sie bis dahin von ihm zu wissen meinten, ließ sich mit diesem elenden Tod nicht mehr vereinbaren. Die Evangelisten haben diesen Schock nicht verschwiegen, auch wenn sie es dann unternahmen, ihn ein wenig abzumildern. Nach Lukas etwa bleiben die Anhänger Jesu immerhin in Jerusalem versammelt. Aber sie zeigen sich durchaus nicht ruhig und gelassen, als gäbe es hier nur drei Tage auszuhalten, bis alles wie erwartet sein gutes Ende finde bzw. einen neuen Anfang nehme. Die Auferstehungsbotschaft löst bei ihnen kein Aha-Erlebnis aus. Sie bedürfen erst verschiedener Anstöße, um die Tragweite dessen zu begreifen, was die Frauen da berichten. Jesus selbst erweist sich im Passionsbericht als ein Mensch, der sein Geschick wohl ahnen, aber noch nicht bis in alle Einzelheiten überschauen kann. In Getsemani ringt er mit Gott. Am Kreuz stirbt er nach Markus und Matthäus mit dem Schrei auf den Lippen: »Mein Gott, mein Gott, warum hast du mich verlassen?!« Es ist ein Schrei, der immerhin Ps 22,1 zu zitieren weiß und auch Gott als den Adressaten dieses Psalmverses nicht vergisst. Doch an dem grausamen Tod selbst führt kein Weg vorbei. Wiederum mildern Lukas und Johannes die Härte ab, wenn sie Jesus am Kreuz in souveräner, hoheitsvoller Haltung darstellen. Den Bruch, den der Kreuzestod bedeutet, können und wollen jedoch auch sie nicht verdecken.

Hier lag für die Urchristenheit wie für ihre Zeitgenossen überhaupt der größte Anstoß. Für uns ist das in einer Zeit, in der kunsthandwerklich wertvolle Kreuze mit hohem ästhetischen Anspruch kirchliche Räume zieren oder als Schmuckobjekte getragen werden, kaum noch nachzuempfinden. In der römisch-hellenistischen Welt hingegen galt die Kreuzigung nicht nur als die grausamste, sondern zugleich auch als die demütigendste aller Hinrichtungsarten. Vermutlich liegen ihre Ursprünge in Persien, bevor sie sich dann durch Alexander den Großen in der gesamten Mittelmeerwelt ausbreitete. Die Römer griffen sie jedenfalls dankbar auf und entwickelten sie als ein Instrument der Abschreckung weiter. Römische Bürger waren davon ausgenommen. Vielmehr blieb diese Hinrichtungsart Sklaven, »Barbaren« und besonders Aufrührern in den Provinzen vorbehalten. Das Geschehen selbst, das von zahlreichen antiken Autoren beschrieben worden ist, vollzog sich in den verschiedensten Varianten und entartete zunehmend zu einem Spielfeld, auf dem sich der Sadismus der römischen Legionäre austoben konnte. Die gezielte Schändung des Delinquenten war ein fester Bestandteil der Prozedur. In der Regel verband sich mit der Kreuzigung dann auch die Grabverweigerung, sodass der Leichnam Vögeln und Raubtieren überlassen blieb. Dies alles schwingt mit, wenn Paulus in 1Kor 1,23 schreibt: »Wir aber verkündigen Christus als den Gekreuzigten: für Juden ein Skandal, für Nichtjuden eine Dummheit!« Noch lange Zeit wurde es als äußerste Zumutung empfunden, dass ein derart schändlich Exekutierter »Sohn Gottes« sein solle. Große Persönlichkeiten starben eines ehrenvolleren Todes. Ein solches Ende konnte zunächst nur als endgültiges Scheitern verstanden werden. Diesem grausamen Eindruck vermochte sich auch der Kreis der engsten Anhänger am Karfreitag wohl kaum zu entziehen. Der Kreuzestod musste ihnen in einer bestürzenden Sinnlosigkeit erscheinen. Erst im Lichte der Auferstehungsbotschaft begannen die Anhänger Jesu, das Geschehen zu begreifen und seinen Sinn zu deuten.

In dieses langsame Begreifen ist schon früh ein Missklang eingedrungen, der bis in unsere Gegenwart hinein noch nicht zum Verstummen gebracht werden konnte: Wer trägt die Schuld am Tod Jesu? Historisch lässt sich diese Frage relativ schnell beantworten. Im Prozess Jesu kommt es zur Aktionseinheit von drei ansonsten höchst gegensätzlichen Gruppierungen. Die entscheidende Rolle spielt dabei die römische Besatzungsmacht, die allein die Blutgerichtsbarkeit besaß und mit der Kreuzigung ihr eigenes, vielfach erprobtes Hinrichtungsverfahren anwandte. Die Autoritäten der jüdischen Selbstverwaltung (Synedrion und Hoherpriester) werden dafür im Vorfeld tätig, liefern den Anlass und formulieren die Anklage. Die »Volksmenge« schließlich wird man sich bestenfalls als einen überschaubaren, vielleicht sogar handverlesenen Mob vorstellen müssen. Die Masse des Volkes nimmt von den Ereignissen vermutlich kaum Notiz. Welche Bedeutung aber hat diese Konstellation? Bereits die Evangelisten versuchen in ihrer Darstellung, die römische Seite zunehmend zu entlasten, dafür aber »die Juden« stärker zu belasten. Am weitesten geht hier Matthäus, der in 27,25 mit dem Ruf des Volkes »Sein Blut komme über uns und unsere Kinder!« den Eindruck erweckt, als ginge es hier um ein ganz Israel umfassendes und auf die folgenden Generationen ausgreifendes Verschulden. In diesem verhängnisvollen Sinne ist der Satz dann auch von christlichen Auslegern immer wieder (miss-)verstanden worden und hat letztlich mit dazu beigetragen, dem neuzeitlichen Antisemitismus den Boden zu bereiten. Aber selbst wenn das schon historisch nicht zu rechtfertigen ist (ein kleiner, zusammengerotteter Haufen und die Güte Gottes gegenüber seinem erwählten Volk?!) – so ist es erst recht theologisch falsch. Denn sehr schnell hat die Urchristenheit begriffen, dass Jesu Tod nicht »wegen ...«, sondern »für ...« geschehen ist. Das lässt erst den volltönenden Hauptakkord erklingen, der allein die Tonart angeben kann: Der Tod Jesu hat Heilsbedeutung. Joh 3,16 formuliert prägnant: »Denn so hat Gott die Welt geliebt, dass er seinen einziggeborenen Sohn dahingab ...« – und zwar zur Rettung, nicht zum Verderben! Gott hat den Sohn dahingegeben – bzw. der Sohn hat sich selbst dahingegeben. Der Grund dafür aber liegt nicht bei einem Volk oder einer Gruppe von Menschen, sondern bei der Situation der Menschheit überhaupt. Theologisch völlig sachgemäß haben das unsere Passionschoräle verinnerlicht – wie z. B. EG 85,4: »Nun, was du, Herr, erduldet, ist alles meine Last; / ich hab es selbst verschuldet, / was du getragen hast. ...« Damit erweist sich die historische Frage nach der Schuld am Tode Jesu letztlich als theologisch gegenstandslos. Und man kann es nur als schizophren bezeichnen, einerseits um die Heilsbedeutung des Todes Jesu zu wissen, andererseits aber weiterhin gefährlich gedankenlos von »den Juden« als »den Gottesmördern« zu reden.

Um den Tod Jesu zu bewältigen und zu begreifen, hat die Urchristenheit zunächst einige Zeit gebraucht. Der wichtigste Ausgangspunkt aber wurde dafür die Botschaft von der Auferstehung Jesu. So schockierend der Karfreitag auch war – Jesu Tod am Kreuz blieb nicht das letzte Wort. Dass Gott ihn auferweckte, schuf einen neuen Anfang, der diesen Tod nun auch seiner Sinnlosigkeit entriss. Darin liegt der Kern des urchristlichen Bekenntnisses, aus dem sich die Geschichte der Kirche nun in ihrer erstaunlichen Dynamik entfaltet.

Erscheinungen des Auferstandenen – die überraschende Wende

Von dem Ereignis der Kreuzigung haben die Evangelisten in deutlicher, wenngleich sparsam gestalteter Weise berichtet. Anders verhält es sich bei dem Ereignis der Auferstehung. Hier gibt es keine Augenzeugen. Es kann sie auch nicht geben, denn Jesus erwacht am Ostermorgen nicht einfach zu einer Fortsetzung seines vorherigen Lebens. Daran lassen die Evangelisten keinen Zweifel: Der Auferstandene befindet sich bereits in einer neuen, ganz anderen Wirklichkeit. Aus der Welt Gottes heraus begegnet er. Und in die Welt Gottes zieht er sich wieder vor seinen Anhängern zurück. Der Ausgangspunkt lässt sich weder mit den Mitteln rationalen Denkens noch mit Hilfe empirischer Untersuchungen nachprüfen. An das Ereignis selbst reicht historische Rückfrage nicht mehr heran – wohl aber an die Spuren, die es in der Geschichte hinterlassen hat. Der Auferstandene »erscheint« seinen Anhängern, er »lässt sich von ihnen sehen«. Diese Ostererscheinungen sind es, die den Glauben der ersten Christen begründen: »Er lebt!« Sie ereignen sich auf vielfältige Weise und führen nach anfänglicher Verunsicherung zu einer Gewissheit, die jeden Zweifel überwindet.

Erzählerisch vermitteln die Ostererscheinungen in den Evangelien noch etwas von dem Überraschungsmoment des Anfangs. Man gewinnt den Eindruck einer Erfahrung, die sich erst allmählich Bahn brechen muss. Es sind verschiedene Einzelpersönlichkeiten wie Maria Magdalena oder Petrus, denen der Auferstandene begegnet, Frauen und Männer gleichermaßen. Zu diesen individuellen Erfahrungen kommen die Erlebnisse ganzer Gruppen hinzu. Und erst, indem aus einzelnen Begebenheiten heraus eine gemeinsame Einsicht erwächst, gewinnt die Gewissheit der Osterzeugen ihre klare Gestalt. Der »kumulative Effekt« der vielfältigen Ostererscheinungen führt schließlich zur gegenseitigen Bestätigung und verdichtet sich in jener Botschaft, die nun einen neuen Anfang setzt. Eine Stoffübersicht kann die Vielfalt der Erscheinungsberichte veranschaulichen:

Matthäus: zwei Erscheinungen – die erste bereitet die zweite vor (Jerusalem / Galiläa)
- Mt 28,9–10: Erscheinung vor den Frauen auf dem Rückweg vom Grab
- Mt 28,16–20: Erscheinung vor den Elf auf einem Berg in Galiläa

Lukas: drei Erscheinungen mit zunehmendem Gewicht – Klimax (nur in Jerusalem)
- Lk 24,34: Ersterscheinung vor Petrus – erzählerisch nachgeholt
- Lk 24,13–35: Erscheinung vor zwei Jüngern auf dem Weg nach Emmaus
- Lk 24,36–49: Erscheinung im Jüngerkreis
  => Apg 1,1–14: 40 Tage lang lässt sich der Auferstandene »unter ihnen sehen«
  => Lk 24,50–53 / Apg 1,9–12: Himmelfahrtsszene als letzte der Ostererscheinungen

Johannes: vier Erscheinungen mit unterschiedlichem Charakter (Jerusalem / Galiläa)
- Joh 20,11–18: Erscheinung vor Maria Magdalena
- Joh 20,19–23: Erscheinung im Jüngerkreis – ohne Thomas
- Joh 20,24–29: Erscheinung im Jüngerkreis – mit Thomas
- Joh 21,1–14.15–24: Erscheinung am See Tiberias und Abschiedsmahl

Markus: fällt hier aus => 16,9–20 ist später hinzugefügt und nimmt Lk / Joh auf
- Verweis auf die Erscheinung vor Maria Magdalena (Joh 20)
- Verweis auf die Erscheinung vor den Emmausjüngern (Lk 24)
- Verweis auf die Erscheinung im Jüngerkreis (Lk 24)

Paulus: 1Kor 15,5–7 bietet die älteste Liste der Auferstehungszeugen
- Kephas / die Zwölf / über 500 Brüder auf einmal / Jakobus / die Apostel alle
- nach dieser Liste in 15,8: »Zuletzt aber von allen ist er auch mir (Paulus) ... erschienen.«
  => vgl. dazu 1Kor 15,8: »ist er auch mir erschienen«; Gal 1,15–16: »dass er (Gott) seinen Sohn in mir offenbare«; 1Kor 9,1: »Habe ich nicht unseren Herrn Jesus gesehen?«; Phil 3,8: »die überschwängliche Größe der Erkenntnis Jesu Christi«
  => Apg 9 / 22 / 26: Lukas lokalisiert diese Erscheinung vor Damaskus und führt sie als detaillierte Erzählung aus

Auch die Himmelfahrtserzählung bei Lukas (Lk 24 / Apg 1) muss mit unter die Ostererscheinungen gerechnet werden. Denn es geht dabei nicht um eine räumliche Entfernung, nicht um eine Art Senkrechtstart in galaktische Weiten (auch wenn die Redeweise von »in den Himmel emporgehoben werden« zu diesem Missverständnis einlädt) – sondern um das letztmalige Erscheinen und den letztmaligen Rückzug in die ganz andere Wirklichkeit Gottes, in der sich Jesus seit seiner Auferstehung bereits befindet. Der Schluss des Markusevangeliums (16,9–20) ist bekanntlich erst in späteren Handschriften hinzugefügt worden und wiederholt nur das, was aus Lk und Joh bereits bekannt ist. Besondere Beachtung verdient indessen der Umstand, dass auch Paulus als der früheste Autor im Neuen Testament sein eigenes Bekehrungs- bzw. Beauftragungserlebnis, das die Apostelgeschichte vor Damaskus lokalisiert, in 1Kor 15,8 abschließend der Reihe der Ostererscheinungen hinzufügt. In der vorausgehenden Liste erfahren wir dann auch noch von anderen Erscheinungen, die über die Mitteilungen der Evangelien (Petrus, die Zwölf, die »Apostel«?) hinausgehen: so erwähnt Paulus etwa in 1Kor 15,6–7 eine »Massenerscheinung« von 500 Brüdern sowie eine weitere Einzelerscheinung vor Jakobus. Möglicherweise war die Vielfalt der Überlieferungen also ursprünglich noch größer. Das hat man gelegentlich auch für die so genannten »rückdatierten Ostergeschichten« vermutet.

»rückdatierte Ostergeschichten« ?? – eine Hypothese
– Ursprünglich könnte es sich dabei um Ostererscheinungen gehandelt haben, die rückblickend dann der vorösterlichen Jesusgeschichte eingefügt worden wären.
  • Lk 5,1–11: Berufung des Petrus – das Fischfangwunder assoziiert die Situation von Joh 21,1–14
  • Mk 6,45–52 / Mt 14,22–33: Seewandel – die Jünger halten die Erscheinung zunächst für ein Gespenst
  • Mk 9,2–10 / Mt 17,1–9 / Lk 9,28–36: Verklärung – den Begleitern erscheint Jesus in einer anderen Gestalt
– Diese Hypothese lässt sich nicht wirklich erhärten – zutreffend ist nur, dass das Licht der Ostererfahrung später auch auf die Erzählung der Jesusgeschichte zurückstrahlt.

Formal unterscheiden sich die Erscheinungsberichte in zweifacher Hinsicht. Dafür hat sich in der Literatur die Klassifizierung von »Rekognitionserscheinungen« und »Auftragserscheinungen« eingebürgert.

Rekognitionserscheinungen: der Auferstandene tritt als Fremder auf – in der Erscheinung wird er erst erkannt
  • Lk 24,13–35: die Emmausjünger halten ihren Weggefährten für einen Fremden – und erkennen ihn erst an seinen Worten und Gesten beim gemeinsamen Mahl
  • Joh 20,11–18: Maria Magdalena hält den Auferstandenen für den Gärtner – und erkennt ihn erst, als er sie mit ihrem Namen anspricht
  • Joh 21,1–14: die Jünger am See Tiberias befolgen den Rat eines Unbekannten, noch einmal die Netze auszuwerfen – und erst der Lieblingsjünger erkennt vom See her den Herrn
Auftragserscheinungen: der Auferstandene tritt als Bekannter auf – in der Erscheinung wird ein Auftrag vermittelt
  • Mt 28,9–10: Erscheinung vor den Frauen auf dem Rückweg vom Grab – sie sollen die Botschaft an die Jünger übermitteln und dieselben nach Galiläa bestellen

- Mt 28,16–20: Erscheinung vor den Elf auf einem Berg in Galiläa – »Missionsbefehl«
- Lk 24,36–49: Erscheinung im Jüngerkreis – »Ihr seid Zeugen dieser Dinge! ... Bleibt in der Stadt, bis ihr mit Kraft aus der Höhe ausgerüstet werdet«
  => Apg 1,1–14: »Ihr aber werdet die Kraft des heiligen Geistes empfangen und werdet meine Zeugen sein«
- Joh 20,19–23: Erscheinung im Jüngerkreis – Sendungsauftrag und Vollmacht zur Sündenvergebung
- Gal 1,16: »... der seinen Sohn offenbare in mir, damit ich ihn unter den Völkern verkündigen sollte ...«

Das Hauptanliegen der Erscheinungsberichte wird jedoch erst an einigen erzählerischen Details sichtbar, die zunächst als befremdlich erscheinen mögen und die zudem in einer sichtbaren Spannung zueinander stehen. Denn einerseits legen die Berichte großen Wert darauf, die personale Identität des Auferstandenen mit dem gekreuzigten Jesus aus Nazaret sowie seine körperliche Realität hervorzuheben. Er ist an seinem Äußeren ebenso wie am Klang seiner Stimme oder seinen unverwechselbaren Gesten zu erkennen, er isst und trinkt, er lässt sich anfassen und lässt seine Wunden berühren. Andererseits aber erscheint er merkwürdig unzugänglich, bleibt zunächst unerkannt, verschwindet plötzlich während des Mahles, tritt durch verschlossene Türen ein oder kann die Berührung durch Maria Magdalena geradezu verweigern. Solche Spannungen erwachsen nicht etwa aus dem erzählerischen Unvermögen der Evangelisten, sondern sind Ausdruck des gezielten Bemühens, das Geheimnis einer neuen Existenzweise Jesu zu umschreiben oder anzudeuten. Sie kleiden dabei in Geschichten, was Paulus etwa in 1Kor 15 durch die aus der philosophischen Tradition entlehnte Begrifflichkeit von »psychischem« und »pneumatischem* Leib«, von »vergänglich« und »unvergänglich« umschreibt. Der Auferstandene lebt nicht etwa in Gestalt einer irgendwie als unsterblich gedachten Seele fort, sondern wird zu einer körperlichen Existenz erweckt. Dennoch wird er nicht wieder von neuem Mensch, der zu seinen früheren Gewohnheiten und Vorhaben zurückkehrt. Das unterscheidet die Ostergeschichte auch grundlegend von allen anderen Erzählungen, in denen das Wunder einer Totenauferweckung verkündet wird. Nicht Rückkehr, sondern ein völlig neuer Anfang eines völlig anders gearteten »Lebens« ereignet sich in der Auferstehung Jesu. Dieses neue Leben steht in Kontinuität zu dem früheren – das wollen die Rekognitionsvisionen unterstreichen. Aber es lässt die Grenzen dieses früheren Lebens weit hinter sich und gehört bereits der Wirklichkeit Gottes an. Insofern beschreiben die Erscheinungsberichte vielfältige, jeweils befristete Erfahrungen. Auch Lukas betrachtet die Gegenwart des Auferstandenen während jener 40 Tage nach Apg 1 nicht als eine Art Dauergemeinschaft mit den Zwölf, sondern als eine Frist gehäufter Erscheinungen, die alle aus der Wirklichkeit Gottes heraus erfolgen. Hier gerät jede Aussage zwangsläufig in einen Grenzbereich, in dem sich präzise, eindeutige Erklärungen als unmöglich erweisen.

Über den Charakter der Ostererscheinungen hat es deshalb eine lange Diskussion gegeben. Vor allem die ältere liberale Theologie* interpretierte die Erscheinungen als subjektive visionäre Erlebnisse, die sich in der Psyche der Osterzeugen ereignet hätten und von dem Glauben an die Auferstehung ausgelöst worden seien. Aber dann müsste man erklären, woher dieser Glaube so plötzlich aufgetaucht wäre. Von Karfreitag zu Ostern gibt es gerade keinen gleitenden Übergang. Im Gegenzug betonte man deshalb den objektiven Charakter der Visionen und verwies auf die Realität jener Erfahrungen, ohne die der überraschende Osterglaube nicht hätte zustande kommen können. Dass die ersten Zeugen zum Glauben an die Auferstehung Jesu durchdringen, geschieht nicht voraussetzungslos. Unabdingbare Voraussetzung ist die Tat Gottes an Jesus, die den Osterzeugen in Gestalt von Erscheinungen des Auferstandenen offenbart wird. Hinter diese Einsicht führt heute kein Weg zurück – wenn man sich dessen bewusst bleibt, dass auch diese Erscheinungen wie alle visionären Erfahrungen der kritischen Rückfrage letztlich entzogen bleiben. Sie bleiben der unverfügbare Besitz jener Osterzeugen, und nur im Vertrauen auf ihr Zeugnis, beglaubigt durch den ungeheuren Impuls ihres Aufbruchs sowie den weiteren Weg der Christenheit durch die Zeiten haben sich Christen immer wieder von dieser Botschaft ergreifen lassen. Darin liegt die Eigenart des Osterglaubens, für den auch ein materieller Beweis oder ein rational zwingender Schluss keine bessere Grundlage bieten könnte. Die Wirklichkeit Gottes, an der der Auferstandene schon teilhat, lässt sich unter den Bedingungen menschlicher Existenz nur an ihrer Auswirkung auf Menschen – an der Tragfähigkeit ihres Miteinanders und an der Reichweite ihrer Hoffnung – erkennen.

Osterglaube – das Bekenntnis der Zeugen

Durch die Erscheinungen des Auferstandenen kommt es zum Osterglauben. Der Osterglaube wiederum wird zum Urdatum christlichen Glaubens überhaupt. So kann es nicht verwundern, dass bereits in den ältesten Bekenntnisformeln der Urchristenheit – noch lange, bevor die Evangelisten ihre Erzählungen niederschreiben – Tod und Auferstehung Jesu in prägnanter Verdichtung den Grundbestand dessen ausmachen, was christliche Identität beschreibt. In 1Kor 15,3–8 übermittelt Paulus eine solche Bekenntnisformel, die in ihrer Bedeutung kaum überschätzt werden kann:

Denn ich habe euch zuerst überliefert,

was auch ich übermittelt bekommen habe:

	A	a	dass Christus	**gestorben** ist für unsere Sünden	– gemäß den Schriften
4		b	dass er	**begraben** worden ist	
	B	a	dass er	**auferweckt** worden ist am dritten Tag	– gemäß den Schriften
5		b	dass er	**erschienen** ist	*dem Kephas,*
					danach *den Zwölf*
6					danach *über 500 Brüdern* auf ein Mal,
					von denen die meisten bis jetzt noch leben,
					einige aber sind (schon) entschlafen,
7					danach *dem Jakobus,*
					danach *den Aposteln allen.*
8			Zuletzt aber von allen ist er **erschienen**.	*auch mir (Paulus)* – gleichsam einer Fehlgeburt –

Der Aufbau dieses bemerkenswerten Textes ist relativ leicht durchschaubar. In 15,3 beginnt der Abschnitt mit einer kurzen Notiz, die das Folgende als ein Stück urchristlicher Tradition ausweist: Paulus hat selbst übermittelt bekommen, was er den Korinthern weiter überliefert hat. Hier kommt also keine private Meinung zur Sprache, sondern das, was urchristlichen Konsens darstellt. Dieser einleitenden Notiz schließt sich nun eine zweigliedrige Bekenntnisformel als das Herzstück des Abschnittes an, die wiederum in paralleler Doppelung gestaltet ist. Die Kernaussagen finden sich in Aa und Ba: Christus ist gestorben und auferweckt worden – beides geschah in Übereinstimmung mit den Schriften. Dem Gestorbensein und dem Auferwecktwerden aber sind dann in Ab und Bb noch einmal Beglaubigungen hinzugefügt. Der Gestorbene wurde auch begraben, d. h. er starb wirklich. Der Auferweckte ist auch erschienen, d. h. er wurde wirklich auferweckt. Gestorben und begraben, auferweckt und erschienen – das ist in didaktisch einprägsamer Kürze das Wichtigste, was christlicher Glaube von Jesus Christus zu bekennen weiß. Aus dem letzten Glied der Formel (Bb) wächst dann schließlich noch eine Liste heraus, die Zeugen für die Erscheinungen aufzählt. Der traditionelle und den urchristlichen Konsens betonende Charakter der ganzen Formel lässt vermuten, dass hier eine allgemein anerkannte Aufzählung vorliegt. Auch ihre Abfolge scheint Bedeutung zu besitzen. Denn immerhin wird die Ersterscheinung vor Petrus (vgl. Lk 24,34) und die Erscheinung im Zwölferkreis auch durch die spätere Evangelienüberlieferung vertreten. Ob 15,6–7 zu der ursprünglichen Formel noch hinzugehörte oder von Paulus aus eigener Kenntnis fortgeführt wurde, lässt sich nicht sicher entscheiden. Auf jeden Fall aber hat sich Paulus dann in 15,8 selbst noch als letzten Osterzeugen an die Liste angeschlossen.

Solchen Formeln, die vor allem in den Briefen des Paulus immer wieder begegnen, gilt das Interesse der formgeschichtlichen Forschung. Nach Inhalt und Funktion lassen sich hier geprägte Typen unterscheiden, die alle in den Bereich der Unterweisung oder in das Umfeld des Taufgeschehens verweisen. Man hat dafür verschiedene Benennungen gefunden, die sich gelegentlich unterscheiden. Aber in der Beobachtung eigenständiger, in mündlichem Gebrauch vorgeformter Sätze selbst besteht Einigkeit. In ihnen sind Spuren urchristlicher Theologie aufbewahrt geblieben, die in den ältesten Schriften des Neuen Testamentes dann aufgenommen und weiter entfaltet werden konnten. Dabei fällt nun auf, dass Tod und Auferstehung Jesu die zentralen Inhalte darstellen. Was 1Kor 15,3–8 exemplarisch formuliert, kehrt in vielfältigen Varianten wieder. Da, wo der Tod Jesu ausgesagt wird, dringt in die Formulierung des Bekenntnissatzes bereits ein Stück Deutung dieses Todes ein. Entweder wird das Sterben als ein stellvertretendes Sterben konstatiert (»Sterbeformel« – z.B. 1Thess 5,10 »... unser Herr Jesus Christus, der für uns gestorben ist, damit ...«), oder es wird direkt als ein gezieltes Handeln Gottes bzw. Christi beschrieben (»Dahingabeformel« – z.B. Gal 1,4 »... der Herr Jesus Christus, der sich selbst dahingegeben hat für unsere Sünden ...«). In der Regel aber schließt sich dieser deutenden Aussage des Todes dann das Bekenntnis zur Auferweckung Jesu an. Die »Auferweckungsformel« begegnet in zweifacher Gestalt: als indikativische Aussage und als partizipiale Gottesprädikation.

indikativische Aussage: »Gott hat Jesus auferweckt von den Toten!«
- 1Thess 1,10: »... und um zu erwarten seinen Sohn vom Himmel her, den er auferweckt hat von den Toten, Jesus, der uns von dem künftigen Zorn erretten wird.«
- 1Kor 6,14: »Gott aber hat den Kyrios / Herrn auferweckt und wird auch uns auferwecken durch seine Macht.«
- 1Kor 15,15: »Wir würden dann als Lügenzeugen Gottes entlarvt, weil wir gegen Gott bezeugt hätten, dass er Christus auferweckt hat, den er doch nicht auferweckt hätte ... [was aber nicht der Fall ist] ...«
- Röm 4,25: »... der um unserer Übertretungen willen dahingegen und um unserer Gerechtigkeit willen auferweckt worden ist.«
- Röm 10,9: »Denn wenn du bekennst mit deinem Mund: ›Kyrios / Herr ist Jesus!‹, und wenn du glaubst in deinem Herzen: ›Gott hat ihn auferweckt von den Toten!‹ – dann wirst du gerettet.«

partizipiale Gottesprädikation: »der, der Jesus auferweckt hat von den Toten«
- Paulus 4x: Röm 4,24; 8,11; 2Kor 4,14; Gal 1,1
- spätere Briefe 4x: Eph 1,20; Kol 2,12; 1Petr 1,21; Hebr 13,20

Zu dieser Formel gibt es eine überraschende Analogie. Einer der wichtigsten Glaubenssätze im Alten Testament ist die so genannte »Herausführungsformel«. Auch sie liegt in zweifacher Gestalt vor: Die indikativische Aussage beschreibt das Geschehen (z.B. Ex 13,3 »Der Herr hat uns mit starker Hand herausgeführt aus Ägypten!«), während die partizipiale Prädikation das Wesen Gottes zentral durch diese Rettungstat bezeichnet (z. B. Num 23,22 »Gott, der sie aus Ägypten herausgeführt hat«). Im Exodusgeschehen wurzelt der Glaube Israels an seinen Gott, sodass man die Herausführungsformel – sicher zu Recht – als das »Urbekenntnis Israels« bezeichnet hat. Nicht anders aber verhält es sich mit der Auferweckungsformel in der Urchristenheit. In beiden Formeln wird das Handeln Gottes, das den gemeinschaftlichen Glauben begründet, bekenntnisartig zum Ausdruck gebracht: in der jüdischen Glaubenstradition ist das die im Exodus erfahrene Befreiung aus der Sklaverei, in der christlichen Botschaft indessen die zu Ostern erfahrene Befreiung vom Tod durch die Auferweckung Jesu Christi. Auf diesem Bekenntnis baut die christliche Verkündigung auf. Hier geht es um Zustimmung und Vertrauen, nicht um kriminalistische Spurensicherung. Wenn später die Evangelisten verschiedene Erscheinungsberichte überliefern, dann bieten sie wiederum ein Stück narrativer Theologie, das die Bekenntnistradition sicher schon immer begleitet hat und in seiner exemplarischen Erzählweise ihrer Veranschaulichung dient.

Es entspricht der Sache selbst, dass die Tat Gottes an Jesus Christus auch noch auf andere Weise umschrieben werden kann. Der Hymnus in Phil 2,6–11 etwa gebraucht dafür den Begriff der »Erhöhung« und verbindet das unmittelbar mit dem Kreuzesgeschehen: »Er (Christus) erniedrigte sich bis zum Tod, ja zum Tod am Kreuz. Darum hat ihn auch Gott erhöht und hat ihm den Namen gegeben, der über alle Namen ist.« Andere Texte reden von der »Aufnahme«, von der »Verherrlichung«, vom »Hingehen zum Vater« oder vom »Thronen zur Rechten Gottes«. Sie alle sprechen dabei mit jeweils verschiedener Akzentsetzung aus, was die ursprüngliche Ostererfahrung bekenntnishaft verdichtet hat: Jesus Christus lebt und befindet sich bei Gott.

Leeres Grab – ein handfester Beweis?

Noch bevor die Evangelisten die Erscheinungen des Auferstandenen berichten, erzählen sie die Geschichte vom Gang der Frauen zum Grab. Die bestürzende Entdeckung im Morgengrauen wird damit zum Auftakt für die folgenden Ereignisse. Gottesboten sprechen bereits klar und unmissverständlich aus, was der Befund der geöffneten Grabhöhle allein noch im Zwielicht verschiedener Befürchtungen lässt: »Er ist auferstanden!« Die erzählerischen Einzelheiten weisen dabei Unterschiede auf, die durch den jeweiligen Kontext sowie die verschiedenen theologischen Intentionen bestimmt sind:

Zeuginnen / Zeugen am Grab
Markus: 16,1 Maria Magdalena / Maria, Mutter des Jakobus / Salome
Matthäus: 28,1 Maria Magdalena / die andere Maria

Lukas:	24,10	Maria Magdalena / Johanna / Maria, Mutter des Jakobus / »die anderen« (aus Galiläa)
	24,12	auch Petrus läuft auf den Bericht der Frauen hin zum Grab, sieht nach und wundert sich
	24,24	»einige der unsrigen« (so die Emmausjünger) gingen und fanden den Bericht bestätigt
Johannes:	20,1	Maria Magdalena
	20,2–10	Wettlauf zwischen Petrus und dem Lieblingsjünger zum Grab

Engelerscheinungen

Markus:	16,5–7	ein Jüngling sitzt zur Rechten in der Grabhöhle
Matthäus:	28,2–7	ein Engel sitzt auf dem Stein davor und führt die Frauen in die Grabhöhle
Lukas:	24,4–8	zwei Männer in glänzenden Kleidern treten herzu (vgl. Apg 1,10–11)
Johannes:	20,1	keine Engel, als Maria Magdalena das Grab zum ersten Mal aufsucht
	20,2–10	keine Engel bei Petrus und dem Lieblingsjünger
	20,11–13	zwei Engel sitzen im Grab, als Maria Magdalena wieder zurückkehrt

Konsens besteht in allen Berichten darüber, dass es Frauen sind, die zuerst das Grab aufsuchen. Übereinstimmend werden sie mit der geöffneten Grabhöhle konfrontiert. Der Ort, wo der Leichnam gelegen hat, ist offensichtlich leer. Diese noch deutungsbedürftigen Indizien erhalten nun durch Engelerscheinungen eine Erklärung. Aus dem Munde der Gottesboten erklingt die erste Proklamation der Auferstehung, was dann bei Markus und Matthäus noch mit dem Auftrag zur Weitergabe an die Jünger verbunden ist. Einen eigenständigen Charakter gibt Matthäus der ganzen Szene, indem er die Öffnung des Grabes selbst mit Erdbeben und Engelerscheinung sowie der Bestürzung der Grabwächter zur Darstellung bringt. Weitere Indizien treten bei Lukas und Johannes hinzu: Als sich auch Petrus bzw. Petrus und der Lieblingsjünger auf die Botschaft der Frauen hin von dem Zustand des Grabes überzeugen, entdecken sie die sorgfältig zusammengelegten Leinentücher und das Schweißtuch, in die der Leichnam eingewickelt war. Das assoziiert ein planmäßiges Handeln statt chaotischer Turbulenzen. Hat also letztlich die Entdeckung des leeren Grabes den Osterglauben bewirkt?

Die Berichte sind in all ihrer Verschiedenheit an diesem zentralen Punkt ganz eindeutig: Glauben bewirkt das leere Grab gerade nicht. Nach Markus kehren die Frauen mit Zittern und Entsetzen zurück und verschweigen aus Furcht sogar ihren Auftrag. Nach Matthäus und Lukas tragen sie die Proklamation der Auferstehung zwar weiter, stoßen damit aber bei den Jüngern auf Ablehnung – »Es erschienen ihnen diese Worte wie Geschwätz.« (Lk 24,11) Sogar Petrus, der nach Lk 24,12 die zurückgebliebenen Leinentücher entdeckt, kann sich bloß wundern. Etwas diffiziler stellt sich der Sachverhalt bei Johannes dar: Der Lieblingsjünger gelangt angesichts der zusammengelegten Tücher zwar zum Glauben, doch gemeinsam mit Petrus vermag er das Geschehen noch nicht zu verstehen. Die Emmausjünger nennen das entscheidende Defizit in Lk 24,24 schließlich beim Namen: »Und es gingen einige der unsrigen hin zum Grab und fanden es so, wie es auch die Frauen gesagt hatten. *Ihn aber sahen sie nicht.*« Mit Indizienketten ist hier nichts getan. Erst die persönlichen Begegnungen mit dem Auferstandenen bewirken jenen Glauben, der dann auch die Grabgeschichte begreiflich macht.

Vor diesem Hintergrund wird ein großer Teil des Streites, den das leere Grab immer wieder verursacht hat, gegenstandslos. Das leere Grab kann nichts beweisen und soll auch nichts beweisen. Allenfalls kann es den Glauben, der aufgrund der Ostererscheinungen entstanden ist, bestärken und stützen. Eine Schlüsselrolle kommt ihm jedoch nicht zu – das machen die Evangelisten selbst unmissverständlich klar. Die urchristliche Formeltradition hat wohl deshalb auch keinen Gebrauch von der Grabgeschichte gemacht – »dass er begraben worden ist« fungiert in 1Kor 15,4 nur zu Beglaubigung des Todes, während für die Beglaubigung der Auferstehung der Hinweis auf die Erscheinungen genügt. Insofern aber muss man dann auch nicht mehr darüber streiten, ob das Grab denn nun wirklich leer gewesen sei, oder ob es sich hierbei vielleicht um eine spätere apologetische Legende handle. Dennoch ist auf diese Frage viel Scharfsinn verwendet worden. Dabei hat sich jedoch gezeigt, dass man die Existenz des leeren Grabes mit ebenso vielen guten Argumenten begründen wie bestreiten kann. Wer in den Glauben der Osterzeugen einstimmt, kann auch das leere Grab als ein Zeichen der Auferstehung begreifen. Und selbst wer das nicht kann, wird sich an das Anliegen der Erscheinungsberichte erinnern lassen, nach denen Jesus aus Nazaret nicht zu früherem Leben, sondern zu einer neuen Existenzweise auferweckt wird. Und spätestens dann rückt die Grabgeschichte in jenes Licht, in das sie von den Evangelisten von Anfang an gestellt worden ist: Sie ist der Hinweis auf eine Wirklichkeit, die sich erst in Gestalt lebendiger Begegnung erschließt.

Aufbrüche – die Perspektive der Hoffnung

Bereits die urchristliche Formeltradition hält fest, dass die Auferstehung Jesu erst ein Anfang ist. Damit vollzieht sich der Anbruch einer neuen Schöpfung Gottes mitten unter den Bedingungen dieser gegenwärtigen Welt. In 1Kor 6,14 schreibt Paulus: »Gott aber hat den Herrn auferweckt und wird auch uns auferwecken durch seine Macht.« Was zu Ostern geschieht, hat also Folgen. Die Auferstehung Jesu begründet eine Hoffnung, die alle Glaubenden mit einbezieht. In Korinth gibt es jedoch Christen, die das rundheraus ablehnen. Unter ihnen geht die Parole um: »Es gibt keine Auferstehung der Toten!« (1Kor 15,12) Wie sie das genau meinen, wird nicht ganz deutlich. Aber auf jeden Fall nimmt Paulus ihre Parole zum Anlass für die langen Ausführungen, die er nun am Schluss des Briefes noch anfügt und dort auch mit einem besonderen Gewicht versieht. Seine Argumentation ist dabei zunächst ganz einfach. Durch die schon genannte Bekenntnisformel 1Kor 15,3–8 versichert er sich gegenüber den Korinthern dessen, was zwischen ihnen als unstrittig gelten kann: Die Auferstehung Jesu ist das Grunddatum ihres gemeinsamen Glaubens. Doch dabei geht es eben nicht um eine nostalgische Erinnerung, sondern um ein zukunftsträchtiges Ursprungsgeschehen, sodass Paulus im Umkehrschluss formuliert: »Denn wenn die Toten nicht auferstehen, so ist auch Christus nicht auferstanden.« (15,13) Beides gehört zusammen. Paulus verdeutlicht diesen Zusammenhang, indem er auf den Urvater Adam als Beispiel zurückgreift. Christus ist wie ein neuer Adam, mit dem die Menschheitsgeschichte noch einmal neu beginnt: »Denn so wie in Adam alle sterben, so werden in Christus alle lebendig gemacht werden.« (15,22)

Diese Hoffnung ist in dieser Zuspitzung etwas Neues. Dass der Tod nicht das letzte Wort behält – das versteht sich auch in der Glaubensgeschichte Israels durchaus nicht von selbst. Packend und bildgewaltig wird in den ältesten Schichten des Alten Testamentes die Totenwelt als ein Land ohne Wiederkehr beschrieben, in der Schweigen herrscht und in der die Toten wie Schatten umhergehen. Ihre ganze Trostlosigkeit aber gipfelt darin, dass sie nun vom Lob Gottes, wie es die Lebenden singen, ausgeschlossen sind. Der Fromme weiß, dass Gottes Tun an der Grenze des Totenreiches endet. Die Toten sind diejenigen »... die im Grab liegen, derer du nicht mehr gedenkst und die von deiner Hand geschieden sind. ... An den Toten tut Gott keine Wunder.« (Ps 88) Erst allmählich stößt der Glaube Israels zu der Ahnung vor, dass Gottes Macht der Totenwelt nicht nur ihre Grenzen setzen kann, sondern auch in sie hineinzureichen vermag. In einem kühnen Bild formuliert der Psalmbeter, dass man Gott selbst in der Totenwelt nicht entfliehen kann (Ps 139,8). Wenn dies so ist, dann muss aber auch der Schrecken des Todes letztlich der Macht Gottes unterworfen sein (Ijob 19,25–27; Jes 26,19). Als in der Zeit der schwersten Krise Israels, unter der syrischen Fremdherrschaft im 2. Jh. v. Chr., die Frage nach der Gerechtigkeit Gottes unerbittlich aufbricht – da bricht sich auch die Auferstehungshoffnung in aller Deutlichkeit Bahn: »Von denen, die im Land des Staubes schlafen, werden viele erwachen, die einen zum ewigen Leben, die anderen zu Schmach, zu ewigem Abscheu ...« (Dan 12,2) Von nun an wird die allgemeine Auferstehung der Toten zu einem der großen Hoffnungsgüter in Theologie und Volksfrömmigkeit. Apokalyptiker und Pharisäer propagieren sie gleichermaßen. Auch die ersten Christen in Judäa, die im Schoße des frühen Judentums aufwachsen, sind von dieser Hoffnung durchdrungen. So hören sie die Botschaft von der Auferweckung Jesu mit geschärften Sinnen und nehmen darin gerade das überraschend Neue wahr. Denn die allgemeine Auferstehung der Toten erwartete man bislang für die künftige Heilszeit. In der Auferweckung Jesu aber war nun ein Vorgriff auf diese Zukunft geschehen – ein Anfang, der über die Gegenwart hinausweist. Diese Zukunft hatte zudem neue Konturen erhalten. Denn so wie Christus zu einer neuen Existenz erweckt wurde, so richtet sich seither auch die Hoffnung der Christen auf ein Leben, das nicht nur die Weltgeschichte korrigieren würde, um sie dann in eine friedliche Endlosigkeit hinein zu verlängern, sondern das zu einer ganz neuen, unbeschreibbaren Weise der Gottesgemeinschaft führen wird.

Der Anfang beinhaltet damit auch die Hoffnung auf Vollendung. Dieser Vollendung geht die christliche Gemeinde auf ihrem Weg durch die Zeit entgegen. Sie erfährt dabei die Gegenwart des Auferstandenen noch gebrochen im gemeinschaftlichen Leben der Gemeinde als des »Leibes Christi«. Sie erwartet dabei zugleich eine unmittelbare Gemeinschaft mit Christus bei einer erneuten Begegnung. »Unser Herr, komm!« – so beteten die ersten Christen noch mit glühender Sehnsucht. Und auch die Erfahrung von 2000 Jahren Kirchengeschichte hat an dieser Erwartung grundsätzlich nichts geändert. Allerdings sind die Christen inzwischen etwas nüchterner geworden. Denn für die abenteuerlichen Szenarien der »Wiederkunft Christi«, wie sie kürzlich im Umfeld des Jahrtausendwechsels Konjunktur hatten, bietet das Neue Testament kaum Anhaltspunkte. Für Paulus und seine Generation konzentriert sich die Hoffnung auf das Kommen Christi in dem einen Satz: »So werden wir immer in der Gemeinschaft des Herrn sein.« (1Thess 4,17) Das Kommen Christi ist eine Begegnung mit dem Auferstandenen, ohne dass es dabei noch irgendeine Befristung gäbe. Diese Begegnung erwartet Paulus ganz individuell für den Augenblick seines Todes (Phil 1,23), schließt aber zugleich auch eine universale Begegnung mit dem Auferstandenen in der Vorstellungsweise der Apokalyptik nicht aus (1Thess 4,13–18 / 1Kor 15,50–53). Dass es zu diesen Dingen keinen rationalen Zugang gibt, liegt natürlich auf der Hand. Deshalb sollte man sich hier auch aller Spekulationen enthalten. Eindeutig aber ist der Inhalt einer jeden Hoffnung auf das Kommen Christi bestimmt: Es geht um die Begegnung mit dem Auferstandenen, in der nun die Auferstehung selbst auch erst auf eine endgültige Weise offenbar und manifest wird. Erzählerisch hat das wiederum Lukas eindrücklich gestaltet: Eben jene Männer in weißen Gewändern, die schon vor den Frauen am Ostermorgen die Auferstehungsbotschaft proklamiert haben (Lk 24,4–7), die treten auch am Himmelfahrtstag zu den versammelten Galiläern heran und schlagen den Bogen von jener letzten Ostererscheinung zu der Hoffnung auf ihre Vollendung (Apg 1,11): »Ihr Männer von Galiläa – was steht ihr da und starrt in den Himmel? Dieser Jesus, der von euch weg in den Himmel aufgenommen wurde, wird in derselben Weise wiederkommen, wie ihr ihn in den Himmel habt hingehen sehen!« Es handelt sich um eine Hoffnung, die nicht bloß in den Himmel starrt. Diese Hoffnung beginnt jenen Weg, den Lukas dann in seiner Apostelgeschichte beschreibt und der auch am Beginn eines dritten Jahrtausends noch nicht an sein Ende gelangt ist.

Textbeispiel: Mk 14–15 (Passionsgeschichte)
Die Passionsgeschichte macht bei Markus, wie schon gesagt, das Herzstück des gesamten Evangeliums aus. Auf das Kreuzesgeschehen läuft alles zu. In den Jerusalemer Ereignissen verdichtet sich auch theologisch das Anliegen des Erzählers. Im Folgenden kann es deshalb nicht um eine vollständige Auslegung dieser beiden wichtigen Kapitel gehen. Nur ihr Aufbau sowie die wichtigsten Anliegen sollen im Überblick dargestellt werden.

Von Bedeutung ist zunächst die Frage, welchen Umfang der Passionsbericht bei Markus überhaupt einnimmt. Denn man kann hier die Abgrenzungen bzw. die zugehörigen Stoffe durchaus unterschiedlich bestimmen. Den weitesten Rahmen bietet sicher der Jerusalemteil, der in 11,1 beginnt. Während im Galiläateil und auf dem Weg nach Jerusalem einzelne Episoden in lockerer Verknüpfung aneinandergereiht sind, gewinnt die Erzählung nun zunehmend an Geschlossenheit und Stringenz. Auch die Übereinstimmungen mit den anderen Evangelien werden hier besonders eng. Abgesehen von den vorgegebenen Ereignissen selbst könnte das auch mit einer schriftlichen Quelle zu tun haben, die bereits Markus benutzte. Sie wird in der Regel als »vormarkinischer Passionsbericht« bezeichnet, ist jedoch in ihrer Existenz und Abgrenzung umstritten. Die eine Position möchte nicht nur die Quelle als solche abgrenzen, sondern auch noch unterschiedliche Schichten rekonstruieren. Die andere Position bestreitet jede literarische Vorlage und betrachtet Markus als denjenigen, der die einzelnen Überlieferungen erstmals zu einer Passionsgeschichte zusammengefügt hat. Auch die Methode bei der Suche nach einem vormarkinischen Passionsbericht ist strittig: Darf man allein bei Markus ansetzen, oder muss man den kleinsten gemeinsamen Nenner zwischen Markus und Johannes ermitteln? So unterschiedlich hier die Antworten ausfallen – ein gewisser Konsens lässt sich doch zumindest anhand des Markustextes erzielen. Das folgende Schema stellt den Versuch dar, die wichtigsten Einsichten in vereinfachter Weise darzustellen.

»Urbericht«   = Kurzbericht: von der Verhaftung bis zur Kreuzigung
»Langbericht«   = vor-markinischer Passionsbericht: vom Einzug in Jerusalem bis zur Bestattung
»Verlängerungen« = nach vorn: Gerüst von Messiasbekenntnis und 3 Leidensankündigungen
                  nach hinten: Gang zum Grab und Auferstehungsbotschaft

gemeinsames Minimum (nach Mk):

Todesbeschluss	3,6	Vorverweis
Messiasbekenntnis	8,27–30	Verlängerung
erste Leidensankündigung	8,31–33	
zweite Leidensankündigung	9,30–32	
dritte Leidensankündigung	10,32–34	
Einzug in Jerusalem	11,1–11	Langbericht
Mahlkomplex	14,12–31	
Gefangennahme	14,43–52	Kurzbericht
Synedrion-Verhör	14,55–72	
Pilatus-Verhör	15,1–15	
Verspottung	15,16–20	
Kreuzigung	15,20–39	
Bestattung	15,40–47	
Gang zum Grab	16,1–5	Verlängerung
Auferstehungsbotschaft	16,6–8	

Wie auch immer man den ältesten Passionsbericht bestimmt: Auf der Ebene des Markustextes liegt zwischen 13,37 und 14,1 auf jeden Fall eine markante Zäsur, von der aus sich ein neuer Bogen bis zu 15,47 spannt. Von Mk 14,1–2 an treten die Ereignisse in ihre entscheidende Phase. Der Tötungsbeschluss in 3,6 hatte als Vorverweis nur die Zielrichtung angegeben. Der erneute Tötungsbeschluss in 14,1–2 aber wird nun zum Auslöser konkreter Aktivitäten. Im Blick auf seine Handlungsphasen lässt sich der Textkomplex Mk 14–15 in sieben Abschnitte untergliedern. Als Eröffnung kann man jene drei Episoden betrachten, durch die der Beginn der Ereignisse aus jeweils unterschiedlicher Sicht geschildert wird: Die Hohenpriester und Schriftgelehrten machen nun »Nägel mit Köpfen«, die Salbungsgeschichte wird zur Zeichenhandlung einer »Salbung zum Begräbnis«, Judas trifft erste Absprachen. Vor diesem Horizont erhält der Abschnitt des letzten Mahles besonderes Gewicht: Sowohl die Mahlvorbereitungen als auch die Ansage des Verrats zeigen Jesus als den Souverän seines Geschickes, der dem Abschied zugleich den Charakter eines Vermächtnisses verleiht. Mit dem dritten Abschnitt verlässt die Gruppe den schützenden Raum des gemeinamen Mahles und geht mit ihrem Aufbruch in die Nacht der entscheidenden Konfrontation entgegen: Auf dem Weg zum Ölberg fallen weitere wichtige Worte, in Getsemani kommt es durch den Gebetskampf Jesu noch einmal zu einer kurzzeitigen Öffnung der Situation, die Verhaftung aber schafft dann vollendete Tatsachen, hinter die kein Weg mehr zurückführt. Die beiden Verhöre im vierten und fünften Abschnitt sind nicht nur ein Stück Darstellung des Prozessgeschehens. Sie dienen vor allem dem christologischen Anliegen des Evangelisten: In der direkten Konfrontation mit seinen Gegnern erweist sich, wer Jesus aus Nazaret in Wahrheit ist. Die Parallelität von Befragung und Verspottung zeigt, dass sowohl die jüdischen Autoritäten als auch die römische Besatzungsmacht den Christus nicht zu erkennen vermögen. Besondere Akzente setzt die Verleugnung des Petrus im Kontext der Verhörszene vor dem Synedrion* sowie die Passa-Amnestie im Kontext der Verhörszene vor Pilatus. Der sechste Abschnitt, der die Hinrichtung schildert, unterscheidet sich aufgrund seiner szenischen Vielfalt von den übrigen Abschnitten: Der Weg zum Kreuz, die Vollstreckung des Urteils, die Plünderung durch die Soldaten, der Hinweis auf den Kreuzestitulus, die Verspottung sowohl durch die Passanten als auch die Hohepriester und Schriftgelehrten sowie die beiden Mitgekreuzigten, die Beschreibung des Todeskampfes mit den letzten Worten, schließlich der Hinweis auf die Frauen als Zeuginnen – das alles weist diesen Teil als den Höhepunkt des Geschehens aus. Mit dem letzten Abschnitt kommt das Passionsgeschehen dann zum Abschluss, wobei schon der Ostertag in 16,1–8 vorbereitet wird. Parallele Züge verbinden die Bestattung mit dem Abschnitt der Hinrichtung: So wie zum Kreuztragen mit Simon von Kyrene ein bislang Unbekannter verpflichtet wird, so sorgt für Kreuzabnahme und Grablegung mit Josef von Arimathäa nun eine ebenfalls neu eingeführte Gestalt. Die Frauen als die Zeuginnen der

Kreuzigung sind ebenso Zeuginnen der Grablegung, um schließlich am Ostermorgen dann auch Zeuginnen des leeren Grabes zu werden. Darin deutet sich schon an, dass Markus die ihm vorliegende Überlieferung erzählerisch überlegt strukturiert und in eine am chronologischen Ablauf orientierte theologische Linie gebracht hat: Aus der Korrespondenz zwischen der Feindschaft der Gegner und dem souveränen, wenngleich menschlich nachvollziehbaren Handeln Jesu tritt das Bild des »Christus, des Sohnes Gottes« immer klarer und deutlicher hervor.

14,1–11	1. Eröffnung	
14,1–2		Tötungsbeschluss
14,3–9		Salbung in Betanien
14,10–11		Verrat des Judas
14,12–25	2. Abschiedsmahl	
14,12–16		Mahlvorbereitung
14,17–21		Ansage des Verrats
14,22–25		Deuteworte zu Brot und Wein
14,26–52	3. Aufbruch in die Nacht	
14,26–31		Weg zum Ölberg
14,32–42		Getsemani
14,43–52		Verhaftung
14,53–72	4. Verhör vor dem Synedrion	
14,53–64		Befragung
14,65		Verspottung
14,66–72		Verleugnung des Petrus
15,1–20	5. Verhör vor Pilatus	
15,1–5		Befragung
15,6–15		Passa-Amnestie
15,16–20		Verspottung
15,20–41	6. Hinrichtung	
15,20–21		Weg zum Kreuz – Simon von Kyrene
15,22–26		Vollstreckung / Plünderung / Titulus
15,27–32		Verspottung
15,33–39		Letzte Worte / Tod / Bekenntnis des Centurio
15,40–41		Frauen als Zeuginnen
15,42–47	7. Bestattung	
15,42–45		Kreuzabnahme – Josef von Arimathäa
15,46		Verhüllung und Grablegung
15,47		Frauen als Zeuginnen

Besonders deutlich lässt sich die erzählerische Strukturierung der Passionsgeschichte an dem chronologischen Gerüst erkennen, das dem gesamten Textkomplex den Charakter eines unaufhaltsam abrollenden Geschehens verleiht. Einerseits wird diese Zeitstruktur durch die Ereignisse selbst diktiert, andererseits aber hat sie Markus wohl auch ganz bewusst hervorgehoben. Die »Jerusalemer Woche«, die später dann den Kalender der Karwoche wesentlich bestimmt hat (dass sie schon bei Markus eine liturgische Praxis widerspiegeln könnte, ist eher unwahrscheinlich), setzt bereits bei 11,1 bzw. 10,46 an.

Freitag	Ankunft in Jericho		10,46
Samstag	Sabbatruhe in Jericho		
Sonntag	Einzug in Jerusalem		11,1–11
Montag	Feigenbaumepisode / Tempelaktion		11,12–25
Dienstag	Auseinandersetzungen in Jerusalem		11,27–12,44
Mittwoch	Todesbeschluss / Salbung / Verrat		14,1–2/3–9/10–11
Donnerstag	Mahlvorbereitung / Verratsankündigung / Mahl		14,12–16/17–21/22–26
Freitag	Auslieferung an Pilatus	früh	15,1
	Kreuzigung	3. h = ca. 9.00	15,25
	Finsternis	6.–9. h = ca. 12.00–15.00	15,33
	Tod	9. h = ca. 15.00	15,34
	Bestattung	abends	15,42
Samstag	Grabesruhe		16,1
Sonntag	Gang der Frauen zum Grab		16,2–8

Mit diesem chronologischen Gerüst verbinden sich einige erzählerische Linien, die das theologische Interesse des Markus schon andeuten. Am Anfang steht die Salbung Jesu in Betanien, der Ostertag wiederum setzt mit der Absicht der Frauen zur Salbung ein. Die Frage nach der Bedeutsamkeit der Person Jesu umschließt damit den ganzen Textkomplex 14–15. Sie äußert sich auch in den beiden Verhörszenen, die dem Verhafteten das Forum geben, sich selbst und seine Sendung zur Sprache zu bringen. Die Hinrichtung schließt sich hier an, indem sich das Leiden des Gerechten nun durch Worte und Gesten in beispielhafter Weise darstellt. Eine andere Linie führt von der Tischgesellschaft der Salbungsszene über den Schrei der Gottverlassenheit am Kreuz bis zur Bestattung durch einen unbekannten Sympathisanten. Es ist eine Linie zunehmender Vereinsamung, bei der auch die engsten Anhänger den Meister verlassen. Erste Missverständnisse brechen in Betanien auf. Mit Judas tritt einer der engsten Vertrauten aus dem Zwölferkreis auf die Seite der Gegner über. Beim letzten Mahl entsteht allgemeine Verwirrung, da sich jeder als potenziellen Verräter einschätzt. Jüngerflucht und Verleugnung klingen schon auf dem Gang zum Ölberg an, um kurz darauf dann auch als reales Ereignis einzutreten. Die Getsemani-Szene beschreibt das einsame Ringen Jesu ohne die Rückendeckung der drei Jünger seines Vertrauens in emotionaler Dichte. Von den Verhörszenen an aber ist Jesus dann dem Spott und der Misshandlung seiner Gegner wehrlos ausgeliefert. Die Einsamkeit des Kreuzweges und der Todesstunde wird allein durch die Anwesenheit der Frauen »von ferne« ein wenig gemildert. Bislang Fremde konstatieren schließlich seinen Tod und vollziehen die Bestattung, die überstürzt und beinahe nebenbei erfolgt. Das stärkste Moment stellt dabei das Versagen der Jünger dar, während die Frauen als die treueren, wenngleich unspektakuläreren Anhängerinnen immer deutlicher hervortreten. Der wachsenden Einsamkeit entspricht die Zunahme an Feindseligkeiten. Auch die verschiedenen Verspottungen durchziehen in sorgfältiger Verteilung den ganzen Textkomplex – von den despektierlichen Überlegungen »einiger« in Betanien über die mit den Verhörszenen verbundenen Verhöhnungen bis hin zu der konzertierten Aktion der Spötter unter und an dem Kreuz. Entgegen ihrer Absicht dienen jedoch auch diese Äußerungen der Offenbarung dessen, wer der Leidende in Wahrheit ist, indem sie das Unverständnis der Zeitgenossen in krasser Weise zur Darstellung bringen.

Die theologische Grundlinie der markinischen Passionsgeschichte lässt sich somit anhand der erzählerischen Signale schon erkennen: Im Leiden offenbart sich die Hoheit des Sohnes Gottes. Dieser Linie sind die verschiedenen Bekenntnisaussagen verpflichtet. Während Markus noch im Galiläateil durch Schweigegebote die Messianität Jesu mit dem Schleier des Geheimnisses bedeckt, tritt dieselbe nun immer unverhüllter hervor. Ein erstes Signal ist der Ausspruch am Ende der Salbungsgeschichte, dass die Tat der Frau Bedeutung für eine weltweite Evangeliumsverkündigung habe. Die Ansage des Verrats nimmt den Menschensohntitel auf. Unterwegs zum Ölberg vergleicht sich Jesus im Zitat von Sach 13,7 mit dem Hirten, der jetzt geschlagen, künftig aber die Gemeinschaft sammeln werde. Auf vertrauliche Weise spricht Jesus in Getsemani mit seinem »Abba / Vater«. Im Verhör vor dem Synedrion aber kommt es dann zum öffentlich dokumentierten Anspruch: »Bist du der Christus, der Sohn des Gepriesenen? – Ich bin es!« Mit Christus und Gottessohn stehen damit zwei Würdetitel im Raum, die durch den Hinweis auf den kommenden Menschensohn-Richter noch um eine neue Dimension erweitert werden. Demgegenüber kann die Frage des Pilatus nach dem König der Juden, von Jesus durch eine Rückfrage und folgendes Schweigen beantwortet, nur noch einen Teilaspekt aufzeigen. Präsentation, Verspottung und inschriftliche Kennzeichnung des »Königs der Juden« zeigen damit an, wie aus der Teilwahrheit völliges Missverstehen wird. Erst der Centurio unter dem Kreuz erkennt in der Stunde des Todes Jesu: »Wahrhaftig, dieser Mensch ist Gottes Sohn gewesen!« Er formuliert damit jenes Bekenntnis, zu dem auch Markus seine Leserinnen und Leser hinführen möchte. Diese verschiedenen Bekenntnisaussagen basieren auf einer Reihe von Anspielungen und Zitaten, die man auch als die »alttestamentliche Substruktur« der Passionsgeschichte bezeichnet hat. Der Weg Jesu als des leidenden Gerechten lässt sich erst im Lichte der Glaubenserfahrung sowie der Hoffnungsgeschichte Israels begreifen. Doch gerade in seinem Leiden bleibt er beides: Sohn Gottes und Mensch. Hoheit und Niedrigkeit verbinden sich unlösbar miteinander. Als derjenige, der sein Begräbnis, die Auffindung des Abendmahlssaales, Verrat, Verleugnung und Jüngerflucht vorauszusehen vermag, stürzt er in Getsemani in Angst und Zittern und durchleidet am Kreuz den Tiefpunkt der Gottverlassenheit. Im Leiden taucht der »Schmerzensmann« in das menschliche Elend ein und lässt doch schon die Hoheit des Gottessohnes erkennen, den Gott von den Toten auferweckt.

TEXTBEISPIEL: MK 16,1–8 (OSTERMORGEN)
Die Ostergeschichte des Markus wirft durch ihre Textüberlieferung ein besonderes Problem auf. Seit man die Bibel vor allem in der lateinischen Übersetzung

des Hieronymus las, umfasste das letzte Kapitel des zweiten Evangelisten selbstredend die Verse 16,1–20. Daran änderte sich auch nichts, als Erasmus von Rotterdam 1516 das griechische Neue Testament erstmals im Druck veröffentlichte und damit jenen Text bereitstellte, den auch Luther seiner Übersetzung zugrunde legte. Allerdings hatte Erasmus auf späte und ungenügend geprüfte Handschriften zurückgegriffen. Als dann vor allem im 19. Jh. immer weitere Handschriften entdeckt wurden, stellte man fest: In der ältesten erreichbaren Textüberlieferung endete das Markusevangelium mit 16,8. Ein Ende mit Zittern und Entsetzen – »denn sie fürchteten sich«? Schon früh machte sich deshalb wohl das Ungenügen an diesem Schluss bemerkbar. In verschiedenen handschriftlichen Varianten lassen die Abschreiber den Versuch erkennen, die Ostergeschichte in Analogie zu den anderen Evangelien abzurunden. So fügt eine Lesart etwa noch einen kurzen Schlusssatz hinzu, demzufolge die Frauen ihre Botschaft doch noch ausrichten und die Jünger zu weltweiter Mission ausgesandt werden. Die weitaus größte Zahl der Handschriften schließt jedoch jene Verse 9–20 an, in denen sich Anspielungen auf die Ostergeschichten bei Lukas und Johannes finden. Aber gelegentlich vermerken sie dabei am Rande auch ihre Zweifel, ob dieser Schluss tatsächlich hierher gehöre. Ein Kodex aus dem 5. Jh. fügt in den längeren Schluss noch eine Schelte Jesu an die Jünger ein, andere Handschriften stellen den kürzeren und den längeren Schluss einfach nebeneinander. Dieser Sachverhalt führt zu dem Ergebnis: Die Ostergeschichte des Markus endete – nach allem, was sich erkennen lässt – ursprünglich mit der Furcht und dem Schweigen der Frauen.

Mit dem vorausgehenden Passionsgeschehen ist die Ostergeschichte auf vielfältige Weise verbunden und hat wohl auch schon zu dem vormarkinischen Passionsbericht hinzugehört. Man erinnert sich an die Grablegung – zumal an den Stein, der nach 15,46 vor die Felshöhle gewälzt wurde. Die Frauen sind aus 15,40–41 und 15,47 wohl bekannt als die Zeuginnen von Kreuzigung und Bestattung. Und auch die Zeitangabe »als der Sabbat vorüber war« ruft erneut die eilends vor Sabbatbeginn erfolgte Kreuzabnahme in Erinnerung. Damit ist dann aber auch der Rahmen der Ostergeschichte schon abgesteckt. Alles bleibt auf das Erlebnis der Frauen am Grab konzentriert. Erscheinungsberichte überliefert Markus nicht, wenngleich er durch den Auftrag des Gottesboten (16,7) auf eine Erscheinung Jesu in Galiläa vorausweist. Die Osterbotschaft selbst, mit der Markus seine Leserinnen und Leser konfrontiert, kommt ausschließlich durch die Proklamation der Auferstehung im Munde des Gottesboten zur Sprache. Der Einbruch von Gottes Wirklichkeit in den menschlichen Erfahrungsbereich wird dadurch in seiner ganzen ursprünglichen Wucht und Erschütterung bewahrt.

Markus erzählt auch die Ostergeschichte in knappen, eindrucksvollen Zügen. Drei Szenen lassen sich voneinander abheben. Nach der einleitenden Bemerkung über die Vorbereitungen am Ostermorgen schildert die erste Szene den Weg der Frauen zum Grab (2–4). Im Mittelteil, der zweifellos auch den Höhepunkt der ganzen Erzähleinheit darstellt, werden die Worte des Gottesboten an die Frauen mitgeteilt (5–7). Die Schlussszene notiert dann nur noch nach Art eines Abspanns den fluchtartigen Rückweg (8) und lässt damit die ganze Geschichte in einer Offenheit enden, die auch ihre Leserinnen und Leser mit in die Bestürzung der Frauen verwickelt. Aus dieser äußerst dichten Erzählung treten vor allem drei Motive in bestimmender Weise hervor: die Suche nach dem, der nicht mehr auffindbar ist, die wunderbare Öffnung eines verschlossenen Ortes und die erschreckende Erscheinung eines Gottesboten. Besonders das dritte Motiv prägt die gesamte Erzähleinheit und beschreibt die Osterbotschaft dadurch als einen Akt göttlicher Offenbarung.

Die Erzählung beginnt mit einer Zeitangabe. »Als der Sabbat vorüber war« – das erweckt den Eindruck, als hätten die Frauen in ungeduldiger Spannung auf diesen Augenblick gewartet. Vorüber ist der Sabbat indessen schon am Abend bei Sonnenuntergang. Doch erst das neue Tageslicht ermöglicht nun den Gang zum Grab. Bei erster Gelegenheit, noch »früh am Morgen... als die Sonne aufgeht«, machen sich die Frauen auf den Weg. Nichts deutet darauf hin, dass auch die Auferstehung selbst im Licht des neuen Tages vorgestellt wird. Aber die Symbolik dieser Morgenstunde drängt sich doch auf, und zumindest die frühe Christenheit hat mit ihrer Feier der Auferstehung am Sonntagmorgen diesen Zusammenhang hergestellt. Die Salbungsabsicht der Frauen hat Anlass zu mancherlei Rätselraten gegeben. Einen Toten, der bereits in Leichentücher eingewickelt ist, nachträglich noch salben zu wollen – dafür gibt es weder Belege, noch lässt sich das technisch irgendwie plausibel machen. Entsprechend hat schon Matthäus den Gang der Frauen dann nur noch mit der Absicht begründet, »das Grab zu betrachten«. Man wird indessen an die Szene in Betanien Mk 14,3–9 erinnert und an die Worte Jesu: »sie (die Frau) hat es vorweggenommen, meinen Leib zum Begräbnis zu salben.« Von vornherein erhält das Vorhaben der Frauen am Ostermorgen dadurch etwas Vergebliches. Symbolisch ist eine Salbung schon erfolgt, technisch käme sie jetzt ohnehin zu spät, und außerdem verhindert der Stein den Zutritt zur Felsenhöhle. Doch dann hat es überraschenderweise ganz andere Gründe, dass die Frauen ihr Vorhaben nicht ausführen können. Das größte Hindernis, der Stein, ist bereits abgewälzt. Dafür aber stoßen sie in der Grabkammer auf einen Gottesboten. Er wird als »Jüngling« vorgestellt, dessen weißes Gewand die Erscheinungsweise von Engeln andeutet. Nicht nur seine unerwartete Anwesenheit an diesem Ort, sondern offensichtlich seine gesamte Ausstrahlung verbreitet jenen Schrecken, der für Engelerscheinungen charakteristisch ist. Wie in allen vergleichbaren Fällen muss er den Frauen zunächst Mut zusprechen. Und dann benennt er kurz und knapp das Vergebliche ihres Vorhabens. »Ihr sucht Jesus, den Nazarener, den Gekreuzigten.« Kein einziger Hoheitstitel wird genannt. Das verweist auf die rückwärtsgewandte Perspektive der Frauen, die noch ganz im Karfreitagsgeschehen befangen sind. Den »historischen«, den früheren Jesus können sie jedoch nicht finden. »Er ist auferweckt! Er ist nicht hier!« Bündig und ohne weitere Erklärung proklamiert der Gottesbote den entscheidenden Sachverhalt. Allein der schlichte Hinweis auf den leeren Ort in der Grabkammer stützt diese Worte noch ab. Wer wollte den Frauen ihren Schrecken verdenken? Aus ihrer Lähmung werden sie durch den Auftrag herausgerissen, der noch auf die Proklamation folgt. Die Frauen sollen »seinen Jüngern und dem Petrus« die bevorstehende Erscheinung des Auferstandenen in Galiläa ankündigen. Dabei erfolgt eine doppelte Anspielung: Einerseits klingt hier die Vorhersage Jesu aus 14,28 noch einmal an, andererseits assoziiert das »Voranziehen nach Galiläa« das Bild von einem Hirten und damit die Sammlung der Gemeinde. So werden die Frauen in Bewegung gesetzt. Doch sie nehmen den Schrecken, der von der Engelerscheinung und den zunächst noch unverständlichen Worten ausgeht, mit. Ihr Rückweg gerät zu einer Flucht, über der sie sogar den Auftrag des Gottesboten verschweigen. Auch dieser letzte Zug hat immer wieder Anlass für alle möglichen Spekulationen gegeben. Ist das leere Grab vielleicht deshalb so lange unbekannt geblieben? Korrespondiert die Flucht der Frauen jetzt etwa der Flucht der Jünger am Karfreitag? Müssen die Frauen deshalb jetzt schweigen, um später den Männern die eigenständige Ausrichtung der Osterbotschaft zu überlassen? Sollte das Schweigen nur auf den eiligen, wortlosen Rückweg vom Grab bezogen sein? Kann man die Verweigerungshaltung der Frauen überhaupt nachvollziehen? Man wird diesen merkwürdigen Schluss sicher nur im Gesamtzusammenhang des Markusevangeliums verstehen können. Im Galiläateil hatte Jesus wiederholt gegenüber Geheilten, Dämonen und auch gegenüber seinen Jüngern Schweigegebote ausgesprochen, wenn sie die Ahnung um seine Hoheit in Gestalt von bedeutsamen Würdetiteln formulierten. Erst nach Kreuz und Auferstehung erweist es sich, wer Jesus Christus ist. Nun aber rückt diese Ambivalenz von Reden und Schweigen in ein ganz anderes Licht. Die ungebrochen und offen vernommene Proklamation der Auferstehung Jesu verschlägt ihren ersten Adressatinnen die Sprache. So wie die Schweigegebote im Galiläateil die Grenzen menschlichen Begreifens betonen sollen, so hebt das Verstummen der Frauen am Ostermorgen die Brisanz der Auferstehungsbotschaft hervor, die eben nicht leichthin über die Lippen geht und in deren Weitergabe noch die Erschütterung jener Begegnung mit der Wirklichkeit Gottes nachklingt.

Damit weist Markus schon über den Rahmen der erzählten Geschichte hinaus. Denn natürlich weiß seine Gemeinde von Erscheinungen wie der in 16,7 angekündigten. Längst ist die Auferstehung Jesu ja auch schon zum Ausgangspunkt einer Mission geworden, die ihre Kreise zieht. Sicher standen dem Evangelisten noch genügend andere Überlieferungen zur Verfügung, mit denen er den Ostertag weiter ausgestalten konnte. Aber ganz bewusst möchte er seine Leserinnen und Leser offenbar nur bis zu diesem Punkt führen, an dem der Osterglaube entsteht und in der christlichen Gemeinde nach Bewährung verlangt. Und er setzt damit zugleich ein Signal gegen die »Domestizierung« der Osterbotschaft, die sich auch durch die scharfsinnigste Auslegung nicht einfach bewältigen lässt und ihre überraschende Sprengkraft durch die Jahrhunderte hindurch bewahrt.

Textbeispiel: Lk 24,13–35 (Emmausjünger)

Unter allen Berichten von den Erscheinungen des Auferstandenen trägt die Geschichte von den Jüngern auf dem Weg nach Emmaus die eigenwilligsten Züge. Im Aufbau des lukanischen Ostergeschehens nimmt sie einen wichtigen, sorgfältig bestimmten Platz ein. Lukas gliedert den Ostertag in drei große Erzählblöcke: 24,1–12 setzt mit der Auffindung des leeren Grabes ein, 24,13–35 lässt die Erscheinungsberichte folgen, 24,50–53 schließt den Tag und damit das Evangelium duch das eindrucksvolle Schlussbild der Himmelfahrtserzählung ab. Die Erscheinungsberichte tragen dabei nicht nur aufgrund ihrer zentralen Stellung oder ihres Umfanges den Ton – in ihnen kommen auch sachlich die wichtigsten Inhalte der Osterbotschaft zur Sprache. Genau genommen ist es ein Dreischritt an Erscheinungen, den Lukas in Gestalt zunehmender Steigerung vorstellt. Denn auch wenn die Erscheinung vor Petrus erst im Schlussrahmen der Emmausgeschichte (24,34) – und das wiederum nur in Gestalt eines kurzen Hinweises – nachgeholt wird, bleibt die chronologische Abfolge doch gut erkennbar: am Anfang Petrus als der Sprecher und Repräsentant der Jünger Jesu, dann zwei aus dem weiteren Anhängerkreis, schließlich »die Elf und die anderen« als Keimzelle der künftigen Jerusalemer Gemeinde. In dieser Klimax deutet sich bereits an, was den »kumulativen Effekt« der Ostererscheinungen ausmacht. Erzählerisch einleuchtend geht die Rekognitionserscheinung auf dem Weg nach Emmaus der Auftragserscheinung im Jüngerkreis voraus.

Die Emmauserzählung spielt unter den lukanischen Erscheinungsberichten unverkennbar die dominierende Rolle. Sie trägt ein Motiv ein, das für Lukas große Bedeutung hat: das Motiv des Weges. Jesus ist unterwegs. Von einem Wanderprediger sollte man das auch nicht anders erwarten. Aber Lukas verbindet damit noch ein weiteres Anliegen. Gegenüber Markus und Matthäus hat er den Weg Jesu nach Jerusalem auf gute 10 Kapitel ausgedehnt (Lk 9–19) und weit über das Faktum der Ortsveränderung hinaus mit theologischer Bedeutung gefüllt. Der Weg Jesu nach Jerusalem wird zu einem zielgerichteten Weg zur Passion, wobei der Blick schon von Anfang an auch auf den Ostermorgen gerichtet ist: »Es geschah aber, als sich *die Tage seiner Aufnahme* erfüllt hatten, wandte er sein Angesicht, um nach Jerusalem zu gehen.« (9,51) Auf diesem Weg finden Begegnungen statt, die Entscheidungscharakter gewinnen. Dieser Weg setzt sich auf neue Weise auch am Ostermorgen fort. Und er mündet schließlich in den Weg der Kirche ein, den die Apostelgeschichte in seinen Anfängen entwirft. Seinen Leserinnen und Lesern will Lukas vermitteln: Christsein bedeutet unterwegs zu sein. Und Christus geht auf diesem Weg mit – spürbar oder eben auch unerkannt.

Eine weitere Eigenheit, die wiederum für das Erzählinteresse des Evangelisten Lukas charakteristisch ist, äußert sich angesichts der Adressaten dieser gewichtigen Erscheinung. Es ist nicht die urchristliche Prominenz, die hier vorgestellt wird. Die beiden Männer auf dem Weg nach Emmaus sind lediglich

»zwei von ihnen«, und das heißt nach 24,9 zwei aus dem weiteren Anhängerkreis. Nur einer wird dann in 24,18 noch namentlich als Kleopas benannt, der andere bleibt anonym. Lukas schildert die Ereignisse aus der Perspektive derer, die eher am Rande stehen. Ihre zerbrochenen Hoffnungen spiegeln die Situation zwischen Karfreitag und Ostern viel realistischer wider als die Sichtweise der Hauptakteure.

Der Aufbau der umfänglichen Erzählung lässt sich gut nachvollziehen. Anfangsrahmen (13–16) und Schlussrahmen (33–35) beschreiben entgegengesetzte Bewegungen: fort von Jerusalem in Trostlosigkeit – zurück nach Jerusalem in freudiger Erregung. Dadurch vollzieht sich eine Umkehr, die nicht nur als geographischer Richtungswechsel zu verstehen ist. Den Anlass dafür entfaltet der Mittelteil, der sich aus den Weggesprächen (17–27) und der Mahlszene (28–32) zusammensetzt. Die Weggespräche beginnen bereits im Anfangsrahmen, erhalten aber dann durch die scheinbar so ahnungslose Frage des unbekannten Weggefährten (17) eine völlig neue Wendung. Kleopas erteilt ihm nun eine Antwort, die vom Allgemeinen ausgehend zum Besonderen vordringt. Zunächst beschreibt er in Kurzfassung die Passionsereignisse, an denen alle Hoffnung zerbrochen ist (18–21). Dann aber kommt er auf die aktuelle Verunsicherung zu sprechen, die von der Botschaft der Frauen hinsichtlich des leeren Grabes ausgelöst wurde (22–24). Und plötzlich vermag der Fremde auf diese Mitteilungen höchst kompetent zu antworten. Er beginnt seinerseits, den beiden Jüngern die Schriften auszulegen (25–27). Der Umschwung bereitet sich damit schon vor. Aber erst beim Mahl, bevor man das Nachtquartier bezieht, erkennen Kleopas und sein Gefährte, in wessen Gemeinschaft sie sich da befinden. »Brannte nicht unser Herz in uns ... ?« Die Begegnung mit dem Auferstandenen ist eine Sache, die sich nicht nur in Worten, sondern vor allem in gelebter Gemeinschaft vollzieht. Die Sinne sind daran ebenso beteiligt wie der Verstand. Erst im gemeinsamen Mahl werden den beiden die Augen geöffnet.

Die Erzählung selbst bedient sich eines geschickten literarischen Mittels: Was den beiden Jüngern noch verborgen bleibt, davon haben die Leserinnen und Leser bereits von Anfang an Kenntnis. Aus dieser Verschränkung verschiedener Ebenen bezieht die Geschichte ihr besonderes Spannungsmoment. Mit einem scheinbar nebensächlichen Detail fängt alles an. Zwei der Anhänger Jesu gehen in ein Dorf, das ca. 60 Stadien / 11 km von Jerusalem entfernt liegt. Diese Angaben atmen bereits jene Alltäglichkeit, die nun wieder beginnt. Vermutlich wohnen die beiden dort, wie spätestens ihre Einladung an den fremden Wanderer in 24,29 annehmen lässt. Sie setzen sich von dem Kreis der anderen ab, verlassen die Stadt ihrer hohen Erwartungen und kehren offensichtlich resigniert zu ihren früheren Lebensverhältnissen zurück. Doch begreiflicherweise gehen ihnen die Erlebnisse der letzten Tage nach. Noch sind sie weit davon entfernt, das unfassbare Geschehen des Karfreitags verarbeitet zu haben. Es drängt sie, davon zu sprechen, sodass sie auch den merkwürdigen Wanderer, der sich ihnen wohl schon einige Zeit schweigend angeschlossen hat, bereitwillig in ihr Gespräch mit einbeziehen. Dass »ihre Augen gehalten« waren, das liegt zweifellos an ihrer Trauer, die einen klaren Blick verstellt. In 24,17 heißt es wörtlich: »Und sie blieben stehen, finster dreinblickend.« Sie sind derartig in ihren Gedanken gefangen, dass ihnen die Unwissenheit des Wanderers ganz unvorstellbar erscheint. Indem sie nun von jenem Jesus berichten, geben sie auch ihrer Hoffnung noch einmal klaren Ausdruck. Als einen »prophetischen Mann« hatten sie ihn aufgrund seiner Worte und Taten erlebt – als den Messias, »der Israel erlösen werde«, hatten sie ihn nach Jerusalem begleitet. Der entehrende Tod aber passt in dieses Bild nicht mehr hinein. Insofern kann auch die Nachricht der Frauen, von den Aposteln bereits als »Geschwätz« abgetan (24,11), nur noch erschrecken und verwirren. Hier setzt der fremde Begleiter an. Sein Tadel klingt zunächst schroff und unvermittelt. Aber er nimmt nur auf, was sich auch die Frauen am Grab schon anhören mussten (24,5–7): »Erinnert euch doch!« Das spielt beide Male auf die Leidensankündigungen an. Nur wird hier der Horizont noch etwas weiter aufgerissen. Denn der Wanderer beginnt nun »bei Mose und allen Propheten« und stellt die Ereignisse in das Licht der gesamten Heilsgeschichte Israels. Über diesen Gesprächen erreichen sie ihr Ziel. Das ist der Zeitpunkt, um auch den guten Brauch orientalischer Gastfreundschaft zu seinem Recht kommen zu lassen. Doch anstelle des Hausvaters, als den man Kleopas wohl betrachten muss, ergreift der Wanderer die Initiative, teilt das Brot und spricht den Segen. Über diesem selbstverständlichen Gestus erkennen die beiden den Herrn. Die Gegenwart des Auferstandenen erweist sich in den elementaren Vollzügen des alltäglichen Lebens – und kann dennoch nicht in ihnen festgehalten werden. Erst solche Gegenwart führt zur Erkenntnis. Motiviert kehren die beiden um und suchen den Austausch mit den anderen, die inzwischen auch von Petrus eine Begegnung mit dem Auferstandenen zu berichten wissen. Aufgrund ihrer gemeinsamen Erfahrung finden sie zu einer neuen Gemeinschaft zusammen.

Das Hauptanliegen der Erzählung lässt sich damit sehr deutlich erkennen: Es geht um die Bewältigung des Todes Jesu. Dazu aber bedarf es verschiedener Anstöße, die von außen kommen müssen. Allein vermögen sich die Hinterbliebenen noch keinen Reim auf die Nachricht vom leeren Grab zu machen. Erst die Begegnung mit dem Auferstandenen öffnet ihnen die Augen. Doch selbst dann ist der Osterglaube noch nicht wie mit einem Paukenschlag einfach da. Es ist vielmehr ein Prozess, der sich hier vollzieht. Das Schriftstudium hat darin seine unverzichtbare Funktion ebenso wie die Gemeinschaft im Mahl. Die einzelnen Erfahrungen bedürfen der gegenseitigen Bestätigung. Der Weg, den die beiden Jünger zwischen Jerusalem und Emmaus zurücklegen, spiegelt sich auch in dem Weg wider, auf dem sie zum Glauben finden. Und darin zeichnet sich dann letztlich jener Weg ab, den der Osterglaube zu allen Zeiten zu beschreiten hat.

Nachfolge Jesu

Begriff und Sache

»Nachfolge Jesu« ist längst zu einem Synonym für »Christsein« geworden. »Come follow Jesus« – so lautet etwa das Motto eines christlichen Jugendkongresses in Dresden 1996. Ganz allgemein assoziiert der Begriff dabei eine Form der christlichen Lebensgestaltung, die es ernst meint mit den Worten Jesu, die auch Konsequenzen nicht scheut und an persönlicher Veränderung arbeitet. Wer Dietrich Bonhoeffers berühmtes Buch »Nachfolge« (1940) liest, findet diese Assoziation auf eindrucksvolle Weise bestätigt. Alle Christen, die ihr Christsein mit Lebenswirklichkeit erfüllen wollen, sind Nachfolger Jesu.

Um so mehr überrascht die Betrachtung der Nachfolgegeschichten im Neuen Testament. Nur wenige Menschen, die Jesus begegnen, werden von ihm in die Nachfolge gerufen. »Steh auf, nimm dein Bett und geh nach Hause!« (Mk 2,11), sagt Jesus zu dem Gelähmten – aber von Nachfolge ist da keine Rede. Die vielen Geheilten kehren voller Freude an ihre Wohnorte zurück. Die Gastgeber, die Jesus und seine Begleiter aufnehmen, bleiben an ihrem Ort. Die Volksmenge, die Jesus des Öfteren begleitet und die gelegentlich auch einmal beköstigt wird, löst sich nach einiger Zeit wieder auf, um sich dann später neu zu formieren. Nachfolge erwartet Jesus offenbar nicht von allen, die seine Botschaft vom Gottesreich hören. Sein Nachfolgeruf gilt vielmehr einer kleinen Anhängerschar. Die Fischer am See Gennesaret werden ganz unvermittelt aufgefordert: »Folgt mir nach, und ich werde euch zu Menschenfischern machen!« (Mk 1,17) – und sofort lassen sie alles stehen und liegen, verlassen ihre Familien, ihre Arbeit, ihre Existenzgrundlage, ihre Heimat, um nun das unstete Wanderleben Jesu zu teilen. Andere treten von sich aus mit dem Wunsch an Jesus heran, ihm nachfolgen zu wollen, werden aber mit schockierend harten Forderungen konfrontiert (Lk 9,57–62). Eins wird sehr schnell deutlich: Der Nachfolgeruf ist von einem so radikalen Bruch mit den bisherigen Lebensverhältnissen geprägt, dass er nur einen relativ kleinen Kreis von Anhängern – sozusagen den »harten Kern« – unmittelbar mit Jesus verbindet.

Dabei ist es zunächst erst einmal nötig, einen Überblick über alle Nachfolgetexte zu gewinnen.

Berufungsgeschichten
- Berufungen am See – zwei Brüderpaare: Mk 1,14–20 / Mt 4,12–22 / Lk 5,1–11
    => bei Lk verbunden mit der Geschichte vom reichen Fischzug – vgl. Joh 21,1–14
- Berufung des Zöllners (Levi): Mk 2,13–17 / Mt 9,9–13 / Lk 5,27–32
- Berufung bzw. Einsetzung der Zwölf: Mk 3,13–19 / Mt 10,1–4 / Lk 6,12–16
- Berufung des Andreas und weiterer Jünger: Joh 1,35–51

Nachfolgeproben
- Nachfolgewunsch anonymer Jünger und deren Prüfung: Mt 8,19–22 / Lk 9,57–62
  - »Die Füchse haben Höhlen, und die Vögel des Himmels haben Nester, aber ...«
  - »Lass die Toten ihre Toten begraben, du aber ...«
  - »Wer seine Hand an den Pflug legt und zurückschaut, der ...«
- Reicher (Jüngling): Mk 10,17–27 / Mt 19,16–26 / Lk 18,18–27
  - »Verkaufe alles, was du hast, und gib es den Armen ...«

Aussendungsüberlieferungen
- Aussendung der Zwölf: Mk 6,7–13 / Mt 10,5–15 / Lk 9,1–6
- Aussendung der Siebzig (Zweiundsiebzig): Lk 10,1–12
  darin »Ausrüstungsregel«: Mk 6,8–9 / Mt 10,9–10 / Lk 9,3 bzw. Lk 10,4
- »Missionsbefehle«: Mt 28,16–20; Lk 24,47–48 und Apg 1,8; Mk 16,15–20
- Sendung durch den Auferstandenen: Joh 20,21–23

Worte vom Lohn der Nachfolge
- Verheißung von Lebensunterhalt: Mt 6,25–34 / Lk 12,22–31
- Verheißung von künftigem Lohn: Mk 10,28–31 / Mt 19,27–30 / Lk 22,29–30
- »Licht des Lebens haben« und »den wird mein Vater ehren«: Joh 8,12 und 12,26

Worte von den Konsequenzen der Nachfolge
- Selbstverleugnung-Kreuzaufnahme-Nachfolge: Mk 8,34 / Mt 16,24 / Lk 9,23
- »Wer nicht sein Kreuz aufnimmt ...«: Mt 10,38 / Lk 14,27

Nachfolgeterminologie
- nachfolgen, hinter (jemandem) hergehen
- rufen, berufen
- »Auf, mir nach!«, »Folge mir!«
- Schüler / Schülerin (meist: Jünger / Jüngerin)

Aussagen, die in den Umkreis der Nachfolgeüberlieferung gehören, lassen sich hinzufügen. Die Warnung vor der Sorge um Nahrung und Kleidung etwa (Mt 6,25–34 / Lk 12,22–32) atmet das gleiche abgrundtiefe Gottvertrauen derer, die alles verlassen haben und auf fremde Hilfe angewiesen sind. Wenn Gastfreundschaft gelobt wird (Mt 10,40–42; Joh 13,20), so tauchen im Hintergrund jene auf, die von solcher Gastfreundschaft leben. Auch alle Nachrichten über das Lehrer-Schüler-Verhältnis zwischen Jesus und seinen »Jüngern« gehören in diesen Zusammenhang. Und schließlich weisen die Aussendungsüberlieferungen darauf hin, dass sich die Lebensform der wandernden Boten des Evangeliums auch über Ostern hinaus noch lange Zeit fortgesetzt hat. Wenn Petrus seinem Herrn vorhält: »Du weißt, wir haben alles verlassen und sind dir nachgefolgt« (Mk 10,28), so könnten fraglos auch Paulus, Barnabas und viele andere in diese Worte einstimmen.

Darf man »Nachfolge« dann, streng genommen, nur in dem Fall sozialer Entwurzelung sehen, der in eine unmittelbare Lebens- und Arbeitsgemeinschaft mit Jesus führt? Zumindest für die Zeit vor Ostern wird man ein solches enges Verständnis anlegen müssen. Es ist das Verdienst sozialgeschichtlicher Forschung, diesen Sachverhalt in seiner ganzen Brisanz herausgearbeitet zu haben. Dass bereits die Evangelisten dann ein erweitertes Verständnis von Nachfolge entwickelt haben, lässt sich an den überlieferten Texten erkennen. Begriff und Sache sind unter veränderten Zeitumständen mit neuer Bedeutung gefüllt worden. Aber auch diese Bedeutung erhält ihr Profil erst im Lichte dessen, was Nachfolge ursprünglich bedeutete.

Lehrer und Schüler in der Umwelt Jesu

Jesus war nicht der einzige, der Anhänger um sich scharte. Von Johannes dem Täufer und von den Pharisäern erfahren wir, dass sie ebenfalls Jünger (= Schüler) hatten. Große Persönlichkeiten mit charismatischer Ausstrahlung ziehen stets einen Schülerkreis an, und die sozialen Beziehungen ähneln einander aufgrund der vergleichbaren Konstellation beinahe zwangsläufig.

Die nächste Analogie findet sich in der alttestamentlichen Überlieferung vom Propheten Elija. Er, der erste Prophet in Israel mit einem klaren persönlichen Profil, beruft nach 1Kön 19,19–21 einen Schüler. Unterwegs trifft er auf Elischa, der gerade mit der Feldarbeit beschäftigt ist. Wie ein Häscher wirft Elija im Vorbeigehen seinen Mantel über den Pflügenden, der diese Zeichenhandlung auch sofort versteht und lediglich die Bitte äußert, noch von seiner Familie Abschied nehmen zu dürfen. Nicht weniger zeichenhaft bricht Elischa dabei alle Brücken hinter sich ab: Zum Abschiedsmahl schlachtet er seine Ochsen, mit ihren Jochen heizt er die Kessel an. Dann verlässt er alles, was er hat, und folgt Elija nach. Später, nach der Entrückung seines Meisters, erhält er dessen Geistbegabung. Darauf hin tritt nun Elischa als Prophet hervor und versammelt seinerseits einen Schülerkreis um sich. Elija ist zur Zeit Jesu eine der populärsten Gestalten der Volksfrömmigkeit gewesen. Auf seine Geschichte wird auch im Neuen Testament mehrfach angespielt. Jesus wiederum ist von seinen Zeitgenossen gelegentlich als Elija verstanden und häufig im Lichte eines Propheten gesehen worden. Dass man bei den Berufungsgeschichten Jesu an Elija denken musste, liegt nahe. Allerdings wählt sich Jesus nicht nur einen einzigen »Meisterschüler« aus, und die Einbeziehung in die Wirksamkeit des Lehrers (die Verkündigung des Gottesreiches) erfolgt ebenfalls schon zu dessen Lebzeiten. Nicht erst nach Ostern fällt das Charisma des Entrückten auf die Hinterbliebenen, sondern unmittelbar nach ihrer Berufung werden sie schon mit der gleichen Vollmacht zu Verkündigung und Krankenheilung ausgerüstet.

Andere Analogien tragen weniger zum Verständnis des neutestamentlichen Geschehens bei. Die charismatischen Heerführer in der Frühzeit Israels oder die Aufständischen der Makkabäerzeit, die den Heerbann in ihre »Nachfolge« rufen, begründen damit nur eine zeitlich begrenzte Gefolgschaft. Ähnlich verhält es sich bei den späteren Rabbinen und ihren Schülern. Hier ist es zudem der Schüler, der sich grundsätzlich seinen Lehrer sucht. Und nach bestandener Studienzeit geht er seine eigenen Wege, nun auf der gleichen kollegialen Ebene wie sein früherer Lehrer. Aufschlussreich ist eine kleine Episode, die von der »Berufung« des Xenophon durch Sokrates berichtet wird: In einer engen Gasse seien die beiden einander begegnet, Sokrates habe den Xenophon mit dem Stock am Vorbeigehen gehindert und dabei in eine Reihe von Fragen verwickelt, die schließlich in die Aufforderung mündeten: »Folge mir jetzt und lerne es!« Später, nachdem Sokrates den Giftbecher trinken musste, wird Xenophon zu einem seiner wichtigsten Interpreten.

Alle diese Geschichten zeigen: Neu ist bei Jesus nicht die Berufung von Anhängern in eine besondere Form der Lebensgemeinschaft – neu ist allein die Art und Weise, wie er diese Gemeinschaft gestaltet.

Merkmale der Nachfolge

Die Eigenart der Nachfolge Jesu wird vor allem in den Konsequenzen sichtbar, die sie für die Nachfolger bedeutet. Ob ausgesprochen oder nicht: Wer Jesus nachfolgen will, dem wird die Trennung von Familie, Heimat und Besitz zugemutet. Es ist ein Akt sozialer Entwurzelung, der sich in den Berufungsgeschichten vollzieht bzw. in den Nachfolgeproben sichtbar wird. Die Kürze und Härte, mit der die Konsequenzen der Nachfolge den Leserinnen und Lesern der Evangelien vor Augen gestellt wird, hat offenbar ganz bewusst provozierenden Charakter.

Trennung von der Familie scheint eine Notwendigkeit des Wanderlebens zu sein. Aber während Elischa in 1Kön 19,20–21 wenigstens einen ordentlichen Abschied von Elternhaus (und Dorfgemeinschaft?) nimmt, verweigert Jesus einem potenziellen Nachfolger diesen Abschied (Lk 9,61–62). Sogar die wichtigste Pietätspflicht, die Bestattung des Vaters, untersagt er einem anderen: »Folge mir nach und lass die Toten ihre Toten begraben!« (Mt 8,21–22 / Lk 9,59–60) Das klingt nicht nur unfreundlich gegen jene, die dieser Pflicht genügen – es wertet auch insgesamt den Stellenwert der Familie auf eine schroffe Weise ab. Die Liebe zur Familie solle die Liebe zu Jesus nicht übersteigen (Mt 10,37 / Lk 14,26), wobei die Lk-Fassung des Wortes sogar vom »Hass« gegen die Familie spricht. Jesus selbst geht mit »gutem« Beispiel voran – als ihn seine Mutter und seine Geschwister suchen, distanziert er sich vor einer größeren Zuhörerschar deutlich von ihnen: »Wer den Willen Gottes erfüllt, der ist für mich Bruder und Schwester und Mutter.« (Mk 3,35) Das alles geschieht natürlich nicht, ohne den Gewinn neuer sozialer Beziehungen in Aussicht zu stellen: »Jeder, der um meinetwillen und um des Evangeliums willen Haus oder Brüder, Schwestern, Mutter, Vater, Kinder oder Äcker verlassen hat, wird das Hundertfache dafür empfangen: Jetzt in dieser Zeit wird er Häuser, Brüder, Schwestern, Mütter, Kinder und Äcker erhalten, wenn auch unter Verfolgungen, und in der kommenden Welt das ewige Leben.« (Mk 10,29–30) Und ganz nebenbei erfährt man bei Matthäus, dass Jakobus und Johannes zwar ihren Vater samt Booten und Lohnarbeitern am See zurückgelassen haben – ihre Mutter aber befindet sich ebenfalls unter den Frauen, die mit nach Jerusalem gezogen sind (Mt 27,56). Andere wandernde Missionare wie Petrus nehmen nach Ostern ihre Frauen dann ganz einfach mit (1Kor 9,5).

Auch Heimatlosigkeit wird von dem Wanderleben gefordert. Was für Jesus gilt, müssen seine Anhänger zwangsläufig teilen: »Die Füchse haben ihre Höhlen und die Vögel ihre Nester; der Menschensohn aber hat keinen Ort, wo er sein Haupt hinlegen kann.« (Mt 8,18–20 / Lk 9,57–58) Das Wort beschreibt nicht das Freiheitsgefühl einer antiken Flower-power-Bewegung, sondern Not und Abhängigkeit von fremder Hilfe.

Besonders rigoros wird die Trennung von Besitz eingefordert. Jener Reiche, der nur bei Matthäus ein Jüngling ist, soll seinen gesamten Besitz unter die Armen verteilen, um Jesus nachfolgen zu können. Es genügt nicht, Hab und Gut zu treuen Händen zurückzulassen. Denn die Nachfolge duldet offenbar kein Hintertürchen. Sogar den ausgesandten Jüngern wird die Ausrüstung zusammengestrichen (Mk 6,8–9 / Mt 10,9–10 / Lk 9,3 bzw. Lk 10,4): weder Proviantbeutel noch Reisespesen, Stock oder Mantel dürfen sie mitnehmen. Gott lässt seine Boten nicht umkommen – das muss genügen.

Solches Gottvertrauen, wie es sich auch in der Brotbitte des Vaterunsers ausspricht, prägt die Lebenshaltung Jesu. Seine Nachfolger werden darin einbezogen. Der Hinweis auf Vögel und Lilien (Mt 6,25–34 / Lk 12,22–32) malt deshalb auch nicht die Idylle des galiläischen Frühlings vor Augen – er soll vielmehr denen Mut machen, die auf jede Planung über den kommenden Tag hinaus verzichtet haben.

Gleichzeitig treten Konsequenzen in den Blick, die über einen freiwilligen Verzicht hinausgehen. Nachfolger Jesu setzen sich der Gefahr von Verfolgungen aus. Schon in der Ausrüstungsregel wird mit dem Verzicht auf den Stock (Mt 10,10 / Lk 9,3) auch der Verzicht auf Selbstverteidigung eingeschlossen. Im Kontext der Aussendungüberlieferung kommt das Thema Verfolgung direkt zur Sprache. Die Worte vom Kreuztragen, von der Selbstverleugnung oder vom Verlieren des Lebens (Mk 8,34par; Mt 10,38par) sprechen es schließlich klar aus: Nachfolger riskieren ihr Leben. Die meisten dieser Worte sind in der vorliegenden Formulierung bereits von urchristlichen Erfahrungen geprägt. Aber auch vor Ostern zeichnete es sich schon ab, in welche Konfliktsituationen Jesus und seine Anhänger gerade in Jerusalem geraten mussten. Die Geschichte von der Verleugnung des Petrus hat diese Gefahr auf dramatische Weise festgehalten.

Adressaten des Nachfolgerufes

Die Berufungsgeschichten erzählen von Männern. Auch die Zwölf sind ein Männergremium. Aber davon darf man sich nicht täuschen lassen. Die Begriffe, mit denen im griechischen Text Nachfolge ausgedrückt wird, finden auch in

Bezug auf Frauen Anwendung. Von den Frauen, die auch dann noch dem Kreuzigungsgeschehen von ferne beiwohnen, als die Männer längst schon geflohen sind, heißt es ganz unmissverständlich, dass sie Jesus von Galiläa an »nachgefolgt« seien (Mk 15,40–41 / Mt 27,55–56 / Lk 23,49). Lk 8,1–3 berichtet von einer Frauengruppe, die ebenso wie die Gruppe der Zwölf mit Jesus unterwegs ist, auch wenn die entscheidenden Begriffe dabei nicht fallen. Interessanterweise befinden sich darunter auch einige Frauen der sozialen Oberschicht, die ihre Mittel für den Unterhalt Jesu und der Gruppe um ihn einsetzen. Durch ihre Bindung an die Kindererziehung bzw. durch die engen Normen dessen, »was sich gehört«, dürften Frauen in der damaligen Gesellschaft jedoch viel weniger flexibel gewesen sein, Nachfolge im unmittelbaren Sinn zu praktizieren.

Insgesamt lässt sich eine breite soziale Spannweite erkennen. Die Fischer vom See gehören zur Unterschicht, finden aber in einem eigenen Familienbetrieb mit abhängigen Tagelöhnern immerhin ein ganz ordentliches Auskommen. Levi ist als Zollpächter ein Kleinunternehmer (Mk 2,13–17par). Mit Natanaël (Joh 1,45–51) könnte ein Gelehrter hinzukommen. Johanna ist die Frau eines Verwalters des Herodes Antipas (Lk 8,3). Der Blinde von Jericho wiederum, der nach seiner Heilung Jesus aus freien Stücken nachfolgt (Mk 10,52 / Mt 20,34 / Lk 18,43), rangiert als Bettler am unteren Rand der sozialen Pyramide.

Sie alle befinden sich nicht nur deshalb mit Jesus auf dem Weg, um seinen Worten zu lauschen. Ein fester Bestandteil des Nachfolgegeschehens scheint vielmehr von Anfang an die Beauftragung zu sein. Den Fischern am See sagt Jesus, dass sie nun »Menschenfischer« sein sollen. Mit der Berufung der Zwölf wird die Bestimmung verbunden, »dass sie mit ihm seien, und damit er sie aussende, um zu verkündigen, und dass sie Vollmacht hätten, Dämonen auszutreiben …« (Mk 3,14–15). Genau dies geschieht dann auch in den Erzählungen von der Aussendung der Zwölf bzw. der Siebzig. Hier hat sich nicht nur spätere Missionserfahrung niedergeschlagen – die Wirkung der Jesusbewegung wird sich auch vor Ostern kaum ohne die Tätigkeit solcher »Multiplikatoren« verstehen lassen. Der anonyme Jünger, der zuerst noch seinen Vater begraben möchte, erhält den Auftrag: »Du aber verkündige das Gottesreich!« (Lk 9,60); sein anonymer Kollege, der erst Abschied nehmen möchte, erweist sich mit seiner Familienbindung als »untauglich für das Gottesreich = für dessen Verkündigung« (Lk 9,62). Von anderen Nachfolgern wird das nicht so ausdrücklich gesagt, aber die Radikalität ihrer Lebenswende wird am ehesten verständlich im Lichte der Tatsache, dass sie in die große Aufgabe Jesu mit einbezogen werden: in die Verkündigung der Gottesherrschaft.

Nachfolge nach Ostern

Nach Ostern ändert Nachfolge zwangsläufig ihren Charakter. Jesus wandert nicht mehr durchs Land, sodass man seinen Ruf vernehmen oder aus freiem

Entschluss sein Leben teilen könnte. Die Gegenwart des Auferstandenen wird auf eine neue Weise erlebt. Eine kleine Gruppe von Anhängern setzt zwar das Leben des Wandercharismatikers fort, und sie tut es mit der gleichen Radikalität wie der Kreis der Schüler Jesu vor Ostern. Ihnen vor allem ist nicht allein die Ausbreitung des Evangeliums in den ersten Jahrzehnten, sondern überhaupt die Überlieferung jener Nachfolgegeschichten und -worte zu verdanken. Auch Paulus führt – mit Modifikationen – ein solches Leben. Aber die Mehrzahl der christlichen Gemeinschaften, die nun gerade durch die Tätigkeit der Wandermissionare eine rasante Ausbreitung erfahren, pflegt Sesshaftigkeit und Familienleben. Häuser werden die Keimzellen der neuen Gemeinden. Man praktiziert eine Ethik des Teilens. Aber ist das noch Nachfolge im ursprünglichen Sinne?

Nachfolger und Nachfolgerinnen vor Ostern konnten sich Jesus unmittelbar anschließen. Nach Ostern wird Anschluss an Jesus als den Auferstandenen nun vor allem durch die Taufe vermittelt. Paulus entfaltet in Röm 6 den Sinn dieses Geschehens: Taufe bedeutet, mit Christus begraben und wieder auferweckt zu werden, Teilhabe an seinem Geschick zu erlangen, mit ihm auf eine unmittelbar persönliche Weise verbunden zu werden. Paulus bezeichnet diese Gemeinschaft als ein »Sein in / mit Christus«. Sterben und Auferstehen tritt in Analogie zu Entwurzelung und Gewinnung neuer Gemeinschaft. Das aber gilt für alle Christen. Sie alle werden in der Taufe mit dem Geist Gottes erfüllt, der sie dann auch gelegentlich zu besonderen Aufgaben befähigt. Damit bleibt erhalten, was Nachfolge wesentlich ausmacht. Christsein verwandelt sich nicht nur in eine Art Nachahmung Jesu (wenngleich auch dieser Begriff nun auftaucht) – es beschränkt sich ebensowenig auf eine Art Orientierung an Jesus. Nach wie vor bedeutet Christsein persönliche Gemeinschaft mit Christus und Teilhabe an seinem Geschick. Ihren Besitz stellen die ersten Christen der Gemeinde zur Verfügung. Die Bereitschaft, Verfolgung zu erleiden, ist gerade in den ersten dreihundert Jahren nicht nur Theorie.

Dennoch verschieben sich einige Akzente. Bewusst fügen die Evangelisten die Nachfolgegeschichten in ihre Texte ein, die für sesshafte Gemeinden bestimmt sind. Nachfolge gewinnt dadurch eine exemplarische Bedeutung: Sie beschreibt nun Grundzüge christlicher Existenz. Das gelingt deshalb, weil schon der Nachfolgeruf Jesu exemplarischen, zeichenhaften Charakter besaß. Johannes z. B. erzählt die Jüngerberufungen so, dass einer den anderen wirbt – Andreas den Simon, Philippus den Natanaël usw. (Joh 1,35–51). Sie suchen und sie finden. Johannes schildert damit eine Konstellation, die für alle Zeiten gültig ist. Der gegenseitige Dienst im Kreise der Nachfolgerinnen und Nachfolger (Lk 8,3; Mk 10,43) wird zu einem Grundmuster christlichen Verhaltens überhaupt. Konkrete Martyriumsgefahr wandelt sich in kontinuierliche Leidensbereitschaft: »Wer mir nachfolgen will, der verleugne sich selbst und nehme sein Kreuz *täglich* auf ...« (Lk 9,23). Vor allem aber wird der Begriff des Schülers / der Schülerin (= Jünger / Jüngerin) jetzt zur verbreitetsten Selbstbezeichnung der Christen überhaupt.

Nachfolge bleibt damit nicht für eine Elitetruppe der christlichen Kirche reserviert. Ihr Anspruch richtet sich nun an alle Christen, die mit der Taufe in eine persönliche Beziehung zu ihrem Herrn treten. Aber da sich die »Jesusbewegung« inzwischen zur Kirche gewandelt hat und die Gegenwart des Auferstandenen bei seiner Gemeinde in Jerusalem ebenso wie in Korinth oder Rom erfahren wird, verlieren die Trennung von Familie und Heimat an Bedeutung. Der Umgang mit Besitz und die Bereitschaft zu persönlichen Konsequenzen indessen verlangen ebenso wie die Teilhabe an der Verkündigung des Evangeliums an jedem Ort eine neue, eigenverantwortliche Gestaltung.

TEXTBEISPIEL: MK 1,16–20 (BERUFUNGEN AM SEE)
Die Berufung von Nachfolgern ist die erste Aktion, die der Evangelist Markus von Jesus berichtet. Nach Taufe und Wüstenaufenthalt (1,9–13) kehrt Jesus nach Galiläa zurück, um frohe Botschaft / Evangelium zu verkündigen: »Die Gottesherrschaft ist nahe!« (1,14–15) Unmittelbar an diese kurze Mitteilung schließt Markus nun die Episode vom See Gennesaret an. Es scheint, als ob Jesus von Anfang an bemüht ist, einen Kreis von Anhängern um sich zu versammeln, der an der Verkündigung der Gottesherrschaft teilnimmt.

Was Markus seinen Leserinnen und Lesern dabei vor Augen malt, ist freilich eher ein Holzschnitt als ein farbiges Bild. Einzelheiten sind fortgelassen, Begründungen werden nicht geliefert – noch nicht einmal einen Dialog lässt er zwischen dem Wanderprediger und den Fischern am See entstehen. Jesus tritt auf, spricht Simon und Andreas ganz unvermittelt an, diese lassen prompt alles stehen und liegen und gehen mit Jesus fort. Das Gleiche wiederholt sich mit Jakobus und Johannes. Kann man sich eine solche Geschichte überhaupt vorstellen? Lukas verfährt hier ganz anders. Er berichtet die Berufung der Fischer an einer späteren Stelle seines Evangeliums und verbindet sie mit der Geschichte von einem unerwartet reichen Fischfang (Lk 5,1–11): Simon und Jesus sind hier einander schon bekannt, denn Jesus ist im Haus des Simon in Kafarnaum zu Gast gewesen. Dort hatte er dessen Schwiegermutter geheilt. Am See wird Jesus von einer Menschenmenge begleitet, die seinen Worten lauscht. Petrus, der stumme Zuhörer, rudert den Prediger darauf hin einige Meter vom Land ab. Dort entspinnt sich ein Gespräch über den letzten misslungenen Fang, das in der Aufforderung zu einem neuen Versuch gipfelt. Petrus lässt sich darauf ein – und wird von der Ausbeute überwältigt. Petrus weiß also bei Lukas schon genau, wen er vor sich hat, und in der Begegnung an bzw. auf dem See erkennt er sich selbst und seine Situation vor Gott: »Herr, geh fort von mir, ich bin ein sündiger (gottferner) Mensch!« Dass er schließlich dem Ruf Jesu folgt, lässt sich nachvollziehen. Wenn Markus indessen auf solche Erklärungen verzichtet, dann wird dies Gründe haben: Offenbar will er nur bestimmte Züge des Geschehens hervorheben.

Die Episode ist in zwei Szenen (1,16–18.19–20) gegliedert: Jeweils ein Brüderpaar steht dabei im Mittelpunkt. Da in der ersten Szene der Ort des Geschehens und der Wortlaut des Rufes Jesu schon genannt sind, genügen für die zweite Szene wenige Striche. Eine wichtige Information wird jedoch am Schluss noch hinzugefügt: Jakobus und Johannes lassen ihren Vater Zebedäus »im Boot mit den Lohnarbeitern« zurück. Sie haben also einen kleinen Familienbetrieb, der saisonbedingt auch Arbeitskräfte einstellen kann. Sie sind keine Desperados oder Clochards, die ohnehin für jedes Abenteuer zu haben wären, sondern Leute, die etwas aufgeben. Als Fischer gehören sie zwar zur Unterschicht und müssen sich ihren Lebensunterhalt mühsam erarbeiten, aber vom unteren Rand der sozialen Pyramide sind sie doch ein gutes Stück entfernt. Sie haben Arbeit und tragen Verantwortung für ihre Familien. Mitten in dieser Arbeitswelt trifft sie nun der Ruf Jesu. An diese Arbeitswelt knüpft Jesus auch an, wenn er ihre neue Aufgabe als die von »Menschenfischern« bezeichnet. Weder eine besonders feierliche Situation noch ein Augenblick der Verzweiflung geben den Rahmen des Geschehens ab. Um so erstaunlicher wirkt die Reaktion der Fischer. »Sofort« verlassen sie, was sie haben – Familie, Heimat, Existenzgrundlage. Markus will mit dieser knappen, abrupten Erzählweise andeuten: Wenn eine eindeutige Aufforderung Jesu ergeht, dann bedarf es einer eindeutigen Antwort ohne lange Dispute. Und natürlich liegt ihm auch daran, gerade in den beiden Brüderpaaren, die später zu den wichtigsten Tradenten der Jesusgeschichte nach Ostern werden, schon den Typos des mustergültigen Nachfolgers vorzustellen.

Wichtig ist die Zielbestimmung, die Markus mit dieser Geschichte überliefert. Der Ruf Jesu beinhaltet zugleich einen Auftrag. Aus dem ersten öffentlichen Auftreten Jesu heraus erwächst die Suche nach Teilhabern: Sie sollen helfen, Menschen für die Botschaft von der Gottesherrschaft zu gewinnen. Deshalb müssen sie das Leben Jesu teilen, und deshalb ist es zunächst auch nur ein kleiner Kreis, an den dieser Auftrag ergeht. Das provozierende Wort von den »Menschenfischern«, das eher an Freiheitsberaubung als an frohe Botschaft denken lässt, packt die Fischer vom See bei ihrer bisherigen Erfahrung und nimmt sie darin ernst. Natürlich ist es die Einladung Gottes, die sie weitertragen werden. In aller Prägnanz stellt die Erzählung damit jedoch heraus: Wer sich Jesus anschließt, schreibt sich nicht zu einem »Hospitationspraktikum« ein. Er wird vielmehr mit seiner ganzen Existenz von Jesus ergriffen.

Verwunderlich bleibt die Radikalität, mit der die Nachfolger alles zurücklassen. In anderen Nachfolgegeschichten wird das sogar noch viel drastischer erzählt. Aber es wäre ein Missverständnis, hier den Hauptakzent des ganzen Geschehens zu sehen. Nicht die Forderung, nicht die gewaltige Zumutung sind entscheidend. Den Nachfolgern wird zugleich etwas in Aussicht gestellt: neue Gemeinschaft, neue Zukunft, neue Lebensmöglichkeit – auch wenn Markus im vorliegenden Zusammenhang noch nicht davon spricht. Er will vorläufig nur zeigen: Die Begegnung mit Jesus setzt in Bewegung und führt zu ganz neuen Erfahrungen. Und dafür braucht man keine anderen Qualifikationen als diejenigen der Fischer vom See Gennesaret.

TEXTBEISPIEL: MK 2,13–17 (BERUFUNG DES LEVI)
Nach der Berufung der beiden Brüderpaare in die Nachfolge Jesu (Mk 1,16–20) berichtet Markus nun einen spektakulären Einzelfall. Der Ort des Geschehens ist nach dem Aufbau des Evangeliums noch im gleichen geographischen Umfeld plaziert: Jesus verlässt Kafarnaum und geht am Ufer des Sees entlang, wobei er auf die Zollstation des Levi stößt; in dem Ort Kafarnaum wiederum wird man sich wohl das Haus des Gastmahles vorstellen müssen. Dabei lässt Markus ganz nebenbei die Bemerkung einfließen, dass es inzwischen schon viele Jünger geworden seien, die Jesus nachfolgten (2,15). Wenig später berichtet er in 3,13–19 dann die Etablierung des Zwölferkreises aus einer bereits anwachsenden Schar von Anhängern, unter denen sich auch die zwei Brüderpaare vom Anfang wiederfinden.

Markus skizziert das Geschehen mehr, als dass er es erzählt. Am See wird Jesus von einer Menge umgeben, die seiner Lehre zuhört. Dann fällt, als er am Ufer »entlanggeht«, sein Blick auf Levi. Muss man sich die neugierige Menge als Kulisse der folgenden Szene vorstellen? Wandert Jesus während seiner Predigt weiter? Wo befindet sich die Zollstation – eventuell an einer Bootsanlegestelle? Solche Fragen bleiben unbeantwortet. Zielstrebig steuert der Erzähler nur auf die Begegnung zwischen Jesus und Levi zu. In einer kaum noch nachvollziehbaren Dichte klingt an, was die anwesenden Augen- und Ohrenzeugen als Sensation verstanden haben dürften: Ein kurzes Wort (»Folge mir!«) – eine stumme Reaktion (»Er stand auf und folgte ihm.«). Vor allem aber – es handelt sich dabei nicht um einen achtbaren Fischer, der diesem Ruf Folge leistet, sondern ausgerechnet um einen Zöllner. Diese Berufsgruppe hat mit den heutigen Staatsbeamten, die an den Grenzen für die Einhaltung von Import- und Exportbestimmungen zuständig sind, nichts gemeinsam. »Zöllner« im damaligen Palästina waren mit der Erhebung aller möglichen staatlichen Gebühren und Abgaben beauftragt, ohne jedoch selbst Staatsbeamte zu sein. Dem Staat gegenüber hatten sie fest vereinbarte Zahlungen zu leisten, besaßen aber hinsichtlich der Eintreibung eine relative Selbstständigkeit. Am ehesten könnte man sie als »beliehene Unternehmer« betrachten und sollte sie besser als »Abgabenpächter« bezeichnen. Um existieren zu können, mussten sie den Spielraum ihrer eigenen Gewinnspanne ausnutzen, was ihnen nicht gerade Freunde machte. Auch ihre berufliche Nähe zur römischen Besatzungsmacht wirkte bei den Frommen kompromittierend. »Zöllner und Sünder« – die meisten sahen darin wohl Synonyme. Mk 2 stellt einen Abgabenpächter aus jüdischer Familie vor: Levi, Sohn des Alfäus. In der Parallele Mt 9,9 trägt er abweichend den Namen Matthäus – aber das hängt wohl mit dem Bemühen um eine genauere Identifizierung des ansonsten unbekannten Jüngers zusammen. Dass er es ist, der nun das folgende Gastmahl ausrichtet, legt sich vom Zusammenhang her nahe (»in seinem Haus«), was Lukas dann noch deutlicher hervorhebt (»Und Levi gab ein großes Festmahl ...«). Bei diesem Mahl kommt es zu einem Konflikt mit den »Schriftgelehrten der Pharisäer«, wodurch nun endgültig das entscheidende Problem sichtbar wird: Jesus umgibt sich mit schlechter Gesellschaft.

Die Episode gliedert sich in zwei Szenen: die Berufung des Levi (13–14) und das Zöllnergastmahl (15–17). Die Berufungsszene ist von der gleichen fragmentarischen Kürze wie die in Mk 1,16–20 geprägt. Die Gastmahlszene hingegen mündet in ein kleines Streitgespräch. Man kann überlegen, ob beide Szenen ursprünglich eigenständige Überlieferungen bewahren. Markus jedenfalls hat sie bewusst miteinander verbunden. In dieser Verbindung tritt nun ein ganz eigener Zug hervor. Der Nachfolger lässt zwar alles stehen und liegen und schließt sich Jesus an (2,14) – aber zuvor bewirtet er noch einmal den Lehrer und alle seine Anhänger. Im Zusammenhang erscheint das Gastmahl dabei als ein Abschiedsmahl wie bei Elischa 1Kön 19,21. Der Nachfolger gehört einer sozialen Schicht an, die zu einer solchen Bewirtung in der Lage ist. Über eine Auflösung seines Vermögens oder doch wenigstens über die Kompensation begangenen Unrechtes (wie im Falle des Zachäus Lk 19,8) wird nichts gesagt. Um so nachdrücklicher kommen die Einwände zur Sprache, die Jesu Anwesenheit im Haus eines Abgabenpächters hervorrufen. Alles Interesse liegt auf der Tatsache, dass er nach der Meinung der Zeitgenossen ganz einfach der falsche Mann für den Nachfolgeruf Jesu ist.

Schon die knappe Schilderung der Mahlszene deutet die bedenkliche Zusammensetzung der Tischgesellschaft an: Zöllner und Sünder. Dass der Gastgeber natürlich von Kollegen umgeben ist, liegt nahe. Aber der Zusatz »und Sünder« macht unmissverständlich klar, welcher Art diese Kollegen sind und mit welchen Freunden sie Umgang pflegen. Als »Sünder« gelten diejenigen, die durch ihr Verhalten dem Gotteswillen, wie er in der Tora formuliert ist, nicht entsprechen. Sie sind von Gott getrennt, und deshalb hält sich auch der Gerechte, der nach der Tora zu leben versucht, tunlichst von ihnen fern – besonders in dem äußerst sensiblen Bereich gemeinsamen Essens. Jesus aber verhält sich provozierend anders. Er kennt keinerlei Berührungsängste und lässt sich offenbar gern von dem neu gewonnenen Anhänger in dessen zweifelhafte Umgebung einladen. Die Frommen nehmen daran Anstoß. Sie wählen für ihren Protest jedoch den indirekten Weg und wenden sich an die Jünger Jesu. Jesus wiederum hört ihre Einwände und antwortet mit zwei markanten, sprichwortartigen Sentenzen: »Nicht die Starken bedürfen des Arztes, sondern die Kranken.«, und »Ich bin nicht gekommen, die Gerechten zu rufen, sondern die Sünder.« Dass es Starke gibt und Gerechte, gesteht er vorbehaltlos zu. Die Gerechtigkeit der Frommen, die nach der Tora leben, erfährt Anerkennung. Aber die Gottesherrschaft kommt nicht nur zu ihnen. Gerade denen, die fern von Gott sind, wendet sich Jesus zu. Und da ist der Zöllner Levi einer, der als ihr Repräsentant in den Kreis der Nachfolger Jesu Aufnahme findet.

Unter den Nachfolgeüberlieferungen hat diese Episode wohl die Erinnerung an einen besonders aufsehenerregenden Fall festgehalten. Vor allem aber unterstreicht Markus mit ihrer Hilfe den Sachverhalt, dass die Nachfolger Jesu keine handverlesene Auswahl von Spitzenkräften sind. Jesus wählt seine Schüler nach anderen Kriterien aus als etwa die »Schriftgelehrten unter den Pharisäern« dies tun. Die Berufung des Levi erscheint selbst schon als Zeichen der nahen Gottesherrschaft: Nicht Ausgrenzung, sondern Integration ist das Stichwort. Und wenn die Zuwendung Gottes gerade den Fernen gilt, dann schlägt sich dies auch im Kreis der engsten Anhänger Jesu zeichenhaft nieder.

Botschaft Jesu

Lehre in Vollmacht

Die Evangelien schildern Jesus als einen, der lehrt. Etwa im Alter von 30 Jahren »fängt er an«, wie Lk 3,23 bemerkt. Er sucht die Öffentlichkeit und findet Zulauf. Als Prediger versammelt er die Scharen um sich und gewinnt einen Kreis von Anhängern, der ihn ständig begleitet. Der Mann aus Galiläa zieht gerade aufgrund seiner Botschaft die Aufmerksamkeit zunehmend breiterer Kreise auf sich. Schließlich müssen sich auch die Autoritäten in Jerusalem sowie die römischen Machthaber im Land mit seinen Worten auseinander setzen. Vor allem die Lehre Jesu ist es, die auch noch weit über Ostern hinausdringt und nun die christliche Theologie beschäftigt. Die Kirchenväter haben von hier aus den Brückenschlag zur philosophischen Bildung ihrer Zeit unternommen. Und nicht zuletzt ist in der protestantischen Tradition mit ihrer Hochschätzung der Predigt auch Jesus aus Nazaret von neuem als Prediger in den Mittelpunkt gerückt.

Schon die Zeitgenossen vermochten Jesus in dieser Rolle am ehesten einzuordnen. An Lehrern fehlte es damals nicht. Wer Schüler um sich versammelte, hatte auch etwas zu sagen. Im Judentum des 1. Jhs. gab es eine große Vielfalt theologischer Lehren, die von »Religionsparteien« wie den Pharisäern, Essenern, Sadduzäern oder Zeloten entwickelt und von einzelnen markanten Persönlichkeiten in ihren Reihen verbreitet wurden. Zudem konnte auch im Kontext der hellenistischen Welt mit ihrem Bildungsideal der Gelehrte auf grundsätzliche Anerkennung rechnen. »Didaskalos« (griechisch »Lehrer«) oder »Rabbi / Rabbuni« (hebräisch »Lehrer«) – das ist ein Ehrenname, mit dem Jesus in den Evangelien immer wieder bedacht wird. Erst nach 70 geschieht es, dass sich der Begriff »Rabbi« dann auch zur Bezeichnung eines ganz bestimmten Berufsstandes innerhalb des nun geradezu so genannten »rabbinischen« Judentums verfestigt. Davor aber ist er ganz allgemein Ausdruck für die Achtung, die man einem gelehrten Menschen überhaupt entgegenbringt. Als auffällig empfanden die Zeitgenossen vor allem den hohen Anspruch des Lehrers Jesus (Mt 7,29 u. ö.). Deshalb wurde er in der Volksmeinung zugleich in das Bild eines Propheten eingeordnet (z. B. Mk 6,14–16par; 8,27–30par u. ö.). Auch Propheten mit ihren Schülerkreisen trugen Züge eines Lehrers. Sie hoben sich aus der Schar der Lehrer jedoch noch einmal dadurch heraus, dass sie mit einem konkreten Auftrag Gottes auftraten. Ihr Wort war nicht einfach »Lehre«, sondern »Spruch des Herrn«. Ein solcher prophetischer Anspruch kommt in den Worten Jesu immer wieder zum Ausdruck.

Die Schüler Jesu haben die Worte ihres Meisters bewahrt – so wie dies auch die Schüler der Propheten getan haben. Sie waren es, die seine prägnanten Sentenzen, seine z. T. provozierenden Gleichnisse oder seine hoheitsvollen Aussagen weitererzählten und schließlich auch schriftlich fixierten. Denn Jesus selbst verfasste keine Schriften. Die Evangelisten entwerfen das Bild eines rastlosen Wanderpredigers (z. B. Lk 13,33), nicht das eines ambitionierten Schriftstellers. Die Nähe der Gottesherrschaft drängte zur unmittelbaren mündlichen Verkündigung. Eine Langzeitwirkung war nicht im Blick. Dabei stellt sich dann allerdings die Frage: Wie authentisch haben die Tradenten Jesu Worte bewahrt? Eine Wiedergabe im O-Ton, nach der Qualität von Tonbandmitschnitten oder Stenogrammen, darf man hier von vornherein natürlich nicht erwarten. Andererseits besteht aber auch kein Grund für überzogene Skepsis. Die meist kurzen, einprägsamen Worte sind zweifellos in großer Treue und mit jener Konstanz, die gerade mündlicher volkstümlicher Überlieferung zu eigen ist, weitergegeben worden. Freie »Erfindung« ist hier viel weniger wahrscheinlich als gestaltende, kontextbezogene Bearbeitung. Gibt es dafür methodisch kontrollierbare Kriterien?

Im 19. Jh. meinte man die Frage dadurch lösen zu können, dass man nach dem ältesten Evangelientext suchte. Es kam zur Entdeckung der Markus-Priorität und zur Rekonstruktion der »Logienquelle« (aus dem Bestand von Matthäus und Lukas). Doch die Entwicklung der so genannten formgeschichtlichen Methode machte sehr bald klar: Auch Markus und die Logienquelle sind aus kleinen, literarisch gestalteten Einzelüberlieferungen zusammengefügt. Seit etwa 50 Jahren ist deshalb die Diskussion um die Bestimmung authentischer Jesusworte in eine neue Runde eingetreten. Es geht dabei um die Unterscheidung zwischen ursprünglich Überliefertem und sekundär Bearbeitetem auf der Ebene jener einzelnen kleinen Einheiten. Muss hier das Urteil am Ende dem Gefühl des Auslegers überlassen bleiben? In Amerika hat man es jüngst mit einer demokratischen Abstimmung unter den führenden Neutestamentlern versucht, aber das gibt solcher Willkür lediglich ein besseres Aussehen. Einleuchtender wäre hier schon das so genannte »Differenzkriterium« als der Versuch, eine Art Minimalbestand methodisch zuverlässig zu bestimmen. Als authentisch gilt demzufolge das, was weder aus dem zeitgenössischen Judentum noch aus der späteren urchristlichen Theologie abgeleitet werden kann. Aber darf man die Worte Jesu auf ein solches Minimum reduzieren? Besonders problematisch erscheint, dass damit künstliche Gegensätze aufgebaut werden: Wieso kann Jesus nur in Abgrenzung gegenüber dem Judentum seiner Zeit verstanden werden? Wieso darf es keinen Zusammenklang zwischen Urchristentum und Botschaft Jesu geben? Es drohte darüber sogar in Vergessenheit zu geraten, dass Jesus ja im Schoß jüdischen Gottesglaubens aufgewachsen war und aus jüdischer Frömmigkeit lebte. Deshalb begann seit den 80er Jahren die Suche nach neuen Kriterien. Aus den alten Fehlern klüger geworden, fand man das so genannte »Plausibilitätskriterium«: Als authentisch gilt, was a) im jüdischen Kontext erklärbar ist und b) sich als Ursache einer Auswirkung im Urchristentum begreifen lässt. Diese Grundannahme kann man dann auch noch weiter verfeinern.

Den sichersten Ansatzpunkt bietet jedoch nach wie vor die Beobachtung der redaktionellen Gestaltung der Überlieferung durch die Evangelisten. Dort, wo sie die einzelnen Episoden miteinander verknüpfen, Abfolgen herstellen, Einleitungen und Übergänge schaffen, also den erzählerischen »Rahmen« für die kleinen Einheiten bereitstellen – dort lässt sich ihre Handschrift am deutlichsten ausmachen. Diese Handschrift kann man dann auch gelegentlich in den Texteinheiten selbst in Gestalt von Vorzugsvokabeln, Lieblingswendungen oder stilistischen Eigenheiten wiederentdecken. Zieht man diese Arbeit der Redaktoren ab, dann bleibt ein Bestand zurück, der nur noch hypothetisch bzw. in relativ engen Grenzen weiter differenziert werden kann. Dass z.B. die meisten Hoheitstitel erst nach Ostern nun auch Jesus selbst in den Mund gelegt wurden, ist sehr wahrscheinlich. Schon vor der Aufnahme durch die Evangelisten sind manchen Gleichnissen Jesu etwa verallgemeinernde Schlusssätze hinzugewachsen. Die Seligpreisungen bei Matthäus zeigen gegenüber Lukas einige interpretierende Zusätze. Solche Beispiele lassen sich fortsetzen. Aber insgesamt wird man doch den Worten Jesu, wie sie sich dann darstellen, ein hohes Maß an Authentizität zugestehen können. Sie lassen in ihrem Zusammenhang eine Originalität bzw. ein derart unverwechselbares individuelles Profil erkennen, wie man das besser und zufriedenstellender auch bei anderen Persönlichkeiten der antiken Welt kaum findet. Auch wenn wir (zu Recht) gelernt haben, vorsichtiger zu fragen: Die Quellen bieten ein ausreichend zuverlässiges Bild, um den Inhalt der Botschaft Jesu zu ermitteln.

Jesus und Johannes der Täufer

Wenn man die Botschaft Jesu in ihren zeitgeschichtlichen Kontext einordnen will, dann stößt man zuerst auf Johannes den Täufer. Mit der Taufe durch Johannes beginnt übereinstimmend das öffentliche Auftreten Jesu in Galiläa. Zugleich aber wird damit auch ein Problem markiert, mit dem alle Evangelisten gerungen haben: Muss man Jesus dann nicht als einen Schüler des Täufers betrachten? Gehörte Jesus vielleicht sogar zur Täuferbewegung hinzu, bevor er seine eigenen Wege ging? Hat er – wie alle Schüler – auch Entscheidendes von seinem Lehrer gelernt?

Ohne Zweifel gibt es zahlreiche und enge Beziehungen zwischen Jesus und Johannes. Schon allein die Tatsache, dass sich Jesus gerade der Johannestaufe unterzieht, spricht eine deutliche Sprache. Joh 1,35–51 erzählt, dass die ersten Schüler Jesu direkt aus dem Anhängerkreis des Johannes zu ihrem neuen Meister übergewechselt seien. Dieser Kreis aber löste sich dadurch noch nicht einfach auf. Joh 4,1–3 berichtet von einer fortgesetzten Tauftätigkeit des Johannes. Immer wieder erfährt man so ganz nebenbei, dass es nach wie vor Schüler des Johannes gibt, die nach strengeren Regeln leben (Mk 2,18 / Lk 5,33) oder auch gelegentlich in Kontakt zu Jesus treten (Mt 11,2–6 / Lk 7,18–23). Lukas weiß in Apg 19,1–7 sogar noch von Anhängern des Johannes im fernen Ephesus zu berichten, was auf eine eigenständige Missionstätigkeit des Täuferkreises neben der urchristlichen Verkündigung schließen lassen könnte. Herodes Antipas wiederum, den nach seinem Justizmord an Johannes das schlechte Gewissen plagt, fürchtet in Jesus den wiedergekehrten Täufer (Mk 6,14–16par), und diese Ansicht findet offenbar auch in der Meinung des Volkes weitere Verbreitung (Mk 8,28par). Solche Bezüge – sowohl in Gestalt von Konkurrenzsituationen als auch in Gestalt von Identifikationen – lassen sich nur verstehen, wenn es im Auftreten beider prophetischer Gestalten deutliche Gemeinsamkeiten gab. Johannes und sein Kreis gehen Jesus dabei zeitlich voraus. Wie ist ihr Verhältnis zu bestimmen?

Die Synoptiker reduzieren das historisch wohl unbestreitbare Nebeneinander auf eine begrenzte Übergangszeit. Schon kurz nach Jesu Auftreten wird der Täufer inhaftiert und hingerichtet, sodass nur noch Jesus allein die Szene beherrscht. Am weitesten geht hier Lukas, der die Verhaftung des Täufers berichtet, bevor Jesus überhaupt getauft ist (3,20.21–22). Deutlicher lässt sich das Anliegen einer chronologischen Ablösung oder Staffettenübergabe kaum darstellen. Sachlich wird diese Sicht durch Worte wie Lk 7,28 / Mt 11,11 (»Unter allen Menschen gibt es keinen größeren als Johannes; doch der Kleinste im Reich Gottes ist größer als er.«) oder Lk 16,16 / Mt 11,12 (»Bis zu Johannes hatte man nur das Gesetz und die Propheten. Seitdem wird das Evangelium vom Reich Gottes verkündet, und alle drängen sich danach hineinzukommen.«) befestigt. Johannes steht damit unmittelbar an einem heilsgeschichtlichen Wendepunkt und erscheint als ein »Grenzwächter der Äonen« (= Weltzeiten). Die Rolle des Vorläufers und Wegbereiters ist ihm selbst in den Mund gelegt, als er auf die Messiaserwartung des Volkes antwortet (Mk 1,7–8) oder als er selbst aus der Haft heraus anfragt, ob Jesus der »Kommende« sei (Lk 7,18–19 / Mt 11,2–3). Grundlegend gibt das Zitat aus Mal 3,1 / Jes 40,3 in Mk 1,2–3 schon die Richtung an. Um so auffälliger ist es, wie gerade Lukas dann den Täufer wieder in eine gewisse Parallelität zu Jesus zurückholt. Die Geburtsgeschichten beider Kinder in Lk 1–2 lassen über weite Strecken die gleichen Strukturen erkennen, auch wenn Lukas wohl ein deutlich zeitliches Nacheinander im Sinn hat. Vor allem aber baut er die Botschaft des Täufers in 3,7–18 gegenüber Markus und Matthäus zu einer überlegt gegliederten Rede aus, die auch ethische Konkretionen (»Standespredigt« 3,10–14) enthält und abschließend in 3,18 sogar schon als »Evangeliumsverkündigung« bezeichnet wird. Entsprechend redet die Volksmenge in 3,12 auch den Täufer als »Lehrer« an, wie das ansonsten nur Jesus vorbehalten ist. Diese Schilderungen und Aussagen zeigen: In einer heilsgeschichtlichen Perspektive betonen alle Evangelisten die klare Unterordnung des Täufers unter Jesus. Wegbereitung und Wegbeschreibung liegen für sie darin so eng beieinander, dass auch der Täufer zumindest bei Lukas nur wie ein etwas vorauseilender Anhänger Jesu erscheint.

Die Gemeinsamkeiten zwischen Jesus und dem Täufer sind sachlich begründet. Beide gehen von der unmittelbaren Nähe Gottes aus und rufen deshalb ihre Hörerinnen und Hörer zur Umkehr. Für beide gibt es ein Gericht, das mit der Herrschaft Gottes verbunden ist. Das kommende Heil verknüpfen sie mit dem Auftreten einer künftigen richterlichen Gestalt (der Kommende / der Menschensohn). Zugleich aber lassen sich auch grundlegende Unterschiede erkennen. Johannes predigt in der Wüste, und die Scharen ziehen zu ihm hinaus. Jesus bricht von der Wüste aus auf und geht zu den Menschen hin, die er in ihrem Alltag und in ihrer Lebenswelt aufsucht. Der Täufer fastet und begleitet seinen Umkehrruf durch eine strenge, asketische Lebenshaltung. Jesus fastet nicht und verkündigt die Nähe Gottes als Zeit der Freude, die Umkehr als große Einladung. Der Täufer verbindet seine Predigt mit einem Reinigungsritual und betrachtet die Umkehr vor allem in der Perspektive einer rigorosen Ethik. Jesus tauft nicht und lädt, auch über die durch Reinheitsvorschriften und ethische Normen begründeten Schranken hinweg, zur Integration in die große Sammlung des endzeitlichen Volkes Gottes ein. Kurz gesagt: Johannes predigt das Gericht, Jesus predigt das Heil. Für Johannes trägt die nahe Gottesherrschaft bedrohliche Züge (»Schon liegt die Axt an der Wurzel der Bäume ...«) und wird deshalb zum dringlichsten Appell einer radikalen Erneuerung. Für Jesus hat die Gottesherrschaft den Charakter einer Festfeier, die jetzt schon beginnt und die allen offen steht. Am deutlichsten unterscheidet sich beider Botschaft also im Blick auf die Rolle des Gerichtes. Auch für Jesus ist das Gericht Gottes nicht einfach bedeutungslos geworden. Aber man könnte sagen: Für ihn ist es nur der ferne Horizont des Evangeliums, der froh machenden Botschaft von der Gottesherrschaft. Er verkündigt das Gericht nicht so wie der Täufer, sondern er weist nur dann darauf hin, wenn es um die Verantwortung der Eingeladenen geht. Im Zentrum seiner Botschaft steht allein die Einladung: »Die Gottesherrschaft ist mitten unter euch!« (Lk 17,21)

Muttersprache und Vaterhaus

Es hat in der christlichen Theologie lange gebraucht, um zu begreifen, was eigentlich selbstverständlich sein sollte: Jesus ist kein »Christ«, sondern ein Jude. Aus dem Glauben des Gottesvolkes Israel heraus lebt seine Botschaft. Auf das Gottesvolk Israel bleibt auch sein ganzes Auftreten bezogen. Die Abspaltung einer separaten Gemeinschaft von der Gesamtheit Israels lag nicht in der Absicht Jesu. Im Gegenteil: Jesus hat seinen Auftrag ganz unzweifelhaft in der Sammlung Israels gesehen. Besonders Matthäus hat seiner judenchristlich geprägten Gemeinde gegenüber einige Worte bewahrt, die das noch deutlich erkennen lassen: »Geht nicht auf die Straße der Heiden, und geht nicht in eine Stadt der Samaritaner, sondern geht vielmehr zu den verlorenen Schafen des

Hauses Israel!« (10,5–6) oder »Ich bin nur gesandt zu den verlorenen Schafen des Hauses Israel!« (15,24) Solche Worte werden auch in einer Zeit, in der die Völkermission längst Realität ist, nicht einfach unterdrückt. Die Botschaft Jesu fügt sich zunächst ganz in das Spektrum jüdischer Frömmigkeit ein. Das zeigen gerade die zahlreichen Jesusbücher, die in den letzten Jahren von jüdischen Gelehrten geschrieben worden sind und die den »Bruder Jesus« durchaus als einen bedeutsamen Lehrer in Israel zu interpretieren vermögen.

Jesus wächst auf als Kind frommer Eltern. So stellen es die Evangelisten immer wieder nachdrücklich dar. Vor allem Lukas ist hier zu nennen. Nach der Geburt vollzieht die Mutter Jesu im Jerusalemer Tempel den nach Lev 12 vorgeschriebenen Reinigungsritus (2,22–24). Selbstverständlich nehmen die Eltern alljährlich an der Wallfahrt zum Passafest teil (2,41). Im heimischen Nazaret gewöhnen sie das Kind an den Synagogengottesdienst, denn als der erwachsene Sohn später in seinen Heimatort zurückkehrt, geht er dort in die Synagoge »nach seinem Brauch« (4,16). In den Synagogen fühlt er sich zu Hause, übernimmt die Lesung (4,16–17) und versteht mit Erfolg zu predigen (4,15 u. ö.). Das Vaterunser steht in gut jüdischer Gebetstradition. In der Tora und den Propheten kennt er sich aus und nimmt immer wieder darauf Bezug. Dem Tempel bringt er eine hohe Wertschätzung entgegen (Mk 11,15–19par). In seiner letzten Stunde liegen ihm die Worte des Psalters am nächsten. Solche Details geben der Jesusgeschichte ihr ganz besonderes, unverwechselbares Gepräge. Jesus ist mit der Welt des Judentums im 1. Jh. nicht nur vielfach verbunden – er ist ganz einfach ein Teil davon. Als in der Zeit des Nationalsozialismus »deutsch-christliche« Theologen versuchten, aus Jesus dem Galiläer und unehelichen Sohn der Maria einen Arier zu machen, blieb von dem Jesus der Evangelien nichts mehr übrig. Jesus der Jude – das musste die Theologie nach Auschwitz erst wieder auf eine ganz neue Weise lernen.

Die Muttersprache Jesu war das Aramäische. So sprach man im Haus und bei der Arbeit, auf dem Markt und bei Geschäften. Hebräisch blieb dem Synagogengottesdienst und dem Schriftstudium vorbehalten. Dass Jesus auch griechisch konnte, ist wahrscheinlich. Mit Sepphoris befand sich immerhin eine aufstrebende, moderne hellenistische Stadt in der unmittelbaren Umgebung von Nazaret. Der römische Centurio in Lk 7 wird ebenso wenig die Muttersprache Jesu gesprochen haben wie die Frau in der Gegend von Tyrus (Mk 7par), die ausdrücklich als Griechin bezeichnet wird. Für die jüdische Bevölkerung Palästinas war unter dem Einfluss des Hellenismus die Zweisprachigkeit längst schon selbstverständlich. Zahlreiche Juden aus der Diaspora* gründeten bei ihrer Rückkehr ins Mutterland Synagogen, in denen Lesungen und Gebete griechisch gehalten wurden. Von den Predigten Jesu jedoch ist anzunehmen, dass er sie aramäisch gehalten hat. Wie weit man das noch rekonstruieren kann – darüber streiten die Gelehrten. Lässt sich durch eine Rückübersetzung der Evangelien ins Aramäische der Klang mancher Jesusworte noch authentischer vernehmen?

Wieweit hat ihre Übersetzung ins Griechische auch Missverständnisse verursacht? In einigen Fällen führen solche Fragen zu bedenkenswerten Einsichten. Aufs Ganze gesehen bleiben wir heute zwar auf die vorliegende griechische Textfassung der Worte Jesu angewiesen. Aber im Hintergrund wird immer wieder das Denken und der gesamte kulturelle bzw. religiöse Kontext sichtbar, in dem sich die Muttersprache Jesu bewegte.

Jesus aus Nazaret als Glied des Gottesvolkes Israel – das bedeutet jedoch nicht etwa nur eine geschichtlich bedingte Zufälligkeit, die man nach 2000 Jahren auch wieder relativieren könnte. Vielmehr stellt die Geschichte Gottes mit dem von ihm erwählten Volk Voraussetzung und Rahmen dar, um auch die Geschichte Jesu Christi überhaupt erst begreifen zu können. Das Christusereignis ist und bleibt in das Gesamtgeschehen dieser Geschichte Gottes mit seinem Volk eingebunden. Denn wer dieser Gott ist, den Jesus vertraulich mit »Abba« anspricht, das haben die Väter auf ihren Wanderungen, in der Befreiung aus Ägypten oder am Sinai schon erfahren. Den Völkern muss diese Geschichte aber erst noch vermittelt werden, damit sie sich »von den Götzen« zu dem »lebendigen und wahren Gott« bekehren (1Thess 1,9) und diesen nun auch als den Vater Jesu Christi annehmen können. Eine Abkürzung gibt es für diesen Weg nicht.

Nähe der Gottesherrschaft

Der Kontext jüdischer Heilserwartung wird gerade dort ganz massiv spürbar, wo das Zentrum der Botschaft Jesu liegt. Alle Worte, Gleichnisse und Taten Jesu kreisen um einen geprägten Begriff: die »Gottesherrschaft«. Meistens findet man dafür in den Übersetzungen die Wendung »Reich Gottes«, was jedoch auf eine falsche Fährte führt. Der griechische Terminus »Basileia« ist abgeleitet von »Basileus / König« und meint präzise die »Königsherrschaft«. Es geht also nicht um eine territoriale Größe, sondern um einen dynamischen Sachverhalt. Wenn Matthäus hier die Wendung »Königsherrschaft der Himmel« bevorzugt, dann meint das nichts anderes und gebraucht für Gott lediglich einen Ersatznamen. Diese Königsherrschaft Gottes verkündigt der Prediger aus Nazaret.

Den Hörerinnen und Hörern Jesu sagte der Begriff selbst nichts Neues. Gott als »König« zu verehren und in metaphorischer* Weise von seiner »Königsherrschaft« zu sprechen – das hatte sich in Israel spätestens mit der Sesshaftigkeit und der Ausbildung eines eigenen Königtums eingebürgert. In den Erfahrungen des Exils trat die Überzeugung hinzu: Gott ist nicht nur König in Israel, sondern auch König der Könige, König der Völker, König der Welt. Jede Form politischer Herrschaft musste damit der Königsherrschaft Gottes untergeordnet bleiben. Er allein bestimmt Welt und Geschichte. Doch davon ließ sich zur Zeit Jesu nur wenig verspüren. Die politischen Verhältnisse wurden vor allem durch die als bedrückend empfundene römische Besatzungsmacht bestimmt. Israel selbst war in verschiedene Parteien zerrissen. Auf die Erfüllung der großen prophetischen Verheißungen wartete man vergebens. Hatte Gott sich nur verborgen? Warum war seine ewige, zeitlose Herrschaft kaum noch konkret erfahrbar?

In dieser Situation bot vor allem die Apokalyptik eine Antwort an: Es gibt durchaus Grund zur Zuversicht. Denn Gottes zeitlose, ewige Herrschaft bleibt von den geschichtlichen Ereignissen unberührt. Der Apokalyptiker darf in seinen Visionen bereits einen Blick in die Thronwelt Gottes werfen, der ihm zeigt, wie es um Welt und Geschichte tatsächlich bestellt ist und wer in Wahrheit das Heft in der Hand hält. Was er dort sieht, das wird sich jedoch erst in einer künftigen Welt auch für Israel und alle Völker verwirklichen. Dazu muss diese Welt zuvor vernichtet werden, um einer neuen Schöpfung Platz zu machen. Mitten in der Erfahrung der Gottesferne gewinnt die Rede von der Königsherrschaft Gottes damit eine neue Bedeutung. Sie steht nun für die in der Zukunft erwartete Heilszeit, in der Gemeinschaft mit Gott wieder unmittelbar erfahrbar wird und in einem friedlichen Miteinander zwischen Israel und den Völkern Gestalt annimmt. Auf diese Hoffnung fällt indessen noch der lange Schatten des Weltgerichtes. Erst wenn diese Weltzeit überdauert und das große Gericht Gottes bestanden ist, dann wird auch die Gottesherrschaft in einer neuen Weltzeit die Verheißungen der Propheten und die Hoffnungen Israels erfüllen. Dass es bis dahin nicht mehr lange dauern würde, davon gingen beinahe alle Frommen in Israel aus.

Jesus knüpft an die Heilserwartungen seines Volkes an. Die Gottesherrschaft ist auch sein Thema. Doch er hat dazu Überraschendes und Neues zu sagen: Auf die Gottesherrschaft muss man nicht mehr sehnsüchtig warten! Sie beginnt jetzt schon, mitten in der bedrängten Gegenwart! Sie ist »nahe herbeigekommen« – schon in der Begegnung mit dem Boten, der diese Botschaft ausrichtet, kann man sie erfahren! Gott selbst kommt in dieser Botschaft nahe und lädt dazu ein, die Gräben innerhalb des Gottesvolkes zuzuschütten und die Festfreude neuer Gemeinschaft zu leben! Die Welt mag dabei zunächst bleiben, wie sie ist. Denn auch unter den gegenwärtigen Bedingungen kommt die Gottesherrschaft schon zum Zuge. Sie tut es nach der Weise des Senfkorns, das am Anfang noch klein und unscheinbar ist, allmählich aber mit unausrottbarer Vitalität seine Wurzeln treibt und zu einer Staude heranwächst, die den Vögeln eine Behausung bietet. Sie tut es ebenso wie der Sauerteig, von dem ein winziges Stück genügt, um den gesamten Bottich mit Teig zu durchdringen. Man kann sich darauf verlassen wie der Bauer, der lediglich den Samen ausstreut und dann geduldig bis zur Ernte wartet. Alles kommt nur darauf an, die Gunst dieser Stunde zu erkennen. Die Gegenwart ist Freudenzeit, die es zu gestalten, nicht zu überdauern gilt. Dafür kann man gut und gern auch alles riskieren wie jener Kaufmann, der sein Vermögen für eine kostbare Perle einsetzt, oder wie jener Verwalter, der mit verwegener Entschlossenheit seine Zukunft sichert. Vollendete Gottesgemeinschaft – die bleibt nach wie vor Gegenstand der Hoffnung. Aber diese Hoffnung beginnt sich jetzt schon in den Vollzügen des alltäglichen Lebens zu realisieren.

Mit seiner Botschaft von der Gottesherrschaft löst Jesus geteilte Reaktionen aus. Faszination und Verwunderung, Zustimmung und Ablehnung wechseln einander ab. Denn was er da sagt, lässt sich nicht mehr nur als Ringen um ein angemessenes Verständnis der prophetischen Verheißungen verstehen. Das ist vielmehr selbst ein prophetisches Wort. Jesus tritt mit dem Anspruch auf, den Willen Gottes auf unmittelbare Weise zu kennen. Die Nähe Gottes verbindet er dabei mit seiner Person. Sie bleibt deshalb nicht auf Worte beschränkt, sondern verwirklicht sich auch in Taten. Beides gehört zusammen. Die Wundertaten Jesu erweisen sich als Zeichen der Gottesherrschaft und vermitteln jetzt schon eine ganz neue Lebensqualität. Die erstaunte Menge in Lk 7,16 zieht darauf hin den Schluss: »Gott hat sein Volk besucht!«

Worte und Gleichnisse

Der modernen Kommunikationswissenschaft verdanken wir die Einsicht, dass sprachliche Mitteilungen immer über einen Inhalts- und einen Beziehungsaspekt verfügen. Worte sind deshalb nicht einfach Informationen über Sachverhalte, die man von der Person völlig ablösen könnte. Sie sagen immer auch etwas über die Person selbst und über die Art ihrer Beziehung zu den Adressaten aus – sei es durch Wortwahl, Betonung, Mimik, begleitende Gesten oder Ähnliches. Diese Einsicht hilft, auch die Worte Jesu als Teil eines höchst beziehungsreichen Sprachgeschehens zu begreifen. Allein unter dem Inhaltsaspekt wäre die Rede von der Gottesherrschaft relativ nüchtern und unter Bezug auf die Religionsgeschichte des frühen Judentums zu erklären. Doch Jesus gibt mit seinen Worten nicht nur Informationen über Gott weiter. Er sagt damit zugleich auch etwas über sich selbst, seinen Anspruch oder sein Selbstverständnis aus. Zudem lässt er erkennen, wie er seine Hörerinnen und Hörer sieht und was sie für ihn bedeuten.

Mit dem Beziehungsaspekt des Kommunikationsgeschehens hat es zu tun, dass Jesus gerade von der Gottesherrschaft vorzugsweise in Gleichnissen spricht. Denn zum einen handelt es sich dabei um eine Wirklichkeit, die dem forschenden Verstand entzogen bleibt und die allein in analoger, metaphorischer Sprache umschrieben werden kann. Zum anderen aber geht eben gerade diese Wirklichkeit die Hörerinnen und Hörer Jesu auch etwas an. Sie betrifft ihr Leben in einer existenziellen Weise. Deshalb kommen sie und ihre Lebenswelt in den Bildgeschichten der Gleichniserzählungen schon mit vor. Sie werden in ihrer Alltagserfahrung ernst genommen und angenommen. Das Gleichnis verhilft ihnen nicht nur zu einem intellektuellen Erlebnis, sondern zu einer existenziellen Erfahrung mit sich selbst. Die Hörerinnen und Hörer Jesu lernen, ihre eigene Wirklichkeit im Licht der Wirklichkeit Gottes zu begreifen und zu gestalten. Das kann jedoch vor allem deshalb gelingen, weil der Gleichniserzähler zwar in ihrer Welt lebt, jedoch nicht ausschließlich in dieser Welt befangen bleibt. Er vermag aus einem besonderen Wissen heraus etwas über die Wirklichkeit Gottes zu sagen – und sagt damit auch etwas über sich selbst. »Rede in Vollmacht« – das ist der Eindruck, den seine Gleichnisse hinterlassen.

Ein besonderer Vollmachtsanspruch Jesu äußert sich in einer ganzen Reihe formal geprägter Worte. An die einhundert Mal begegnen in den Evangelien z. B. Sätze, die mit »Amen, (amen), ich sage euch ...« beginnen. Das ist auffällig. Denn die Bestätigungs- oder Beteuerungsformel »amēn« (hebräisch so viel wie »gewiss, wirklich«) kommt zwar auch in der sprachlichen Umwelt Jesu häufig vor – etwa im Recht, bei Fluch- oder Segenssprüchen oder in liturgischen Kontexten. Aber immer ist sie als Antwort oder Reaktion nachgestellt. Das vorangestellte »Amen« ist ohne Analogie und signalisiert schon im vorhinein die hohe Autorität des Sprechers. Ähnlich verhält es sich mit den so genannten Antithesen der Bergpredigt: »Den Alten ist gesagt ... Ich aber sage euch ...« – wer so spricht, beansprucht eine Kenntnis des Gotteswillens, die das Wort der Tora noch übertrifft. Ganz unumwunden bringen jene Worte, die mit der Wendung »Ich bin (nicht) gekommen, um zu ...« einsetzen, einen Botenauftrag zum Ausdruck. Aber auch hier geht es wieder um mehr als um den Botenauftrag eines Propheten, der einen Spruch des Herrn ausrichtet. Denn in diesen Worten kennzeichnet der Sprecher zugleich seine Ermächtigung zu eigenständigem, vollmächtigen Handeln. Hinter den Deuteworten zu Brot und Wein beim Abschiedsmahl lässt sich, trotz ihrer liturgischen Überformung, noch immer das Gewicht eines Vermächtnisses verspüren. An solchen Formen, die einen besonderen Anspruch erkennen lassen, zeigt sich deutlich: Was Jesus von Gott sagt, ist unlösbar mit seiner eigenen Person verbunden.

Diese Verkündigung ergreift diejenigen, die sie annehmen, ebenfalls mit ihrer ganzen Person. Offenbar hat Jesus schon früh »Nachfolger« in seinen Botenauftrag mit einbezogen. Sie teilen fortan das Leben und Geschick ihres Meisters. Nach den Aussendungsreden in Lk 9 und 10 proklamieren auch sie im gleichen Wortlaut die Nähe der Gottesherrschaft. Sie werden dabei aber nicht nur zu Informanten oder Beauftragten für Öffentlichkeitsarbeit, sondern zu »Zeugen« des Evangeliums. Dieser wichtige Begriff umfasst für Lukas sowohl das authentische Wissen um eine Sache als auch die rückhaltlose Bindung an diese Sache in Wort und Tat. Ohne diese »Zeugen« wären die Worte Jesu vermutlich nie zu einer solchen Verbreitung gelangt. Vielleicht hätten sie in einigen verstreuten Handschriften als kulturelles Erbe der Antike die Zeiten überstanden. Aber weil die »Zeugen« die Worte Jesu nun als »Wort Gottes« aufnehmen und in gleicher Weise, beglaubigt durch das eigene Leben, weitergeben, bewahren sie ihre Kraft bis auf den heutigen Tag.

Bergpredigt und Feldrede

Im Verlauf ihrer Überlieferung sind die Worte Jesu vermutlich in ganz vielfältiger Weise zusammengestellt worden. Die Evangelisten haben am Ende dieses Prozesses einige davon zu größeren Redekompositionen zusammengefasst. An erster Stelle steht hier – allein schon aufgrund ihrer Wirkungsgeschichte – die Bergpredigt des Matthäus. Sie besitzt ein Pendant in der Feldrede des Lukas. Die folgende Übersicht soll den Inhalt noch einmal vor Augen führen:

Bergpredigt: Mt 5–7		Feldrede: Lk 6,20–49	
Einleitung (»er ging auf einen Berg«) 5,1–2		Einleitung (»er trat auf ein ebenes Feld«) 6,17	
9 Seligpreisungen	5,3–12	4 Seligpreisungen / 4 Weherufe	6,20–26
1. Arme im Geist	5. Erbarmende	1. Arme	1. Reiche
2. Trauernde	6. Reinen Herzens	2. Hungernde	2. Satte
3. Sanftmütige	7. Friedensstifter	3. Weinende	3. Lachende
4. Hungernde / Dürst. nach Gerechtigkeit	8. Verfolgte 9. Geschmähte	4. Geschmähte	4. Geehrte
Bildwort von Salz und Licht	5,13–16	Gebot der Feindesliebe	6,27–36
Geltung der Tora	5,17–20	4 Imperative	6,37–38
6 Antithesen	5,21–48	4 Gleichnisse	6,39–45
1. Töten	5,21–26	blinde Blindenführer	6,39
2. Ehebrechen	5,27–30	Schüler und Lehrer	6,40
3. Ehescheidung	5,31–32	Splitter und Balken im Auge	6,41–42
4. Schwören	5,33–37	Früchte und Bäume	6,43–45
5. Gewaltlosigkeit	5,38–42		
6. Feindesliebe	5,43–48		
Almosengeben	6,1–4		
Gebetskatechismus	6,5–15		
Vaterunser	6,9–13		
Fasten	6,16–18		
Schätzesammeln / Sorgen	6,19–34		
Richten über andere	7,1–6		
Gebetserhörung	7,7–11		
»Goldene Regel«	7,12		
Tun des Gotteswillens	7,13–23		
Schluss-Gleichnis: zwei Hausbauer	7,24–27	Schluss-Gleichnis: zwei Hausbauer	6,46–49

Unübersehbar haben beide Reden, die ihren Namen aus der jeweiligen Einleitung beziehen, einen parallelen Bestand an Einheiten. Ihr Schwergewicht liegt in der Ethik. Auch der Aufriss zeigt Gemeinsamkeiten: Am Anfang stehen Seligpreisungen, am Schluss steht das Gleichnis von den beiden Hausbauern, dazwischen befindet sich an betonter Stelle das Gebot der Feindesliebe. Davon abgesehen aber sind beide Reden völlig eigenständig konzipiert. Schon die parallelen Einheiten zeigen unterschiedliche Profile. Ein großer Bestandteil an Worten aus der Bergpredigt findet sich bei Lukas an einer ganz anderen Stelle – und umgekehrt. Die Gebetsunterweisung mit dem Vaterunser z. B., die das

Herzstück der Bergpredigt ausmacht, hat Lukas erst in Kap. 11 auf dem Weg nach Jerusalem untergebracht.

Kurz und knapp kann man sagen: Die »Bergpredigt« stammt von Matthäus, die »Feldrede« stammt von Lukas. Hier spricht nicht der Prediger, der Scharen von Hörerinnen und Hörern ganze Tage lang in seinen Bann schlägt (Mt 15,32). Lebendige Vorträge müssten anders klingen. Diese Redeeinheiten sind vielmehr eine komprimierte, sorgfältig ausgewählte und akzentuierte Weitergabe von Kernaussagen der Botschaft Jesu. Durch ihre Zusammenstellung haben die Evangelisten die Worte Jesu damit nicht nur bewahrt, sondern zugleich für ihre Gemeinden aktualisiert. Aus der Struktur beider Reden etwa lässt sich ablesen, wo Matthäus und Lukas entscheidende Schwerpunkte erkennen und wie sie die verschiedenen Aussagen zueinander in Beziehung setzen.

Die Berpredigt ist die erste große Redeeinheit im Matthäusevangelium. Zum ersten Mal wird der Prediger Jesus nun auch mit detaillierteren Inhalten vorgestellt. Am Schluss des Evangeliums scheint die Erinnerung des Auferstandenen an »alles, was ich euch geboten habe« (28,20), gerade auf diese Rede zurückzuverweisen. Das Publikum gruppiert Matthäus dabei in die große Zahl der »Menge« und den engeren Kreis »seiner Jünger«, die zu ihm herantreten. Die Struktur des gesamten Abschnittes erweist sich bei einer genaueren Analyse als ringförmige, von gezielten Entsprechungen bestimmte Komposition. In ihrem Zentrum steht das Vaterunser. Was Jesus lehrt, das lebt aus der Mitte des Gebetes. Schon dadurch setzt Matthäus einen wichtigen Akzent und vermittelt seinen Leserinnen und Lesern: Wer nach den Worten Jesu leben will, kann dies ebenfalls nur aus dieser Mitte heraus tun. Den einleitenden Seligpreisungen und Bildworten (5,3–16) entsprechen die abschließenden Bildworte und Gleichnisse (7,13–27). Die grundlegenden Ausführungen über die Gültigkeit der Tora am Beginn des Hauptteiles (5,17–20) erhalten ein Gegenstück in der so genannten »Goldenen Regel« am Schluss desselben (7,12). Die so genannten »Antithesen« als die vielleicht charakteristischste Einheit (5,21–48) werden gespiegelt in den Worten über Besitz, Richten und Bitten (6,19–7,11). In der Mitte aber steht die Gebetsunterweisung (6,5–15), gerahmt von Worten über die Liebestätigkeit (6,1–4) und das Fasten (6,16–18). Insgesamt fällt auf, wie stark Matthäus die Bergpredigt als Auslegung des ursprünglichen Gotteswillens durch Jesus verstanden hat. Sie nimmt die Tora auf, von der kein Jota vergehen wird (5,18), und zeigt von da aus den Weg ins Leben (7,14). Die Botschaft Jesu verbleibt für Matthäus also ganz klar im Rahmen dessen, was Israel von seinem Gott weiß – legt dieses Wissen aber zugleich in einer vollmächtigen Weise (»Ich aber sage euch ...«) neu aus.

Ganz anders ist die Feldrede angelegt. Zunächst stellt sie auch für Lukas die erste Gelegenheit dar, nach den wiederholten Berichten über Predigten Jesu nun auch einmal Inhalte mitzuteilen. Unmittelbar zuvor wird die Berufung der Zwölf berichtet, die damit als hervorgehobene »Ohrenzeugen« der Feldrede erscheinen.

Der Kreis ist indessen weiter gedacht und schließt, nachdem zu Beginn die »Jünger« angesprochen sind, am Schluss auch noch das »Volk« mit ein. Lukas hat seine Aneinanderreihung von Jesusworten in drei Textblöcken angeordnet. Nach der Einleitung stehen am Anfang die Seligpreisungen und Weherufe (6,20–26). Sie werden gefolgt von einem zweiten Abschnitt, der das Gebot der Feindesliebe behandelt (6,27–36). Den Schluss bildet eine kleine Sammlung von Imperativen und Gleichnissen, die um das Thema von Theorie und Praxis des Glaubens kreist (6,37–49). In den beiden Rahmenteilen dominieren Gegensätze: Dem »Selig / Wehe« des Anfangs entsprechen in den Gleichnissen am Schluss z. B. »gute / faule Früchte, guter / fauler Baum« oder das »Haus auf Felsen / Haus auf Sand«. Im zentralen Mittelteil hingegen geht es ausschließlich um das Thema der Feindesliebe. Zur Eröffnung (6,27–28) und zum Abschluss (6,35–36) wird sie als Aufforderung im Imperativ vorgetragen. Dazwischen treten praktische Beispiele, in deren Zentrum die »Goldene Regel« (6,31) steht. Lukas schärft seinen Leserinnen und Lesern damit die Forderung Jesu ein und sucht sie vor allem durch die plausible, auch in der hellenistischen Welt wohl bekannte und weit verbreitete Maxime der »Goldenen Regel« zu vermitteln. Alles ist auf Ermutigung, Motivation und Einsichtigkeit hin zugeschnitten. Den Schwerpunkt aber setzt Lukas in dieser exemplarischen Redeeinheit bei dem, was in der Tat das Zentrum der Ethik Jesu ausmacht – bei dem Liebesgebot in seiner äußersten Zuspitzung als »Feindesliebe«.

Gebetsunterweisung

Die Botschaft Jesu kann man in ihrer Eigenart nur erfassen, wenn man darin auch die Rolle des Gebetes wahrnimmt. Immer wieder schildern die Evangelisten Jesus als Beter. Besonders Lukas streicht diesen Zug heraus: Bereits in der Taufe kommt der Geist auf den gerade Betenden herab (3,21), vor der Feldrede durchwacht Jesus die ganze Nacht im Gebet (6,12); in Getsemani durchlebt er einen regelrechten Gebetskampf (22,43–44); am Kreuz führt er Gebete im Mund (23,34.46); dazwischen liegen verschiedene Rückzüge zum einsamen Gebet (5,16; 9,28; 11,1). So verwundert es nicht, dass schließlich gerade ein Gebet zum wichtigsten verbalen Vermächtnis Jesu wird – nämlich das Vaterunser, das man deshalb vielleicht auch als die spirituelle Quintessenz der Botschaft Jesu betrachten könnte. Die Christenheit hat dies von Anfang an zumindest so verstanden und hat sich das »Gebet des Herrn« nicht nur durch hohe Wertschätzung, sondern vor allem durch intensiven Gebrauch zu eigen gemacht.

Matthäus und Lukas haben beide das Vaterunser überliefert. Vermutlich war es ihnen dabei neben der gemeinsamen Logienquelle auch aus einer lebendigen Gebetstradition heraus bekannt. Beide führen das Gebet ausdrücklich als Gegenstand der Unterweisung ein. Die Anhänger Jesu bewahren diese Worte also nicht nur aufgrund aufmerksamer Pietät. Vielmehr hinterlässt Jesus selbst ihnen damit ein Beispiel, wie sie beten sollen. Wenn das Vaterunser etwas über die besondere Gottesbeziehung Jesu aussagt, so nimmt es im Rahmen der Gebetsunterweisung die Anhänger Jesu ganz gezielt in diese Gottesbeziehung mit hinein. Für sie eröffnet sich dadurch der gleiche Zugang zum Vater, den Jesus für sich in Anspruch nimmt.

Das Vaterunser liegt in zwei verschiedenen Fassungen vor. In den meisten Bibelübersetzungen ist ihr unterschiedlicher Wortlaut jedoch ausgeglichen worden. Für die liturgische Praxis haben sich die großen Konfessionen heute auf einen gemeinsamen ökumenischen Text geeinigt. Erst ein Blick in die griechischen Handschriften zeigt, dass hier bei Matthäus und Lukas zunächst ganz unterschiedliche Fassungen vorlagen, die sich in Umfang und einzelnen Formulierungen voneinander unterscheiden.

Mt 6,9–13		Lk 11,2–4
So sollt ihr beten:		Wenn ihr betet, so sprecht:
Unser Vater im Himmel,		Vater,
	DU-Bitten	
geheiligt werde dein Name,	1.	geheiligt werde dein Name,
es komme dein Reich,	2.	es komme dein Reich!
es geschehe dein Wille wie im Himmel, so auch auf Erden!	3.	
	WIR-Bitten	
Unser Brot für den kommenden Tag gib uns heute!	4.	Unser Brot für den kommenden Tag gib uns täglich!
Und erlass uns unsere Schulden, wie auch wir unseren Schuldnern erlassen haben!	5.	Und vergib uns unsere Sünden, denn auch wir vergeben jedem, der unser Schuldner ist!
Und führe uns nicht in Versuchung, sondern rette uns von dem Bösen!	6.	Und führe uns nicht in Versuchung!
[Denn dein ist das Reich und die Kraft und die Herrlichkeit in Ewigkeit! Amen.]	[Schluss aus liturgischer Überlieferung]	

Die Lukas-Fassung enthält nur fünf Bitten. Matthäus hat, vermutlich aus liturgischer Praxis, noch eine Schlussdoxologie (= Lobpreis) hinzugefügt. Matthäus bietet eine volltönendere Anrede, während hinter dem kurzen »Vater!« des Lukas wohl noch das aramäische »Abba!« steht. Die Brotbitte formulieren beide Fassungen in unterschiedlicher Perspektive. Matthäus spricht von »Schulden«, wo Lukas »Sünden« nennt. Der sechsten Bitte fügt Matthäus schließlich noch die Ergänzung zur Rettung vor dem Bösen hinzu. Man geht im Allgemeinen davon aus, dass Lukas im Umfang, Matthäus aber im Wortlaut der ursprünglichen Fassung am nächsten kommt.

So eigenständig und »originell« das Gebet Jesu insgesamt erscheint, so deutlich ist zugleich auch seine Verpflichtung gegenüber jüdischer Gebetstradition. In den ersten beiden Bitten lehnt es sich auffällig an das jüdische »Kaddisch-Gebet« an, dessen Ursprünge sehr wahrscheinlich bis in die Zeit Jesu zurückgehen. An dem Versuch, die ursprüngliche Fassung zu rekonstruieren, wird die Parallelität besonders deutlich:

Lieber Vater!	*aus dem Kaddisch-Gebet*
Geheiligt werde dein Name.	»… Erhoben und geheiligt werde sein Name in der Welt, die er nach seinem Willen geschaffen hat,
Dein Reich komme.	und sein Reich komme (zur Herrschaft) in eurem Leben und in euren Tagen und in dem Leben des ganzen Hauses Israel schnell und in naher Zeit. …«
Unser Brot für morgen gib uns heute.	
Und vergib uns unsere Schulden,	
wie auch wir hiermit unseren Schuldnern vergeben.	
Und lass uns nicht der Versuchung anheim fallen.	

Die wichtigste Eigenheit des Vaterunsers lässt sich bereits an seiner Struktur ablesen. Es ist eine Doppelstruktur, in der Du-Bitten mit Wir-Bitten verbunden sind. Gottes Sache und die Sache des Menschen werden aufeinander bezogen. An der Scharnierstelle steht die Bitte um das tägliche Brot, in der sich alle elementare Bedürftigkeit und Sorge um die menschliche Existenz zuammenfasst. Das Gebet beginnt mit der Wendung zu Gott und der Bitte um die Durchsetzung seiner Herrschaft / seines Reiches. Doch dieser Gott, der hier angesprochen wird, ist nicht fern, und seine Herrschaft ist kein unfassbares Abstraktum. Im vertraulichen Ton der Familiensprache nennt ihn Jesus »Abba« (vgl. Mk 14,36; Röm 8,15; Gal 4,6). Diese Anrede assoziiert deshalb auch nicht das Bild des finsteren Patriarchen, sondern die liebevolle und fürsorgende Zuwendung des männlichen Elternteiles. Der Gott, dessen Name heilig und dessen Herrschaft im Kommen ist, nimmt die Not des alltäglichen Lebens wahr und ist dem Einzelnen nahe. Er vergibt Verfehlungen und bewahrt vor Gefahren. Das geschieht nicht exklusiv, sondern gegenüber allen, die ihn in dieser Vertrauenshaltung ansprechen. So sind es mit gutem Grund auch keine Ich-, sondern Wir-Bitten. Die Beziehung zu Gott schließt die Beziehung zum Mitmenschen mit ein. Die Vertikale ist mit der Horizontalen verbunden. Nichts anderes bringt auch das Doppelgebot der Gottes- und Nächstenliebe (Mk 12,28–31par) zum Ausdruck. Und ebenso binden bereits die Zehn Gebote die Sache Gottes und die Sache des Mitmenschen zusammen (Ex 20,2–17 / Dtn 5,6–21). Im Vaterunser aber geschieht dies nun in Gestalt der Bitte, die als Ausdruck des Vertrauens Gott das letzte Wort überlässt.

Matthäus und Lukas haben das Vaterunser in eine Art »Gebetskatechismus« eingebunden. An seiner Gestaltung lässt sich erkennen, welche Absicht beide

Evangelisten damit verbinden. Für Matthäus steht die Gebetsunterweisung im Zentrum der Bergpredigt und beschreibt so die Mitte, aus der heraus ein Leben nach dem Willen Gottes erfolgen soll. Lukas hat die Gebetsunterweisung dem Weg Jesu nach Jerusalem zugeordnet und damit als Ermutigung derer gestaltet, die selbst im Aufbruch sind. Matthäus möchte seinen Leserinnen und Lesern sagen, wie man richtig betet. Lukas möchte ihnen Mut machen, überhaupt zu beten.

Mt 6,5–15 (Bergpredigt)	Lk 11,1–13 (Weg nach Jerusalem)
Anweisung, richtig zu beten **(Art und Weise)**	**Ermutigung, überhaupt zu beten** **(Sinn und Chance)**

1. abschreckende Karikatur
  5–8   wortreiche Gebets›show‹ der Heuchler
 2. Initiative: Jesus lehrt von sich aus
  5–8   Absetzung von Heuchlern und Heiden
  9   ungefragte Aufforderung: »So nun ...«
 3. Wortlaut:
  9a   »So nun sollt *ihr* beten: ...«
  9b–13 6 Bitten [+ Schlussdoxologie]
 4. Gebetshaltung: Vergebungsbereitschaft
  14–15 schließt an die vorletzte Bitte an:
     »wenn ihr vergebt ... dann ...«
     »wenn ihr nicht vergebt, ... dann ...«
 => judenchristlicher Kontext <=
	1. ermutigendes Vorbild
	  1 »als er (Jesus) an einem Ort betete«
	 2. Initiative: Jünger bitten um Belehrung
	  1 »da sprach einer seiner Jünger zu ihm:
	     ›Herr, lehre uns beten, ...‹«
	
	 3. Wortlaut:
	  2a »*Wenn* ihr betet, sagt: ...«
	  2b–4 5 Bitten
	 4. Gebetshaltung: Vertrauen
	  5–8 Gleichnis: bittender Freund
	  9–10 Logion: Gewissheit der Gebetserhörung
	  11–13 Gleichnis: bittender Sohn
	 => heidenchristlicher Kontext <=

Beide Evangelisten teilen die Überzeugung, dass man das Beten erst lernen muss und auch lernen kann. Matthäus weiß um die Gefahren der Gebetsroutine, Lukas um die hohe Schwelle der Gebetsscheu. Matthäus betont die aufrichtige Haltung des Betenden, Lukas will dessen grundsätzliche Skepsis überwinden. Es liegt nahe, dass sich darin auch ihr unterschiedliches Publikum (Matthäus: Judenchristen, Lukas: Heidenchristen) widerspiegelt. Für die Christen aller Zeiten haben sie damit jedenfalls zwei Identifikationsmöglichkeiten von bleibender Gültigkeit fixiert.

Hören und Tun

Jesus ist kein Theoretiker, der eine neue Lehre von der Gottesherrschaft entwirft. In seinem Auftreten stimmen Wort und Tat zusammen. So provozierend seine Gleichnisse klingen, so anstößig sind auch seine Verhaltensweisen. Was die Nähe der Gottesherrschaft bedeutet, das wird in der Begegnung mit Jesus aus Nazaret hörbar und erfahrbar. Entsprechend zielt seine Botschaft auch nicht nur auf eine Horizonterweiterung, sondern auf praktische Umsetzung. Das vertrauensvolle Gottesverhältnis, in das Jesus seine Anhänger mit hineinnimmt, realisiert sich in der Ethik. »Wer diese meine Worte hört *und tut* ...«, so beginnt das Schlussgleichnis in Bergpredigt und Feldrede. Die Konsequenzen werden im Gleichnis auf drastische Weise geschildert – da, wo Hören und Tun auseinander fallen.

Diese Beobachtung stößt jedoch mitten hinein in eine Diskussion, die gerade in der zweiten Hälfte des 20. Jhs. mit großem Engagement geführt worden ist. Sie konzentrierte sich vor allem auf die Interpretation der Bergpredigt und die als repräsentativ empfundenen Gebote von Gewaltverzicht und Feindesliebe. Nach der Ernüchterung durch zwei Weltkriege stellte sich die Frage in aller Dringlichkeit: Sind die Forderungen der Bergpredigt überhaupt realisierbar? Kann man tatsächlich nach der Bergpredigt leben? Ließe sich mit der Bergpredigt überhaupt Politik machen? Ist die Bergpredigt, speziell die Feindesliebe, so etwas wie das Grundsatzprogramm der Ethik Jesu? Ist sie »das Ende aller Politik«? Und überhaupt: Wie passt die große Einladung in die Gottesherrschaft zu derart steilen, kaum erfüllbaren Forderungen?

Ganz neu sind solche Debatten freilich nicht. Bereits in der frühen Kirche hat man die Spannungen und Fragen empfunden. Von Anfang an sind in der Auslegung zwei gegensätzliche Positionen erkennbar: Die eine versucht, den Anspruch der Botschaft Jesu zu relativieren, die andere versucht ihn zu radikalisieren. Eine Relativierung erfolgte etwa da, wo man den Geltungsbereich der Bergpredigt einschränkte und nur für eine Art »harten Kern« (etwa den Stand eines asketischen Mönchtums) innerhalb der Christenheit gelten ließ. Später meinte man, dass die Worte Jesu ja nur für eine kurze Übergangszeit bis zu dem als nahe erwarteten Weltende gedacht gewesen seien. Für 2000 Jahre christliches Alltagsleben könne man sie deshalb nicht zur ethischen Grundlage machen. Von da aus war es dann nicht weit bis zu der Annahme, die Worte der Bergpedigt etwa zielten nur auf die rechte Gesinnung der Christen. Im Gegenzug wiederum verstand man die Bergpredigt angesichts eines zunehmend angepassten und kraftlosen Christentums gerade als Stachel und Herausforderung. Die Bergpredigt wurde zum Programm, christliche Gemeinschaft als eine Art Kontrastgesellschaft zu gestalten. Vor allem im Kontext der Befreiungstheologie entdeckte man im 20. Jh. ganz neu die revolutionäre Sprengkraft der Worte Jesu, die auch auf die Veränderung gesellschaftlicher Strukturen drängten. Darf man, wie das einst Luther getan hatte, den persönlichen Glauben und die politische Verantwortung zwei unterschiedlichen Bereichen zuordnen? Es ist eine verzweigte und z.T. atemberaubende Diskussion, die sich hier entfaltet! Sie rührt an ein Grundproblem christlicher Verkündigung überhaupt: Darf die frohe Botschaft von der Gottesherrschaft in eine Ethik einmünden, die kaum erfüllbare Forderungen stellt und dadurch letztlich wieder exklusiv wird? Die große Einladung in die Festfreude der Gottesherrschaft – wie stimmt die zusammen mit Forderungen wie z.B. Gewaltverzicht und Feindesliebe?

Jede Diskussion um die Erfüllbarkeit der »Forderungen« Jesu führt unweigerlich in eine Sackgasse, wenn sie sich auf den Imperativ fixiert. Der Ausgangspunkt muss ein anderer sein. Jesus tritt auf, indem er die Nähe und die Zuwendung Gottes verkündigt – durch seine Worte und durch sein Verhalten. Wie Gott zu den Menschen steht, das zeigt sich am Leben Jesu selbst. Was es bedeutet, auf Gewalt zu verzichten, Frieden zu stiften, Liebe als Zuwendung selbst dort zu praktizieren, wo einem Feindschaft entgegenschlägt, das hat Jesus vorgelebt. Die ethische Dimension seiner Botschaft wird sehr viel stärker von dem gelebten Beispiel als von dem formulierten Imperativ geprägt. Das wird gerade an dem Stichwort der »Liebe« deutlich. In dem griechischen Begriff »Liebe / Agape« (der von dem Begriff des »Eros« deutlich zu unterscheiden ist) geht es nicht um ein Gefühl, sondern um ein aktives, positives Verhalten zum Mitmenschen. Aus der Entwicklungspsychologie ist bekannt, dass ein Kind nur dann zu solcher Liebe / Zuwendung fähig ist, wenn es selbst Liebe und Annahme erfahren hat. Ganz ähnlich ist auch die »Liebe / Agape«, von der Jesus spricht, kein Kraftakt der autonomen Persönlichkeit, der aufgrund einer rationalen Entscheidung zustande käme. Sie ist vielmehr ein Geschehen, in dem Empfangenes weitergegeben wird. Am Anfang steht die Zuwendung Gottes, die Jesus aufnimmt und weiterträgt. Sein Leben ist auf eine Weise glaubwürdig und authentisch, die jenseits theoretischer »Forderungen« andere ergreift und durch sie wiederum Kreise zu ziehen vermag. Die Ethik Jesu ist eine »Ethik der Ansteckung«, die sich nach dem Schneeballprinzip ausbreitet. Sie vermag deshalb, was kein Lehrbuch leisten kann. Denn bessere Einsichten und gute Vorsätze genügen noch nicht, um »bessere Gerechtigkeit« (Mt 5,20) auch zu realisieren. Dazu bedarf es eines Impulses von außen. Nur was ich selbst empfangen habe, das kann ich umsetzen und weitergeben. Es drängt geradezu danach, wieder zu einem Impuls für andere zu werden.

Hören und Tun: Die Botschaft Jesu setzt in Bewegung. Sie tut das auf eine Weise, die den ganzen Menschen ergreift und sich dabei nicht auf ein Lehrsystem reduzieren lässt. Nur so sind auch die z.T. »steilen« Aussagen der Bergpredigt zu verstehen. An ihnen gibt es nichts zu erleichtern und nichts zu verschärfen. Denn sie sind nicht Gegenstand eines theoretischen Diskurses, sondern vor allem Teil gelebter Erfahrung, die von Gottes Zuwendung ausgeht und sich durch das Beispiel Jesu weitervermittelt. Sie stehen auch weiterhin, wie es Matthäus am Schluss seines Evangeliums (28,20) deutlich macht, unter der Zusage Jesu: »Ich bin bei euch alle Tage, bis an das Ende der Weltzeit!«

TEXTBEISPIEL: MT 5,9 (FRIEDENSSTIFTER)
»Selig sind die Friedensstifter ... « – das hat einen guten Klang, wo Friedensgebete zu einer wichtigen Tradition der Kirche gehören, wo Friedensseminare gehalten werden und wo der konziliare Prozess für Frieden, Gerechtigkeit und Bewahrung der Schöpfung christliches Selbstverständnis prägt. Friedenssehnsucht und Friedenswille haben in dieser Seligpreisung einen Haftpunkt gefunden, der für viele Bezüge offen ist.

Der kurze Satz gehört in den Kontext der neun Seligpreisungen aus Mt 5,3–12. Matthäus hat diese markante Reihe am Beginn der Bergpredigt und damit an einer hervorgehobenen Stelle platziert. Nach dem kurzen Umkehrruf angesichts der nahen Gottesherrschaft (4,17) sind es die ersten Worte, die Jesus nun an ein größeres Publikum richtet. Sie erscheinen dadurch als eine Art Auftakt für seine Botschaft, die in der Bergpredigt nun entfaltet wird. Auch Lukas hat den Seligpreisungen durch die Platzierung am Anfang der Feldrede (Lk 6,20–23) eine ganz vergleichbare Bedeutung zuerkannt. Dennoch weisen die beiden Reihen deutliche Unterschiede auf. Lukas bietet nur vier Seligpreisungen, denen vier inhaltlich entsprechende Weherufe hinzugefügt sind. Matthäus bietet neun Seligpreisungen ohne Weherufe. Die vier lukanischen Seligpreisungen sind bei Matthäus vollständig enthalten, werden allerdings in ihrer Anordnung auseinander gerückt. Zudem präzisiert Matthäus die Armen als »Arme im Geist« sowie die Hungernden und Dürstenden als solche, die »nach Gerechtigkeit« hungern und dürsten.

Im Vergleich mit Lukas stellt sich deshalb die Frage nach der Überlieferung der Seligpreisungen. Im Allgemeinen nimmt man an, dass die drei ersten lukanischen Seligpreisungen (Arme, Hungernde, Weinende) unmittelbar auf Jesus zurückführen. In der Logienquelle sind sie mit der letzten (Geschmähte) verbunden worden, wozu aus der Gemeindeüberlieferung schließlich noch die weiteren fünf (Sanftmütige, Erbarmende, reinen Herzens Seiende, Friedensstifter, Verfolgte) hinzukamen. Dass auch sie auf Aussagen Jesu zurückführen bzw. deren Intention aufnehmen, lässt sich an anderen Worten belegen. Auf jeden Fall ist zu erkennen, dass Matthäus die Überlieferung stärker bearbeitet hat als Lukas.

Für eine Gliederung der Neunerreihe in Mt 5,3–12 gibt es nur wenige Anhaltspunkte. Die erste und die achte Seligpreisung schaffen durch die gleichlautende Verheißung (»denn ihnen gehört die Gottesherrschaft«) so etwas wie einen Rahmen. Auffällig ist die umfängliche Erweiterung danach, die noch einmal an das letzte Stichwort von der Verfolgung anknüpft. Inhaltlich könnte man innerhalb des Rahmens zwischen erster und achter Seligpreisung eine Zweiteilung erkennen: 1.–4. der auf Gott ausgerichtete Mensch, 5.–8. der auf den Mitmenschen ausgerichtete Mensch. Aber das muss der ursprünglichen Absicht nicht unbedingt entsprechen. Allen gemeinsam ist jedenfalls der Bezug auf das Thema der Gottesherrschaft.

»Seligpreisungen« sind als Gattung der Rede jüdischen Hörerinnen und Hörern bestens bekannt. Schon das Alte Testament bietet viele Beispiele. »Selig der Mann, der nicht dem Rat der Gottlosen folgt ...« – so beginnt etwa das Buch der Psalmen. Auch die Texte des frühen Judentums zur Zeit Jesu (einschließlich Qumran) gebrauchen Seligpreisungen immer wieder als eine bevorzugte Form weisheitlicher Ermahnung. Meist sind sie in der dritten Person formuliert (»Selig ist, wer ...«); die zweite Person (»Selig seid ihr, die ihr ...«) begegnet seltener. Formal fügen sich die Seligpreisungen in die Reihe von Sätzen im Tat-Folge-Schema ein, in denen eine Bedingung und eine Folge grammatisch aufeinander bezogen werden. Die Folge ist im Vorsatz zur stereotypen Formel geworden (»selig ist / sind«), während die Bedingung im Nachsatz als eine bestimmte Verhaltensweise formuliert wird. Gelegentlich tritt dann auch noch eine zusätzliche Begründung oder Zielangabe hinzu (»denn sie werden...«). Der entscheidende griechische Begriff »makarios« (daher auch: »Makarismen«) wird in der Regel mit »selig« oder »glücklich« übersetzt. Es geht dabei um einen Zustand, der durch Fülle gekennzeichnet ist. Solche Fülle meint aber nicht nur Besitz oder Wohlergehen, sondern Heil in einem umfassenden, auch über die Grenzen des Lebens hinausreichenden Sinn.

Die »Friedensstifter« werden unter den Seligpreisungen des Matthäus an siebenter Stelle genannt. Im griechischen Text steht da wörtlich »die Friedenmachenden«, was den aktiven Charakter dieser Wortbildung belegt. Die verbreitete Übersetzung mit »die Friedfertigen« führt hingegen auf eine falsche Fährte. Es geht nicht um solche, die niemandem etwas tun, sondern um Aktivisten im Einsatz für Frieden. Damit ist zur Zeit Jesu natürlich noch kein globales Bemühen im Sinne des modernen Pazifismus gemeint. Hier geht es (wie schon die weisheitliche Tradition betont) vielmehr um zwischenmenschliche Beziehungen auf der Ebene von Familie, Dorf- oder Stadtgemeinde. Frieden äußert sich da, wo Konflikte im Zusammenleben ohne Gewalt ausgetragen werden und jedes Glied in der Gemeinschaft zu seinem Recht kommt. Denen, die dafür eintreten, wird nicht nur Heil in seiner ganzen Fülle zugesagt, sondern auch noch eine ganz besondere Verheißung gegeben: »Sie werden Söhne (= Kinder) Gottes heißen!« Auch das erinnert an die Mahnungen der Weisheitslehrer in Israel. So heißt es z.B. in Sir 4,10 im Blick auf soziales Engagement: »Sei den Waisen wie ein Vater und den Witwen wie ein Gatte! Dann wird Gott dich seinen Sohn (= Kind) nennen!« Wer sich für die Rechtlosen einsetzt, kommt Gott darin so nahe, dass er von ihm »Kind« genannt werden kann. Friedensstifter sind also gerade nicht die Schwachen, die sich nicht durchsetzen können und deshalb ihre Ohnmacht als eine respektable Tugend ausgeben. Als »Kinder Gottes« haben die Friedensstifter vielmehr teil an der Souveränität dessen, der als Herr der Welt für Frieden und Gerechtigkeit einsteht. Damit weist Matthäus an dieser Stelle schon voraus auf die sechste Antithese in 5,44–45: »Ich aber sage euch: Liebt eure Feinde und betet für die euch Verfolgenden, *sodass ihr Söhne (= Kinder) eures Vaters in den Himmeln werdet*, denn seine Sonne lässt er aufgehen über Schlechte und Gute und er lässt regnen über Gerechte und Ungute.« Hier wird das Friedenstiften in seiner äußersten Zuspitzung thematisiert und in denselben Zusammenhang gestellt: Wer sich sogar einem Feind zuwendet, kommt darin Gott ganz nahe, der in seiner Zuwendung zur Welt (Sonne und Regen) auch keinen Unterschied zwischen Schlechten und Guten macht. Das ist nicht Ausdruck der Unterlegenheit, die nun zu einer geschickten Strategie umgebogen würde, sondern eine Haltung, die selbst aus Gottes Zuwendung lebt und von Gott her ermächtigt ist. Spätestens daran wird deutlich: Friedensstifter sind keine Heroen in einer Welt voll Hass und Krieg. Sie geben nur weiter, was sie selbst von Gott her empfangen haben.

An dieser siebenten Seligpreisung lässt sich deshalb das Wesen der Ethik Jesu exemplarisch ablesen. Jesus verkündigt Gott als einen, der in seiner Zuwendung aller menschlichen Aktivität zuvorkommt. Gerade das ist es aber, was wiederum mobilisiert. »Frieden stiften« ist keine Forderung, die dem Glaubenden mit unerbittlicher Strenge aufgelegt würde, sondern eine Bewegung, die ihn wie in einer Kettenreaktion ergreift. Christen treten für den Frieden ein, weil Gott ein »Gott des Friedens« (1Thess 5,23) ist und seine »Kinder« zum Frieden befähigt.

TEXTBEISPIEL: MT 6,26 (SORGLOSIGKEIT DER VÖGEL)
Kaum ein Jesuswort hat bei den Gegnern des Christentums soviel Empörung, bei den Christen selbst aber soviel Verlegenheit ausgelöst wie gerade dieser Spruch von der Sorglosigkeit der Vögel. Es klingt auch gar zu simpel, Arbeit und Vorsorge mit leichter Zunge zu diskreditieren! Scheitert das schöne Bild nicht bereits an »jedem verhungerten Sperling«? Entlarvt nicht die Alltagserfahrung jeden Verzicht auf Planung als eine gefährliche Naivität? Leistet eine solche Aufforderung nicht letztlich nur der Faulheit Vorschub? Schon die biblische Überlieferung kennt genügend Beispiele für die Hochschätzung der Arbeit. Mt 6,26 verbreitet indessen ein Flair von Leichtlebigkeit, das jede Auslegung vor eine schwere Aufgabe stellt.

Das Wort von der Sorglosigkeit der Vögel fügt sich bei Matthäus in einen größeren Textkomplex ein (6,25–34), der eine wichtige Stelle besetzt. In der ringförmigen Komposition der Bergpredigt steht er im Hauptteil und entspricht gemeinsam mit 6,19–7,11 dem Gegenüber der Antithesen. Hier ist also ein entscheidendes Anliegen zu erwarten. Auch Lukas bietet dazu eine Parallele, ordnet seinen Abschnitt jedoch den Worten Jesu auf dem langen Weg nach Jerusalem ein (12,22–32). Mt 6,25–34 erweist sich als ein zusammenhängender Text von großer Geschlossenheit. Den Rahmen stellt eine Mahnung dar, die alle Sorge um Nahrung und Kleidung verbietet (25 / 31–33). Im Mittelteil wird diese Mahnung dann mit einer doppelten Begründung versehen (26 / 28–30), die Beispiele aus der Alltagserfahrung heranzieht. Es fällt auf, dass dabei die Arbeitswelt des Mannes (säen, ernten) und die der Frau (spinnen) in paralleler Weise vorkommen. Hörer und Hörerinnen sind also gleichermaßen im Blick und werden wohl auch ganz gezielt angesprochen. Dazwischen finden sich einige Aussagen, die man in ihrer Tendenz zur Verallgemeinerung vermutlich als sekundäre Erläuterungen betrachten muss (25 Schluss: »Ist nicht das Leben...«; 27: »Wer unter euch...«; 34: »Sorgt euch also nicht...«).

Leitmotivisch durchzieht das Stichwort vom »sorgen« den ganzen Abschnitt. An seiner Deutung fallen bereits Grundentscheidungen hinsichtlich des Gesamtverständnisses. Begriffsgeschichte und Kontext legen nahe: Es geht im vorliegenden Zusammenhang weniger um ein »Sorgen« im Sinne von vorsorgen, sich kümmern, vorausdenken oder planen. Die Gegenwart soll hier nicht einfach nur auf Kosten der Zukunft aufgewertet werden. Viel stärker schwingen in dem »Sorgen« Momente wie Kummer, Angst, Ängstlichkeit oder Verzweiflung mit. Manche Ausleger übersetzen deshalb den Imperativ mit »bekümmert euch nicht...« und unterstreichen damit zu Recht ein zentrales Anliegen: Es geht um Vertrauen statt Angst. Spätestens in 6,33 kommt ganz klar zum Ausdruck, dass dabei Prioritäten die entscheidende Rolle spielen. Das aktive Bemühen um die Gottesherrschaft soll den ersten Rang einnehmen. Mit dem Verbot der Sorge um Nahrung und Kleidung wird also nicht allgemeine Passivität eingefordert, sondern Vertrauen empfohlen.

Das erste Beispiel in 6,26 bezieht sich auf die »Vögel des Himmels«. Man wird bei dieser Wendung an die Sprache der Schöpfungsberichte und so an den Schöpfer selbst erinnert, der seine Kreaturen auch erhält. Das Beispiel klingt indessen einigermaßen kurios: Säen, ernten und Vorräte in Scheunen sammeln sind menschliche Tätigkeiten, die bei Vögeln völlig fehl am Platze wären. Das entspricht einfach nicht ihrer Eigenart. Wenn es hier um das Thema Arbeit ginge, dann wäre das Beispiel schlecht gewählt. Dann könnte man allenfalls sagen: Wenn schon die unbeschwerten Tagediebe von Gott durchgebracht werden, gilt das erst recht für diejenigen, die sich um ihren Lebensunterhalt mühen. Aber das Hauptinteresse gerade dieses Beispieles gilt einem anderen Thema: der Fürsorge Gottes. Die Vögel fungieren ebenso wie die Lilien im folgenden Beispiel als Beleg dafür, dass Gott niemanden vergisst. Diese Absicht tritt noch klarer zutage, wenn man die ursprünglichen Adressatinnen und Adressaten des ganzen Abschnittes erkennt. Denn Jesus hat diese Worte offensichtlich zu jenen gesprochen, die alles verlassen haben und ihm nachgefolgt sind. Das unstete Leben der Wanderschaft nötigt sie, so ganz gegen alle Gewohnheit eben nicht mehr zu säen, zu ernten, zu sammeln oder zu spinnen. Sie tun das nicht aus Faulheit. Im Gegenteil – sie führen ein höchst aktives und restlos einsatzbereites Leben. Sie haben nur andere Prioritäten gesetzt. Ihr Einsatz gilt der Gottesherrschaft. Das hat eine soziale Entwurzelung mit sich gebracht, die sie nun auf die Unterstützung anderer angewiesen sein lässt. In dieser Situation leuchtet das Beispiel von den Vögeln ein. Es soll das Vertrauen der Nachfolgerinnen und Nachfolger in die Fürsorge Gottes stärken und sie dazu ermutigen, bei diesem Vertrauen zu bleiben.

Die Botschaft Jesu enthält auch Zumutungen. Ein Leben, das Gottvertrauen an die erste Stelle setzt, bedeutet unter diesen Zumutungen sicher die größte. Wie solches Gottvertrauen aussieht, das bemisst sich an der jeweiligen Lebenssituation. Und dafür gibt es – wie schon bei den ersten Nachfolgerinnen und Nachfolgern – nur die Probe aufs Exempel.

TEXTBEISPIEL: LK 4,14–21 (ANTRITTSPREDIGT IN NAZARET)
Für unsere Kenntnis der Botschaft Jesu trägt die Geschichte von der »Antrittspredigt« in Nazaret inhaltlich nur wenig aus. Denn außer dem Predigttext und den Verwicklungen im Umfeld des Geschehens wird von der Predigt selbst so gut wie nichts mitgeteilt. Dafür aber erfährt man in dieser Episode sehr viel über das Umfeld Jesu und die Verwurzelung seiner Botschaft im Glauben Israels.

Auch Markus und Matthäus erzählen von jenem denkwürdigen Auftritt Jesu am Ort seiner Kindheit. Doch bei ihnen spielt die ganze Episode keine auch nur annähernd so bedeutsame Rolle wie bei Lukas. Während Markus erst relativ spät davon berichtet (Mk 6,1–5; vgl. Mt 13,53–57), hat Lukas die Rückkehr nach Nazaret unmittelbar an den Anfang des öffentlichen Auftretens Jesu in Galiläa versetzt. Nach Markus liegt schon eine lange Zeit erfolgreicher Predigttätigeit hinter Jesus. Die ersten Anhänger befinden sich in seinem Gefolge und sind zu Zeugen einer ganzen Reihe von Wundertaten geworden. Auch Konflikte gab es bereits mehrfach zu bestehen. Ganz anders sieht das hingegen bei Lukas aus. Von der Taufe am Jordan und der Versuchung in der Wüste kehrt Jesus »in der Kraft des Geistes« zurück nach Galiläa. Sein erstes Ziel überhaupt ist Nazaret. Selbst die Bemerkung in 4,15 (»und er lehrte in ihren Synagogen, von allen gepriesen«) erweckt den Eindruck, dass dies gleichsam en passant auf der Heimreise geschehe. Dort, wo er aufgewachsen ist, dort stellt er sich auch zum ersten Mal einer größeren Öffentlichkeit vor. Dass Lukas hier die Abfolge verändert hat, ist aus dem Hinweis auf die in Kafarnaum geschehenen Taten (4,23) ersichtlich: Bei Markus liegen diese Taten schon zurück, bei Lukas aber steht der Kafarnaumtag (4,31–44) erst noch bevor. Lukas rückt diese Episode also ganz bewusst nach vorn und gestaltet sie zu einer großen Eröffnungsszene aus. Er verleiht ihr dabei programmatischen Charakter, sodass man geradezu von dem »Nazaret-Manifest« Jesu gesprochen hat.

Die lukanische Geschichte umspannt als zusammengehörige Einheit den Abschnitt 4,16–30. Sie beginnt mit der Ankunft in (16) und endet mit dem Fortgang aus (30) Nazaret. Dazwischen ergibt sich eine Gliederung aus der Entwicklung der Ereignisse in der Synagoge: Schriftlesung und Selbstproklamation (16–21), positive Reaktion der Gemeinde (22), Drohrede und beschämende Vorbilder (23–27), negative Reaktion der Gemeinde (28–29). Fragt man nach der erzählerischen Logik, dann stößt man auf einige erstaunliche Brüche. Bis zu 4,22 lässt sich alles noch problemlos nachvollziehen. Der (mittlerweile) prominente Sohn des Ortes kommt zurück und erweist sich am Sabbat als wortgewandter Prediger. Es ist Evangelium, frohe Botschaft, was er verkündet. Die alten Bekannten zollen ihm Anerkennung und erinnern sich zugleich an seinen Vater Josef. Plötzlich aber schlägt der Ton Jesu ganz unvermittelt um. Auf der Erzähleben lässt sich dafür kaum ein Anlass erkennen, es sei denn, man wollte die Frage nach dem »Sohn Josefs« schon hier als eine bewusste

Missachtung des »Gottessohnes« betrachten. Vor allem werden die Hörerinnen und Hörer nun für etwas getadelt, was sie noch gar nicht begangen haben. Es klingt in 4,23 wie eine Unterstellung: »Gewiss werdet ihr mir sagen ...!« Ihre Forderung nach Wundern steht noch aus, wird aber schon zum Auslöser für ein illusionsloses Sprichwort: »Kein Prophet ist in seiner Vaterstadt genehm!« Zur Krönung des Ganzen präsentiert er nun der versammelten Gemeinde auch noch zwei ziemlich ärgerliche Beispiele: Schon einmal hat sich zur Zeit des Elija und Elischa Gottes Heilshandeln gerade an Nichtjuden erwiesen. Die Wut ist verständlich, mit der die Versammlung reagiert. Um so erstaunlicher bleibt der Schluss: Die versuchte Lynchjustiz schlägt fehl – Jesus lässt sich zwar von der aufgebrachten Menge noch bis vor die Stadt schleppen, entfernt sich dann aber ganz unvermittelt und in hoheitsvoller Weise. Es liegt auf der Hand: Lukas will hier weder ein stimmiges Drama noch die Dokumentation einer Predigt bieten. Er konzipiert statt dessen eine programmatische Geschichte, die entscheidende Züge des Auftretens und der Verkündigung Jesu gebündelt vorstellt.

Von unschätzbarem Wert sind die Einblicke, die uns diese Episode in den Ablauf eines Synagogengottesdienstes im 1. Jh. gewährt. Zweifellos hat der christliche Gottesdienst der Frühzeit so manches Element aus der Synagoge übernommen. Doch alle schriftlichen Zeugnisse, die über Abläufe und Inhalte Auskunft geben, stammen aus einer viel späteren Zeit, in der die Synagoge schon eine Reihe von Funktionen des (nicht mehr existierenden) Tempelkultes an sich gezogen hatte. Die Zeit vor 70 liegt noch immer weithin im Dunkeln. Wenn Lukas bei seiner Schilderung den Synagogengottesdienst am Ende des 1. Jhs. vor Augen hat, dann ist er da noch sehr nahe dran. Die folgenden Punkte scheinen seinem Lesepublikum vertraut zu sein: Zum Gottesdienst versammelt man sich vor allem am Sabbat. Im Zentrum stehen dabei Schriftlesung und Auslegung. Neben der Tora liegen offensichtlich auch die Propheten zur Lesung vor. Ob bereits feste Wochenabschnitte existieren, lässt sich nicht sicher entscheiden (4,17: »er *fand* eine Schriftstelle«). Man liest stehend und predigt sitzend. Es gibt feste Funktionsträger wie Vorsteher, die Gemeindeglieder bzw. Gäste zur Lesung auffordern, oder den Diener, der die Schriftrolle reicht. Lesen und auslegen darf jeder religionsmündige Mann. Über die Auslegung wird diskutiert. Aus anderen Quellen lässt sich nachweisen, dass außer Lesung und Auslegung auch Gebete einen Schwerpunkt bilden. Ob es bereits liturgische Vollzüge in Gestalt von Gesängen gibt, ist ungewiss. Alles in allem handelt es sich um einen reinen Wortgottesdienst, der in der hellenistischen Welt ein bemerkenswertes Unikum darstellt.

Lukas erzählt so, dass die Aufmerksamkeit immer auf bestimmte Reizworte oder bedeutsame Sachverhalte gelenkt wird. Jesus geht am Sabbat in die Synagoge »nach seinem Brauch«. Hatte 4,15 noch merkwürdig distanziert von »ihren« Synagogen gesprochen, so wird jetzt klar: Es ist »seine« Synagoge, in der er sich zu Hause fühlt. Die Synagoge ist der angestammte Ort seines Auftretens, wo man ihm auch später immer wieder begegnet. Hier findet er zuerst sein Publikum. Vom Synagogengottesdienst her ist er auch in den Schriften bewandert und versteht sie auszulegen. Man wundert sich zwar über die Worte des Zimmermannssohnes. Doch in seiner schriftgelehrten Bildung allein liegt noch nichts Erstaunliches. Das tritt erst bei der beginnenden Auslegung zutage. Als Lesung hatte Jesus Jes 61,1–2 vorgetragen (genau genommen bietet Lukas eine Kombination aus Jes 61,1–2 und 58,5). Beziehungsreicher konnte die Stelle nicht gewählt sein. Denn hier stellt sich der Prophet als Beauftragter der Heilsbotschaft vor, gesalbt mit dem Geist des Herrn. Sein Auftrag besteht darin, nichts Geringeres als den Anbruch der Heilszeit zu proklamieren (= »Evangelium« zu verkündigen). Auch wenn darin zunächst die Institution des Erlassjahres (Lev 25) anklingt, so greifen die Aussagen doch deutlich über sozialethisch relevante Sachverhalte hinaus: Selbst den Blinden wird Rettung zugesagt. Schon bei den Worten von der Geistsalbung des Propheten müssen einem im vorliegenden Zusammenhang die Ohren klingen. Durch den Geist war Jesus empfangen worden, in der Taufe war der Geist sichtbar auf ihn herabgekommen, der Geist hatte ihn in die Wüste geführt, in der Kraft des Geistes war er nach Galiläa zurückgekehrt. Jetzt aber nimmt er auch noch dieses Prophetenwort von der Geistsalbung für sich in Anspruch: »Heute ist diese Schriftstelle erfüllt in euren Ohren!« Mit anderen Worten: ›Die Heilszeit beginnt jetzt! Meine Botschaft ist die vom Geist Gottes ermächtigte Proklamation, in der diese Verheißung eingelöst wird!‹ Jesus verkündigt den Anbruch der Gottesherrschaft als gegenwärtiges Ereignis. Und dieses Ereignis bedeutet vor allem Hoffnung für die Armen, Gefangenen, Blinden, Misshandelten. Das macht offenbar Eindruck. Die Bemerkung von den »Worten der Gnade« (4,22) hat nichts Ironisches an sich. Sofort aber kontrastiert Lukas die Haltung der Zustimmung nun durch die Position der Ablehnung. Man wird sich mit dieser Proklamation nicht zufrieden geben. Besonders diejenigen, die den Boten gut kennen, werden seine Worte auf die Probe stellen. Sie werden Beweise sehen wollen. Dadurch treten sie von selbst hinter jene zurück, die sich der Botschaft von der Gottesherrschaft vertrauensvoll öffnen. Das ist der Punkt, um die Geschichten von der Witwe aus Sidon und dem Feldherrn aus Syrien einzuführen. Andere werden einen Vorzug vor denen erhalten, die eigentlich viel näher dran sind. Das ist zwar nicht die Intention jener beiden Geschichten aus 1Kön 17f und 2Kön 5, spiegelt hier jedoch schon die ersten Erfahrungen der Völkermission wider. Auf jeden Fall nimmt die Botschaft unaufhaltsam ihren Weg. Das zu zeigen ist auch die Funktion der Schlussszene. Der Bote des Evangeliums gerät zwar in tödliche Bedrohung. Aber letztlich vermögen ihn die Gegner nicht an der Ausführung seines Auftrages zu hindern. Unbeschadet entfernt er sich aus ihrer Mitte.

In diesem »Nazaret-Manifest« sind die wichtigsten Themen benannt, die sich fortan als Leitlinien durch die gesamte Jesusgeschichte des Lukas hindurchziehen und auch in der Apostelgeschichte noch ihre Fortsetzung finden werden. Das erste Thema könnte man die Anknüpfung bei der Synagoge nennen. Christliche Verkündigung steht auf dem Boden des jüdischen Gottesglaubens. Erster Adressat ist das Gottesvolk, das aus den Schriften lebt und mit den Verheißungen der Propheten umzugehen versteht. Auch Paulus und die anderen urchristlichen Missionare suchen zuerst die Synagogen auf. Das hat nicht nur taktische Gründe. Lukas hält in der Szene vom ersten öffentlichen Auftreten Jesu grundsätzlich die Herkunft aller christlichen Verkündigung fest. Ein zweites Thema betrifft die Rolle des Geistes Gottes, der bei Lukas als ein Kontinuum der Heilsgeschichte erscheint. Das Auftreten Jesu ist eine Zeit besonderer Geistesgegenwart, die den Weg der Kirche mit der Geschichte Israels verbindet. Das dritte Thema steht damit in engem Zusammenhang: Frohe Botschaft / Evangelium ist bereits in den prophetischen Verheißungen enthalten (Jes 61: »weil er mich gesalbt hat, Evangelium zu verkündigen«). Jesus proklamiert somit die Erfüllung dessen, was die Hoffnung Israels ausmacht. Viertens geht es um eine inhaltliche Bestimmung der Heilsbotschaft. Sie hat für Lukas ganz deutlich ein Schwergewicht bei Themen sozialer Gerechtigkeit. Der Anbruch der Gottesherrschaft zeigt sich vor allem an der Lage der Armen und Zerschlagenen. Ein fünftes Thema gilt der Spannung von Annahme und Ablehnung der Botschaft Jesu. Sie begleitet durchgängig auch den Weg der Kirche. Dabei überschreitet die christliche Verkündigung schließlich die Grenzen Israels und bezieht auch die Völker in das Gottesvolk aus Juden und Nichtjuden mit ein.

Gleichnisse Jesu

Rätsel – Klarheit – Komplexität

Die Rede in Gleichnissen gehört zu den auffälligsten und charakteristischsten Eigenheiten Jesu. Sie beherrscht einen großen Teil der Wortüberlieferung und hat offenbar bei Anhängern wie Gegnern Bewunderung hervorgerufen. Wenn Matthäus am Ende der Bergpredigt bemerkt, die Menge sei außer sich geraten über die Lehre Jesu, »denn er lehrte wie einer, der göttliche Vollmacht hat und nicht wie ihre Schriftgelehrten.« (Mt 7,28–29), so bleibt in diesen Worten wohl auch etwas von der ursprünglichen Wirkung der Predigt Jesu bewahrt. Die Terminologie verrät indessen nur wenig über den Charakter dieser auffälligen Redeform: Sowohl der hebräische Begriff »Maschal« (= Spruch) wie auch sein griechisches Äquivalent »Parabolē« (= Nebeneinanderstellung) lassen ein weites Bedeutungsspektrum erkennen und können vom Sprichwort bis hin zu einer bildhaften Erzählung sehr Verschiedenes bezeichnen. Entsprechend vielfältig sind auch die Formen, unter denen »Gleichnisrede« im Neuen Testament begegnet.

Den ausgeführten Gleichniserzählungen galt von jeher das größte Interesse. Die Ausleger der alten Kirche ließen sich dabei aber weniger von der lebendigen Alltagswirklichkeit dieser kleinen literarischen Kunstwerke faszinieren als von dem Gedanken, dass dahinter eine zweite, den tieferen Sinn erschließende Geschichte verborgen liege. Diese geheimnisvolle, rätselhafte Botschaft wollten sie entschlüsseln. Das Neue Testament selbst mochte dafür mit dem Gleichnis vom vierfachen Acker in Mk 4,3–8 schon einen Fingerzeig geben, das im Anschluss (4,13–20) noch einmal eine Deutung präsentiert. Vor allem aber standen die Ausleger hier im Banne der so genannten »Allegorese« – einer Auslegungsmethode, die aus der griechischen Literatur stammend längst Einzug in die jüdisch-hellenistische Theologie gehalten hatte und von dem alexandrinischen Religionsphilosophen Philo zu höchster Meisterschaft entwickelt worden war. Auch Paulus zeigt sich in der Allegorese bestens bewandert, wenn er z. B. in Gal 4 die Geschichte von Abrahams beiden Frauen Sara und Hagar als Geschichte zweier heilsgeschichtlicher Bundesschlüsse liest. Das hatten die Väter deutlich vor Augen, und Philos Kommentare zur Tora lagen noch lange auf ihren Schreibtischen. So betrachtete man also die Gleichnisreden Jesu lange Zeit als rätselhafte Texte und meinte, ihren verborgenen Sinn ans Licht bringen zu müssen. Wie viel dabei freilich hineingelegt wurde, was nie der Absicht Jesu entsprochen hatte, kann das folgende Beispiel aus dem 13. Jh. verdeutlichen. In einer Allegorese der Beispielerzählung vom barmherzigen Samaritaner heißt es da: »Wer ist der Mensch? Adam. Was ist Jerusalem? Das Paradies. Was ist

Jericho? Die Welt. Wer sind die Räuber? Der Teufel. Wer ist der Priester? Moses. Wer ist der Levit? Johannes der Täufer. Wer ist der Samaritaner? Unser Herr Jesus Christus, wie geschrieben steht: ›schließlich zog er durch Samarien‹. Was sind Öl und Wein? Der heilige Leib und das ehrwürdige Blut unseres Herrn Jesus Christus. Was ist sein Reittier? Das Fleisch, das er annahm, welches das Leiden und die Schläge und das Kreuz ertrug.« Eine solche Auslegungstradition hatte der Willkür im Umgang mit den Gleichnissen Jesu Tor und Tür geöffnet, sodass es höchste Zeit wurde, eine kontrollierbare Methodik zu entwickeln und die Frage nach der ursprünglichen Intention von den subjektiven Vorgaben der Ausleger möglichst abzulösen.

Diese Aufgabe hat A. Jülicher mit seinem klassischen Werk über »Die Gleichnisreden Jesu« (1888 und 1899) grundlegend in Angriff genommen. Darin machte er eine ebenso einfache wie überraschende Entdeckung: Die Brisanz der Gleichniserzählungen liegt gerade in ihrer Schlichtheit. Klar und begreifbar meinen die Geschichten genau das, was sie erzählen. Ihr Sinn ist nicht unter einem doppelten Boden versteckt. Vielmehr erschließt sich der Zugang zur Deutung gerade über die unmittelbare Lebenswirklichkeit der erzählten Geschichte. Nicht die Zug-um-Zug-Übertragung der Allegorese, sondern die Erfassung der jeweiligen Pointe muss deshalb das Ziel der Gleichnisauslegung sein. Jülicher führte zu diesem Zweck eine Unterscheidung zwischen Bild und Sache ein, die einander im »tertium comparationis« (= Vergleichspunkt) berühren. Die Bildgeschichte verlangt nach der Übertragung auf eine Sache, um deretwillen sie überhaupt erst erzählt wird. Doch sie behält dabei ihre Autonomie. Nicht die Einzelzüge der Erzählung, sondern nur deren Pointe zeigt an, um welche Sache es geht. Für Jülicher betraf dies in der Regel »einen allgemeinen Satz religiössittlichen Charakters«. Mit der Reduktion auf eine moralische Maxime als Quintessenz der Gleichnisse Jesu wird freilich auch die Grenze dieses Neuansatzes sichtbar. Doch in der Konzentration auf die Bildgeschichte und deren Anliegen hat Jülicher zweifellos bahnbrechend gewirkt.

Seither erlebte die Gleichnisauslegung einen regelrechten »Boom«. Vor allem das Buch von J. Jeremias über »Die Gleichnisse Jesu« (1947, [7]1977) hat die Ergebnisse Jülichers popularisiert und insofern weitergeführt, als darin das Hauptanliegen der Gleichnisse nun in der Reich-Gottes-Verkündigung Jesu bestimmt wird. Der methodischen Reduktion Jülichers trat durch Jeremias eine sachlich-historische Eingrenzung zur Seite, deren Interesse sich ganz auf die Funktion der Gleichnisreden in der Verkündigung Jesu richtete. Seine Untersuchungen zu den zeitgeschichtlichen Hintergründen stellen nach wie vor eine wertvolle Hilfe dar. Über seine einseitige Funktionalisierung der Gleichnisse als Instrument der Verkündigung bzw. als »Waffe« gegenüber Kontrahenten ist die Diskussion indessen schon bald hinausgegangen. Die wichtigsten Impulse kamen dabei aus Literaturwissenschaft und Philosophie, deren Bemühen um eine Theorie der Metapher zunehmend auch in die Beschäftigung mit den

Gleichnisreden Jesu eindrang. Nachdem Jülicher die Schlichtheit der Gleichnisse entdeckt hatte, wurde man jetzt auf die Komplexität dieser sprachlichen Gebilde aufmerksam. Das bedeutete zwar nicht einfach eine Rückkehr zur glücklich überwundenen Allegorese, führte aber zu der Einsicht, dass der mehrdimensionale Charakter metaphorischer Rede auch für das Verständnis der Gleichnisreden Bedeutung besitzt. Wie zuletzt (1995) Chr. Kähler in seinem Buch über »Jesu Gleichnisse als Poesie und Therapie« gezeigt hat, sind die Gleichnisse Jesu vor allem als Teil eines Kommunikationsprozesses zu verstehen. Hierbei lassen sich ganz unterschiedliche Situationen für die einzelnen Texte erkennen: »Sie trösten Verzweifelnde und öffnen neue Perspektiven für Ratsuchende, sie konfrontieren Bewerber für die Nachfolge mit herben Forderungen und stellen Skeptiker in Frage, sie intervenieren bei Selbstsicherheit und zeigen Verständnis für Deprimierte.« Gleichnisse haben somit eine heilende, helfende Funktion und lassen gerade darin erkennen, was Gottes Wirklichkeit in den Begrenzungen menschlicher Erfahrung vermag.

Die Auslegung der Gleichnisreden Jesu hat einen bemerkenswerten Weg beschritten. Von der Willkür altkirchlicher Allegorese ist sie über die Reduktion auf einige zentrale Sachverhalte hin zu einer neuen Offenheit gelangt. Was auf diesem Weg an Einsichten gewonnen wurde, gestattet heute die Bestimmung eines methodisch verantworteten Rahmens. Innerhalb dieses Rahmens aber lassen sich die Gleichnisse nun als Texte lesen, die ihr ursprüngliches Anliegen auch in neuen kommunikativen Situationen hörbar zur Sprache bringen können.

Gattungen der Gleichnisrede

Die Gleichnisse der synoptischen Überlieferung begegnen in vielfältiger Gestalt. Ob Herodes Antipas etwa im Munde Jesu als ein »Fuchs« bezeichnet wird (Lk 13,32), ob Hörerinnen und Hörer Jesu »Salz der Erde« sein sollen (Mt 5,13), ob das selbstverständlich fürsorgliche Verhalten eines Vaters gegenüber seinen Kindern benannt (Mt 7,9–11) oder eine Skandalgeschichte aus den höheren Kreisen erzählt wird (Lk 16,1–8) – dies alles lässt sich als gleichnishafte Rede verstehen, folgt aber dennoch deutlich unterscheidbaren Intentionen. Seit A. Jülicher hat sich deshalb eine Bestimmung von Untergattungen ausgebildet, mit deren Hilfe die Hauptgattung Gleichnisrede noch einmal genauer differenziert werden kann.

Bildwort: Bildworte verbleiben auf der Satzebene. Bild und Sache können durch eine Vergleichspartikel aufeinander bezogen werden (Mt 10,16 »Seid klug *wie* die Schlangen, aber arglos *wie* die Tauben.«) oder auch direkt ineinander fallen (Mt 5,14 »Ihr seid das Licht der Welt!«).
Die Zahl der Bildworte ist groß. Im Unterschied zu den ausgeführten Erzählungen von Gleichnis und Parabel tragen sie am deutlichsten die Züge metaphorischer Rede an sich.

Gleichnis: Das Gleichnis im engeren Sinne erzählt eine allgemein einsichtige, unmittelbar nachvollziehbare Begebenheit aus dem Erfahrungsbereich des Alltags. Es zielt auf das Einverständnis der Hörerinnen und Hörer nach der Weise »Wer von euch ... der nicht ...?«

Anschauliche Beispiele bieten die Gleichnisse von Senfkorn und Sauerteig Mt 13,31–33: Die Wirkung des Sauerteiges ist bekannt; die Größenverhältnisse von Senfkorn und späterer Staude kennt man. Ihre Effektivität bzw. Vitalität bedarf keiner Erklärung. Weniges genügt, um alles zu durchdringen; aus kleinen Anfängen wird doch noch etwas Beachtliches. »So verhält es sich auch mit der Gottesherrschaft ...«

Parabel: Die Parabel erzählt im Gegensatz zum Gleichnis einen spektakulären, unerhörten Einzelfall, der auf Überraschung oder Empörung aus ist. Hörerinnen und Hörer sollen weniger zum Einstimmen als zur Parteinahme oder Positionierung veranlasst werden.

Die Geschichte von den Arbeitern im Weinberg Mt 20,1–16 trägt die charakteristischen Züge einer Parabel an sich. Was zunächst ganz alltäglich beginnt (Anwerbung von Saisonarbeitern für die Weinernte), schlägt plötzlich im Moment der Lohnauszahlung um. Bewusst wird die Erwartung einer unterschiedlichen Entlohnung, die erzählerisch geschickt geweckt worden ist, enttäuscht. Es ist ein brüskierendes, höchst ungewöhnliches (und auch kaum zur Regel taugendes) Verhalten, das nun zum Disput und zum Nachdenken über die Güte Gottes Anlass gibt.

Beispielerzählung: Während Gleichnis und Parabel eine Übertragung von der Bildgeschichte auf die Wirklichkeit der Hörerinnen und Hörer verlangen, bietet die Beispielerzählung geradlinig einen Modellfall intendierten Verhaltens: »Gehe hin und mache es genauso!«

Im Neuen Testament gibt es nur vier Beispielgeschichten – sie finden sich alle im lukanischen Sondergut: barmherziger Samaritaner (Lk 10); törichter Reicher (Lk 12); reicher Mann und armer Lazarus (Lk 16); Pharisäer und Zöllner (Lk 18). Die Geschichte vom barmherzigen Samaritaner mündet in eine direkte Handlungsanweisung ein; die übrigen Geschichten stellen Beispiele positiven oder negativen Verhaltens vor.

Allegorie: Allegorien sind »doppelbödige« Erzählungen, die von vornherein auf den doppelten Boden, d. h. einen tieferen, hintergründigen Sinn hin konzipiert sind. Sie werden um der Geschichte hinter der Geschichte willen erzählt und lassen sich nur dann verstehen, wenn man den entsprechenden Schlüssel besitzt.

Allegorien gibt es unter den Gleichnissen Jesu nicht (evtl. könnte man Mt 13,24–30 so verstehen). Häufig begegnen sie in den Visionen der Offenbarung des Johannes – wenn etwa die Welthauptstadt Rom als eine Hure oder die widergöttlichen Mächte als Drache, Tier aus dem Meer oder Tier vom Land geschildert werden und die Hörner des ersten Tieres ein scheinbares Eigenleben führen. Das macht gerade die Schwierigkeit unseres heutigen Verständnisses dieser Texte aus, dass uns ohne den Schlüssel auch der Zugang zu ihrer »eigentlichen« Geschichte versperrt bleibt.

Im Blick auf die Allegorie ist es ratsam, terminologisch genau noch einmal jene Vorgänge zu unterscheiden, die zur Entstehung allegorischer Texte bzw. zu allegorisierenden Deutungen führen.

Allegorisierung: Als Allegorisierung bezeichnet man die sekundäre Bearbeitung eines ursprünglich nicht allegorischen Textes, indem einzelne Züge so eingefügt oder ausgebaut werden, dass ein neuer Sinn entsteht.

Einen vieldiskutierten Fall stellt die Parabel von den bösen Winzern Mk 12,1–12par dar. Die Bildgeschichte (ein wohlhabender Besitzer, der weit außer Landes lebt, regelt die Bewirtschaftung seines Weinberges einschließlich der Ablieferung der Erträge durch Bevollmächtigte, die jedoch vor Ort in Konflikt mit den Pächtern geraten) greift mitten hinein in die Verhältnisse hellenistischer Domänenwirtschaft, wie sie sich etwa durch die berühmten »Zenon-Papyri« für Palästina im 2. Jh. v. Chr. anschaulich nachzeichnen lässt. Die Pointe besteht in einer Warnung: Wer anvertrautes Gut gewaltsam an sich zu bringen sucht, zieht Strafe auf sich. Unübersehbar sind nun aber Züge in der Bildgeschichte enthalten, die aus der Parabel eine Allegorie der Heilsgeschichte machen: In der Beschreibung des Weinbergs 12,1 klingt Jes 5,2 und damit ein Bezug auf das Gottesvolk an; die »vielen anderen« in 12,5b stören die Klimax, verweisen aber auf den Topos der Prophetenmorde; der »geliebte Sohn« in 12,6 lässt die Ohren klingen und erinnert an die Himmelsstimme bei Taufe und Verklärung Jesu; der Mord »draußen vor dem Weinberg« 12,8 drängt eine Assoziation an den Tod Jesu vor den Toren Jerusalems auf.

Allegorese: Unter Allegorese versteht man die Auslegungsmethode, die einen nicht allegorischen Text auf seinen verborgenen Sinn hin befragt und Zug um Zug zu übersetzen versucht. Von der Frühzeit der Kirche bis an die Schwelle des 20. Jhs. hat sie das Verständnis von Gleichnissen bestimmt, wobei sie ihren Ansatzpunkt schon im Neuen Testament selbst finden konnte.
Eine klassische Allegorese begegnet in Mk 4,13–20. Das vorausgegangene Gleichnis vom »Sämann« Mk 4,3–8 nimmt ein ganz alltägliches, vor aller Augen liegendes Geschehen auf: Es gehört zum Erfahrungsbereich eines jeden Bauern, dass bei der Aussaat mit einer gewissen Verlustrate zu rechnen ist. Trotz der vielen (teils offenen, teils verborgenen) Hindernisse hat seine Arbeit am Ende jedoch Erfolg. Hier liegt die Pointe. In der anschließenden internen Jüngerbelehrung erhält das Gleichnis jedoch einen ganz spezifischen Sinn, indem die vier verschiedenen »Äcker« jeweils auf eine bestimmte Gruppe von Menschen und ihre Haltung gegenüber dem Wort der Verkündigung übertragen werden. Ist das Gleichnis bereits im Blick auf diese Allegorese erdacht, also von Haus aus schon ein Allegorie? Oder wird ihm die Allegorese erst nachträglich angefügt? Wo auch immer man 4,13–20 lokalisiert – dass hier einem in sich selbst verständlichen Text eine neue, aktualisierende Deutung beigefügt wird, lässt sich klar erkennen.

Es bleibt indessen fraglich, ob man die Grenzen in jedem Falle so scharf ziehen kann, wie es dieses Gattungsschema vorschlägt. So orientiert sich die Unterscheidung zwischen Bildwort und Gleichnis / Parabel vor allem am Umfang – im Blick auf ihre Funktion aber gibt es einen solchen Unterschied nicht. Hier leisten beide nicht mehr und nicht weniger als etwa auch eine Wortmetapher zu leisten vermag. In der jüngeren Auslegung hat man deshalb versucht, den Anregungen aus der Literaturwissenschaft stärker Rechnung zu tragen: Gleichnisrede bedient sich grundsätzlich des Potenzials metaphorischer Sprache. Das Wesen der Metapher wiederum besteht darin, dass sie ein Subjekt mit einem Prädikat verbindet, die beide unterschiedliche semantische Felder oder unterschiedliche Sinnbezirke besitzen. Eine solche Verbindung kann auf der Wortebene (»Menschenfischer«), der Satzebene (»Ihr seid das Salz der Erde!«) oder auch auf der Ebene einer ausgeführten Erzählung (Gleichnisse / Parabeln / Beispielerzählungen) erfolgen. Von der Spannung, die dabei aus der wechselseitigen Übertragung der ursprünglich nicht zusammengehörigen Sinnbezirke entsteht, lebt metaphorische Sprache. Sie erschließt eine neue Sicht der Wirklichkeit und eröffnet neue Assoziationsfelder. Das gilt auch für die Gleichnisreden Jesu. Besondere Bedeutung kommt dabei dem Kontext zu: Erst im Blick auf die Adressaten bzw. auf die Situation wird erkennbar, ob eine Wendung oder eine Geschichte metaphorischen Charakter besitzt (wer sind z.B. »diese

Kleinen« in Mt 18,6? Kinder oder Menschen mit einem bestimmten Status?). Von der neueren Metapherndiskussion wachsen der Gleichnisauslegung deshalb wichtige Einsichten zu, die eine Relativierung und Ausweitung der »klassischen« Gattungsbestimmung mit sich bringen.

Bildwelt und Zeitgeschichte

Durch die Gleichniserzählungen Jesu weht ein Hauch von Galiläa. Auf Schritt und Tritt begegnet hier jene Welt, in der Jesus aufwuchs und in der seine öffentliche Wirksamkeit begann. Es ist zugleich die Welt seiner Hörerinnen und Hörer – eine Welt vorzugsweise der »kleinen Leute«, die sich um den täglichen Lebensunterhalt mühen und ihren Platz im sozialen Gefüge einer agrarisch bestimmten Gesellschaft behaupten müssen. Von Häusern ist die Rede, die nur über einen einzigen Raum für die gesamte Familie verfügen. Der Blick fällt auf die alltäglichen Verrichtungen der Frauen: Speise wird gesalzen, Licht wird entzündet, Kleider werden geflickt, Teig wird geknetet. Geht etwas verloren, dann beginnt eine intensive Suche, an deren Erfolg auch die Nachbarn teilhaben. Neben die Arbeit im Haus tritt das ganze Geschehen von Saat und Ernte. Hier rückt die Arbeitswelt des Mannes in den Mittelpunkt: Weinberge müssen bewirtschaftet werden, Schafherden verlangen den ganzen Einsatz der Hirten, der Fischfang spiegelt das Leben am See Genezaret. In diese Arbeitswelt klingen gelegentlich auch Feste und Feiern herein. Gastfreunde kommen noch spät in der Nacht und werden bewirtet. Doch es geht nicht nur um freundschaftliche Beziehungen: eine Witwe muss ihr Recht gegen einen korrupten Richter erkämpfen, eine gastliche Einladung wird ausgeschlagen, ein Bauer hat Feinde, ein Schuldner beantwortet Schuldenerlass mit Hartherzigkeit. Die soziale Palette reicht von Königen und Statthaltern über Kaufleute und reiche Bauern, Gläubiger und Herren bis hin zu Schuldnern, Habenichtsen, Sklaven und Tagelöhnern. Aber in der Regel steht der Gleichniserzähler bei denen am unteren Ende der sozialen Pyramide. Wenn etwa von der Unterschlagung ungeheurer Summen oder einer beispiellosen Urkundenfälschung die Rede ist, dann wissen gerade die einfachen Leute sehr genau, wie es »die da oben« treiben, und hören mit einem gewissen Vergnügen solchen Skandalgeschichten zu.

Ein Blick auf die Bildwelt der Gleichnisse zeigt: Es ist die unmittelbare Lebenswelt der Hörerinnen und Hörer Jesu, die hier zur Sprache kommt. Ihre Nöte und ihre Freuden werden ernst genommen. Was es mit der Gottesherrschaft auf sich hat, das wird an den Sorgen einer einfachen Frau erkennbar. Die Güte Gottes zeigt sich im Erfahrungsbereich von Saisonarbeitern. Gottes Gerechtigkeit wird nicht etwa in erhabenen Bildern geschildert, sondern anhand der Bedrückung einer rechtlosen Witwe. Wenn es um die Entschlossenheit geht, das Angebot der Gottesherrschaft zu ergreifen, kann der Gleichniserzähler sogar die

Entschlossenheit eines Urkundenfälschers zum Beispiel wählen. Daran wird schon deutlich: Jesus bedient sich höchst unkonventioneller Stoffe. Er favorisiert ungewöhnliche, provozierende Bilder. Er bedient sich »unmoralischer Helden«. Dass es sich mit der Gottesherrschaft ebenso verhält wie mit dem Sauerteig (den man bei dem großen Hausputz vor dem Passafest als etwas »Unreines« aus der Küche verbannen muss) oder wie mit dem Senfkorn (das man im Garten gerade nicht anpflanzt, sondern dem Wildwuchs überlässt) – das musste schlicht als ungehörig empfunden werden. Solche anstößigen Reden entsprechen freilich auch dem anstößigen Verhalten Jesu, der sich gerade mit denen zu Tisch setzt, die für gewöhnlich von der Tischgemeinschaft der frommen Leute ausgeschlossen sind. Es geht dabei aber nicht nur um einen geschickten PR-Trick, der Aufmerksamkeit erwecken soll. Die Gleichnisse Jesu zeigen vielmehr, dass die frohe Botschaft von der Gottesherrschaft ihre Adressaten mitten in ihrem Alltag erreicht und ergreift.

Für unser Verständnis der Gleichnisse entsteht dadurch allerdings ein Problem. Die Lebenswelt der Christen in einer modernen Industriegesellschaft am Beginn des dritten Jahrtausends ist eine völlig andere als die der ersten Hörerinnen und Hörer Jesu. Was damals unmittelbar einleuchtend war, muss heute erst wieder neu erschlossen werden, um die ursprüngliche, aufrüttelnde Kraft der Gleichnisse erahnen zu können. Der Wert einer Drachme oder die Beurteilung von Zinsgeschäften, die Regeln orientalischer Gastfreundschaft oder die Rolle von Sklaven in der Gesellschaft Palästinas – das alles bedarf zunächst der Erklärung, um nicht in die Gefahr einer erneuten Allegorisierung des Textes zu geraten. Bevor ein Gleichnistext auch in unsere Lebenswelt hineinsprechen kann, muss die Pointe im Kontext seiner Zeit erfasst werden. Das macht eine intensive Beschäftigung mit der jeweiligen Bildgeschichte unumgänglich.

Regeln volkstümlichen Erzählens

Die Gleichnisse Jesu sind fiktive Geschichten. Sie gestalten Begebenheiten oder zeichnen Personen auf eine einfache, anschauliche Weise. Längst hat man erkannt, dass sie sich dabei bewährter Regeln volkstümlichen Erzählens bedienen. Was Volkskundler an Texten wie Märchen, Sage, Legende usw. beobachten, das lässt sich auch in den Gleichnissen Jesu wiederfinden.

Die Zahl der handelnden Personen bleibt stets überschaubar. Für die Parabel vom verlorenen Sohn genügen z.B. drei Akteure (der Vater und seine beiden Söhne). Noch häufiger aber bleibt die Figurenkonstellation auf zwei Kontrahenten beschränkt (Richter und Witwe, Pharisäer und Zöllner usw.). Da, wo die Handlung ein volkreicheres Szenario erforderlich macht, gibt es auch noch weitere Statisten. Aber grundsätzlich können sich die Hörerinnen und Hörer auf wenige Handlungsträger konzentrieren. Dem entspricht auch die Anlage der

Handlung selbst: verschiedene Handlungsstränge oder Erzählebenen kommen nicht vor. Immer wird nur aus einer Perspektive erzählt. Nach Rückblenden oder Rahmenerzählungen sucht man vergebens. Diese Einsträngigkeit der Handlung erleichtert vor allem die Identifikation mit oder die Positionierung gegenüber der erzählten Geschichte. Ganz analog ist auch die Zahl der Szenen beschränkt. Hier dominiert, abgesehen von Einführung und Nachspiel, die Zweiheit (der verlorene Sohn geht los und kehrt wieder zurück). Aber auch eine als Klimax gestaltete Abfolge von drei Szenen findet sich häufig (Priester / Levit / Samaritaner). Die Figuren werden durchgängig als Typen gezeichnet. Wandlungen finden nicht statt. Das Schwergewicht der Erzählung liegt dann meistens am Schluss. Auch formal ist die Pointe somit vorzugsweise am Ende zu erwarten. Danach bricht die Geschichte ab und fordert dazu heraus, weitererzählt oder diskutiert zu werden.

An manchen Gleichniserzählungen lässt sich auch eine dramatische Struktur nachweisen, was bekanntlich ihrer spielerischen Gestaltung im Unterricht sehr entgegenkommt. Auf die Exposition folgen verschiedene Akte. Am Anfang wird ein Konflikt präsentiert, der sich verschärft und über ein retardierendes Moment schließlich in die Katastrophe steuert. Das Ende bietet dann eine überraschende Lösung. Durch solche Dramatik wird eine Beunruhigung erzielt, die in das Geschehen verwickelt und mit der Lösung auf jene Pointe hinführt, die nach einer Übertragung in die eigene Lebenswirklichkeit verlangt.

Literarische Parallelen

Jesus hat die Rede in Gleichnissen nicht erfunden. Sie ist als eine Form volkstümlichen Erzählens in der Welt, in der Jesus auftritt, wohl bekannt. Wer Gleichnisse erzählt, kann auf die Aufmerksamkeit und das grundsätzliche Verständnis seines Publikums rechnen. Sowohl im alten Orient als auch in der hellenistischen Welt lassen sich dafür Beispiele entdecken. Besonderer Beliebtheit aber erfreuten sich Gleichnisse in der alttestamentlich-jüdischen Tradition.

Das eindrucksvollste Beispiel einer Gleichniserzählung im Alten Testament bietet 2Sam 12,1–7. Es handelt sich dabei um eine Parabel, die der Prophet Natan dem König David erzählt: Ein armer Mann besitzt nur ein einziges Lamm, das er hegt und pflegt. Sein reicher Nachbar aber, der über ausgedehnte Herden verfügt, nimmt ihm dieses einzige Lamm, um es einem Gast als Festessen vorzusetzen. Der Reiche will seinen Besitz schonen und vergreift sich deshalb an der Habseligkeit des Armen. Das ist eine unerhörte, empörende Geschichte, die den König auch sofort und erwartungsgemäß in Zorn versetzt. Er fordert vierfachen Schadensersatz und den Tod des Übeltäters. So realitätsnah erscheint dieser Fall, dass David sogleich von seiner richterlichen Kompetenz Gebrauch macht. Doch dann lässt Natan die Katze aus dem Sack: Ein

Gleichnis war es für das, was David selbst getan hat. Er, der einen ganzen Harem besaß, hat seinem Offizier Uria die einzige Frau, Batseba, genommen. »Du bist der Mann!« – Damit erfolgt die Übertragung der Pointe, die David auch sofort begreift und mitvollzieht. Ist das Gleichnis hier nur die geschickte Verpackung einer gefährlichen Kritik am König? Natan erreicht jedenfalls mehr, als nur die eigene Haut zu retten: David muss nicht erst argumentativ zur Einsicht seiner Schuld gegenüber Uria gebracht werden – er hat sie an dem vergleichbaren Fall der Parabel schon schlaglichtartig erkannt.

Auch in den Texten des frühen Judentums finden sich immer wieder Gleichnisse. Sowohl in der apokalyptischen Literatur als auch in Qumran wird man hier fündig. Die mit Abstand umfänglichsten Gleichnissammlungen sind jedoch in der rabbinischen Tradition erhalten geblieben. Auch wenn deren Texte erst sehr viel später zu datieren sind, kann man einige Überlieferungen doch immerhin noch auf die Zeit Jesu zurückführen. Die Nähe, die sich dabei mitunter ergibt, zeigt das folgende Beispiel auf besonders anschauliche Weise: »Elischa ben Abuja sagte: Ein Mensch, der viele gute Werke hat und viel Tora gelernt hat, womit lässt er sich vergleichen? Mit einem Menschen, der unten mit Steinen baut und oben mit Ziegeln; auch wenn viele Wasser kommen und an ihrer Seite stehen bleiben, lösen sie sie (die festen Steine) nicht auf von ihrer Stelle weg. Ein Mensch aber, der keine guten Werke hat und Tora lernt, womit lässt sich der vergleichen? Mit einem Menschen, der zuerst mit Ziegeln baut und dann mit Steinen; auch wenn nur geringe Wassermassen kommen, stürzen sie alsbald um.« (ARN 24) Natürlich denkt man da sofort an das Gleichnis von den beiden Hausbauern (Mt 7,24–27 / Lk 6,47–49), mit dem Bergpredigt und Feldrede enden. Beide Male geht es um den Zusammenhang von Hören bzw. Lernen und Tun, um die Bewährung von Frömmigkeit in der Praxis. Beide Male stammt das Bild aus dem Bauwesen. Die unterschiedlichen Akzente treten hier zurück.

Eine solche Entdeckung von Gemeinsamkeiten verweist auf das Umfeld, in dem die Gleichnisse Jesu entstanden sind. Jesus bedient sich bekannter sprachlicher Konventionen, gelegentlich auch bekannter Stoffe oder Motive. Doch das tut der Originalität seiner Rede keinen Abbruch. Während die meisten rabbinischen Gleichnisse ihre Funktion im Rahmen der Schriftauslegung erfüllen, spricht Jesus seine Hörerinnen und Hörer in ihrer alltäglichen Lebenswirklichkeit an. Seine Gleichnisse lassen sich viel eher »open air« situieren als unter dem Dach eines Lehrhauses. Sie illustrieren nicht nur schwierige theoretische Sachverhalte, sondern bringen die frohe Botschaft von der Gottesherrschaft unmittelbar und ohne Umschweife zur Sprache. Jesus bevorzugt nicht nur deshalb die Rede in Gleichnissen, weil er als guter Redner um Anschaulichkeit und Volksnähe bemüht wäre. Vielmehr entspricht die Gleichnisrede dem Inhalt seiner Botschaft auf eine einzigartige und unersetzbare Weise.

Gleichnisrede und Wirklichkeit Gottes

Bei aller Vielfalt der Situationen, in denen Jesus Gleichnisse erzählt hat, lässt sich doch ein großes Generalthema erkennen: Die Botschaft von der Gottesherrschaft. »Mit der Gottesherrschaft verhält es sich wie mit ...« – das ist nicht nur ein häufiger Anfang, sondern zugleich auch so etwas wie ein Schlüssel zu dem, was das Auftreten und Anliegen Jesu insgesamt bestimmt. In Wort und Tat verkündigt er die Nähe und Zuwendung Gottes, den Einbruch der Wirklichkeit Gottes in die Welt der menschlichen Begrenzungen. Dafür steht »Gottesherrschaft« als eine Chiffre, die in der jüdischen Tradition im Sinne einer endzeitlichen Hoffnung schon bekannt war und von Jesus nun im Sinne eines gegenwärtigen Geschehens aktualisiert wird. Wie aber kann man über Gott, »Gottesherrschaft«, Gottes Wirklichkeit angemessen sprechen? Jeder Versuch stößt hier sehr schnell an die Grenzen rationalen Verstehens. Die Wirklichkeit Gottes lässt sich nicht in definitorische Sätze fassen oder in logischen Ableitungen darlegen. Sie erschließt sich allein der Erfahrung dessen, der sich im Glauben darauf einlässt. Insofern kann die Rede von der Gottesherrschaft auch der analogen Rede metaphorischer Sprache gar nicht entbehren. Sie ist auf die Metaphorik menschlicher Erfahrung angewiesen, um dadurch einen Bezug zur Wirklichkeit Gottes überhaupt erst zu ermöglichen. E. Jüngel hat diesen Sachverhalt auf den Punkt gebracht, wenn er formuliert: »Das Reich Gottes kommt im Gleichnis als Gleichnis zur Sprache.« Die Rede von der »Herrschaft« oder dem »Reich« Gottes ist selbst schon eine Metapher, die sich aus dem Bildfeld politischer Ordnung speist. In der Gleichnisrede, die auf die unmittelbare Alltagserfahrung zurückgreift, öffnet sich damit der Horizont für neue Erfahrungen. H. Weder schreibt: »Das Gleichnis lehrt also beides: es lehrt die Gottesherrschaft mit den Augen der Welt zu sehen, bzw. mit den Mitteln weltlicher Sprache zu begreifen, und es lehrt andererseits die Welt mit den Augen Gottes zu sehen.«

Die Rede Jesu in Gleichnissen beschränkt sich nicht nur darauf, Gottes Wirklichkeit sachgemäß zu verkündigen. Sie ist zugleich Hilfe, die eigene Wirklichkeit zu begreifen, anzunehmen und zu verändern. Indem die Gleichnisse Jesu bei der Lebenswelt ihrer Hörerinnen und Hörer ansetzen, gewinnen sie eine helfende, therapeutische Funktion. Die eigene Welt »mit den Augen Gottes zu sehen« – das vermag neue Perspektiven zu vermitteln. Gleichnisse schließen deshalb nicht ab, sondern auf. Sie sind nicht das letzte, endgültige Wort zur Sache, sondern Anfang einer neuen Geschichte. Man kann die Gleichnisse Jesu deshalb nicht einfach als »Lehre« betrachten (Mk 4,2 »er *lehrte* sie vieles in Gleichnissen« darf nicht zu eng verstanden werden), sondern zuerst als eine besondere Form der Interaktion. Schon die Literaturwissenschaft hat darauf hingewiesen, dass ein Wort, eine Wendung oder eine Erzählung erst im Blick auf bzw. durch die Rezipienten zum Gleichnis wird. Diese unabdingbare Einbeziehung der Adressaten ist in den Gleichnissen Jesu zugleich theologisches Programm: Seine Botschaft geht nicht über die Köpfe hinweg. Sie könnte auch nicht als Geheimwissen unter Verschluss gehalten werden. Gott kommt in Jesus den Menschen nahe und stellt eine Beziehung her, die eine heilende, helfende Beziehung ist. Dafür gibt es keine angemessenere Ausdrucksform als die Rede in Gleichnissen.

Erzählen – Wiedererzählen – Weitererzählen

An der lebendigen Kommunikationssituation, in der Jesus seine Gleichnisse erzählte, haben wir heute keinen Anteil mehr. Wir sind – wenn es gelingt, diese ursprüngliche Situation noch zu rekonstruieren – bestenfalls Zuschauer in diesem Geschehen. Bereits für die Christen der ersten Generation, die nach Ostern die Gleichnisse Jesu in Palästina oder Syrien weitererzählten, hatte sich die Lage grundlegend verändert. Sie mussten die Gleichnisse nun unter anderen Umständen und vor einem neuen Publikum zur Sprache bringen. Das blieb nicht ohne Rückwirkung auf die überlieferten Texte selbst.

Spuren dieses Überlieferungsprozesses lassen sich in den Evangelien vielfach erkennen. Gleichnisse mit ähnlichen Motiven rücken zusammen und werden nun als zusammengehörige Einheit weitergegeben. Solche »Doppelgleichnisse« begegnen z. B. in den Bildworten vom Gewandflicken und vom Weinschlauch (Mk 2,21–22par), von den Vögeln und den Blumen (Mt 6,26–30 / Lk 12,24–28), in den Gleichnissen von Senfkorn und Sauerteig (Mt 13,31–33 / Lk 13,18–21) oder von der verlorenen Drachme und dem verlorenen Schaf (Lk 15,1–10). Doch was hier ursprünglich in verschiedenen Situationen gesagt sein mochte, das drängt nun durch die enge Zusammenstellung auch auf eine gegenseitige Interpretation hin. Das gleiche Empfinden von Zusammengehörigkeit führte mitunter auch dazu, ursprünglich selbstständige Gleichnisse miteinander zu verschmelzen. Die Parabel von dem großen Festmahl Mt 22,1–14 verbindet z. B. die Parabel von der Einladung der Ungeladenen (1–10) noch mit der Parabel von jenem Gast, der kein Festgewand trägt (11–13) – dass die letztere in dem ersten Teil von den Zufallsgästen keinen angestammten Platz haben kann, lässt sich schnell erkennen. Darüber hinaus haben die Evangelisten mehrere Gleichnisse gern zu kleineren und größeren Sammlungen zusammengefügt. Die auffälligste »Gleichnisrede«, die um die Motive von Saat, Wachstum und Ernte kreist und auch das Phänomen »Gleichnis« selbst reflektiert, findet sich in Mk 4,1–34 / Mt 13,1–35 / Lk 8,4–15. Weitere Sammlungen bietet z. B. Mt 21,28–22,14 (drei Gleichnisse drohenden Charakters) oder in Mt 24,32–25,46 (sieben Parusiegleichnisse*). Bei dem sammelfreudigen Lukas, der häufig zwei oder drei thematisch verwandte Gleichnisse aneinanderreiht, ist vor allem 15,1–32 (vom Verlorenen) zu nennen. So schafft die Komposition neue Zusammenhänge, die bereits als Ausdruck der Interpretation bzw. der Aktualisierung für die Gemeinden der Evangelisten zu verstehen sind.

Doch schon am Textbestand der Gleichnisse selbst machen sich Veränderungen bemerkbar. Für die neue Situation kann der ursprünglich offene Schluss nicht mehr genügen. Um die Geschichte gegen Missverständnisse zu schützen oder um auf eine ganz bestimmte Verständnismöglichkeit hinzulenken, werden vielen Gleichnissen nun am Schluss noch »Nutzanwendungen« hinzugefügt. Sie haben häufig die Gestalt generalisierender Sentenzen, die aus dem vorangegangenen Gleichnis eine allgemein gültige Regel ableiten. Besonders deutlich zeigt sich diese Tendenz am Schluss der Parabel von den Arbeitern im Weinberg Mt 20,16: »So werden die Letzten Erste und die Ersten Letzte sein!« Aber das ist gerade nicht die Pointe der Bildgeschichte! Während es dort um die überraschende und nicht auszurechnende Güte des Arbeitgebers geht, die keine Unterschiede macht, betont die abschließende Sentenz die Umkehrung der Reihenfolge. Ein Blick in die Konkordanz lehrt, dass es sich bei Mt 20,16 um ein so genanntes »Wanderlogion« handelt. Man findet es auch in ganz anderen Zusammenhängen (Mt 19,30; Lk 13,30), was seine sekundäre Hinzufügung in Mt 20 unterstreicht. Sehr anschaulich ist auch die Situation in Lk 16,1–13 (ungerechter Verwalter). Die Parabel endete bei der Urkundenfälschung in 16,7 und ließ die Hörerinnen und Hörer dann mit diesem provozierenden Tatbestand erregt zurück. In 16,8 aber referiert der Tradent noch, was der »Herr« (nämlich Jesus) daraufhin tat: Er lobte jenen ungerechten Verwalter. Ursprünglich war klar bzw. konnte im Gespräch schnell geklärt werden: Das ist kein Lob des Betruges, sondern der Entschlossenheit. Sogar von einem Betrüger kann man sich da zumindest in dieser einen Hinsicht noch eine Scheibe abschneiden. Aber im Verlauf der weiteren Überlieferung, abgelöst von der einstigen Situation, durfte das natürlich nicht einfach so stehen bleiben. Nach und nach wuchsen deshalb weitere, kommentierende Sentenzen an die Parabel an, die sie nun immer deutlicher gegen alle Missverständnisse sicherten: I. 8b zieht einen verallgemeinernden Schluss; II. 9 leitet daraus einen etwas moderateren Ratschlag ab; III. 10–12 stellt klar, wie man mit fremdem Gut (auch in der Gemeinde?) umzugehen und sich darin zu bewähren hat; IV. 13 fährt scharfes Geschütz auf und stellt Gott und Geld als unvereinbare Gegensätze dar. Stets bleibt der Zusammenhang noch durch Stichwortanschluss gewahrt, aber jedesmal rückt die Akzentsetzung ein Stück weiter ab. Im Kontext des Lukasevangeliums hat die Überlieferung dann schließlich einen Weg zurückgelegt, der sich von der Sorglosigkeit Jesu im Gebrauch einer provozierenden Parabel spürbar entfernt.

Das letzte Beispiel hat gezeigt, dass die Gleichnisse nun zunehmend in einen paränetischen (= ermahnenden) Kontext eingebunden werden. Das lässt sich z.B. gut an der Überlieferung des Gleichnisses vom verlorenen Schaf (Mt 18,10–14 / Lk 15,1–7) ablesen. Jesu Botschaft richtete sich an das Gottesvolk in seiner Gesamtheit und zielte auf die Integration aller seiner Glieder. Das Gleichnis macht dabei deutlich: Niemand ist verzichtbar und kann einfach auf die Verlustrechnung gesetzt werden. Die Evangelisten aber haben als Adressaten christliche Gemeinden vor sich. Matthäus fügt das Gleichnis in das Kapitel 18 ein, das man auch als eine Art »Gemeindeordnung« lesen kann. Nachdrücklich setzt er mit der Warnung ein: »Seht zu, dass ihr nicht einen einzigen dieser Kleinen verachtet!« Das Schaf, um das es dann geht, ist nicht verloren gegangen, sondern hat sich »verirrt«. Da sind also inzwischen jene Gemeindeglieder im Blick, die sich von der Gemeinde getrennt haben. So erhält das Gleichnis neue Aktualität in Gestalt einer Mahnung: Den Verirrten soll man nachgehen, anstatt sie zu verachten.

In den Zusammenhang der Gleichnisüberlieferung gehört schließlich auch die Allegorese, wie sie z. B. in Mk 4,13–20 begegnet. Das zugrunde liegende Gleichnis 4,3–8 (Sämann) ist in seiner Pointe zunächst den beiden anderen Gleichnissen dieses Kapitels von der selbstwachsenden Saat (4,26–29) und vom Senfkorn 4,30–32 vergleichbar: Die Gottesherrschaft setzt sich durch. Darauf kann man ganz geduldig warten und muss auch nicht verzweifeln angesichts der kleinen, unscheinbaren Anfänge. Die Berufserfahrung des Bauern zeigt, dass zwar nicht jeder Same aufgeht, der Ertrag am Ende aber dennoch die Arbeit rechtfertigt. Es geht dem Gleichnis vom Sämann um dieses Vertrauen in die Frucht der Arbeit, das sich auch von Missgeschicken nicht verunsichern lässt. Die Allegorese in 4,13–20 setzt demgegenüber einen ganz anderen Akzent. Alles Interesse konzentriert sich jetzt auf eben jene »Missgeschicke«. Aus dem Gleichnis vom Sämann wird die Geschichte vom vierfachen Acker. Warum kommt die Botschaft von der Gottesherrschaft nicht bei allen an? Was hat es mit denjenigen auf sich, die nur kurzfristig dazugehören? Darin spiegelt sich bereits ein Stück Missionserfahrung, die Dazugehörige und nur vorübergehend Begeisterte kennt, die zwischen »drinnen und draußen« zu unterscheiden beginnt. So formuliert es ausdrücklich 4,10–12: Das Gleichnis ist eine Rätselrede, die das »Geheimnis der Gottesherrschaft« gegenüber denen, die »draußen« sind, verhüllen will. Jesu Botschaft aber wollte gerade alle erreichen! Die Allegorese des Gleichnisses vom Sämann und die damit verbundene Reflexion über den geheimen Sinn der Gleichnisse überhaupt (4,10–12) steht also im Kontext einer veränderten Situation. Wenn von dem Vertrauen in die Durchsetzungskraft der Gottesherrschaft die Rede ist, dann muss auch die Erfahrung von Ablehnung und Verweigerung erklärt werden. Die ursprüngliche Pointe erfährt dadurch eine neue Deutung.

Auf diese Weise hat man die Gleichnisse dann durch die Jahrhunderte hindurch gelesen und verstanden. Es wäre sicher verkehrt, etwa der Allegorese jedes Recht und jedes ernsthafte Bemühen um das Verständnis der Gleichnisse abzusprechen. Wenn es stimmt, dass Gleichnisse stets Teil eines Kommunikationsprozesses sind, dann verfügen sie auch über genügend Potenzial, um in immer neuen Situationen auf immer neue Fragen antworten zu können. Bereits das Neue Testament zeigt, dass die frühe Christenheit die Aktualisierung der Gleichnisse Jesu als einen ganz legitimen Vorgang verstanden hat. Der Versuch, die Wirklichkeit Gottes mit der Lebenswelt der Glaubenden zu vermitteln, lässt sich nicht ein für allemal durch die Konservierung vergangener Lösungen fixieren. Daran wird deutlich, dass die Gleichnisse auch als »Gebrauchs- und Verbrauchstexte« zu betrachten sind. Ihre Pointe, die in einer ganz bestimmten Situation einmal gezündet hat, lässt sich so in anderen Situationen nicht automatisch mit derselben Wirkung wieder einsetzen. Mit dem Überraschungseffekt hat man sich irgendwann einmal vertraut gemacht. Andere Kommunikationssituationen bedingen andere Fragen, Probleme, Assoziationen.

Die Erfahrungen der Auslegungsgeschichte haben jedoch auch dazu geführt, den Rahmen für eine solche Aktualisierung abzustecken. Die Gefahren der Allegorese sind noch gegenwärtig. Und oft genug zeigt sich bis in Predigten und Unterrichtsmodelle unserer Tage hinein, dass die Texte – wenngleich in bester Absicht – noch immer mehr ausgebeutet und gequält als wirklich ausgelegt werden. Die Auslegung aber muss als Frage nach der ursprünglichen Intention bzw. der ersten Pointe jedem Versuch der Aktualisierung vorausgehen. Denn die hermeneutische Aufgabe besteht nun einmal darin, das Potenzial des Textes zu entfalten – und nicht zuzuschütten. Wenn es gelingt, das Gleichnis im Kontext seiner eigenen Welt zu erfassen (bzw. sich dieser Welt zumindest weitgehend anzunähern), dann ist auch der Ausgangspunkt gefunden, von dem aus ein neuer, überraschender Bezug auf die Lebenswelt von Christen in unserer heutigen Zeit und Welt erfolgen kann. Dann können die Gleichnisse Jesu als Geschichten gelesen werden, die von neuem Perspektiven eröffnen und dazu helfen, das eigene Leben im Licht der Wirklichkeit Gottes zu begreifen.

TEXTBEISPIEL: LK 10,30–37 (BARMHERZIGER SAMARITANER)
Die Geschichte vom barmherzigen Samaritaner ist eine der vier Beispielerzählungen, die sich unter den Gleichnissen Jesu finden. Sie ist wohl die bekannteste dazu, denn längst hat der »Samariter« im deutschen Wortschatz einen festen Platz als Synonym für den barmherzigen, hilfsbereiten Menschen gefunden – sei es in Verbindungen wie dem »Arbeiter-Samariterbund«, den »Samariter-Anstalten« oder in der geläufigen Wendung von diesem oder jenem »Samariterdienst«. Das alles ist allein jenem »barmherzigen Samariter« aus Lk 10 zu verdanken, der von Jesus als Beispiel präsentiert wird – als ein Beispiel also für Selbstlosigkeit und Mitleid. Sind »Samariter« grundsätzlich so? Ist die abschließende Aufforderung (»Geh hin und mache es genau so!«) in diesem allgemein humanen Sinne zu verstehen?

Ein schärferes Profil gewinnt diese Beispielerzählung erst, wenn man sie in ihrem Gesamtzusammenhang wahrnimmt. Die Textabgrenzung im Unterrichtsplan (30–37) hat da ein wichtiges Stück weggeschnitten und so eine Art Torso geschaffen. Denn die Erzähleinheit beginnt bereits bei 10,25. Sie gliedert sich in zwei Abschnitte, die vielfach miteinander verknüpft sind (25–28 / 29–37). Etwas unvermittelt betritt zunächst ein Gesetzeslehrer die Bildfläche, der Jesus aufs Glatteis führen möchte: »Was muss ich tun, um ewiges Leben zu erben?«

Wie auch immer die Antwort ausfiele – irgendein Haar in der Suppe wäre bestimmt zu finden. Doch Jesus gibt die Frage zurück und behaftet den Gesetzeslehrer bei seiner beruflichen Kompetenz: »Im Gesetz – was steht geschrieben? Was liest du?« Die Antwort erfolgt natürlich prompt und theologisch fehlerfrei: Gott lieben von ganzem Herzen, mit ganzer Seele, mit ganzem Vermögen, mit allem Denken (Dtn 6,4–5) und den Nächsten lieben wie sich selbst (Lev 19,18). Jesus bestätigt diese Antwort und fügt hinzu: »Dies tue, und du wirst leben.« Es geht in diesem kurzen Streitgespräch also um die Tora und die Frage, welchen Weg zum Heil (»ewiges Leben«) sie zeigt. Markus und Matthäus haben hier noch sehr viel deutlicher formuliert, denn bei ihnen gilt die Frage dem »ersten« bzw. »größten« Gebot in der Tora. Beide Zitate beschreiben daraufhin so etwas wie den Kern, die Quintessenz oder das Hauptanliegen der Tora in Gestalt eines »Doppelgebotes der Gottes- und Nächstenliebe«, das die Vertikale (Wendung zu Gott) und die Horizontale (Wendung zum Mitmenschen) miteinander verbindet. Darin sind beide Gesprächspartner sehr schnell einig. Statt sich aufs Glatteis locken zu lassen, hat Jesus den Gesetzeslehrer auf einen sicheren, auch in den Diskussionen seiner Zeit tragfähigen Boden geführt. Eine solche Einsicht braucht jetzt nur noch mit Leben erfüllt zu werden. Doch der Frager gibt sich mit diesem ersten Gesprächsgang nicht zufrieden.

In 10,29 beginnt die zweite Runde. Erneut fängt der Gesetzeslehrer an und nimmt dabei das letzte Stichwort auf: »Und wer ist mein Nächster?« Das Gebot aus Lev 19,18 selbst steht nicht zur Disposition – aber seine Reichweite. Von dieser Ausgangsfrage hängt das Verständnis der folgenden Beispielerzählung ab. Sie wird am Schluss noch einmal aufgegriffen, jedoch auf bedeutsame Weise umgedreht. Denn während der Gesetzeslehrer in 10,29 fragt: »Wer ist mein Nächster?« (... und wer ist es nicht?), fragt Jesus am Schluss in 10,36: »Wer von den dreien ist dem Überfallenen *zum Nächsten geworden*?« Also – nicht ich suche mir den »Nächsten« aus, sondern ich selbst werde als »Nächster« gefordert! Durch die Geschichte hat die Frage nicht nur eine Antwort erhalten – sie hat auch eine Korrektur erfahren: Aus »Wer ist mein Nächster?« wird nun »Für wen bin ich Nächster?« Dazu aber bedarf es eines Beispiels, das die strittige Frage in die Welt der beiden Gesprächspartner übersetzt. Ein solches Beispiel macht nun auch den Hauptteil des zweiten Gesprächsganges (30–35) aus.

Es handelt sich um eine Kriminalgeschichte, wie sie kaum realistischer erzählt werden könnte. Der Erzähler darf mit gespannter Aufmerksamkeit rechnen. Denn das Verbrechen von nebenan hat von jeher das geneigte Publikum in seinen Bann geschlagen. Man kennt die Gegend. Zwar liegt nur eine relativ kurze Strecke zwischen Jerusalem und Jericho, 27 km zu ca. 6 Stunden Fußweg. Aber die Einsamkeit und das unwegsame Gelände begünstigen den Straßenraub. Von Jerusalem aus führt der Weg buchstäblich »hinab«, denn während die Tempelstadt 750 m über dem Meeresspiegel liegt, befindet sich Jericho 250 m unter demselben. Die Wegelagerer tun ganze Arbeit. Der Überfallene bleibt »halb tot«, also sichtbar regungslos, zurück. Was folgt, wird nun nach allen Regeln volkstümlicher Erzählkunst entfaltet. Dreimal kommt jemand vorbei, die Spannung steigt, und natürlich ist es erst der Dritte, der hilft. Bei ihm ist der Höhepunkt erreicht. Auf seine Person richtet sich die gesamte Aufmerksamkeit. Sein Handeln hebt sich von dem der beiden anderen ab. Danach läuft nur noch der erzählerische Abspann, der das Ausmaß selbstloser Hilfe in farbigen Details ausmalt.

Die Figurenkonstellation hat also Bedeutung. Priester und Levit gehören zum Kultpersonal am Tempel. Ihre Dienstzeit ist gerade vorüber, denn sie gehen in Richtung Jericho. Priester wohnten verstreut im ganzen Land, untergliedert in 24 Dienstklassen. Sie übten verschiedene Berufe aus und mussten nur zweimal im Jahr für je eine Woche sowie zusätzlich an den großen Wallfahrtsfesten ihren Pflichten im Heiligtum nachkommen. Der priesterliche Stand galt in Israel dabei als eine Art Adel und hatte, indem er von den Nachkommen Aarons gebildet wurde, den Charakter einer Stammesgemeinschaft. In seiner Verantwortung lagen die Abwicklung des Opferkultes sowie die Wartung des Heiligtums. Auch die Leviten als die Angehörigen des Stammes Levi waren mit dem Tempelkult betraut, besaßen allerdings gegenüber der Priesterschaft einen geringeren Rang. Sie stellten vor allem die Tempelmusiker, die Tempelwache oder das Reinigungspersonal außerhalb des Vorhofes der Priester. In den kultischen Bestimmungen der Tora waren beide jedenfalls bestens unterrichtet. Wollen sich Priester und Levit deshalb nicht an einem (scheinbar) Toten verunreinigen? Ein solcher Einwand gilt nicht, denn sie haben ihren Dienst gerade hinter sich. Die Erzählung bietet keine Entlastung.

Schwieriger steht es mit dem dritten, dem »Samariter«. In den meisten Kommentaren liest man, dass es sich bei dieser Volksgruppe um »Halbheiden«, »verhasste Mischlinge« oder »Existenzen am Rande der Gesellschaft« gehandelt habe. Solche Urteile sind falsch. Sie kommen zustande, wenn man die polemische Darstellung aus 2Kön 17 unkritisch übernimmt. Dort wird nämlich die Herkunft der »Samariter« in der folgenden Weise erklärt: Die Assyrer hatten 722 v. Chr. das Volk des Nordreiches Israel in die fernen Provinzen ihres weitläufigen Reiches deportiert und dort zerstreut, während im Gegenzug Neusiedler aus verschiedenen Provinzen Assyriens das verlassene Territorium in Besitz nahmen. Sie wurden dieses Besitzes aber nicht froh, weil Gott aufgrund ihrer heidnischen Kulte eine Löwenplage über sie brachte. Daraufhin wurde von den Deportierten ein Priester zurückbeordert, der nun die Neusiedler den Dienst des Gottes Israels lehrte. Sie aber »verehrten den Herrn und dienten zugleich ihren Göttern. Was ihre Väter getan haben, das tun auch ihre Kinder und Kindeskinder bis zum heutigen Tag.« (2Kön 17,41) Besonders in dieser Schlussbemerkung äußert sich eine ablehnende und generalisierende Sicht, die den historischen Sachverhalten kaum gerecht wird. Denn die Deportation betraf nur eine relativ kleine Oberschicht, und ebenso bildeten die Neusiedler wohl auch nur eine kleine, wenngleich politisch einflussreiche Minderheit. Der Vorwurf der Religionsvermischung wird nur einen Teil betroffen haben, und die auf dem Territorium des ehemaligen Nordreiches verbliebenen Israeliten nahmen wohl auch weiterhin am Jerusalemer Kult teil. Rund 150 Jahre später wird dann das Südreich Juda von den Babyloniern erobert. Auch hier kommt es zur Deportation, die jedoch sehr viel milder ausfällt. Die Exilsgemeinde bleibt beieinander und entwirft in der Fremde eine eindrucksvolle Theologie der Erneuerung. Als günstige politische Umstände Rückkehr und Wiederaufbau des Tempels ermöglichen, begegnen die Heimkehrer im Eifer (und Pathos) des Neubeginns den Nachbarn aus dem Norden mit begreiflichem Misstrauen. Ihre Hilfe beim Tempelbau wird abgelehnt. Die Beziehungen verschlechtern sich. Auf dem Garizim entsteht daraufhin ein eigenes Heiligtum. Aber immer noch nehmen fromme Israeliten aus Samarien auch am Tempelkult in Jerusalem teil. Zum endgültigen Bruch kommt es erst, als der Hasmonäer Johannes Hyrkanos 129 v. Chr. das Heiligtum auf dem Garizim zerstört. Nun trennen sich die Wege – und sind bis heute getrennt geblieben. Die Gemeinde hält dem Berg Garizim als ihrem heiligen Ort die Treue (vgl. Joh 4,20), konzentriert sich auf die Tora, die Verehrung des Mose, die Feier des Sabbats und des Passafestes. Zudem entsteht eine eigene Textredaktion der Tora. Für diese »Garizimgemeinde« hat sich in der Literatur der Name »Samaritaner« eingebürgert – im Unterschied zu dem unbestimmten, eher die vielgestaltige Einwohnerschaft des Territoriums umfassenden Begriff »Samariter«. Die Differenzen zwischen Juden und Samaritanern liegen eindeutig im religiösen, kultischen Bereich. Ansonsten aber gehören die Samaritaner fraglos zum Gottesvolk Israel hinzu – im Blick auf ihre ethnische Herkunft ebenso wie im Blick auf ihre religiösen Wurzeln. Lukas jedenfalls teilt die polemische Sicht von 2Kön 17 nicht und betrachtet sie (so wie andere Gruppen auch) als einen Teil Israels. Dass er natürlich um die Spannungen weiß, verrät er in den Samaritanergeschichten, die er aus seinen Sondergutüberlieferungen übernommen hat, auf anschauliche Weise.

Ausgerechnet ein Samaritaner ist es, der nun dem Überfallenen zu Hilfe kommt. Er leistet erste Hilfe und sorgt für die weitere Pflege. Während Priester und Levit aus der Distanz den »Halbtoten« offenbar für ganz tot ansehen, tritt der Samaritaner von Mitleid bewegt heran und sieht, dass es noch nicht zu spät ist. Er rettet ein Menschenleben und beschämt dadurch Priester und Levit. Ihm gehört deshalb ganz automatisch die Sympathie der Hörerinnen und Hörer, die sich von Anfang an auf die Seite des Opfers gestellt haben. Die gleiche Sympathie würde auch ein Schuster aus Galiläa oder ein Kaufmann aus Damaskus auf sich ziehen, wenn er als Dritter in gleicher Weise handelte. Denn die umgedrehte Ausgangsfrage macht deutlich, dass die »Definition« des Nächsten keine Einschränkung duldet – überall da, wo ich konkreter Not begegne, bin ich als Nächster gefragt. Und dennoch hat die Tatsache Gewicht, dass eben ein Samaritaner und kein Schuster aus Galiläa das Gebot der Nächstenliebe erfüllt.

Lev 19,18 kennt er sehr genau, aber er folgt in Kult und Toraauslegung einer anderen Tradition. Das haben die damaligen Hörerinnen und Hörer gerade angesichts der beiden Fachleute in Sachen Kult und Toraauslegung wohl sofort assoziiert. Die Beispielerzählung weist also ebenso darauf hin, dass es den Gotteswillen, wie er in der Tora zu finden ist, zuerst zu tun und nicht nur zu diskutieren gilt. Solche Praxis relativiert auch die theologischen Differenzen zwischen verschiedenen Frömmigkeiten und Gruppierungen im Gottesvolk. Ein Samaritaner kann hier »richtiger« handeln als ein Jude, ohne dass damit bereits ein grundsätzliches Urteil über seine Frömmigkeit gesprochen wäre. Erst die kirchliche Auslegung von Lk 10 hat ihn dann zum Prototyp tätiger Nächstenliebe gemacht.

Was zum Heil führt, das hat der erste Gang des Streitgespräches (25–28) bereits eindeutig benannt: Gottes- und Nächstenliebe als Zentrum des Gotteswillens, wie er in der Tora niedergelegt ist. Der zweite Gang zeigt mit Hilfe der Beispielerzählung, was das im Alltag bedeutet: Der Gotteswille gilt ohne Einschränkung und drängt auf das Tun. So schließen auch beide Gesprächsgänge mit einer Aufforderung ab: »28 Dies tue und du wirst leben!« (Lev 18,5) und »37 Geh hin und mache es genauso!«

TEXTBEISPIEL: LK 15,1–7 (VERLORENES SCHAF)

Das Gleichnis vom verlorenen Schaf verdankt seine Popularität dem Bild, das die christliche Frömmigkeit seit den frühesten Zeiten von Christus als dem »guten Hirten« entworfen hat. Schon die Malerei der Katakomben kennt das Motiv des bartlosen Jünglings, der ein Lamm auf seiner Schulter trägt, und verbindet darin die Darstellung Jesu in Joh 10 mit jenem liebevollen Detail aus Lk 15,5. Die ikonographische* Tradition belegt die Verbreitung dieses Motives auf eindrucksvolle Weise – bis hin zu den Fleißbildchen im Kindergottesdienst unserer Tage. Wenn sich Christus im Johannesevangelium als der gute Hirte präsentierte, dann geschah das jedoch noch vor einem viel weiteren Hintergrund. Nach der altorientalischen Königsideologie galt der Herrscher als der »Hirte« seines Volkes, für dessen Schutz und Fürsorge er Verantwortung trug. Das nimmt auch das Alte Testament wiederholt in Anspruch, um damit das Verhalten Gottes zu beschreiben. »Der Herr ist mein Hirte ...«, betet der Psalmist (Ps 23). Und der Prophet Ezechiel weiß, dass sich Gott in gleicher Weise um sein Volk bemüht, wie ein Hirte um die Tiere seiner Herde (Ez 34). Ein modernes demokratisches Selbstbewusstsein mag sich mit solchen Bildern mittlerweile nur noch schwer befreunden. Der Hirte ist zudem für die meisten Kinder zu einer Figur des Bilderbuches, das Schäfchen zu einem Kuscheltier im Kinderzimmer geworden. Dennoch ist das ganze Szenario von Hirte und Schafherde auf eine erstaunliche Weise lebendig geblieben. Wer das Gleichnis Lk 15 liest, hat es weniger mit einem fremden als vielmehr mit einem scheinbar allzu vertrauten Sujet zu tun. Tierliebe und ökologisches Bewusstsein tragen das ihre dazu bei.

In der synoptischen Tradition bleibt es (von Mt 25,32–33 abgesehen) das einzige Gleichnis, das sein Bildmaterial aus dem Bereich der Viehzucht bezieht. Es ist in zwei Fassungen überliefert (Mt 18,10–14 / Lk 15,1–7), wobei Lukas noch das Gleichnis von der verlorenen Drachme (15,8–10) hinzugefügt hat. Die lange Diskussion, ob beide Gleichnisse einmal in der von beiden Evangelisten benutzten »Logienquelle« enthalten waren, ob Matthäus das Gleichnis von der verlorenen Drachme weggelassen oder ob Lukas dasselbe hinzugefügt hat, muss letztlich offenbleiben. Sichere Aussagen lassen sich lediglich über den jeweiligen Kontext treffen. Bei Matthäus ist das Gleichnis in den Zusammenhang der Jüngerrede Kap. 18 eingefügt, in der sich zugleich so etwas wie eine Ordnung für die Gemeinde des Evangelisten widerspiegelt. Hier war Konzentration geboten. Die einleitende Mahnung 18,10 und die abschließende Anwendung 18,14 stellen die Verbindung zu jenen Passagen her, die vor Verführung warnen und das Verhalten gegenüber einem sündigen Bruder regeln. Lukas hingegen verstärkt durch das Doppelgleichnis sein Anliegen, das man unter die Überschrift »Freude über das Wiedergefundene« stellen könnte. Dazu führt er in 15,1–3 die Pharisäer als Kontrahenten ein, deren Einwand gegen die anstößige Tischgesellschaft Jesu mit diesem Gleichnis abgewiesen werden soll. Schließlich fügt er noch die Parabel vom verlorenen Sohn hinzu (15,11–32). Die ganze Erzähleinheit aber reicht über die Parabel vom ungerechten Verwalter bis hin zu 16,14–15, wo die Pharisäer abschließend noch einmal auftreten und nun endgültig abgewiesen werden.

Matthäus und Lukas unterscheiden sich in einigen markanten Einzelheiten. Für Lukas geht das Schaf »verloren«. Es kommt einfach abhanden. Matthäus gebraucht indessen das gewichtige Verb »verirren«, was auch ein aktives Element im Sinne von abirren oder abweichen beinhaltet. Dass der Ort des Geschehens bei Matthäus das Bergland, bei Lukas hingegen die Wüste ist, hat keine weitere Bedeutung. Von Belang ist jedoch, dass Lukas das Moment der Freude sehr viel stärker herausstellt als Matthäus. Während die Freude des Hirten über den glücklichen Fund in Mt 18,13 lediglich konstatiert wird, berichtet Lk 15,6 noch von der Mitfreude, zu der nun die Freunde und Nachbarn aufgerufen werden. Das hat seine Parallele in dem zweiten Teil des Doppelgleichnisses, wenn die Frau auf ihren Fund hin Freundinnen und Nachbarinnen zusammenruft. Daran ist Lukas also ganz besonders gelegen. Denn gegenüber Matthäus hebt er in der abschließenden Anwendung nun beide Male auch noch die Freude der Engel im Himmel hervor (15,7.10). In dem apokryphen Thomasevangelium (2. Jh.) ist eine Variante dieses Gleichnisses erhalten geblieben, die jedoch gegenüber den beiden synoptischen Fassungen eindeutig sekundären Charakter hat und einen ganz eigenen Akzent setzt. Nach EvTh 107 handelt es sich um das größte Schaf, das der Hirte dann folgerichtig auch mit den abschließenden Worten bedenkt: »Dich liebe ich mehr als die neunundneunzig!« An der Tendenz dieser Bearbeitung lässt sich schon der Geist der Gnosis verspüren, der es um das Wertvolle, um das Göttliche im Gefängnis der Materie geht. Aber das Gleichnis Jesu lässt gar keinen Zweifel daran: Das eine hat den anderen nichts voraus. Und beide Evangelisten übertragen die Pointe ganz eindeutig gerade auf die Schwachen – »einen dieser Kleinen« (Mt 18,10.14) bzw. »Zöllner und Sünder« (Lk 15,1–2.7).

Die Gattung des Textes lässt sich als Gleichnis im engeren Sinne bestimmen. Es geht um ein alltägliches, jedermann einsichtiges Geschehen – auch wenn sein Ausgang zunächst noch offen bleibt. Im Aufbau ist er klar und durchsichtig: Die Bildgeschichte umfasst allein 15,4–6 und gliedert sich in drei knappe Szenen (Verlust und Suche / Erfolg / Aufruf zur Mitfreude). In 15,7 findet sich eine abschließende, verallgemeinernde Sentenz, die sich als ein sekundärer Kommentar erweist – zum einen kann im Gleichnis selbst von einer »Umkehr« (des Schafes!) noch keine Rede sein, zum anderen zeigt auch Mt 18,14 an dieser Stelle eine eigenständige, kontextbedingte Interpretation. 15,1–3 aber ist auf den Redaktor Lukas zurückzuführen, der hier den erzählerischen Anfangsrahmen für die große, bis 16,13 reichende Gleichnissammlung geschaffen hat. Der Überlieferungsprozess des Gleichnisses wäre dann etwa so zu rekonstruieren: 1. Jesus erzählt ein Gleichnis (4–6), 2. die nachösterlichen Tradenten stellen es mit einem anderen Gleichnis (8–9) zusammen und fügen jeweils eine Interpretation an (7.10), 3. Lukas findet dieses Doppelgleichnis möglicherweise in Q vor und macht es zum Anfang einer größeren Komposition, eingeleitet durch die Konfliktsituation mit den Pharisäern (1–3).

Die Suche nach der Pointe des Gleichnisses muss bei der Bildgeschichte (4–6) beginnen. Geschickt versichert sich der Erzähler einleitend der Zustimmung seiner Hörerinnen und Hörer: »Wer von euch ... der nicht ...?« Die Frage hat rhetorischen Charakter. Alle würden in einer vergleichbaren Situation ebenso handeln. Sie kennen sich auch aus mit dem, was nun geschildert wird. Ein Mensch hat hundert Schafe. Damit ist er kein armer Schlucker, aber auch kein Krösus. Erst ab ca. dreihundert Tieren gilt eine Herde als groß. Der Besitzer beschäftigt keine Angestellten (wie z.B. in Joh 10,12), sondern hütet seine Herde selbst. Deshalb behält er auch den Überblick und entdeckt seinen Verlust wohl beim abendlichen Zählen. Ganz unvorstellbar ist es, dass er die Herde daraufhin sich selbst überlässt. Hier überzeichnet der Erzähler das Geschehen, um das Engagement des Besitzers deutlicher hervorzuheben: Indem er sich auf die Suche macht, riskiert er auch etwas. Die Freude, als er es findet, bedarf somit keiner Begründung. Auf der Schulter des Hirten gelangt das Schaf nach Hause, wodurch angedeutet wird, dass das Tier entkräftet und auf fremde Hilfe angewiesen ist. Bei der Rückkehr bezieht der glückliche Finder nun Freunde und Nachbarn in seine Freude mit ein. Hier liegt offensichtlich auch der Höhepunkt. Ausdrücklich erfolgt die Aufforderung: »Freut euch mit mir!«

Auf den ersten Blick könnte es scheinen, als ob im Mittelpunkt der kurzen Geschichte das eine verlorene Schaf stünde. Aber das wäre ein Missverständnis.

Nicht das einzelne Schaf, sondern seine Beziehung zu den anderen trägt durchgängig den Ton. Der Aufruf zur Mitfreude lenkt den Blick nicht auf eine fröhliche Zweisamkeit, sondern auf die nun wieder vollständig versammelte Herde. Insofern hat auch das Zahlenverhältnis 1:100 Bedeutung, ganz analog zu dem Verhältnis 1:10 im Gleichnis von der verlorenen Drachme. Die Zehnzahl und ihre Potenzierungen begegnen in der biblischen Überlieferung immer als Symbolwert für eine vollständige, abgerundete Ganzheit. Genau darauf konzentriert sich auch das Interesse der beiden Gleichnisse. Gemessen an Aufwand und Nutzen ließe sich das eine Schaf ja vielleicht noch verschmerzen – vor allem dann, wenn der Rest der Herde dadurch in Gefahr gerät. Aber ein solcher Gedanke kommt dem Besitzer offenbar gar nicht in den Sinn. Durch den Verlust des einen wird die Zusammengehörigkeit des Ganzen gestört. Das kann und will er nicht hinnehmen. Seine Freude richtet sich auf das wiederhergestellte Ganze, zu dem nun auch das eine verlorene wieder hinzugehört. Keines ist verzichtbar. Jeder noch so kleine Verlust schadet allen. Eine solche Pointe zielt im Munde Jesu offenbar auf die Zersplitterung des Gottesvolks in eine Vielzahl von Religionsparteien oder Gruppen und deren Bereitschaft, die jeweils anderen auf die Verlustrechnung zu setzen. Die Botschaft von der Gottesherrschaft gilt jedoch allen. Sie ist auf Integration aus und leidet Schaden, wenn auch nur einer aus der Sammlung des Gottesvolkes ausgeschlossen wird.

Die Anwendung in 15,7 setzt einen neuen Akzent. Jetzt erst wendet sich der Blick wirklich dem Einzelnen zu. Von seiner Umkehr ist die Rede im Gegensatz zu denen, die eine Umkehr nicht nötig haben. Noch immer ist die Relation entscheidend, aber die Umkehr als solche wird deutlich aufgewertet (»mehr als ...«). Der Weg des Einzelnen in die Gemeinschaft ist jetzt das Thema, worin sich bereits das Anliegen missionarischer Verkündigung erkennen lässt. Lukas hat das Gleichnis vom integrativen Charakter der Gottesherrschaft dann in den Kontext eines Konfliktes mit »*den* Pharisäern und Schriftgelehrten« gestellt, die er am Ende der großen Erzähleinheit schließlich als unbelehrbar kennzeichnet (16,14–15). Hier melden sich die Erfahrungen einer Zeit zu Wort, in der die christliche Gemeinde und Israel bereits verschiedene Wege gehen und das Thema der Integration in einem innergemeindlichen Kontext neue Bedeutung gewinnt. Das ist auch das Anliegen bei Matthäus, dem nachdrücklich an der Wiedergewinnung jener »Kleinen« liegt, die sich »verirrt« haben.

Gott geht es um das Ganze – um Gemeinschaft, die sich nicht mit dem Verlust oder der Abkopplung einzelner Mitglieder abfindet bzw. die deren Verlust zumindest noch als schmerzlich empfindet. Diese Pointe hat bis heute nichts von ihrer Brisanz verloren.

TEXTBEISPIEL: LK 15,11–32 (VERLORENER SOHN)
Man könnte die Parabel vom verlorenen Sohn als ein Lieblingskind der protestantischen Theologie bezeichnen, denn sie scheint die Lehre von der vorausset-

zungslosen Annahme des Sünders auf geradezu »klassische« Weise darzustellen. Entsprechend zahlreich sind die Auslegungen – entsprechend groß ist auch die Gefahr, dass dabei dogmatische Prämissen in den Text hineingetragen werden. Dabei bezieht die Bildgeschichte ihren Reiz zunächst aus einer zeitlosen Konstellation familiärer Beziehungen. Wer hätte keine Erfahrungen mit Generationen- und Geschwisterkonflikten? Die anfängliche »Abnabelung« des jüngeren Sohnes von seinem Elternhaus verlockt zu Überlegungen im Rahmen moderner Entwicklungspsychologie. Durch die Dreieckskonstruktion der handelnden Personen entsteht eine zusätzliche Spannung. Schon in der hellenistischen Literatur sowie in der rabbinischen Gleichnisüberlieferung finden sich viele ganz parallele Episoden, in denen ein Vater und seine zwei unterschiedlich gearteten Söhne die entscheidenden Handlungsträger sind.

Im Kontext des Lukasevangeliums gewinnt die Parabel ihren besonderen Klang durch die enge Verbindung mit dem Doppelgleichnis vom verlorenen Schaf und der verlorenen Drachme. Hier gibt es viele Gemeinsamkeiten: Ein zusammengehöriges Ganzes erfährt eine Störung. Der jüngere Sohn geht dem Familienverband durch seine Abreise in »ein fernes Land« unwiderruflich verloren. Die Wiederherstellung der ursprünglichen Ganzheit ist deshalb der Höhepunkt des Geschehens. Ihr gilt die Suche des Hauptakteurs. Der Erfolg bietet Anlass zur Freude. Deutlicher sind indessen die Unterschiede. Im Doppelgleichnis wird der Verlust durch ein Missgeschick verursacht – das Schaf oder die Drachme können dafür kaum verantwortlich gemacht werden. Der Sohn aber trifft eine freie, bewusste Entscheidung. Während im Doppelgleichnis die gesamte Aktivität bei den Suchenden liegt, spielen in der Parabel die Aktionen des Sohnes (Fortgang und Umkehr) die entscheidende Rolle. Schaf und Drachme müssen aufgestöbert werden, der Sohn aber kommt von allein nach Hause. Das schlägt sich auch in der Art und Weise der Suche nieder. Sie gestaltet sich im Falle des Doppelgleichnisses mühsam und risikoreich, während sie in der Parabel »nur« an der Intention des Ausschau haltenden Vaters erkennbar wird. Zu der Freude gibt es im Doppelgleichnis keine Alternative – jeder und jede würde hier vorbehaltlos einstimmen. Die Freude des Vaters in der Parabel aber wirkt polarisierend, was durch die detaillierte Schilderung der Auszeichnungen, die dem Jüngeren zuteil werden, noch weiteren Zündstoff erhält. Man kann die Heimkehr dieses Sohnes durchaus auch ganz anders beurteilen. Die Parabel lenkt die Aufmerksamkeit damit viel stärker auf den »verlorenen Sohn« bzw. auf die beiden Brüder. Der Vater scheint als Hauptakteur zumindest gegenüber dem Doppelgleichnis etwas in den Hintergrund zu treten.

Betrachtet man den Aufbau der Parabel, dann fallen einige weitere Besonderheiten auf. Von 15,11–24 liegt eine komplette, runde Geschichte vor. Sie beginnt und endet mit einer Darstellung der Beziehung zwischen Vater und jüngerem Sohn (11–12 Auszahlung des Erbes, 20–24 Wiederaufnahme in den Familienverband). Dazwischen lassen sich drei Szenen unterscheiden: I. 13 Abreise und

Wohlleben, II. 14–16 Fremde und Not, III. 17–20 Entschluss und Rückkehr. Mit dem Freudenfest ist ein plausibler und wirkungsvoller Abschluss gefunden. Demgegenüber wirkt das Auftreten des älteren Sohnes in 15,25–32 wie eine Neuauflage bzw. wie eine zweite Geschichte. Sie ist auch viel knapper gehalten. Drei Szenen bieten eine gewisse Entsprechung: I. 25 Konfrontation mit dem Fest, II. 26–28 Nachforschung und Zorn, III. 29–32 Disput mit dem Vater. Wiederum liegt alles Gewicht auf der letzten Szene. Immer wieder hat man die beiden Teile voneineinder trennen oder die Einführung des älteren Bruders als einen späteren Zusatz betrachten wollen. Zumindest konstatieren die Ausleger einen doppelten Höhepunkt. Doch beide Teile sind durch Vor- und Rückverweise vielfach miteinander verbunden und lassen sich am besten als eine einzige, zusammengehörige Einheit verstehen. Die Mitte dieser Einheit ist der Vater, der sich beiden Söhnen gegenüber in gleicher Weise zuwendet. Weder bestraft er den jüngeren, noch weist er den älteren in die Schranken. Vielmehr vergibt er dem einen ohne jeden Vorwurf und wirbt um die Zustimmung des anderen ohne jede Zurechtweisung. Diese Haltung des Vaters ist es auch, was die Geschichte zur Parabel macht. Sie erweist sich erst als das Unerwartete, Überraschende. Dass sich jüngere Söhne ihr Erbe auszahlen lassen, ist ebenso alltäglich und nachvollziehbar wie die Intervention des älteren Bruders, der sich zurückgesetzt fühlt. Aus diesem Rahmen aber fällt der Vater völlig heraus, der noch nicht einmal ein »Das hätte ich dir gleich sagen können!« ausspricht. Seinem Verhalten gegenüber müssen sich die Hörerinnen und Hörer positionieren.

Daraus können bereits die ersten Schlüsse auf die Pointe gezogen werden. Ein Blick auf die Überschriften in den verschiedenen Bibelübersetzungen oder Kommentaren zeigt dabei die Vielfalt möglicher Entscheidungen an: »Das Gleichnis vom verlorenen Sohn« konzentriert alles auf die Bußfertigkeit und Wiederaufnahme des jüngeren Sohnes und lässt auf diese Weise ein missionarisches Anliegen erkennen. »Das Gleichnis von den beiden Söhnen« liest die Parabel als Kontrastbild zweier unterschiedlicher Typen. »Das Gleichnis von der Liebe des Vaters« rückt den Vater ganz in den Mittelpunkt des Interesses und betont so das Moment der Annahme und der Festfreude. Das Letztere wird dem Anliegen des Textes, wie es sich in Struktur und erzählerischen Eigenheiten abzeichnet, am ehesten gerecht. Damit dürfte die Parabel zugleich aber auch auf ihrer ursprünglichen Stufe erfasst sein. Denn Spuren der Überlieferung lassen sich (von einigen lukanischen Formulierungen abgesehen) lediglich in der kompositionellen Platzierung durch Lukas und der damit verbundenen Frontstellung Lk 15,1–3 / 16,14–15 erkennen. Allein durch die einleitende Wendung »Weiter sagte er: ...« setzt Lukas noch einmal eine Zäsur gegenüber dem vorausgegangenen Doppelgleichnis.

Die Geschichte ist fesselnd erzählt. Sie präsentiert gleich zu Beginn eine Figurenkonstellation, die Konfliktstoff verspricht, und kommt dann ohne Umschweife zur Sache. Dass der jüngere Sohn seinen Anteil am väterlichen Besitz einfordert, lässt sich im Rahmen des jüdischen Erbrechtes verstehen. Daran ist nichts zu tadeln. Dem Erstgeborenen fallen Grund und Boden zu, der jüngere wird ausgezahlt. In diesem Falle gibt es auch etwas zu erwarten: Den Vater, der über Sklaven und Diener gebietet und dazu auch noch Tagelöhner beschäftigt, muss man sich wohl als einen begüterten Bauern vorstellen. Da unter den schwierigen ökonomischen Bedingungen des Mutterlandes die Gründung einer eigenen Existenz schwer fällt, zieht es den jüngeren Sohn wie viele seiner Landsleute in die Diaspora. Sicher – er hätte auch im Familienverband bleiben können. Denn es entsprach einem alten Ideal, das Erbe ungeteilt zu lassen. Das klingt etwa noch in Ps 133,1 nach, wo es heißt: »Siehe, wie gut und schön ist es, wenn Brüder miteinander in Eintracht wohnen.« Aber zunächst ist dieser Anfang der Geschichte noch frei von allen kritischen Nebentönen. Die kommen erst da ins Spiel, wo nun der Lebensstil des Sohnes in der Fremde beschrieben wird: Er »verschleudert« seine Habe, »zügellos lebend«. In der Sicht des älteren Bruders am Schluss hat er das Vermögen gar »mit Huren durchgebracht«. Die Schuld des Jüngeren liegt also darin, dass er keine Sorge für die Sicherung seines künftigen Lebensunterhaltes trägt. So kommt es zwangsläufig zur persönlichen Katastrophe, deren Ausweglosigkeit noch durch eine Wirtschaftskrise radikalisiert wird. Wie tief der Sohn in der Fremde sinkt, malt seine Rolle als Schweinehirte für jüdisches Empfinden auf besonders drastische Weise vor Augen. Im Gegensatz zu den Schweinen geht er sogar noch mit leerem Magen aus. Das wird der Auslöser für den Umschwung. Zunächst ist es nicht mehr als eine Überlebensstrategie, die der Sohn plant. Er geht allerdings davon aus, dass der Vater ihm seine Schuld vorrechnen wird. Deshalb entwirft er ein Bekenntnis, das die Schuld gegenüber dem Vater in den Horizont der Schuld gegenüber Gott (»dem Himmel«) stellt. Schwingt darin vielleicht schon die Hoffnung auf Gottes Barmherzigkeit mit, die auch den Vater bewegen könnte? Das Ziel des Sohnes bleibt indessen bescheiden. Er möchte wenigstens Arbeit im väterlichen Hause erhalten. Wenn er sich vornimmt zu sagen »Ich bin nicht mehr wert, dein Sohn genannt zu werden!«, dann schätzt diese Formulierung die Rechtslage zutreffend ein. Das Erbe ist bereits ausgezahlt. Bei den Hörerinnen und Hörern aber, die bislang das unkluge Verhalten des Sohnes missbilligt haben, stellt sich spätestens an dieser Stelle von neuem Sympathie ein. Was folgt, übertrifft jedoch alles, was sie erwarten könnten. Dass der Vater unentwegt Ausschau gehalten hätte, wird nicht gesagt. Doch er hat seinen Sohn in der Zwischenzeit weder vergessen noch verurteilt. Als er ihn von ferne wahrnimmt, muss er sein Verhalten nicht erst überdenken. Angesichts der Konventionen einer patriarchalen Gesellschaft wirkt es geradezu anstößig, wie der Vater dem Sohn nun entgegenläuft, ihn umarmt und küsst. Er kommt dem Bekenntnis damit zuvor. Als es der Sohn dennoch ausspricht, geht es bereits in den Anweisungen des Vaters an die Sklaven unter und wird vollends von der ehrenvollen Einkleidung des abgerissenen Heimkehrers überdeckt. Die Gesten lassen erkennen: Der Vater nimmt den Sohn ohne Abstrich wieder als Sohn an. Belehrungen oder Bedingungen gibt es nicht. Vielmehr richtet der Vater nun ein rauschendes Fest aus, das mit Schmausereien, Musik und Tanz die ganze Freude über diese kaum noch erwartete Familienzusammenführung auslebt. Man gewinnt den Eindruck, dass sich diese Ereignisse überstürzen. Denn der ältere Sohn wird bei seiner Heimkehr am Abend davon überrascht. Er kommt von der Feldarbeit. Als er durch einen Diener vom Anlass erfährt, regt sich sein Zorn. Standen die Hörerinnen und Hörer bislang auf der Seite des jüngeren, so können sie jetzt auch dem älteren Bruder ihr Verständnis nicht versagen. Es findet sicher ihre Zustimmung, dass der Vater auch ihm entgegenkommt und um ihn wirbt. Er hört sich die Vorwürfe und die Klagen gegenüber »diesem deinem Sohn« an. Sie ändern nichts an seiner Haltung. Als »sein Kind« spricht er ihn an und verweist auf die jahrelange ungetrübte Gemeinschaft: »Alles was mein ist, ist auch dein!« Und dann kann er zur Begründung des Festes nur wiederholen, was er zuvor schon den Sklaven gesagt hatte: »Dieser war tot und ist wieder lebendig geworden, er war verloren und ist wiedergefunden worden.« Das geht über die Wiederherstellung der Familie noch hinaus. Hier bedeutet »finden« soviel wie »neues Leben«.

Als Pointe drängt sich die überraschende Erkenntnis auf: Die Liebe des Vaters gilt unterschiedslos beiden Söhnen. Sie lässt sich auch relativ leicht übertragen. Im Vater tritt Gott vor Augen. Beide Brüder stehen für den Typos von Frevler und Gerechtem. Gott wendet sich beiden zu. Der Gerechte ist und bleibt in der Gemeinschaft Gottes. Auch dem Frevler oder »Sünder«, wie es nun griechisch heißt, steht diese Gemeinschaft nach wie vor offen. Gott schreibt ihn nicht etwa ab oder läutert ihn durch harsche Strafen. Seine Ferne von der ursprünglichen Gemeinschaft ist Strafe genug. Allerdings – er geht ihm auch nicht nach wie der Hirte dem verlorenen Schaf, sondern wartet und hält die Tür offen. Insofern setzt die Parabel vom »verlorenen Sohn« einen eigenen Akzent. Die bleibende, unterschiedslose Liebe Gottes und die Umkehr des Gottfernen entsprechen einander. Im Munde Jesu wirbt die Parabel deshalb um beide – um die Gerechten und die Sünder, vor allem aber um ihre gegenseitige Annahme bzw. »Mitfreude«. Das ist bemerkenswert. Jesus setzt voraus, dass es Gerechte gibt, »die Umkehr nicht nötig haben« (Lk 15,7), oder er kennt »Gesunde, die einen Arzt nicht brauchen« (Lk 5,31). Deshalb wird die Reintegration in die Gottesgemeinschaft das entscheidende Ziel seiner Botschaft. Sie soll nicht zu einem erneuten Bruch, sondern gerade zur Überwindung bisheriger Trennungen führen.

Erzählerisch bleibt der Schluss der Parabel offen. Die Hörerinnen und Hörer müssen nun selbst entscheiden, welches Recht diese Liebe des Vaters hat. So lässt sich die Pointe auch unter veränderten Umständen erfassen und auf andere Problemfelder übertragen. Lukas ordnet die Parabel in die Auseinandersetzung mit »Pharisäern und Schriftgelehrten« ein, in denen sich auch das Judentum seiner Zeit spiegelt. Ihnen gegenüber werden die Worte an den älteren Sohn nun zur Rechtfertigung der Evangeliumsverkündigung an die Völker. Denn die ist längst schon bei Gott beschlossene Sache. In der Wendung »wir *müssen* uns aber freuen und feiern« (15,32) zeigt sich deutlich die Handschrift des Lukas, der mit dem allgegenwärtigen »muss« immer wieder die Unabänderlichkeit von Gottes Heilsgeschichte formuliert. Das Wissen seiner Gemeinde um die verweigerte Mitfreude gibt der Parabel nun im Urteil ihrer Rezipienten aber auch eine polemische Note. Um so bedeutsamer ist es, dass gerade im jüdisch-christlichen Dialog der letzten Jahre die Pointe von Lk 15,11–32 auf eine ganz neue Weise gezündet hat: Muss man nicht Israel als den älteren Bruder sehen, den die Liebe des Vaters mit der Kirche als dem jüngeren nach wie vor zusammenschließt? Die Offenheit der Parabel fordert zur Positionierung und zu neuen Übertragungen heraus. Und dafür öffnet sich mit den ungleichen Brüdern »ein weites Feld«.

Wunder Jesu

Schwierige Texte

Wunder haben im Wirklichkeitsverständnis des ausgehenden 20. Jh. keinen Raum. Oder doch? Zumindest in der Filmindustrie wimmelt es derzeit nur so von wunderbaren Begebenheiten, unter denen die Taten eines Superman längst rührende Klassiker sind. Dichtung oder Werbung können auf das Wunder nicht verzichten. Und wo genau dabei die Grenze zwischen Geglaubtem und Belächeltem verläuft, bleibt häufig unklar. Dennoch muss man zugestehen: In einer Zeit, deren Denken von der Erforschung und Anwendung der Naturgesetze bestimmt ist, kommt Wundern – zumindest bei nüchterner Überlegung – nur noch eine marginale Bedeutung zu.

Die Antike empfand hier grundsätzlich anders. In einer von Mythen geprägten Welt war man viel selbstverständlicher bereit, außergewöhnliche Erfahrungen auf das Wirken göttlicher Mächte zurückzuführen. Wundersame Ereignisse galten dabei nicht nur als Domäne der Religion, sondern prägten auch Bereiche wie die der Geschichtsschreibung oder der Philosophie. Wunderbares reichte bis in die Politik hinein und erstreckte sich z. B. noch auf die Apotheose (= Vergöttlichung) verstorbener Kaiser. Gleichzeitig finden sich Anzeichen deutlicher Distanz. Die Kaiserapotheose etwa wurde in der Komödie aufs Korn genommen. Philosophen unterzogen die Göttermythen rationaler Kritik. Satiriker spotteten über die wandernden Wundertäter.

Geradezu modern mutet es an, mit welcher Skepsis in Joh 9 die Zeitgenossen Jesu eines seiner Heilungswunder zerpflücken. Ein Blindgeborener sitzt bettelnd am Weg. Nach einem kurzen Gespräch mit den Jüngern über die Ursachen der Krankheit bestreicht Jesus (ungefragt) die Augen des Blinden und schickt ihn fort, um sich im Teich Schiloach zu waschen. Das Wunder geschieht. Zum ersten Mal in seinem Leben vermag der Geheilte zu sehen. Aber sofort kommen die Einwände der Nachbarn: Das ist gar nicht der Blindgeborene, den wir kennen, sondern ein Doppelgänger. Als der jedoch seine Identität bestätigt, geht man zur inquisitorischen Befragung unter Hinzuziehung einiger Pharisäer über: Wer der Wundertäter sei, und wo er sich aufhalte? Die Antwort ist schnell gefunden: Mit Gottes Macht kann dieses Wunder nicht vollbracht worden sein, denn die Heilung fand am Sabbat statt – und ein sündiger Mensch tut ohnehin keine Wunder. Als der Geheilte jedoch auf seiner Version beharrt und Jesus gar einen Propheten nennt, greifen die Zeitgenossen zu einem weiteren Mittel: Sie drohen. Die Eltern werden zitiert und der Geheilte wird durch ein erneutes Kreuzverhör verwirrt. Als er, dessen ganzes Leben soeben noch einmal neu begonnen hat, an seiner Erfahrung festhält, werfen sie ihn kurzerhand hinaus.

Der Geheilte kommt zu Jesus und bekennt ihm seinen Glauben. Aber er bleibt der Einzige, dessen Glauben durch das Wunder geweckt worden ist.

Einfache Geschichten waren Wundererzählungen also noch nie. Aber erst seit der Aufklärung wurden sie auch für die Theologie zum Problem. Gegenüber dem schlichten, übernatürlichen Verständnis, das ein unbegreifliches Handeln Gottes unhinterfragt akzeptierte, bemühten sich Theologen wie C. F. Bahrdt oder H. E. G. Paulus an der Wende zum 19. Jh. um eine rationalistische Deutung. Sie gingen davon aus, dass den Wundererzählungen historische Begebenheiten, jedoch keine wunderbaren Ereignisse zugrunde lägen. Der Seewandel Jesu erklärte sich dann aufgrund von Treibholz bzw. der berühmten Steine im flachen Uferwasser, das Speisungswunder erfolgte dank verborgener Brotvorräte u. a. m. Auch jenseits aller Kuriositäten, die dabei zustande kamen, begegnet eine solche Deutung bis heute, wenn man Jesus etwa psychotherapeutische Fähigkeiten oder Kenntnisse in psychosomatischer Medizin unterstellt. Den Weg einer mythischen Interpretation beschritt D. F. Strauß. Für ihn waren die Wunder religiöse Dichtungen, die von den Tradenten der Jesusüberlieferung geschaffen bzw. auf Jesus übertragen wurden, um seine Bedeutsamkeit als Messias hervorzuheben. In gewisser Weise hat R. Bultmann diesen Ansatz fortgeführt, wenn er sich um die Freilegung des Kerygmas, der Botschaft Jesu in den Wundererzählungen bemühte. Kritiker des Christentums wie L. Feuerbach oder S. Freud entwarfen eine anthropologische Deutung. Der Wunsch nach einer Grenzüberschreitung der gesellschaftlichen oder individuellen Verhältnisse schaffe sich in den Wundererzählungen einen Ausdruck, der seinerseits wieder zum Impuls für die Verwirklichung noch brachliegender menschlicher Möglichkeiten werden könne. Eine sozialgeschichtliche Erklärung ist von G. Theißen vorgetragen worden, der in den Wundern vor allem symbolische Handlungen sieht, die zur Überwindung der negativen Erfahrungen beitragen. Andere Exegeten versuchen, den Stellenwert der Wunderüberlieferung zu relativieren, die Intention des jeweiligen Evangelisten zu ermitteln oder Jesus genauer in das Spektrum antiker Wundertäter einzuordnen. Eine Patentlösung hat sich nicht gefunden. Die Mühe um ein angemessenes Verständnis der Wundererzählungen bleibt eine Aufgabe, die sich jeder Generation von neuem stellt.

Grundsätzlich aber gilt: Die Wundererzählungen stellen einen unverzichtbaren Teil der Jesusüberlieferung dar. Sie tauchen nicht nur am Rande der Evangelien auf, sondern besetzen zentrale Partien. Neben seinen Worten ist die Wirksamkeit Jesu wesentlich davon bestimmt, dass er Kranke heilt, Dämonen vertreibt und durch Wundertaten die Macht Gottes erweist. Immer wieder beschreiben gerade summarische Zusammenfassungen die Heilungen und die Exorzismen, verbunden mit der Predigt von der Gottesherrschaft, als das entscheidende Charakteristikum am Auftreten Jesu. Es ist deshalb unumgänglich, die Wunder zunächst im Kontext ihrer Zeit zu begreifen, um die Bedeutung dieser schwierigen Texte dann auch für unsere Gegenwart verstehen zu lernen.

Wundertäter in der Antike

Die Schar von Wundertätern in der Umwelt Jesu ist beachtlich. Zwar ruft die Menge voller Staunen aus »So etwas haben wir noch nie gesehen!« (Mk 2,12) – aber gehört hat man schon von dergleichen erstaunlichen Dingen. Vor allem unter Juden sind die Wundertaten eines Elija und seines Schülers Elischa wohl bekannt. Beide Propheten, deren Geschichten einen hohen Grad an Popularität genossen, tauchen gerade im Hintergrund der Jesusgeschichte immer wieder auf. Man erinnerte sich daran, wie Elija nicht nur die Lebensmittelvorräte der Witwe von Sarepta auf wunderbare Weise vermehrte – auch ihren Sohn, den einzigen Ernährer und Rechtsschutz, hatte er wieder zum Leben erweckt. Den syrischen Feldhauptmann Naaman heilte er vom Aussatz, und auf das einzig legitime Opfer für den Herrn ließ er Feuer vom Himmel fallen. Elischa tat ihm manches nach. Auch er vermehrte das Öl einer Witwe, erweckte das einzige Kind der Sunamiterin und speiste 100 Mann mit 20 Gerstenbroten. Kein Wunder also, dass einige Zeitgenossen in Jesus einen neuen oder gar den wiederkehrenden Elija sahen. Ansonsten wird die Erzähltradition im Alten Testament von den Wundern bestimmt, die durch unmittelbares Eingreifen Gottes geschehen – Erfahrungen, wie sie vor allem von den Psalmbetern gepriesen werden.

Wundertaten sind auch von jüdischen Lehrern reichlich überliefert, von denen sich einige Zeitgenossen Jesu wie Honi oder Chanina ben Dosa einen ganz besonderen Ruf erwarben. Letzterer etwa vermochte durch sein Gebet selbst über eine räumliche Distanz hinweg den Sohn des Rabban Gamliel zu heilen, besaß Vollmacht über die Dämonen und blieb gegenüber einem Schlangenbiss immun. Noch in der späteren rabbinischen Überlieferung bleibt die Befähigung zu Wundertaten ein selbstverständliches Phänomen – bis in die volkstümliche Bewegung des osteuropäischen Chassidismus im 18./19. Jh. hinein.

In der hellenistischen Welt des 1. Jhs. war man mit Wundertaten selbstredend vertraut. An den Asklepiosheiligtümern in Epidauros, Kos oder Pergamon wurde nicht nur Schulmedizin praktiziert, sondern ebenso Heilung durch die Wundermacht der Gottheit vollzogen. Weihetafeln vermitteln bis heute ein eindrucksvolles Bild von der Bandbreite solcher Heilerfolge. Dazu gesellten sich wandernde Heiler, die sich mit Hilfe von Wunderkräften ihren Lebensunterhalt verdienten. Man hat sie dem verbreiteten Typos eines »Theios Anēr / göttlichen Menschen« zuordnen wollen – aber genau genommen ist nur ein einziger Vertreter dieses Typs aufgrund seiner ausführlichen Lebensbeschreibung einigermaßen deutlich zu erfassen: Apollonius von Tyana. Von ihm wird u. a. erzählt, dass er ein Mädchen vom Tod auferweckt habe, dessen Bahre bereits aus den Toren der Stadt Rom herausgetragen wurde. Seine Kollegen tauchen mitunter in Satiren oder in der Komödie auf und scheinen gerade unter den »kleinen Leuten« wohl bekannte Gestalten gewesen zu sein. Zugleich war man davon überzeugt, dass große Persönlichkeiten auch zu außergewöhnlichen, wunderbaren Taten in der Lage seien. Der soeben erhobene Kaiser Vespasian z. B. wurde in Alexandrien von einem Blinden und einem Lahmen um Heilung ersucht. Nach einigem Zögern soll Vespasian ihrer Bitte entsprochen haben, worauf sich dann, nach jeweils kurzer Berührung, auch tatsächlich die Heilung einstellte.

Jesu Wunder befinden sich also in mehr und auch weniger guter Gesellschaft. Sie sind, vor allem aufgrund ihrer Häufigkeit bzw. Dominanz, zwar durchaus etwas Besonderes, aber eben auch nichts völlig Singuläres. Allein in einem Punkt unterscheiden sie sich von vergleichbaren Phänomenen der Zeitgenossen: Die Wunder Jesu stehen im Licht einer neuen Weltzeit. In ihnen bricht jetzt schon die Gottesherrschaft an, mitten unter den Bedingungen einer eher gegenläufigen Wirklichkeitserfahrung.

Wundererzählungen als literarische Gattung

Wenn die Evangelisten Wunder überliefern, dann folgen sie festen erzählerischen Konventionen. Ihre Darstellung orientiert sich nicht an der nüchternen Präsentation einzelner Fakten, sondern an einem vielfach bewährten Erzählschema. Die Elemente dieses Schemas, die mit stereotyper Regelmäßigkeit wiederkehren, bezeichnet man als die Topik der Wundererzählungen. Je nachdem, wie detailliert man hier vorgeht, lässt sich etwa das folgende Grundschema feststellen:

Einleitung	Auftreten des Wundertäters	»Und er ging wieder in eine Synagoge.«
	Anwesenheit von Zeugen	»und das Volk drängte ihn«
	Auftreten des Hilfsbedürftigen / seiner Vertreter	»saß am Wege« / »von vieren getragen«
Eröffnung	Darstellung der Notsituation	»der war blind geboren«
	Einwände / Disput / Erschwernisse	»ich habe keinen, der mich hinbringt«
Vollzug	Wunderhandlung	»Er aber sprach zu ihm: Steh auf ...!«
	Berührung / Medium / Wort / Gebet	»Er machte Brei aus dem Speichel ...«
Abschluss	Eindruck bei den Zeugen	»Sie entsetzten sich aber alle ...«
	»Chorschluss« der Menge	»So etwas haben wir noch nie gesehen!«

Diese Topik teilen die neutestamentlichen Wundererzählungen mit ihren alttestamentlichen Vorgängern ebenso wie mit rabbinischen oder hellenistischen Geschichten. Sie gestalten ihren Stoff und sind darauf aus, eine ganz bestimme Wirkung zu erzielen.

Insgesamt folgt die Wunderüberlieferung der Tendenz, vorhandene Geschichten auszugestalten oder zu erweitern. Dabei kommt es gelegentlich zu einer Verdoppelung von Geschichten. Das Speisungswunder z. B. führt sicher auf eine einzige Begebenheit zurück, wird aber nach seiner ersten Schilderung in Mk 6 (5000) in Mk 8 noch durch eine weitere Fassung (4000) wiederholt. Matthäus übernimmt diese Doppelung, Lukas und Johannes belassen es jeweils bei der einen 5000er-Fassung. Die Blindenheilung aus Mk 10,46–52 begegnet bei Matthäus in doppelter Gestalt (9,27–31 / 20,29–34). Gleichzeitig erfolgt auch eine Steigerung der wunderhaften Züge. Die Speisung betrifft 4000 Menschen (bei sieben Broten und einigen Fischen), dann sind es 5000 (bei fünf Broten und zwei Fischen), schließlich präzisiert Mt 14,21: 5000 Mann ohne Frauen und Kinder. Aus dem einen Blinden von Jericho in Mk 10 werden in beiden Mt-Fassungen zwei Blinde. An dem ganzen Geschehen ändert das wenig, streicht aber den wunderbaren Charakter noch deutlicher heraus.

Differenzierungen ergeben sich angesichts der erzählten Inhalte. Hier lässt sich die Gattung »Wundererzählung« noch einmal in eine Reihe von Untergattungen aufgliedern. Dabei sollte man weder zu grob noch zu differenziert vorgehen. Die folgende Gliederung hat sich bewährt:

Exorzismen
- Sie schildern eine Kampfsituation: Die Macht Gottes tritt der Macht der Dämonen entgegen, die sich nun geschlagen geben müssen.
- Exorzismen spielen in der Jesusüberlieferung eine besonders wichtige Rolle, indem sie die eschatologische Zeitenwende signalisieren. Auch die Jünger Jesu werden in der Aussendungsüberlieferung mit Vollmacht über die Dämonen ausgestattet. Die Verkündigung der Gottesherrschaft ist auf diese Weise stets von sichtbaren Zeichen ihres Anbruches begleitet.
- Beispiele:
  - Besessener in der Synagoge: Mk 1,23–27 / Lk 4,31–37
  - besessener Gerasener: Mk 5,1–20 / Mt 8,28–34 / Lk 8,26–39
  - epileptischer Knabe: Mk 9,14–29 / Mt 17,14–21 / Lk 9,37–42
  - u. a. m.

Heilungen
- Sie schildern die Zuwendung Jesu zu dem leidenden Menschen: Der Heilswille Gottes manifestiert sich in der Überwindung konkreter Not.
- Heilungen dominieren unter den Wundern Jesu. Häufig sind sie mit dem Motiv des Glaubens auf Seiten der Geheilten verbunden. Heil / Rettung bedeutet in der Verkündigung Jesu kein Abstraktum oder eine künftige / jenseitige Wirklichkeit, sondern wird im Vollzug der Verkündigung selbst schon für alle erfahrbar, die sich derselben öffnen.
- Beispiele:
  - Heilung des Gelähmten: Mk 2,1–12 / Mt 9,1–8 / Lk 5,17–26
  - Heilung der verdorrten Hand: Mk 3,1–6 / Mt 12,9–14 / Lk 6,6–11
  - blutflüssige Frau: Mk 5,25–34 / Mt 9,20–22 / Lk 8,43–48
  - u. a. m.

Totenauferweckungen
- Sie schildern die Macht Gottes, die über den Tod hinausreicht: Im Handeln Jesu kündigt sich die Überwindung des Todes schon zeichenhaft an.
- Totenauferweckungen werden bereits von Elija (1Kön 17,1–24) und Elischa (2Kön 4,18–37) berichtet. Sie setzen sich fort in der Wirksamkeit der Apostel durch Petrus (Apg 9,36–43) und Paulus (Apg 20,6–12). Das Wunder der Auferweckung Jesu wird darin jedoch nur angedeutet: Alle Auferweckten kehren in ihr früheres Leben zurück – Jesus aber wird von Gott zu einer neuen Seinsweise geführt.
- Beispiele:
  - Tochter des Jairus: Mk 5,21–24.35–43 / Mt 9,18–19.23–26 / Lk 8,40–42.49–56
  - Jüngling zu Nain: Lk 7,11–17
  - Lazarus: Joh 11,1–45

Rettungswunder
- Sie schildern die Befreiung aus einer Gefahrensituation: Vertrauen auf Gott vermag gegen jede Bedrohung, selbst durch Naturgewalten, zu helfen.
- In der Jesusüberlieferung kommen sie eher am Rande vor und bleiben auf zwei Geschichten beschränkt. Sie haben in besonderem Maße christologischen Charakter, insofern sie Jesus in das Rettungshandeln Gottes einbeziehen.
- Beispiele:
  - Stillung des Sturmes: Mk 4,35–41 / Mt 8,23–27 / Lk 8,22–25
  - Seewandel: Mk 6,45–56 / Mt 14,22–36 / Joh 6,15–21

Geschenkwunder
- Sie schildern die voraussetzungslose Güte Gottes: Was zum Leben notwendig ist, gibt Gott in ausreichendem Maße.
- Auch Geschenkwunder begegnen bei Jesus nur selten. Sie rücken ihn eher in das Licht der alttestamentlichen Wundertäter, die jedoch von Jesus weit überboten werden. Wo er auftaucht, ist Freudenzeit, die keinen Mangel duldet.
- Beispiele:
  - reicher Fischzug: Lk 5,1–11 / Joh 21,1–14
  - Weinwunder zu Kana in Galiläa: Joh 2,1–11
  - Speisungswunder
    A. 5000: 5 Brote / 2 Fische / 12 Körbe   B. 4000: 7 Brote / einige Fische / 7 Körbe
    Mk 6,30–44   Mk 8,1–9
    Mt 14,13–21   Mt 15,32–39
    Lk 9,10–17
    Joh 6,1–13

Strafwunder
- Sie schildern einen Akt göttlichen Gerichtes: Wer sich an der Gemeinschaft vergeht, muss auch mit unerwarteter Strafe rechnen.
- Strafwunder fehlen in der Jesusüberlieferung. In Lk 9,54–56 lehnt Jesus ein Strafwunder ausdrücklich ab. Die »Verfluchung« des Feigenbaumes Mk 11,12–14.20–21 / Mt 21,18–22 wird erst im Verlauf ihrer Überlieferung zu einem Strafwunder; ursprünglich stand hier vermutlich ein Wort des Bedauerns anstelle des Fluches. Auch in der Verkündigung Jesu trägt der Gerichtsgedanke nicht den Ton, sondern scheint nur am Horizont der frohen Botschaft von der Gottesherrschaft auf.
- Beispiele:
  - Elischa straft die spottenden Knaben: 2Kön 2,23–24
  - Hananias und Saphira: Apg 5,1–11

Epiphanien
- Sie schildern eine wunderbare Erscheinung Jesu in göttlicher Gestalt: Schon in dem Wanderprediger aus Galiläa ist Gott in einzigartiger Weise präsent.
- Epiphanien tragen deutlich österliches Gepräge. Sie sind wohl auch erst nach Ostern und im Ergebnis christologischer Reflexion formuliert und deutend in die Geschichte Jesu eingetragen worden.
- Beispiele:
  - Taufe Jesu: Mk 1,9–13 / Mt 3,13–17 / Lk 3,21–22
  - Verklärung Jesu: Mk 9,2–10 / Mt 17,1–9 / Lk 9,28–36

Die so genannten »Summarien« sind keine eigene Untergattung der Wundererzählungen, sondern pauschale Zusammenfassungen der Wundertätigkeit Jesu, besonders im Blick auf Heilungen und Exorzismen. Sie verdienen vor allem hinsichtlich der Bedeutung von Wundertaten für das Gesamtbild Jesu Beachtung.

- Heilungen am Abend: Mk 1,32–34 / Mt 8,16–17 / Lk 4,40–41
- Heilungen am See: Mk 3,7–12 / Mt 4,24; »negatives« Summarium: Mk 6,5–6 / Mt 13,58; Heilungen am Westufer: Mk 6,53–56 / Mt 14,34–36
- Heilungen vor der ersten Brotvermehrung: Mt 14,14 / Lk 9,11
- Heilungen in Galiläa: Mt 9,35; Heilung vieler Kranker: Mt 15,29–31; Heilungen im Ostjordanland: Mt 19,2; Heilungen im Tempel: Mt 21,14
- Heilungen anlässlich der Täuferfrage: Lk 7,21

G. Theißen hat noch eine eigenständige Untergattung mit dem Begriff des »Normenwunders« benannt. Darunter fallen dann alle jene Wundererzählungen, bei denen die Verletzung oder Bestätigung einer Norm im Blick ist. Das beträfe vor allem jene Heilungen, die am Sabbat stattfinden und die auf eine Relativierung des Sabbatgebotes hinauslaufen. Damit aber wird schon auf ein gemeinsames Charakteristikum aller Wunder Jesu hingewiesen: Sie stehen im Dienst seiner Verkündigung.

Gegenüber anderen Wundererzählungen zeichnen sich die Wunder Jesu durch ihre sparsame, mitunter geradezu karge Gestaltung aus. Alles Mirakulöse und Sensationelle tritt, von Joh 11 einmal abgesehen, weithin zurück. Heilungen stehen im Mittelpunkt. Dort, wo Jesus von vornherein auf Ablehnung stößt, vermeidet er auch Wundertaten (Mk 6,5 / Mt 13,58). Show-Effekte weist er grundsätzlich ab (Mk 8,11–12 / Mt 12,38–45). Dennoch lösen die Wundertaten immer wieder Erstaunen und auch den Zulauf der Volksscharen aus. Zur direkten Provokation werden sie dann da, wo sie Normen wie etwa die Heiligung des Sabbats verletzen.

Historische Fakten oder fromme Legenden?

Wenn man erkennt, dass die Wundererzählungen literarisch gestaltete Texte sind, dann stellt sich die Frage: Kann man ihnen überhaupt noch zuverlässige Informationen über die zugrunde liegenden Ereignisse entnehmen? Oder sind sie als eine Form der Verkündigung letztlich nicht völlig unabhängig von den historischen Vorgaben und zielen allein auf die Erweckung und Stärkung von Glauben?

Falsch ist sicher die Alternative. Denn auch wenn die Wundererzählungen keine Verlaufsprotokolle von historischen Ereignissen bieten, so führen sie doch unzweifelhaft auf Ereignisse im Leben Jesu zurück. Bei aller Freiheit missionarischer Predigt hätte man in der Urchristenheit Jesus kaum derart massiv als Wundertäter darstellen können, wenn entsprechende Taten nicht oder nur ganz am Rande seines Lebens vorgekommen wären. Vor allem Heilungen und Exorzismen sind breit und in allen Schichten der Überlieferung bezeugt. In den so genannten Summarien werden sie als besonders charakteristisch hervorgehoben. Selbst in einem Jesuswort erfolgt der Rückbezug auf die eigene Wundertätigkeit: »Weh dir, Chorazin! Weh dir, Betsaida! Wenn einst in Tyrus und Sidon die Wunder geschehen wären, die bei euch geschehen sind – man hätte dort in Sack und Asche Buße getan.« (Lk 10,13 / Mt 11,21) Der tiefe Eindruck, den Jesus als Wundertäter bei seinen Zeitgenossen hinterlassen hat, spiegelt sich noch in der Polemik seiner Gegner, die ihn der Magie bezichtigen.

Doch die historischen Begebenheiten selbst wird man hinter den Ereignissen nur noch ahnen können. So wie bereits das Wunder nicht um seiner selbst willen geschieht, sondern über sich hinausweist, so dient auch seine Überlieferung dazu, das Evangelium von der Gottesherrschaft zu verkünden. Nicht das Ereignis selbst trägt den Akzent, sondern der Verweis auf jene Macht, die in dem Wunder sichtbar wird. Aufschlussreich ist bereits der Sprachgebrauch. Vorzugsweise werden Wunder mit dem Begriff »Dynamis« bezeichnet, der am besten als »Krafttat« oder »Machterweis« zu übersetzen wäre: Es geht in erster Linie um Äußerungen der Macht Gottes, wie sie im Auftreten Jesu erfahrbar wird. Konsequent gebraucht Johannes den Begriff »Semeion«, der »Zeichen« bedeutet: Wunder sind Hinweise auf eine andere Wirklichkeit, die in ihnen aufleuchtet. Nur selten, und dann meist in der Apostelgeschichte, werden Begriffe gebraucht, die eine »ungeheuerliche Erscheinung« oder ganz allgemein »Erstaunliches« bezeichnen. Der Sprachgebrauch zielt eben auf etwas, das mehr ist als ein Trick auf der Ebene magischer Operationen. Durchgängig beschreiben die Wunder Jesu den Einbruch göttlicher Wirklichkeit in den Erfahrungsbereich von Menschen.

Insofern waren Wunder schon zur Zeit Jesu das, was sie heute noch sind: intime Erfahrungen persönlicher Begegnungen mit Gott. Darüber lässt sich kaum »objektiv« berichten. Was der Blindgeborene in Joh 9 erlebt, bedeutet für ihn zwar eine grundstürzende, lebensverändernde und unverlierbare Erfahrung, aber den kritischen und zynischen Diskussionen seiner Zeitgenossen bleibt er trotz bester Beweislage ziemlich hilflos ausgesetzt. Wer immer Gott begegnet und eine solche Begegnung als Wunder erfährt – sei es in Gestalt unmittelbarer, körperlich erfahrbarer Heilung oder als Durchbrechung seiner verstellten und verbauten Wirklichkeit –, dem wird es mit seinen Zeitgenossen kaum anders ergehen. Insofern darf man auch den Wundererzählungen des Neuen Testaments nicht abverlangen, was sie nicht leisten können. Den Beweis des Faktums können und wollen sie nicht erbringen. Aber den Hinweis auf den, der zu allen Zeiten die Macht hat, zu heilen und zu retten – den bringen sie klar und nachdrücklich zu Gehör.

Sinn und Funktion von Wundererzählungen

Wunder allein bleiben vieldeutig. Eine Heilung z.B., auf dem Kirchentag vor laufenden Fernsehkameras vollbracht und tausendfach bezeugt, würde sicher heftige Diskussionen, jedoch keinen auch nur annähernd heftigen Glauben auslösen. Deshalb sind die Wundererzählungen im Neuen Testament stets mit den Worten Jesu verbunden. Matthäus stellt einen Komplex von Wundererzählungen unmittelbar hinter die große Texteinheit der Bergpredigt. Meist sind es auch Worte, die Wundertaten auslösen oder beschließen. Andere Wunder wie die Heilung des Gelähmten in Mk 2,1–12 sind mit einem Streitgespräch verbunden, das nicht nur auf der Erzählebene, sondern auch gegenüber den Leserinnen und Lesern mögliche Einwände aufnimmt und klärt.

Glauben vermögen die Wundererzählungen kaum zu erwecken. Aber stärken und vertiefen können sie ihn wohl. Immer wieder fällt dieser Zusammenhang auf. Schon in den Geschichten selbst korrespondiert die Tat dem Glauben der Hilfsbedürftigen. In seiner Not ruft der Vater des epileptischen Knaben aus: »Herr, ich glaube! Hilf meinem Unglauben!« (Mk 9,24) Der blutflüssigen Frau bestätigt Jesus: »Dein Glauben hat dich gerettet!« (Mk 5,34) Und anerkennend muss er dem Centurio von Kafarnaum zugestehen: »Einen solchen Glauben habe ich in Israel noch bei niemandem gefunden.« (Mt 8,10) Ist der Glaube dann so etwas wie eine Vorbedingung dafür, dass das Wunder überhaupt geschehen kann? Missverstanden wären diese Aussagen, wenn sie im Sinne einer kausalen Beziehung gedeutet würden. Es ist vielmehr eine Wechselbeziehung, die sie signalisieren. Glauben meint das Vertrauen in die Person Jesu, das Raum für jene Begegnung schafft, in der die Macht Gottes erfahrbar wird. Aber Gott, wie er durch Jesus handelt, bleibt der Souverän seiner Taten. Die verängstigte Jüngerschar im Boot erfährt Rettung aus der Seenot trotz ihres »Kleinglaubens« (Mt 8,26). Allein Johannes betont, dass die Wunder Jesu Glauben bewirken (2,11.23; 10,41f; 11,14f u. ö.). Dies liegt jedoch an dem besonderen Wunderverständnis des vierten Evangelisten: In Worten und Taten offenbart sich die Herrlichkeit Jesu, die – wenn sie erkannt wird – entweder zum Glauben führt oder Unglauben hervorruft. Für die Überlieferung der Wundererzählungen insgesamt stellt der Glauben der Hörerinnen und Hörer jedenfalls den Rahmen dar, in dem sie erst für die Deutung der eigenen Geschichte transparent werden können.

Damit ist ein wichtiges Stichwort gefallen, das vor allem U. Luz in die Auslegung von Wundererzählungen eingeführt hat: Es geht um Erzählungen, die nicht etwa vergangene Ereignisse konservieren, sondern dieselben für die jeweilige Gegenwart »transparent« machen wollen. Das bedeutet, dass die Wundererzählungen Durchblicke bieten, die zu einer neuen Wirklichkeitserfahrung herausfordern. Solche Durchblicke öffnen sich in ganz verschiedener Richtung. Christologische Qualität gewinnen sie unter dem Blickwinkel auf alttestamentliche Traditionen. Wenn z. B. in der Erzählung von der Sturmstillung Mk 4,35–41 Sprachmuster gebraucht werden, die das Danklied für Errettung aus der Seenot Ps 107,23–31 anklingen lassen, dann steht fest: Derjenige, der hier handelt, handelt in göttlicher Vollmacht. Wenn die Speisung einer Menschenmenge mit wenig Vorräten, die Auferweckung Toter oder die Heilung Aussätziger die Erinnerung an Elija / Elischa aufrufen, dann wird zugleich deutlich:

Hier ist einer, der die Propheten bei weitem übertrifft. Noch bedeutsamer sind jene Durchblicke, die sich auf die eigene Geschichte und Erfahrungswelt hin öffnen. Die Gemeinde eines Matthäus etwa vermochte im Lichte der Sturmstillungserzählung ihre Erfahrung von Bedrohung und Errettung zu begreifen und neues Vertrauen zu dem zu finden, der bei ihnen ist. Angesichts der Heilungserzählungen konnten jene Mut gewinnen, die an dem Elend ihrer Lebensumstände verzweifelten. Dass Gott noch Mittel und Wege kennt, wo die eigene Wirklichkeit keinen Ausweg hat, das lässt sich bis heute an den Wundererzählungen lernen. Ihre Kraft erwächst nicht aus dürren Fakten, wohl aber aus erlebter und bezeugter Geschichte: Wenn in der Begegnung mit Jesus Menschen zu neuer Lebenswirklichkeit gefunden haben, so kann das auch wieder geschehen. Ihre »Transparenz« lässt die Geschichte zu meiner oder zu unserer Geschichte werden. Die Perspektive, die sie öffnet, geht nach vorn.

Insofern sind Wundererzählungen Hoffnungsgeschichten. Die Frage »Ist das buchstäblich so gewesen?« geht an der Sache vorbei. Das Potenzial der Geschichten liegt in der Hoffnung, die sie bestärken. Wer die Wunder Jesu kennt und meditiert, wird sich nicht mit dem Elend und den Grenzen einer Welt abfinden, die nur auf das Machbare aus ist. Wo diese Geschichten gelesen werden, da können Krankheit und Hunger nicht als das letzte Wort akzeptiert werden. Mit ihrem Protest setzen sie in Bewegung – und bewahren zugleich davor, selbst Wunder vollbringen zu wollen.

Wunder bei den vier Evangelisten

Von den Taten Jesu hat man wohl schon zu seinen Lebzeiten erzählt. Sie begründeten wesentlich seinen Ruf, wie Mt 9,26 im Anschluss an eine Zusammenstellung von Wundererzählungen sicher zutreffend bemerkt: »Und die Kunde davon verbreitete sich in der ganzen Gegend.« Doch zwischen den ersten Gerüchten und der letztlichen Fixierung durch die Evangelisten liegt ein Weg, der das Ringen der christlichen Tradenten erkennen lässt, die Transparenz der Geschichten für ihre veränderte Zeit und Situation fruchtbar zu machen.

Bereits in der ältesten literarisch greifbaren Schicht der Jesusüberlieferung, in der so genannten Logienquelle, sind Jesu Wundertaten verankert, obgleich diese frühe schriftliche Sammlung von Jesusworten Geschichten weitgehend ausgeblendet hat. Die wenigen Ausnahmen wie die Versuchungsgeschichte (Mt 4,1–11/ Lk 4,1–13) und die Erzählung über den Hauptmann von Kafarnaum (Mt 8,5–10.13 / Lk 7,1–10) sind jedoch deutlich durch die Wunderthematik geprägt. Gegenüber dem Versucher lehnt Jesus jede Wunderdemonstration ab. Dem gläubigen Gottesfürchtigen aber wendet er sich zu und heilt dessen Sohn / Sklaven. Auch die Ambivalenz im Verständnis von Wundertaten ist hier in dem Streitgespräch eingefangen, das auf einen Exorzismus Jesu und den Vorwurf seiner Gegner, er selbst bediene sich dabei dämonischer Mächte, reagiert (Mt 12,2–30.43–45 / Lk 11,14–26). Und natürlich werden die Wunder Jesu auch in der Wortüberlieferung immer wieder benannt, wie etwa in der Antwort auf die Anfrage des Täufers (Mt 11,4–6 / Lk 7,21–23).

Markus hat die Wunderüberlieferung als einen festen, konstitutiven Bestandteil der Jesusgeschichte in sein Evangelium eingefügt. Er erzählt die Begebenheiten in einer plastischen, anschaulichen Weise. Wunder spielen insgesamt eine so entscheidende Rolle, dass Jesus vor allen anderen Charakteristika bei Markus die Züge des Wundertäters annimmt. Exorzismen stehen dabei im Mittelpunkt und deuten an: Mit dem Auftreten Jesu wird die Macht des Satans in ihre Schranken gewiesen. Die Gottesherrschaft beginnt als Befreiung von jenen Mächten, die den Menschen gefangen halten. Zugleich baut Markus die Wundererzählungen jedoch in eine merkwürdige Spannung ein. Die von Dämonen Befreiten und die von Krankheiten Geheilten erhalten immer wieder die Anweisung, ihre Erfahrung zu verschweigen. Markus zielt damit nicht nur auf den intimen Charakter jeder Wundererfahrung, sondern vor allem auf ein theologisches Anliegen: Erst nach Ostern wird das Wirken des irdischen Jesus in seiner ganzen Bedeutung erkennbar. Bis dahin bleiben seine Worte und Taten missverständlich und mit dem Schleier des messianischen Geheimnisses bedeckt. Von Kreuz und Auferstehung her aber erschließen sich auch die Wundertaten als Gottes Machterweise, wie sie die begrenzten Wirklichkeitserfahrungen immer wieder aufzubrechen vermögen.

Matthäus hat die Wundererzählungen des Markus übernommen und noch einige weitere aus seiner Sonderüberlieferung hinzugefügt. Insgesamt aber zeigt er eine eher restriktive Haltung gegenüber diesem Teil der Jesusüberlieferung. Wo Markus breit und detailfreudig erzählt, reduziert Matthäus den Text in der Regel auf eine knappe, nüchterne Darstellung. Gelegentlich blendet er auch eine Wundererzählung aus und lässt den Auferstandenen in 28,19–20 anders als bei Markus wohl die Lehre, nicht aber die Wundertätigkeit als Aufgabe der urchristlichen Missionare benennen. Sein Jesusbild ist vor allem durch die Züge des Lehrers geprägt. So hat Matthäus auch die Wundertaten stärker als Markus in ein Verhältnis zu den Worten Jesu gesetzt. Erst nachdem Jesus in der Bergpredigt (5–7) als Verkündiger der Gottesherrschaft hervorgetreten ist, folgt ein Komplex von zehn Wundererzählungen (8–9). Allein schon aus dieser Anordnung wird sichtbar, dass Matthäus die Wundertaten als Zeichen der Vollmacht Jesu und als Bestätigung seiner Lehre versteht. Es wäre indessen zu wenig, sie nur als Illustration theologischer Topoi zu begreifen. Gerade Matthäus weiß, dass die Verkündigung der Gottesherrschaft bis in den Alltag seiner Gemeinde hinein Realität gewinnt und dass die Wundererzählungen in ihrer Transparenz zu neuen Erfahrungen der Gottesherrschaft Anlass geben.

Lukas räumt den Wundererzählungen einen wichtigen Platz in dem heilsgeschichtlichen Konzept seines Doppelwerkes ein. Deutlicher als bei den anderen

Evangelisten klingt bei ihm der Rückbezug auf die Wunder des Elija / Elischa an, nachdrücklicher als sonst irgendwo begleiten Wundertaten für Lukas auch den weiteren Weg der Kirche. Im Wirken der Apostel setzt sich fort, was zur Zeit Jesu als Zeichen der Heilszeit aufleuchtete. Eindrucksvoll werden Petrus und Paulus in der Apostelgeschichte als Wundertäter vorgestellt, die selbst Totenauferweckungen vollziehen. Die Zeit Jesu, in der der Satan weichen muss, stellt Lukas gerade durch die Wundererzählungen als Zeit der Gegenwart Gottes dar. Diese Gegenwart erfahren jene zuerst, die im Abseits der Gesellschaft stehen. Wie zu den Zeiten der Propheten spricht Gott nun wieder unmittelbar zu seinem Volk. Die staunende Menge, die bei der Auferweckung des Jünglings zu Nain die Szene verfolgt, bringt es auf den Punkt: »Ein großer Prophet ist unter uns aufgetreten: Gott hat sich seines Volkes angenommen.« (Lk 7,16). Transparenz gewinnen die Wundererzählungen bei Lukas gerade dadurch, dass sie als ein Kontinuum der Heilsgeschichte erscheinen.

Johannes unterscheidet sich auch in seinen Wundererzählungen auffällig von den Synoptikern. Möglicherweise lag ihm hier eine eigenständige Quelle vor, denn er zählt zumindest die ersten beiden Wundertaten Jesu, um am Ende seines Evangeliums dann noch einmal auf viele andere, hier nicht mehr erzählte Geschichten hinzuweisen. Insgesamt sind es nur sieben »Zeichen«, die Johannes überliefert. Exorzismen fehlen dabei vollständig, da der Sieg Jesu über den Satan nach Johannes vor allem am Kreuz erfolgt. Wunderhafte Züge werden sehr viel massiver herausgestrichen als bei den Synoptikern. Lazarus etwa ist schon vier Tage im Grab, der Prozess der Verwesung hat schon begonnen. Der Blinde ist blind geboren, und der Kranke am Teich Betesda ist schon 38 Jahre krank. Dabei liegt für Johannes die wichtigste Bedeutung der Wunder darin, dass sie Teil der Selbstoffenbarung Jesu vor der Welt sind. Sie lassen seine Herrlichkeit erkennen und fordern dadurch zu einer Entscheidung heraus. Insofern wecken sie Glauben – oder führen dazu, dass Unglauben als eine bewusste Ablehnung Jesu wider besseres Wissen erscheint (11,46; 12,37). Wer sich zu Jesus bekennt, erfährt in den Wundern die Macht des Vaters. Wer ihn ablehnt, dem bleibt diese Erfahrung verschlossen.

TEXTBEISPIEL: LK 5,12–16 (HEILUNG EINES AUSSÄTZIGEN)
Bei Lukas steht diese Geschichte noch ganz am Anfang der Wirksamkeit Jesu in Galiläa. Gerade hat er in der Synagoge seiner Heimatstadt Nazaret die Landsleute in Aufregung versetzt, hat in Kafarnaum Aufsehen erregt und dann am See Gennesaret den Petrus sowie Jakobus und Johannes zu Schülern berufen. Noch steht die Einsetzung des Zwölferkreises bevor, und auch die »Feldrede« als erste größere Zusammenstellung von Jesusworten ist noch nicht vorgelegt. In dieser Anfangsphase haben beinahe alle Ereignisse Schlüsselcharakter und weisen weit über den konkreten Anlass hinaus. Das gilt auch für dieses kleine Heilungswunder.

Fälle von Aussatz werden unter den Heilungen immer wieder hervorgehoben. Außer dieser Geschichte, die alle drei Synoptiker überliefern, erzählt noch Lk 17,11–19 eine Heilung von zehn Aussätzigen. Mt 10,8 fügt den Auftrag zur Heilung von Aussatz betont (und über Mk und Lk hinaus) in die Aussendungsrede ein. Auf die Anfrage des Täufers reagiert Jesus nach Mt 11,5 / Lk 7,22 unter anderem auch mit dem gezielten Hinweis – »Aussätzige werden rein«. Aussatz stellt offensichtlich ein ganz besonderes Problem dar. Dabei darf man unter dem griechischen Begriff »Lepra« jedoch nicht einseitig die auch heute noch bekannte Krankheit gleichen Namens verstehen. Denn in neutestamentlicher Zeit konnten damit verschiedene Hauterkrankungen unterschiedlichen Ansteckungsgrades bezeichnet werden. Gerade im jüdischen Kontext wurden diese Erkrankungen als besonders schwerwiegend empfunden, weil sie von der Teilnahme am Kult und damit weitgehend von menschlicher Gemeinschaft überhaupt ausschlossen. Die gesetzlichen Bestimmungen in Lev 13–14 regelten, wie mit Aussätzigen umgegangen werden solle – von der Feststellung der Krankheit über die Anordnung der Quarantäne bis hin zu einer eventuellen Heilung. Da bereits eine Berührung verunreinigte, stieß der Aussatz den Kranken in die gesellschaftliche Isolation. In den rabbinischen Texten finden sich gelegentliche Äußerungen, die den Aussätzigen geradezu einem Toten gleichsetzen.

Es handelt sich also um eine ziemlich brisante Geschichte, die da erzählt wird. Nach Lukas begegnet der Aussätzige Jesus »in einer von den Städten« Galiläas, während Markus und Matthäus die Szene (sicher zutreffender) unterwegs lokalisieren. Der Mann fällt vor Jesus nieder und fleht ihn an: »Herr, wenn du willst, kannst du mich rein machen!« Deutlich verletzt er die Bestimmungen, die ihn zur Distanz verpflichten. Doch damit nicht genug – auch Jesus scheint keine Scheu zu kennen, streckt seine Hand aus und fasst ihn an. Das kurze Wort der Heilung »Ich will! Werde rein!« wird von einer Geste begleitet, die alle Berührungsängste überwindet. Sofort tritt die Heilung ein. Es ist eine Szene mit viel Bewegung und starken emotionalen Tönen. Der Erzähler hat alles auf diese Begegnung und den kurzen Dialog zugeschnitten. Die verblüffendste Wendung steht aber noch bevor. Denn der Geheilte wird nun mit einem höchst zwiespältigen Auftrag losgeschickt. Einerseits soll er verschweigen, was er erfahren hat. Andererseits soll er den Bestimmungen der Tora Genüge tun, sich dem Priester zeigen und das vorgeschriebene Opfer leisten – und zwar »ihnen (Plur.) zum Zeugnis!« Geheimhaltungsgebot und Demonstrationsbefehl schließen einander aus. Der historische Sachverhalt lässt lediglich erwarten, dass der Geheilte nun zu dem am nächsten wohnenden Priester geht und die Festellung seiner Heilung vollziehen lässt, um später dann auf einer Wallfahrt nach Jerusalem im Tempel das Dankopfer darzubringen. Über Jesus brauchte er dabei kein Wort zu verlieren. In den so widersprüchlichen Anordnungen stoßen jedoch zwei unterschiedliche theologische Anliegen aufeinander. Das Geheimhaltungsgebot deutet an, dass die Wundertaten Jesu vor Kreuz und Auferstehung ohnehin nur gebrochen wahrgenommen werden und missverständlich bleiben. Der ausdrückliche Demonstrationsbefehl (»ihnen zum Zeugnis«) aber weist darauf hin, dass die geistlichen Autoritäten von Anfang an schon mit der Vollmacht Jesu konfrontiert sind. Was bleibt dem Geheilten zu tun übrig? Von theologischen Intentionen unberührt tut er, was am nächsten liegt: Er erzählt allen, wovon sein Herz voll ist. Er wird zu einem Multiplikator des Wirkens Jesu. Nun strömen die Scharen erst recht zusammen, und Jesus muss sich in die Einöde zurückziehen.

Verschiedene Züge in dieser kurzen Geschichte verdienen besondere Beachtung. Zunächst fällt auf, dass Jesus die Bestimmungen der Tora selbstredend akzeptiert. Das ist mehr als nur ein Zugeständnis an die religiösen Konventionen. Was Mose angeordnet hat, entspricht dem Willen Gottes. Dieser Gotteswillen aber tritt in der Handlungsweise Jesu nun in einer erstaunlich souveränen Haltung zu Tage. Der Kranke spürt das genau. Er appelliert nicht wie viele andere an das Vermögen oder die Kraft Jesu, sondern an seinen Willen. Gott allein aber ist in der Lage, nach seinem Willen auch zu handeln. Kurz und bündig geht Jesus auf dieses Vertrauen ein: »Ich will!« Krankheit entspricht nicht dem Willen Gottes. Das wird im Handeln Jesu sichtbar, der nach Markus sogar »erregt« bzw. »zornig« reagiert: Die Heilung des Aussätzigen ist ein Protest gegen das Elend, das Menschen aus der Gemeinschaft anderer ausschließt. Dazu aber bedarf es keines spektakulären Mirakels, sondern vielmehr eines Zeichens – einer Geste menschlicher Zuwendung. Dem Vertrauen des Kranken begegnet die Bereitschaft Jesu. Viel spannender als jede Durchbrechung von Naturgesetzen ist die Durchbrechung von Isolation, die hier geschieht. Der Geheilte nimmt den Kontakt zu anderen auf. Er hat wieder Zugang zum Kult, den er schon mit seinem Dankopfer realisieren wird. Nachdenkenswert ist schließlich der Schlussakzent, den die Geschichte setzt. Fernab aller theologischen Obertöne liegt in dem Geheimhaltungsgebot Jesu auch eine ganz unmittelbar nachvollziehbare Weisheit. Denn Wundererfahrungen sind immer etwas Intimes, das von den Zeitgenossen nur zerredet werden könnte. Sie eignen sich weder zum Beweis der Gegenwart Gottes noch zum missionarischen »Aufhänger«. Dennoch muss der Geheilte davon reden. Jesus aber zieht sich zurück und beugt damit wohl auch Missverständnissen und Erwartungen vor, die einer solchen Popularität des Wundertäters anhaften.

Die Schlüsselbedeutung dieser Geschichte vom Anfang der Wirksamkeit Jesu in Galiläa liegt darin, dass sie zeigt: Die Wundertaten Jesu sind nicht nur eine Art »göttlicher Visitenkarte« oder Illustrationsbeispiele seiner Predigt, sondern Zeichen dessen, dass Gott in Jesus Christus neues Leben und und neue Gemeinschaft ermöglicht.

TEXTBEISPIEL: MK 2,1–12 (HEILUNG EINES GELÄHMTEN)
Aufgrund ihrer Bildhaftigkeit gehört die Erzählung von der Heilung des Gelähmten zu den Lieblingsgeschichten christlicher Unterweisung. Der Andrang

um Jesus lässt sich kaum wirkungsvoller darstellen, als es mit dem Transport des Kranken durch das aufgebrochene Flachdach geschieht. Und nicht minder eindrücklich tritt der Erfolg der Heilung vor Augen, wenn derjenige, der eingangs von vier Männern getragen wird, am Schluss seine Matratze demonstrativ selbst nach Hause trägt.

Am Anfang der galiläischen Wirksamkeit Jesu erscheint die Geschichte als Verbindungsglied zweier wichtiger Textkomplexe. Nach der Berufung der ersten Jünger (1,16–20) stellt Markus eine Reihe von Wundererzählungen zusammen (1,21–45), die – wie das erste Summarium 1,32–39 zeigt – allmählich den Ruf Jesu verbreiten. 2,1–12 kann man mit der drastischen Schilderung des Gedränges um den Wundertäter als den Höhepunkt dieser Reihe betrachten. Zugleich setzt damit jedoch ein neuer Textkomplex ein, der verschiedene Streitgespräche zusammenstellt (2,1–3,6). Die Heilung des Gelähmten ist beides – Wundererzählung und Streitgespräch. Mit ihrer Hilfe leitet Markus von einer grundlegenden Darstellung der Wundertätigkeit Jesu zur exemplarischen Entfaltung einiger strittiger Positionen über, bevor er in 4,1 nun auch mit der Vorstellung von Inhalten der Predigt Jesu beginnt.

Die Geschichte stellt den Vollmachtsanspruch Jesu in den Mittelpunkt. Alles beginnt mit dem Zustrom der Menge als Reflex der Ausstrahlung, die von Jesus ausgeht. Nur mit Hilfe außergewöhnlicher Mittel kann man überhaupt noch zu ihm vordringen. Aus seinem Lehrvortrag heraus richtet er das Wort an den Gelähmten und spricht ihm in eigener Autorität Sündenvergebung zu. Die Gedanken der anwesenden Schriftgelehrten erkennt er im Voraus und begegnet überlegen ihrer Kritik. Schließlich verteidigt er seine Vollmacht mit einem hoheitsvollen Menschensohnwort und vollzieht die (erwartete) Heilung. Das Staunen der Menge (»So etwas haben wir noch nie gesehen!«) bindet alle diese Züge in einem abschließenden Votum zusammen.

Der Aufbau wird maßgeblich durch die Verbindung zweier auch formal unterschiedener Einheiten bestimmt. Alles spricht dafür, dass in 2,1–12 eine sekundäre Verbindung ursprünglich selbstständiger Überlieferungen vorliegt. 2,3–5a.11–12 lässt sich als Heilungswunder bestimmen, wobei auch die Wendung Jesu an den Gelähmten (11) nahtlos an die Wahrnehmung des Glaubens seiner Träger (5a) anschließt. Dazwischen ist mit 5b–10 ein Streitgespräch eingeschoben, das die Vollmacht Jesu zur Sündenvergebung thematisiert und in dem Menschensohnwort (10) gipfelt. Ein »Streit« liegt zumindest insofern vor, als die Gedanken der Schriftgelehrten zum Auslöser der Antwort Jesu werden. Möglicherweise ist auch das Menschensohnwort usprünglich selbstständig überliefert und dann erst mit dem Streitgespräch verbunden worden. Markus hat daraus jedenfalls eine in sich stimmige Einheit geformt. Mit der Einleitung (1–2) greift er den zuvor geschilderten Andrang auf und führt nun den Wundertäter, den Ort und die Zeugen ein. Ein erster Teil (3–5) präsentiert den Hilfsbedürftigen, dessen Begehren durch die ungewöhnliche Aktion auf dem Dach in wortloser Dringlichkeit vorgeführt wird. Die Anrede Jesu (5) gerät dabei zum Auslöser eines zweiten Teiles (6–10), der das Streitgespräch umfasst. Auf den »im Herzen« überlegten Einwand einiger Schriftgelehrter (6–7) erfolgt die Antwort, zunächst in Gestalt einer rhetorischen Gegenfrage (8–9), dann durch das Menschensohnwort (10), das die Vollmacht unumwunden beansprucht.

Der Erzähler führt Jesus als denjenigen ein, der einer großen Menge »das Wort« verkündigt. Als Kontext für die Wundertat kommt der Wortverkündigung entscheidende Bedeutung zu. In dieser Verkündigungssituation wird Jesus durch den unerwarteten Auftritt der Bittsteller unterbrochen. Der Gelähmte muss in seiner unbeweglichen Hilflosigkeit getragen werden. Das griechische Wort für »Bett« bedeutet hier eher »Matratze / Matte« und weist auf die Armut des Kranken hin. Als Ort des Geschehens wird man sich ein einfaches Haus mit Flachdach vorstellen müssen, zu dem von außen eine Treppe hinaufführt. Die Rede vom »Abdecken« des Daches lässt an Ziegel denken; das »Aufgraben« wiederum setzt ein Geflecht aus Schilf, Heu und Zweigen voraus. Vielleicht steht im Hintergrund die von magischen Vorstellungen geprägte Absicht, den Krankheitsdämon hinsichtlich des regulären Einganges in das Haus zu täuschen. Markus jedenfalls begründet die Aktion mit dem Gedränge im Haus. Das Aufsehen, das die Akteure verursachen, bleibt unkommentiert. Jesus aber beurteilt ihr Vorgehen nicht als die Zudringlichkeit der Verzweiflung, sondern als Ausdruck von Glauben. Wie auch in allen anderen markinischen Wundererzählungen stellt der Glaube hier den Horizont dar, in dem die »Rettung« des ganzen Menschen erfolgt (vgl. 5,34; 9,24). Darin liegt der Grund, dass Jesus dem Gelähmten zuerst Sündenvergebung zuspricht. Ob dabei auch die Vorstellung vom Zusammenhang zwischen Sünde und Krankheit eine Rolle spielt, die Vergebung also ein erster Schritt in Richtung Heilung wäre, lässt sich erwägen. Das Hauptanliegen aber besteht zweifellos darin, die Heilung nicht auf ein körperlich isolierbares Ereignis zu reduzieren, sondern als einen ganzheitlichen Vorgang darzustellen, dessen großer Rahmen durch die Gottesbeziehung des Menschen bestimmt wird. Dem würden auch die Schriftgelehrten zustimmen. Ihre Kritik macht sich lediglich daran fest, dass Jesus selbst mit der Sündenvergebung in Anspruch nimmt, was nur Gott zusteht. Wer sich an Gottes Stelle setzt, begeht Blasphemie! Die Antwort Jesu entkräftet diesen Vorwurf auch nicht, sondern bestärkt ihn eher noch: Sündenvergebung ist in der Tat schwerer als eine Heilung. Jesus unterstreicht dadurch zugleich: Sündenvergebung ist auch entscheidender! Das Menschensohnwort (in seiner Urform evtl.: »Der Menschensohn hat Vollmacht, die Sünden auf Erden zu vergeben!«) reagiert auf die Kritik erneut mit dem Anspruch – nun auch klar und eindeutig formuliert. Die folgende Heilung dient schließlich dazu, diesen Anspruch zu bekräftigen (»Damit ihr wisst ...«). Es bedarf nur noch eines Wortes an den Gelähmten: »Steh auf ...!« Sofort stellt sich die Heilung ein, die der Geheilte noch dadurch demonstriert, dass er selbst seine Matte fortträgt. Das Staunen der Menge schließt die gesamte Erzählung ab.

Markus weist der Wundertat in dieser Erzählung ihren theologischen Ort zu. Das größere Ereignis ist die Wiederherstellung der gestörten Gottesbeziehung. Demgegenüber tritt die Wiederherstellung der gelähmten Glieder zunächst an Bedeutung zurück. Sie wird zum Zeichen dafür, dass das »Heil« Gottes in Gestalt von »Heilung« die körperliche Integrität zwar einschließt, sich darin aber nicht erschöpft. Während die Menge direkt auf das Mirakel wartet, rückt Jesus die Prioritäten zurecht: Aus seiner Botschaft (von der Gottesherrschaft) heraus spricht er den bedürftigen Menschen zuerst auf das Gottesverhältnis hin an. Die konkrete Heilung bleibt eingebunden in die Gottsbeziehung, die den Menschen als Ganzen umfasst.

TEXTBEISPIEL: MK 3,1–6 (HEILUNG AM SABBAT)

Jesu Heilungen am Sabbat haben ihren besonderen Charakter darin, dass zu der Wundertat der Konflikt um eine Normenverletzung hinzutritt. Mk 3,1–6 ist hier der erste Beleg. Zur Heilung eines Mannes am Sabbat (Mk 3,1–6 / Mt 12,9–14 / Lk 6,6–11) kommt dann bei Lukas noch das Pendant der Heilung einer Frau hinzu (Lk 13,10–17). Lukas (14,1–6: wassersüchtiger Mann) und Johannes (5,1–18: Kranker am Teich Bethesda; 7,22–23: Disput) liefern weitere Beispiele. Für andere Wundererzählungen kann man eine Datierung auf den Sabbat erschließen, ohne dass dies jedoch eigens als Problem thematisiert würde (z. B. Mk 1,21–28.29–31par). Damit rücken diese Sabbatheilungen in die Nähe bewusst provozierter zeichenhafter Handlungen und ziehen zugleich Züge von Streitgesprächen an sich.

Die Heilung der verkrüppelten Hand am Sabbat schließt bei Markus den ersten Komplex der galiläischen Streitgespräche (2,1–3,6) ab und mündet in das »Summarium« 3,7–12 ein. Von dem vorausgehenden Streitgespräch über das Ährenabreißen am Sabbat (2,23–28) her ist die Konfliktsituation bereits bekannt. Wie schon am Anfang des Textkomplexes steht also auch an seinem Ende ein Text, der eine Wundererzählung mit einem Streitgespräch verbindet. Die Konflikte nehmen dabei an Intensität zu. In 3,6 setzt Markus dann mit dem Todesbeschluss ein erstes wichtiges Signal für den Weg Jesu zum Kreuz. Er platziert dieses Signal so, dass es die Konsequenz aus der vorausgegangenen letzten Heilung / Normverletzung darstellt.

Im Zentrum der Wundererzählung steht das Streitgespräch über die Frage, ob man am Sabbat heilen dürfe oder nicht. Dieser Disput dominiert die Heilung selbst, die relativ unspektakulär geschildert wird. Er ordnet sich in ein weites Spektrum innerjüdischer Positionen ein, die schon im synoptischen Vergleich sichtbar werden. Markus formuliert (wie auch Lukas) die Frage so: »Ist es erlaubt, am Sabbat Gutes zu tun oder Böses, jemanden zu retten oder zu töten?« Matthäus indessen lässt Jesus den Anwesenden ein Fallbeispiel zur Entscheidung vorlegen: »Welchen Menschen gibt es unter euch, der ein einziges Schaf hat, und wenn das am Sabbat in eine Grube fällt, es nicht ergreift und heraufholt?« Bei Markus kommt Jesus mit seiner Frage den Kritikern zuvor, bei Matthäus wird er von ihnen direkt zur Rede gestellt. »Leben retten oder töten« – im Hintergrund einer solchen Formulierung mögen auch Erinnerungen an den Makkabäeraufstand 167 v. Chr. stehen, als sich einige der jüdischen Aufständigen am Sabbat lieber niedermetzeln ließen, andere hingegen zumindest das Recht zur Selbstverteidigung, zur Rettung des Lebens, in Anspruch nahmen (1Makk 2). Weitergehende Bestimmungen betreffen ärztliche Versorgungen: Im Falle von Lebensgefahr durften sie auch am Sabbat durchgeführt werden; andere Behandlungen mussten indessen warten. Die Hilfe für Tiere, die Matthäus als Beispiel aufgreift, wird ebenfalls unterschiedlich beurteilt: Die Essener lehnten hier jedes Eingreifen ab, die Pharisäer ließen es zu. Allerdings argumentiert Jesus in Mt 12,12 nicht im Sinne einer Ausnahmebestimmung, sondern mit dem grundsätzlichen Wert eines jeden Geschöpfes. Im vorliegenden Fall ist klar: Die Heilung der verkrüppelten Hand hätte auch bis zum nächsten Tag aufgeschoben werden können. Wenn Jesus dennoch vor dem Ende des Sabbats handelt (vgl. indessen Mk 1,32par: er heilt »nach Sonnenuntergang«), dann tut er das, um die Auseinandersetzung bewusst zu provozieren.

Eine genaue Unterscheidung zwischen Wundererzählung und Streitgespräch fällt bei der vorliegenden Geschichte schwer. Gleich zu Beginn wird die Gelegenheit zur Heilung schon als eine bewusste Falle dargestellt. Die Einleitung (1–2) präsentiert deshalb nicht nur den Bedürftigen und den Wundertäter, sondern auch die Gruppe der Kontrahenten. Zunächst sind das nur »sie«; erst im Nachgang (6) erfährt man, dass es sich um Pharisäer handelte. Der Vollzug der Heilung (3.5b) wird durch eine Ansprache Jesu an die Kontrahenten (4–5a) unterbrochen, kaum dass er begonnen hat. Auch die Situation eines Streitgespräches lässt sich nur fragmentarisch nachweisen: Weder erfolgt ein direkter Einwand noch wird auf kritische Gedanken verwiesen, die Jesus dann durchschaute (vgl. Mk 2,6–8). Allein die Leserinnen und Leser sind durch die einleitenden Bemerkungen über die Absicht der Kontrahenten im Bilde. Der abschließende Satz (6) ist Regie des Markus, der die Geschichte zum Anlass für den ersten Vorverweis auf die Passion Jesu nimmt.

Die Erzählung beginnt in einer gespannten Atmosphäre. Alle Akteure bleiben schemenhaft. Der Kranke ist einfach »ein Mensch«, die Gegner werden nicht benannt, ein wohlwollendes Publikum scheint es überhaupt nicht zu geben. Klar ist nur, dass man Jesus erwartet und hofft, er werde – zu seinem eigenen Schaden – die Anwesenheit des Kranken zu einer Heilung nutzen. Sein Ruf als Wundertäter wird dabei ebenso vorausgesetzt wie seine Freiheit gegenüber der Sabbatobservanz. Die Interessen des Mannes mit der verkrüppelten Hand treten völlig in den Hintergrund. Für die Gegenseite fungiert er lediglich als Lockvogel, für Jesus bietet er die Gelegenheit, wirkungsvoll in die Diskussion um das Sabbatgebot einzugreifen. Offenbar hat Jesus die Absichten seiner Gegner schon durchschaut, als er den Mann in die Mitte ruft. Denn er wendet sich nun

»ihnen« zu und fordert sie durch eine Frage heraus. Die Frage hat nur teilweise rhetorischen Charakter. Leben retten darf man am Sabbat auch nach pharisäischer Anschauung. Die Erweiterung zu »Gutes tun und Leben retten« schließt indessen alle genaueren Definitionen für »Lebensgefahr« schon von vornherein aus. Jesus behandelt die Frage grundsätzlich und jenseits aller Kasuistik: Für die Gegenwart des Heils gibt es keinen Aufschub. Erstaunlicherweise schweigen die Gegner. Das kann hier nur im Sinne eines Eingeständnisses gemeint sein. Im Grunde fühlen sie sich von der Frage überführt, beharren aber dennoch auf ihrer vorgefassten Meinung. Das löst den Zorn und die Trauer Jesu aus. In dem Motiv der »Verstockung« wird erneut die Handschrift des Markus sichtbar, der damit das unbegreifliche Phänomen des Unglaubens angsichts der Offenbarung Jesu unter Rückgriff auf eine alttestamentlich-prophetische Vorstellung (vgl. z. B. Jes 6,9–10) begreifbar zu machen versucht. Die Heilung erfolgt dann kurz und bündig durch ein vollmächtiges Wort. Indem der Kranke die Hand auf den Befehl Jesu hin ausstreckt, wird sie gesund. Ein »Chorschluss« der Menge fällt aus. Statt dessen beschließen nun die Gegner, was sie sich ohnehin schon vorgenommen haben. Ihr Bündnis mit den »Herodianern« (Parteigängern der Herodesdynastie?) deutet an, dass der »Fall« Jesus aus Nazaret nun auch eine politische Dimension anzunehmen beginnt.

Insgesamt gewinnt man den Eindruck, dass die Heilung der verkrüppelten Hand ausschließlich im Dienst der Diskussion um den Sabbat steht. Der Kranke selbst gewinnt auch als Geheilter keine persönlicheren Züge mehr. Dennoch hat gerade dieser Disput eine entscheidende Rückwirkung auf das Verständnis der Wundertaten Jesu überhaupt: Wo Jesus die Nähe und Zuwendung Gottes verkündet, da gibt es keine Klauseln oder Einsprüche. Dann geht es allein um den Menschen, um Gutes tun und retten. So unmittelbar ist die Gegenwart des Heils, dass auch der Sabbat eines sorgfältigen Schutzes nicht mehr bedarf.

TEXTBEISPIEL: MK 3,7–12 (HEILUNGSSUMMARIUM)
Immer wieder erscheinen die Wundertaten Jesu im Rahmen so genannter »Summarien« (siehe oben) als auffälliges bzw. sogar dominierendes Charakteristikum der Wirksamkeit Jesu. Diese kurzen Textpassagen lassen die Hand des Redaktors besonders deutlich verspüren, indem sie die Funktion einer abschließenden Bündelung, Überleitung oder Vorbereitung neuer Erzähleinheiten erfüllen. Dennoch darf man sie nicht nur als Abbreviaturen ausgeführter Erzählungen betrachten. K. Berger hat deshalb den Vorschlag unterbreitet, hier besser von »Basis-Berichten« zu sprechen, aus denen sich die Einzelszene dann »wie die Schaumkrone aus dem Meer« erhebt.

Mk 3,7–12 bietet (nach einem ersten Beispiel in 1,32–39) den inhaltsreichsten Basis-Bericht des gesamten Evangeliums. Er bettet die Wundertätigkeit Jesu in ein Gesamtbild seines Auftretens ein, das eine gewaltige Ausstrahlung assoziiert. Dieser Zug gehört zu den Eigenheiten der Gattung. Im Wesentlichen geht es darin um pauschale Darstellungen, die das erfolgreiche Wirken von Missionaren zum Inhalt haben. Insofern haben auch geographische Angaben oder numerische Aussagen stets exemplarischen Charakter. Markus hat diesen Basis-Bericht sorgfältig platziert. Nach der ersten Sammlung von Streitgesprächen, die in der Heilung der verkrüppelten Hand am Sabbat gipfelt (3,1–6), leitet er damit zu der Szene von der Berufung der Zwölf (3,13–19) über und bereitet schon das nächste Streitgespräch über die Vollmacht zur Dämonenaustreibung (3,22–30) vor.

Überraschend begegnen zwischen den grundlegend-allgemeinen Aussagen auch zwei eher individuelle Züge. Der einleitende Rückzug Jesu an das »Meer« (= den See Gennesaret) ist von dem vorangegangenen Todesbeschluss (6) motiviert und somit als Versuch verstanden, sich vor Nachstellungen in der Einsamkeit zu verbergen. Dieser Versuch schlägt freilich aufgrund der Menge, die ihm nachfolgt, fehl. Deshalb findet sich dann der Hinweis auf jenes kleine Boot (9), das die Fischer um Jesus nun als ein Fluchtfahrzeug bereithalten. Markus nutzt diese Notiz zugleich, um das Boot schon hier als Mittel künftiger Rückzüge einzuführen: bei der Predigt am See 4,1 fungiert es als eine Art Kanzel gegenüber dem Gedränge am Ufer; in 5,21 / 6,32 dient es der Überfahrt; in 4,35–41 / 6,45–52 spielt es eine zentrale Rolle bei Sturmstillung und Seewandel.

Der Basis-Bericht beginnt damit, dass ein weiter Horizont in den Blick kommt: Von Idumäa bis Tyrus und Sidon strömen die Massen herbei. Galiläa wird zum Schauplatz einer Bewegung, die im gesamten Nahen Osten für Aufregung sorgt. Historisch dürfte das kaum zutreffen. Die Jesusbewegung war am Anfang ein marginales Phänomen. Aber der Bericht will auch nicht dokumentieren. Ihm geht es um die Ausstrahlung Jesu in Galiläa, die er schon hier in einen universalen Horizont stellt. Sie übertrifft das Einzugsgebiet des Täufers (1,5) deutlich. Die Kunde von Jesus macht sich dabei an seinen Heilungen und Exorzismen fest. Die Scharen kommen, nachdem sie gehört haben, »wieviel er tut«. Ihr Wunderverständnis ist von magischen Vorstellungen geprägt. Schon durch Berührung des Wundertäters hoffen sie geheilt zu werden. Markus lässt daran keinerlei Kritik erkennen. In der Geschichte von der blutflüssigen Frau (5,25–34) erzählt er sogar noch einen entsprechenden Einzelfall, der am Ende in das Lob ihres Glaubens mündet. Apg 5,15 und 19,12 berichten in ähnlicher Weise von Heilungen durch den Schatten des Petrus oder die Schweißtücher des Paulus. Die »Kraft / Dynamis« Gottes wird dadurch auf eine besonders enge Weise mit der Person Jesu verbunden. Selbst die Dämonen (in der Antike grundsätzlich die Verursacher von Krankheit) müssen gar nicht erst bekämpft werden. Sie fallen von selbst beim Anblick Jesu nieder, der ihnen dann lediglich noch verwehren muss, ihn als Gottessohn publik zu machen.

An die Exorzismen kann die folgende Episode anknüpfen: Die Zwölf werden in die Verkündigung einbezogen und mit der Vollmacht über die Dämonen ausgerüstet. Das Evangelium aber gewinnt seine Gestalt, indem Kranke geheilt und Menschen von bösen Mächten befreit werden.

TEXTBEISPIEL: MT 8,23–27 (STURMSTILLUNG)
In eindrücklicher Bildgewalt malt Matthäus die Szene von der verängstigten Jüngerschar samt dem schlafenden Jesus inmitten der tosenden Wellen vor Augen. Aus diesem Bild ist die Metapher vom »Schiff der Kirche« hervorgegangen und hat im Laufe der Jahrhunderte eine reiche Wirkungsgeschichte entfaltet. Es geht von ihm etwas Tröstliches aus für alle, die in den verschiedenen Bedrohungen ihrer christlichen Existenz das Gefühl haben, miteinander »in einem Boot« zu sitzen. In den Kirchen an der Nord- und Ostseeküste findet man häufig Andachtsbilder mit einer sehr realistischen Darstellung gerade dieser Geschichte, die das Selbstverständnis der Gemeinden in ihrer alltäglichen Wirklichkeit ganz unmittelbar zum Ausdruck bringen.

Matthäus hat dieses Rettungswunder in einen Kontext eingefügt, der bereits die entscheidende Anweisung zum Verständnis mitliefert. Während bei Markus (4,35–41) die Geschichte auf die Gleichnisrede folgt, hat Matthäus sie in den ersten großen Komplex von Wundererzählungen (8–9) eingefügt und ganz eng mit zwei »Nachfolgeproben« aus der Logienquelle verbunden. Dass diese Verbindung gewollt ist, beweist der erzählerische Rahmen: In 8,18 gibt Jesus den Befehl, mit dem Boot auf die Gegenseite des Sees überzusetzen (analog Mk 4,35). Aber bevor er fünf Verse später dann in 8,23 das Boot besteigen kann, wird er erst noch von den beiden nachfolgewilligen, anonym bleibenden Fragern (8,19–22) aufgehalten. Die schroffe Aufforderung zur Nachfolge an den zweiten setzt sich dann in der Bemerkung fort, seine Jünger seien ihm in das Boot »nachgefolgt«. Dadurch wird die gesamte Periode 8,18–27 zu einer großen erzählerischen Einheit, in der Matthäus das Rettungswunder, das er von Markus übernommen hat, im Blick auf das Thema Nachfolge aktualisiert. Lukas (8,22–25) bleibt hier einmal sehr viel näher bei Markus und belässt die Geschichte im Rahmen jener »Wundertrilogie« (Sturmstillung, Heilung des besessenen Geraseners, Auferweckung der Tochter des Jairus), die das Wort Jesu als göttliches Machtwort darstellt.

Schon bei Markus stellt die Frage nach dem Glauben der Jünger den wichtigsten Nebenzug (neben dem vollmächtigen Befehlswort Jesu an die Naturgewalten) dar. Matthäus rückt diesen Zug durch verschiedene Verweise nun ganz in den Mittelpunkt. Den Jüngern wird nicht einfach – im Gegenüber zu Jesus – Feigheit oder ein völliges Defizit an Glauben unterstellt (so Mk 4,40 / Lk 8,25), sondern ihr »Kleinglaube« vorgehalten. Das ist eine Lieblingsvokabel des Matthäus (vgl. noch 6,30; 14,31; 16,8; 17,20). Sie bezeichnet das Schwanken zwischen Glaube und Unglaube, zwischen Mut und Angst. Einerseits beschreibt sie schon wirklichen Glauben, der aktiv wird – nicht etwa nur Unglauben, der passiv oder gleichgültig bliebe. Andererseits aber mangelt es diesem Glauben noch an Stabilität, die aus dem unbeirrten Vertrauen in die Gegenwart Jesu erwächst. Über das Stichwort der »Kleingläubigen« spannt sich der Bogen zu einer zweiten Wundererzählung, in der die Jünger ebenfalls in Seenot geraten und Petrus zu versinken droht (Mt 14,22–33). Sie zeigt, wodurch Kleinglaube überwunden werden kann, nämlich durch den Blick auf – und d. h. die feste Orientierung an – Jesus. Beide Geschichten kreisen so um das Vertrauen auf die Gegenwart Jesu und werden damit von dem großen Rahmen des gesamten Evangeliums umfasst: von der Ankündigung des Immanuel (= Gott mit uns) in 1,23 bis hin zur Zusage des Auferstandenen 28,20: »Ich bin bei euch alle Tage bis zum Ende der Weltzeit!«

Der Aufbau ist einfach und überzeugend. In der Einleitung (23) vollzieht sich durch den Einstieg in das Boot, was am Anfang der größeren Einheit (18) schon angekündigt war. Die Eröffnung (24–26a) schildert die Notsituation und den Konflikt zwischen den Jüngern und Jesus. Bevor der Wundertäter eingreift, kommt es zum Dialog mit denen, die ihn dazu herausfordern. Der Vollzug des Wunders (26b) wird lediglich angedeutet (»er herrschte an«), ohne wie bei Markus die direkte Rede zu gebrauchen. Zum Abschluss (26c–27) erfolgt dann die Bestätigung des Wunders und der stilgemäße Chorschluss der Menge. Mit diesem letzten Element wird die Erzählebene bereits verlassen, denn mitten auf dem See sind »die Menschen«, die plötzlich das Wort ergreifen, schwer vorstellbar. Hier kommen die Adressatinnen und Adressaten des Matthäus mit zu Wort, die sich in ihrer Erfahrung der Nachfolge die Geschichte zu eigen machen.

Die Erzählung hat Matthäus deutlich gestrafft. Sie beginnt bei ihm mit der Nachfolgegemeinschaft im Boot. Statt des Sturmes (Mk / Lk) erhebt sich ein »Beben« im Meer, das den Horizont des Ereignisses auf die endzeitlichen Erschütterungen hin öffnet. Jesus schläft. Das liebevolle Detail von dem Schlummerkissen (Mk 4,38) hat Matthäus weggelassen. Als die Jünger ihn wecken, erheben sie keine Vorwürfe (Mk), sondern bitten den »Kyrios / Herrn« um »Rettung«. Das sind gefüllte Begriffe, die bereits über die Situation hinausweisen. Dem Tadel der Kleingläubigen folgt die beinahe zur Nebensache gewordene Bedrohung und Befriedung der Elemente. An die Stelle des furchtsamen Jüngergesprächs (Mk / Lk) aber tritt nun das Staunen »der Menschen« – ein Indiz für die Transparenz der Wundererfahrung in einem neuen Kontext.

Matthäus hat die Geschichte von der Stillung des Sturmes zur Ermutigung in der Nachfolge Jesu erzählt. Sie wird zum Beispiel für Glaubensgefährdung und Glaubensstärkung. Die Gemeinde kann sich in allen Bedrohungen auf die Gegenwart ihres Herrn verlassen, der sie nicht im Stich lässt. Insofern fordert Matthäus seine Leserinnen und Leser am Schluss geradezu heraus, ihre eigenen Erfahrungen im Lichte dieser Geschichte zu deuten. Es sind gemeinsame Erfahrungen derer, die sich miteinander auf den Weg begeben haben und wissen, an wen sie sich in den Schwankungen ihres Glaubens wenden können.

TEXTBEISPIEL: MK 6,30–44 (SPEISUNGSWUNDER)

Das Speisungswunder gehört nicht nur zu den populärsten, sondern auch zu den beziehungsreichsten Wundern Jesu. Angesichts von Hunger und Elend in der Welt entwirft es das faszinierende Bild einer Gemeinschaft, in der die wenigen Gaben für alle ausreichen, indem sie geteilt werden. Es geht dabei nicht nur um besondere Notsituationen wie bei Krankenheilungen oder Exorzismen, sondern um die elementaren Grundbedürfnisse eines jeden Menschen. Alle erhalten, was sie zum Leben brauchen – nicht mehr, aber auch nicht weniger. Zugleich bereitet die Erzählung durch den gewaltigen Kontrast (4000 / 5000 Menschen einerseits, eine Handvoll Lebensmittel andererseits) Verständnisschwierigkeiten und verlockt zu einer symbolischen Deutung. Die Rationalisten des 18. Jhs. übten ihren Scharfsinn besonders gern gerade an dieser Geschichte und ersannen geheime Nachschubwege, versteckte Lebensmitteldepots oder mitgebrachte Vorräte. Jüngere Auslegungen favorisieren immer wieder den Appell zu solidarischem Verhalten. Die Vielfalt der Aspekte lädt zu vielfältigen Deutungen ein.

In der Überlieferung haben sich zwei verschiedene Fassungen des Speisungswunders erhalten. Die erste spricht von 5000 Menschen / 5 Broten / 2 Fischen / 12 Körben Reste, die zweite von 4000 Menschen / 7 Broten / einigen Fischen / 7 Körben Reste. Für Markus sind das zwei unterschiedliche Ereignisse, die zu unterschiedlichen Zeiten an unterschiedlichen Orten stattgefunden haben. Dementsprechend ordnet er sie dem Aufriss seines Evangeliums ein und versieht sie mit jeweils eigenständigen Akzenten: Die erste Speisung lokalisiert er am jüdisch besiedelten Westufer des Sees, die zweite am nichtjüdisch besiedelten Ostufer. Sollte hier in der zweifachen Wiedergabe des Speisungswunders auch bewusst eine zweifache Perspektive eröffnet werden – auf Israel und auf die Heidenvölker? Die Zahlen von 5 und 12 (für Tora und Israel?) sowie 4 und 7 (für Himmelsrichtungen und Schöpfungstage?) könnten solche Überlegungen verstärken! Dass ihm an einer klaren Unterscheidung liegt, unterstreicht Markus durch einen Kommentar in 8,19–20. Dort lässt er Jesus noch einmal seine Jünger abfragen: »›Als ich die fünf Brote für die Fünftausend brach, wie viele Körbe voll Brocken habt ihr da aufgesammelt?‹ Sie sagten zu ihm: ›Zwölf!‹ ›Als ich die sieben (Brote) für die Viertausend (brach), wie viele Körbe mit Brocken habt ihr da aufgesammelt?‹ Sie sagten: ›Sieben!‹« Die auffällige Doppelung muss also gesichert und begründet werden. Jede der beiden Fassungen bedarf einer eigenständigen, einleuchtenden Funktion. Vieles deutet darauf hin, dass Markus diese Funktion in der Klärung einer außerordentlich schwierigen Frage sieht: Der Weg von der ersten zur zweiten Speisung steht für den Weg von der innerjüdischen Tischgemeinschaft zur Tischgemeinschaft zwischen Juden und Nichtjuden. So ist es auch gewiss kein Zufall, dass Markus gerade zwischen beiden Speisungen die Rede Jesu über rein und unrein (7,1–23) sowie die Begegnung mit der Syrophönizierin, die seine Ablehnung gegenüber einer Nichtjüdin überwindet (7,24–30), platziert hat.

Angesichts einer solchen Deutung würde sich auch der historische Sachverhalt um so einleuchtender darstellen. Im Hintergrund beider Fassungen steht die Erinnerung an ein einziges, eindrückliches Erlebnis. Dabei wird es sich um eine außergewöhnliche, mit zeichenhaften Elementen verbundene Mahlsituation unter freiem Himmel gehandelt haben. So tief hat sie sich eingeprägt, dass sie in verschiedene Berichte gefasst worden ist. Von Anfang an müssen die Tradenten dabei dem ursprünglichen Geschehen auch schon eine exemplarische Bedeutung beigelegt haben, die nun mit der Weitergabe in die Berichte selbst Eingang findet. Markus hat die Überlieferung dann in einer doppelten Gestalt vorgefunden, aufgenommen (6,30–44 / 8,1–9) und theologisch interpretiert. Matthäus ist ihm darin gefolgt (14,13–21 / 15,32–39), während Lukas (9,10–17) und Johannes (6,1–13) jeweils nur die erste Fassung mitgeteilt haben.

Unübersehbar enthält das Speisungswunder in seinen verschiedenen Fassungen auch einige bedeutsame alttestamentliche Reminiszenzen. Schon in 2Kön 4,42–44 wird eine ganz ähnliche Geschichte von dem Wundertäter Elischa erzählt. Hier sind die Dimensionen zwar etwas bescheidener, aber immer noch erstaunlich genug: Ein Mann aus Baal-Schalischa bringt dem Propheten 20 Gerstenbrote und einen Beutel voll frischer Körner. Elischa befiehlt seinem Diener darauf hin, diese Gaben den Prophetenschülern zu geben. Der Diener wendet ein: »Wie soll ich das 100 Männern vorsetzen?« Elischa aber beruft sich auf den Herrn – und siehe da: »... sie aßen und ließen noch übrig, wie der Herr gesagt hatte.« Man kann überlegen, ob die Hinweise auf das »grüne Gras« (Mk 6,39; Joh 6,10) wirklich nur auf den galiläischen Frühling oder nicht auch auf die Weide des fürsorglichen Hirten in Ps 23,2 anspielen sollen. Die wunderbare Speisung des Gottesvolkes mit Manna aus Ex 16 und Num 11 klingt an, wenn in Mk 8,4 / Mt 15,33 die Gegend ausdrücklich als »Wüste« bezeichnet wird oder sich die Menge nach Mk 6,40 in Abteilungen zu 100 und zu 50 gliedert (vgl. Ex 18,21.25). In jedem Falle werden die Wunder der früheren Zeit durch Jesus überboten. Jesus ist mehr als Elischa, die Fürsorge Gottes für die Hörerinnen und Hörer des Evangeliums mehr als die Bewahrung der Väter in der Wüste. Solche Anspielungen sind bewusst gesetzt. Denn die Erzählungen sind eben keine Reportagen, sondern Verkündigung froher Botschaft.

Mk 6,32–44 ist szenisch gegliedert. Die erste Szene (32–33) schildert den misslungenen Rückzug Jesu und bereitet mit den Scharen, die Jesus an den abgelegenen Ort folgen, das künftige Problem vor. Sehr knapp fällt die zweite Szene (34) aus, die Jesus als Prediger zeigt. In der dritten Szene (35–36) kommt das Problem durch die umsichtigen Jünger gegenüber dem Meister zur Sprache: Die späte Stunde und die Einsamkeit des Ortes verlangen eine Entscheidung zur Versorgungslage. Die vierte Szene (37–38) ist daraufhin als Dialog zwischen Jesus und den Jüngern über mögliche Lösungen gestaltet. Der Höhepunkt wird in der fünften Szene (39–41) erreicht, die nun das wunderbare Mahl selbst schildert. Der Schluss (42–44) berichtet anstelle von Meinungsäußerungen drei

Details, die von der Größe des Wunders zeugen: Alle wurden satt, zwölf Körbe mit Resten blieben übrig, es waren 5000 Männer.

Das erste Speisungswunder schließt bei Markus unmittelbar an die Rückkehr der Zwölf von ihrer Aussendung durch Jesus an. Die Abfahrt an einen abgelegenen Ort (32) motiviert Markus durch die zuvor versprochene, wohl verdiente Ruhepause. Der Plan misslingt, weil die Volksmenge die Abfahrt beobachtet. Wieder entwirft Markus das Bild einer von überall her zusammenströmenden Schar. Von Mitleid bewegt disponiert Jesus um. Während in der zweiten Speisungsgeschichte das Mitleid Jesu (8,2) dem Hunger der Menge gilt, wird es hier durch die Orientierungslosigkeit derer ausgelöst, die nach seiner Unterweisung verlangen. Deshalb beginnt er zu lehren, auch wenn Ort und Zeitpunkt dafür ungünstig sein mögen. Erst seine Jünger, die praktisch denken, müssen ihn schließlich auf die späte Stunde und die Einsamkeit des Ortes hinweisen. Während ihr Vorschlag auf die Entlassung der Menge zielt, behaftet sie Jesus bei ihrer eigenen Verantwortung: »Gebt ihr ihnen zu essen!« Der Kassensturz (200 Denare: ein Denar entspricht etwa einem Tageslohn) und die schnelle Inventur der spärlichen Vorräte (fünf Brote und zwei Fische) fallen ernüchternd aus. Jesus selbst muss die Initiative ergreifen. Er gebietet die geordnete Gruppierung der Menge. In der Rolle des jüdischen Hausvaters spricht er die Segenssprüche über Broten und Fischen und übergibt sie den Jüngern zur Verteilung. Anklänge an die Eucharistie der christlichen Gemeinde, die man immer wieder an diesem Gestus festmachen wollte, lassen sich nicht belegen. Hier geht es vielmehr um ein ganz schlichtes jüdisches Mahl, das mit dem obligatorischen Dank für die Speise beginnt. Das Vermehrungswunder, das sich nun bei der Verteilung ereignet, wird selbst überhaupt nicht geschildert. Es tritt nur in den abschließenden Bemerkungen zutage. Alle werden satt, und die Reste machen mehr aus, als am Anfang da war.

Wieder erfolgt eine Wundertat Jesu mitten aus der Wortverkündigung heraus. Die elementaren Bedürfnisse des Menschen werden ernst genommen. Der Herold der Gottesherrschaft speist seine Hörerinnen und Hörer nicht nur mit Worten ab, sondern kümmert sich auch um knurrende Mägen. Im gemeinsamen Mahl wird dabei der Mangel überwunden. Mehr noch – es deutet sich am Ende Fülle an. Indem sich das Wunder der Sättigung mit dem Wunder der Gemeinschaft verbindet, wird die Geschichte transparent für neue Erfahrungen.

TEXTBEISPIEL: MK 8,22–26 (BLINDER VON BETSAIDA)
Blindenheilungen nehmen unter den Wundertaten Jesu einen besonderen Platz ein. Zum einen bedeutet Blindheit im realen, sozialgeschichtlichen Sinn eine ausweglose Notsituation, die (fernab aller Krankenversicherungen) von vornherein zur Armut verurteilt. In der Regel ist der Blinde darauf angewiesen zu betteln. Zum anderen aber werden die Nomina »blind« und »taub« schon in der alttestamentlichen Überlieferung immer wieder auch im übertragenen Sinn

verwendet und stehen für »Verblendung« bzw. die Unfähigkeit zu »rechter« Erkenntnis. Wem die Augen geöffnet werden, der erfährt deshalb nicht nur eine optische Innovation, sondern zugleich auch den Durchbruch zu bislang verschlossenen Erfahrungsbereichen. Neue Aussichten verbinden sich mit vertieften Einsichten. Diese Mehrdimensionalität im Spiel mit den Begriffen »blind sein« und »sehend werden« prägt auch die Erzählungen von Blindenheilungen.

Als Zeichen der Heilszeit ist die Wiedererlangung des Augenlichtes schon in der prophetischen Tradition verankert. Von dem Tag, an dem Gott kommt, sagt Jes 35,5–6 voraus: »Dann werden die Augen der Blinden geöffnet, auch die Ohren der Tauben sind wieder offen. Dann springt der Lahme wie ein Hirsch, die Zunge des Stummen jauchzt auf.« Das ist die große Hoffnung, auf die Jesus nun in der Antwort an den Täufer (Mt 11,4–5 / Lk 7,22) Bezug nimmt: »Geht und berichtet Johannes, was ihr hört und seht: Blinde sehen wieder, und Lahme gehen; Aussätzige werden rein, und Taube hören; Tote stehen auf, und den Armen wird das Evangelium verkündet.« Die Heilungen von Blinden, Lahmen und Aussätzigen werden im Licht der prophetischen Verheißungen zu besonderen Zeichen der Heilszeit, die mit der Botschaft Jesu von der Gottsherrschaft schon beginnt.

Die Erzählung in Mk 8,22–26 ist ohne synoptische Parallele geblieben. Enge Bezüge lässt sie bei Markus jedoch zu der kurz zuvor platzierten Geschichte von der Heilung des Taubstummen (ebenfalls ohne Parallele) erkennen. Nicht nur die gemeinsame Bedeutsamkeit der Phänome »blind« und »taub« rückt beide Geschichten thematisch zusammen. Auch ihre Struktur sowie manche erzählerische Details weisen vergleichbare Züge auf, sodass sie beinahe wie ein Paar erscheinen. Markus hat die Heilung des Blinden von Betsaida an den Schluss des Galiläateiles gesetzt. Die nächste Episode berichtet vom Messiasbekenntnis. Einerseits »sieht« Petrus deutlich: »Du bist der Christus!«, andererseits fehlt ihm noch die Tiefenschärfe dieser Einsicht, denn er vermag den Leidensweg des Christus nicht zu akzeptieren. Die Geschichte von dem Blinden, der zum Sehen gelangt, dann aber noch einmal einer »Scharfstellung« seines Sehvermögens bedarf, liest sich wohl nicht zufällig wie der Prolog zu jener bedeutungsschweren Szene bei Cäsarea Philippi. Eine weitere Blindenheilung hat Markus in einer ähnlichen Schluss- bzw. Auftaktposition untergebracht: Der Blinde von Jericho (Mk 10,46–52 / Mt 20,29–34 / Lk 18,35–43) markiert die letzte Station des Weges Jesu unmittelbar vor dem Einzug in Jerusalem. Bei Markus trägt dieser Blinde den Namen Bartimäus, während er bei Lukas anonym bleibt. Matthäus berichtet statt dessen von zwei Blinden, nachdem er bereits in 9,27–31 (vermutlich als Verdoppelung) von einer früheren Heilung zweier Blinder auf dem Weg berichtet hatte. Einen eigenständigen Akzent setzt Joh 9 mit der umfänglichen Erzählung über die Heilung des Blindgeborenen, die für die Thematik von Erkennen und Glauben bei Johannes dann geradezu paradigmatischen Charakter gewinnt.

Der Aufbau der Erzählung zeichnet sich durch Konzentration auf das vorgegebene Formschema aus. Die Einleitung (22) spricht vom Auftreten des Wundertäters, nennt den Ort und schafft den Bedürftigen herbei. In der Eröffnung (23a) nimmt sich Jesus des Blinden an, indem er ihn zunächst beiseite führt. Den Vollzug der Heilung (23b–25) schildert Markus in zwei Phasen: die erste (23b–24) vermittelt das Augenlicht als solches, die zweite (25) fügt das scharfe und genaue Sehen hinzu. Den Abschluss (26) bildet ein indirektes Schweigegebot an den Geheilten. Für einen Chorschluss der Menge fehlt das Publikum, da nach 8,23 das Geschehen ganz bewusst außerhalb des Ortes und damit abseits von Zeugen stattgefunden hat.

Ort des Geschehens ist Betsaida am Nordufer des Sees Gennesaret. Jesus befindet sich mit seinen Jüngern schon auf dem Weg nach Cäsarea Philippi, wo die nächste Episode stattfinden wird. Wieder wird ein Kranker in seiner Hilflosigkeit von anderen zu Jesus gebracht (vgl. 2,3 oder 7,32). Und ähnlich wie zuvor schon den Taubstummen nimmt Jesus auch ihn beiseite, abseits von der Menge. Als Motiv lässt sich die Geheimhaltung der konkreten Praxis vermuten, denn im Folgenden benutzt Jesus Speichel als Heilmittel (vgl. noch Mk 7,33; Joh 9,6), wofür sich in rabbinischen Wundergeschichten verschiedene Parallelen finden. Indessen dürften dafür auch die grundsätzliche Abneigung Jesu gegen alle Sensationslust, die sich an Wundertaten entzündet, sowie die am Schluss geforderte Geheimhaltung eine Rolle spielen. Dem Speichel sollte man keine magischen Kräfte andichten, obwohl das in der Volksfrömmigkeit immer wieder so verstanden worden ist. Er signalisiert dem Kranken vor allem persönliche, direkte Berührung. Durch die Handauflegung erfolgt eine Kraftübertragung, die in ihrem Vermittlungscharakter zugleich auf Gott zurückverweist. Zunächst sieht der Kranke nur verschwommen, dann aber, nach einer zweiten Handauflegung, klar und deutlich. An diesem Zweischritt der Heilung ist viel herumgerätselt worden. Erzählerisch macht er das therapeutische Bemühen Jesu und den Prozess der Heilung besonders anschaulich. Theologisch drängt sich der Gedanke an eine Vertiefung des Erkenntnisprozesses auf. Auch wenn man hier nicht zuviel hineinlegen darf: Diese »Anpassung des Sehvermögens«, die eine besondere Eigenheit der Geschichte darstellt, schreit geradezu nach übertragenen Deutungen und wird kaum unbeabsichtigt von Markus so gestaltet worden sein. Der Schluss fügt sich in die Reihe der markinischen Schweigegebote ein, bleibt allerdings sehr verhalten. Zwar wird der Geheilte in sein Haus geschickt, soll aber nicht in das Dorf gehen (d. h. die Geschichte nicht verbreiten). Der Auftrag schränkt die Öffentlichkeit ein. Im Rahmen des »Messiasgeheimnisses« kommt es in der nächsten Episode ohnehin zu einem Umschwung. So tritt in den Worten Jesu (Haus ja, Dorf nein) stärker die Absicht zutage, den persönlichen Charakter der Heilungserfahrung hervorzuheben.

Zum Abschluss der Wirksamkeit Jesu in Galiläa liest sich die Geschichte von der Heilung des Blinden von Betsaida wie eine Art Zusammenfassung. In der

Botschaft von der Gottesherrschaft erfüllen sich zeichenhaft die Verheißungen der Propheten. Die Elenden erfahren Rettung. Den Menschen, die Jesus begegnen, gehen die Augen auf. Aber noch ist das alles nur gebrochen verstehbar und bedarf einer weiteren, schärferen Erkenntnis. Diese symbolische Dimension lässt den Text auch in neuen Situationen sein Potenzial zur Geltung bringen.

TEXTBEISPIEL: LK 18,35–43 (BLINDER VON JERICHO)
Die Heilung des Blinden von Jericho ist das einzige unter den Heilungswundern, in dem der Geheilte unmittelbar nach dem Geschehen in die Nachfolge Jesu eintritt. Ansonsten kehren die Geheilten wieder an ihre Orte zurück und beginnen dort ein neues Leben. Vielleicht liegt in diesem individuellen Zug auch der Grund dafür, dass wir von dem Blinden – wenngleich nur in der Markusfassung – den Namen erfahren: Bartimäus, Sohn des Timäus (Mk 10,46). Wenn Bartimäus bei Matthäus und Lukas seinen Namen dann wieder verliert, kommt darin eine stärkere Betonung des exemplarischen Charakters dieser Geschichte zum Ausdruck.

Markus und Matthäus haben die Heilung des (bzw. der beiden) Blinden unmittelbar vor dem Einzug in Jerusalem eingeordnet. Sie erhält dadurch die Funktion einer Auftaktgeschichte. Die Festpilger auf dem Weg scheinen die öffentliche Akklamation des »Davidssohnes« durch den Blinden noch im Ohr zu haben, wenn sie nun ihrerseits das »Hosianna!« anstimmen und den »Kommenden« bejubeln. Allein Lukas hat diesen Zusammenhang wieder gelockert. Aus seinem Sondergut schiebt er noch die Geschichte von Zachäus (19,1–10) und aus der Logienquelle die Parabel von den anvertrauten Talenten (19,11–27) dazwischen. Deshalb muss der Blinde auch schon vor Jericho (Mk / Mt: danach) mit Jesus zusammentreffen, da die folgende Zachäusgeschichte in Jericho selbst spielt. Den Schluss lässt er in das unisono vorgetragene Gotteslob des Geheilten und der Menge einmünden, bevor im Umkreis des Zachäus noch einmal kritische Stimmen zu Wort kommen. Eine eigene Prägung gibt Matthäus der Geschichte, wenn er statt des einen nun zwei Blinde auftreten lässt und damit die Wundertat ebenso wie das hinzugewonnene Gefolge verstärkt.

Besonders auffällig ist die starke christologische Prägung dieser Heilungsgeschichte. Darin sind sich alle drei Synoptiker (Mk 10,46–52 / Mt 20,29–34 / Lk 18,35–43) einig. Dass gerade auf dem Ruf des Blinden nach dem »Davidssohn« Gewicht liegt, lassen schon seine stereotype Wiederholung sowie der Unwille der Begleiter Jesu erkennen. Während der Blinde bei Markus die (immerhin auch sehr ehrenvolle) Anrede »Rabbuni« (= mein Lehrer) wählt, spricht er ihn bei Matthäus und Lukas dann ganz direkt als »Kyrios / Herr« an. Jesus weist das nicht zurück. Im Angesicht der bevorstehenden Ablehnungen in Jerusalem gestattet er einem blinden Bettler, die hoheitsvolle Akklamation öffentlich auszusprechen.

Wiederum ist der Aufbau klar und durchsichtig. Die Einleitung (35) nennt die beiden Hauptakteure und den Ort des Geschehens. In der Eröffnung (36–39) werden die plötzliche Hoffnung des Blinden bei der Nachricht von Jesus Nähe und sein Schreien um Hilfe dargestellt. Dieser Teil zeichnet sich durch eine zusätzliche szenische Gliederung aus: Nachfrage (36), Antwort (37), erster Versuch (38), Einschüchterung (39a), zweiter Versuch (39b). Dadurch gelingt es, mit relativ wenig erzählerischen Mitteln eine steigende Spannung aufzubauen. Der Vollzug der Heilung (40–42) entfaltet sich als Dialog: Jesus zitiert den Schreienden herbei (40), fragt nach seinem Wunsch (41a), erhält die Antwort (41b), gebietet verbal die Heilung (42). Den Abschluss (43) bildet die Bestätigung der sofort erfolgten Heilung sowie das Gotteslob des Geheilten und »des ganzen Volkes«. Damit ist dann auch die Menge schon eingeführt, die in der folgenden Geschichte für Gedränge in den Straßen von Jericho sorgen wird.

Dass Blinde vom Betteln leben müssen, daran hat sich in den Entwicklungsländern dieser Erde bis auf den heutigen Tag nichts geändert. An der Straße kurz vor Jericho hofft der Bettler vielleicht auf die Großzügigkeit von Festpilgern, die nach Jerusalem reisen. Erzählerisch vermitteln alle drei Evangelisten den Eindruck, dass Jesus mit großem Gefolge daherkommt – worin sich das unüberhörbare Getöse eines bedeutsamen Ereignisses ankündigt. Die begleitenden Anhänger werden die gesuchte Auskunft gern erteilt haben, zeigen aber ihren Unwillen, als der blinde Bettler mit seinem Hilferuf den Zug zu stören beginnt. Ähnlich wie in der Szene von der Kindersegnung (Lk 18,15–17par) wollen die Anhänger den Meister abschirmen. Doch der Blinde ergreift nun mit aller Macht diese eine unerwartete Chance. Das setzt voraus, dass auch er schon längst von Jesus gehört hat. Denn er nimmt nicht die erhaltene Auskunft (»Jesus, der Nazoräer«) beim Wort, sondern übersetzt sie in jene Form, die seine ganze Hoffnung nun so eindeutig wie möglich zum Ausdruck bringen muss: »Jesus, Sohn Davids, erbarme dich meiner!« Von den Wundertaten eines Jesus aus Nazaret wird er gehört haben. Als der Messias / Davidssohn aber, der auf dem Weg in die Davidstadt ist, kann er ihm diese existenzielle Bitte nicht abschlagen. Deshalb lässt er sich auch nicht einschüchtern und schreit nur noch lauter. Mit Erfolg – denn jetzt wird Jesus auf ihn aufmerksam. Dem ganzen Szenario des großen Aufzuges entsprechend ruft er ihn in hoheitsvoller Haltung zu sich. Der Dialog hat sicher exemplarischen Charakter, denn das Anliegen des Blinden dürfte ihm auch ohne ausdrückliche Nachfrage ins Gesicht geschrieben stehen. Ein kurzes Befehlswort genügt zur Heilung. Daraufhin bescheinigt Jesus dem Geheilten »Glauben« (vgl. 7,50; 8,48; 17,19). Sein Ruf kam also nicht von ungefähr – sein weiterer Weg schließt sich dem Davidssohn an. Dass es Gott ist, der Heilung bewirkt, macht das abschließende vielstimmige Gotteslob noch einmal deutlich.

Stärker als andere Heilungsgeschichten stellt die Geschichte des Blinden von Jericho das Gesamtgeschehen der Heilung als Anschluss an Jesus, den Messias, dar. Noch bevor der Blinde physisch sehend wird, erkennt er bereits Jesus aus Nazaret als den Davidssohn. Sein lautstarkes Bekenntnis ist nicht nur vom verständlichen Eigeninteresse diktiert, sondern führt schließlich zur Konsequenz der Nachfolge. Alle drei Synoptiker setzen damit ein positives Signal am Schluss des Weges Jesu nach Jerusalem, der von sehr verschiedenen Haltungen gegenüber seiner Botschaft geprägt war. Sie laden damit ein, diesem Beispiel zu folgen und den Weg mit Jesus auch angesichts einer unsicheren Zukunft zu wagen.

Verhalten Jesu

Persönlichkeit mit Ausstrahlung

Was Jesus sagte und tat, ist von seinen Zeitgenossen als ungewöhnlich, auffällig oder anstößig empfunden worden. Von dem Charismatiker aus Galiläa ging offensichtlich eine ganz eigene Faszination aus, die gleichermaßen verunsicherte und in ihren Bann zog. Die Worte Jesu, namentlich seine Gleichnisse, bedienten sich immer wieder provozierender, für das Empfinden der damaligen Zeit ungehöriger Bilder. Ohne dass Jesus für sich selbst schon Hoheitstitel in Anspruch genommen hat, brachten seine Worte doch ein beachtliches Vollmachtsbewusstsein zum Ausdruck. Angesichts seiner Wundertaten meinte die erstaunte Menge die Taten eines Elija oder Elischa verblassen zu sehen. Aber auch in den sozialen Kontakten, die Jesus pflegte, fiel manches aus dem Rahmen. Gegenüber Randgruppen der Gesellschaft kannte er keine Berührungsängste. Zu seiner Familie hielt er hingegen eine fast schon kränkende Distanz. Von seinen Anhängern forderte er eine derart radikale Teilhabe an seinem Wanderleben, wie sie bei sonstigen Lehrer-Schüler-Verhältnissen höchst unüblich war.

Worte und Taten stimmen bei Jesus von Nazaret überein. Seine Ausstrahlung macht sich an einem provozierenden, aufrüttelnden Verhalten fest. Solche Provokationen betreffen vor allem die Verletzungen von Tabus. Der Streit um die Einhaltung des Sabbats etwa beherrscht eine ganze Reihe von Episoden, in denen sich Jesus über geltende Vorschriften hinwegsetzt. Genau mit denen sitzt er gemeinsam zu Tisch, die normalerweise von der Tischgemeinschaft ausgeschlossen sind. Lk 7,34 zitiert den Ruf, den er sich dadurch einhandelt: »Dieser Fresser und Säufer, dieser Freund der Zöllner und Sünder!« Das klingt nicht sehr freundlich. Man kommt in der Tat nicht um die Feststellung herum, dass sich Jesus vorzugsweise in zweifelhafter Gesellschaft aufhält. Zumindest gilt das für die Maßstäbe seiner Zeit. Prostituierte und Betrüger treten wiederholt in Kontakt zu ihm und werden freundschaftlich aufgenommen. Durch alle Schichten der Jesusüberlieferung hindurch ist dieser Zug festgehalten.

Die lange Auslegungsgeschichte der Evangelien hat diesen ärgerlichen, Anstoß erregenden Zug im Verhalten Jesu weitgehend überdeckt. Sie hat aus ihm den »herzliebsten Jesus« gemacht, der mild und endlos gütig die Welt durchschreitet. Doch das ist eine Figur der Erbauungsliteratur – nicht des Neuen Testaments! Die Evangelisten wissen sehr wohl auch von dem zu berichten, der »mit Zorn« umhersieht (Mk 3,5), eine verzweifelte Frau aufgrund ihrer Herkunft mit einem beleidigenden Wort abweist (Mk 7,24–30par), die Pietätspflicht gegenüber dem verstorbenen Vater ironisiert (Mt 8,22par), den Petrus unwirsch als »Satan« anfährt« (Mk 8,33), seine Kontrahenten als »Otternbrut« tituliert

(Mt 12,34) oder gar im Tempelareal handgreiflich wird und anderen die Tische umstößt (Mk 11,15par). Sie berichten von Konfliktgeschichten und Anfeindungen. Die Sammlung Israels wird von Jesus nicht etwa um den Preis der Vermeidung von Reizthemen erkauft. Von den Zeitgenossen wird das ganz unmittelbar als brisant, herausfordernd und z.T. auch als polarisierend empfunden. Man muss sich gegenüber diesem Jesus entscheiden. Eine unverbindliche Kenntnisnahme scheint nicht möglich zu sein. Das Evangelium von der nahen Gottesherrschaft ist kein sanfter Sermon, sondern eine Botschaft mit klaren Worten und eindeutigen, zeichenhaften Verhaltensweisen.

Prophetische Zeichenhandlungen

Die provozierenden Worte und Verhaltensweisen Jesu erwachsen freilich nicht aus einer Lust am Skandal oder aus dem Charakter eines »enfant terrible« in der Glaubenswelt Israels. Sie stehen vielmehr in einer langen Tradition. Schon die Propheten in alttestamentlicher Zeit bedienten sich immer wieder verblüffender Zeichenhandlungen, um ihren Worten den entsprechenden Nachdruck zu verleihen oder um ihre aufrüttelnde Botschaft durch aufrüttelnde Aktionen zu unterstreichen. Wenn man in Jesus immer wieder einen Propheten sah, dann geschah dies nicht zuletzt auch aufgrund solcher symbolischer Handlungen.

Das Alte Testament bietet eine ganze Reihe von Beispielen, die diesen Traditionshintergrund erhellen können. Jeremia etwa trägt einen tönernen Krug bei sich, als er am so genannten »Scherbentor« in Jerusalem eine geharnischte Drohrede hält. Nachdem alle Verfehlungen des Volkes benannt sind, zerschmettert er den Krug (Jer 19,10) mit den Worten: »So spricht der Herr der Heerscharen: Ebenso zerbreche ich dieses Volk und diese Stadt, wie man Töpfergeschirr zerbricht, sodass es nie wieder heil werden kann.« Ähnlich eindrücklich ist der Auftrag, den der Prophet wenig später (Jer 27,2–4) erhält. Er soll sich eine Jochstange mit Zaumzeug auf den Nacken legen und so, wie ein angeschirrtes Zugtier, vor die Gesandtschaften der judäischen Bundesgenossen am Hofe des Königs Zedekia treten. Auch ohne Worte wird dadurch bereits erschreckend klar, was der Gottesspruch im Munde des Propheten nun androht: Alle Völker sollen dem König von Babel dienstbar sein! Ziemlich viel wird dem Propheten Hosea zugemutet (Hos 1–3). Seine ganze Ehegeschichte gerät im Auftrag Gottes zu einer zeichenhaften Handlungsfolge. Hosea soll »eine hurerische Frau« heiraten und »hurerische Kinder« mit ihr zeugen. Die eheliche Untreue im öffentlichen Privatleben des Propheten fungiert dabei als das plakative Abbild der Untreue Israels gegenüber Gott. Die redenden Namen der drei beklagenswerten Kinder (»Jesreël« in Erinnerung an das Blutbad Jehus, »Ohne-Erbarmen«, »Nicht-mein-Volk«) sind Zeichen der Abwendung Gottes. Anhand seiner eigenen Familie muss Hosea die Beziehung des Volkes zu Gott symbolisch inszenieren. Noch bis in die Anfänge der christlichen Gemeinde hinein ist man mit solchen prophetischen Traditionen vertraut. Apg 21,10–11 z. B. berichtet, dass ein Prophet namens Agabus dem Paulus nach Cäsarea am Meer entgegenkommt und ihn durch eine Zeichenhandlung vor dem Gang hinauf nach Jerusalem warnt. Er fesselt sich an Händen und Füßen mit dem Gürtel des Paulus und erklärt: »So spricht der Heilige Geist: Den Mann, dem dieser Gürtel gehört, werden die Juden in Jerusalem ebenso fesseln und den Heiden ausliefern.« In allen diesen Erzählungen lässt sich grundlegend ein gemeinsames Formschema erkennen: Das zeichenhafte Verhalten wird in der Regel durch einen konkreten Auftrag ausgelöst und korrespondiert einem deutenden Wort.

Einige Aktionen Jesu lassen sich in gleicher Weise als prophetische Zeichenhandlungen verstehen, auch wenn die Deuteworte dabei mitunter fehlen bzw. aus anderen Zusammenhängen erschlossen werden müssen. So wird etwa in der Etablierung des Zwölferkreises der Anspruch Jesu auf die Sammlung ganz Israels symbolisch zum Ausdruck gebracht. Die Zahl Zwölf ist im Kontext der Glaubensgeschichte Israels eindeutig besetzt. Noch in Apg 26,7 lässt Lukas den Paulus gegenüber König Agrippa ganz selbstverständlich von »unserem Zwölfstämmevolk« sprechen. Die so genannte »Tempelreinigung« (Mk 11,15–17par) trägt alle Kennzeichen einer begrenzten, symbolischen Aktion. Natürlich räumt Jesus, der als galiläischer Festpilger gerade den weiten Vorhof mit seinen gewaltigen Säulenhallen betreten hat, nicht komplett mit der ganzen unübersehbaren Schar der Händler auf. Das wäre in der Tat eine kleine Revolution gewesen, die die Tempelwache (und erst recht die Römer) kaum hätten dulden können. Vielmehr stößt er irgendwo in einer Ecke einen Tisch um und begründet diese Tätlichkeit durch ein Zitat aus Jes 56,7: »Mein Haus soll ein Haus des Gebetes sein für alle Völker...«. Das macht schon Aufsehen genug. Zeichenhaften Charakter tragen zweifellos auch einige Heilungsgeschichten bzw. Exorzismen. So wie Markus etwa die Heilung des Gelähmten berichtet (2,1–12), gerät der Heilungsvorgang selbst beinahe zur Nebensache. Im Zentrum steht die Vollmacht Jesu zur Sündenvergebung, die durch die (geringere) Vollmacht zur Heilung gelähmter Glieder demonstriert wird. Lk 11,20 formuliert, wofür die Dämonenaustreibungen Jesu ein Zeichen sind: »Wenn ich aber die Dämonen durch den Finger Gottes austreibe, dann ist doch das Reich Gottes schon zu euch gekommen.« Die Gottesherrschaft lässt sich daran zeichenhaft erkennen, dass dämonische Mächte ihren Zugriff auf den Menschen verlieren.

Solche zeichenhaften Handlungen sind eingebunden in einen Lebensstil, den man insgesamt als zeichenhaftes Verhalten bezeichnen könnte. Die Heimatlosigkeit des Wanderpredigers und seiner Anhänger, die auf fremden Unterhalt angewiesen sind, predigt glaubwürdiger als alle Worte das abgrundtiefe Vertrauen zu Gott. Damit wird natürlich kein Gesetz aufgestellt in dem Sinne: Anhänger Jesu müssten ohne festen Wohnsitz leben. Aber es wird in einer bestimmten Situation die Haltung des Vertrauens so zum Ausdruck gebracht, dass alle begreifen, worum es geht. Noch deutlicher zeigt sich das angesichts der so genannten »Ausrüstungsregel«, mit der die Jünger Jesu zur Verkündigung des Evangeliums ausgesandt werden (Mk 6,8–9 / Lk 9,3 und 10,4 / Mt 10,9–10). Am radikalsten ist sie bei Matthäus formuliert: Überhaupt nichts dürfen sie auf den Weg mitnehmen – kein Geld, keine Tasche (= keinen Proviant), keine zwei Hemden, keine Schuhe, keinen Stab. Wer so loszieht, kommt nicht weit. Die spätere Mission im Mittelmeerraum wäre unter diesen Vorgaben völlig illusorisch gewesen. Natürlich brauchte ein Paulus Geld für die Überfahrt nach Griechenland, Proviant für die weiten und öden Wege in fremden Provinzen, festes Schuhwerk zur Überquerung des Taurusgebirges. Aber die Boten, von denen die Evangelisten berichten, sollen eben auch keine Grundregeln etablieren, sondern Zeichen setzen. Der Verzicht auf Geld und Proviant bringt das Vertrauen auf Gottes Fürsorge zum Ausdruck. Wer ohne Stock unterwegs ist, beraubt sich jeder Verteidigungsmöglichkeit und demonstriert so gelebte »Feindesliebe«. Schuhe sind allenfalls entbehrlich, wenn man nur mit kurzen Wegen und Fristen rechnet. In Lk 22,35–36 fragt Jesus seine Jünger dann beim Mahl nach ihren Erfahrungen mit diesem zeichenhaften Verzicht. Es hat ihnen an nichts gefehlt. Darauf hin kommt die überraschende Aufforderung: »Aber jetzt soll, wer einen Geldbeutel hat, diesen nehmen, ebenso den Proviantsack, und wer nicht hat, verkaufe seinen Mantel und kaufe ein Schwert!« Andere Zeiten erfordern andere Zeichen.

Dass gerade die Kontakte Jesu mit »Sündern« sowie die verschiedenen Konfliktgeschichten im Kontext zeichenhaften Verhaltens stehen, lässt sich schnell erkennen. »Streit mit Jesus« hat in den Evangelien eine Dimension, die über den konkreten Fall hinausweist.

Streitgespräche und Konfliktsituationen

Ein beachtlicher Teil der Jesusgeschichte, wie sie die Evangelisten erzählen, besteht aus so genannten »Streitgesprächen«. Sie zeigen Jesus in Auseinandersetzung mit Gegnern. Fragen werden gestellt (ehrlich interessierte oder absichtlich trickreiche), Dialoge geführt und Lösungen in prägnanter Kürze auf den Punkt gebracht. Auch hier ist es wichtig wahrzunehmen: Solche Streitgespräche sind keine wortwörtlichen Verhandlungsprotokolle. Sie folgen vielmehr einem literarisch weit verbreiteten Formschema. Ihnen geht es um exemplarische, auch in anderen Zusammenhängen relevante Problemfälle. Dass sie dabei an konkreten Situationen und Konflikten im Leben Jesu ihren Anhalt haben, steht außer Frage. Doch sie wollen zugleich Typisches sichtbar machen und das konstruktive Potenzial der Lösung herausstellen.

Im Rahmen der griechisch-hellenistischen Literaturgeschichte gehören die Streitgespräche zur Gattung der so genannten »Chrie«. Dem Alten Testament ist diese Gattung unbekannt. Als »Chrie« (griechisch »Anwendung«) bezeichnet man eine Episode, in der die bemerkenswerte Rede oder Handlungsweise einer Person mit einer ganz bestimmten Szene in ihrem Leben verbunden wird. Eine Untergattung der Chrie trägt die Bezeichnung »Apophthegma« (griechisch »Ausspruch, Sentenz«). Im Apophthegma wird das Geschehen auf ein Gegenüber von Frage und Antwort konzentriert. Je nachdem, wie diese Wechselbeziehung gestaltet ist, lässt sich das Apophthegma inhaltlich noch einmal nach »Lehr- oder Schulgesprächen«, »Biographischen Apophthegmata« und »Streitgesprächen« unterscheiden. Ein Streitgespräch ist durch die folgenden Formmerkmale gekennzeichnet:

Anfangsrahmen	Situationsbeschreibung	»er ging am Meer entlang«, »die Jünger der ... fasteten«
	Auftreten der Gegner	»ein Gesetzeslehrer«, »sie sandten zu ihm einige«
	Streitpunkt / Anlass	Mahlgemeinschaft, Sabbatgebot, Steuerpflicht
Dialog	Frage / Vorwurf / Angriff	»Warum ... ?«, »Darf man ... ?«, »Welches Gebot ... ?«
	Gegenfrage / Einwand	»Was steht geschrieben?«, »Sagt, was ihr seht ... !«
	evtl. Szenenfolge	Frage – Gegenfrage – Antwort – Zusatzfrage – Parabel
Lösung	Logion	»Nicht die Starken bedürfen des Arztes ... «
Schlussrahmen	Abtreten der Gegner	»Und niemand wagte ihn mehr zu fragen.«
	Eindruck bei den Zeugen	»Und sie staunten über ihn.«

Im Einzelnen fällt die präzise Bestimmung der Gattung Streitgespräch nicht leicht, weil sie sich gern mit anderen Gattungen verbindet. In Mk 2,1–12 z. B. ist das Streitgespräch über die Vollmacht Jesu zur Sündenvergebung eng mit einer Wundererzählung (Heilung des Gelähmten) verbunden. Die meisten Sabbatkonflikte werden durch Heilungen ausgelöst. Im Rahmen von vier Streitgesprächen erhält die Parabel von den bösen Winzern Mk 12,1–12 eine ganz betont polemische Spitze und gerät dadurch ebenfalls zum Instrument einer Konfliktsituation. Das lässt sich auch bei anderen Gleichniserzählungen beobachten: Durch den sekundären Rahmen von Lk 15,1–3 / 16,14–15 werden z. B. alle vier dazwischenliegenden Gleichnisse zur Polemik gegen »die« Pharisäer. Zum einen sind die Übergänge also aufgrund von sachlicher Nähe fließend, zum anderen gewinnen Wundererzählungen oder Gleichnisse erst im Laufe ihrer Überlieferung den Charakter von Konfliktgeschichten. Als Erster hat Markus drei kleine Sammlungen von Streitgesprächen besonderen Phasen der Jesusgeschichte zugeordnet. Im Galiläateil haben sie auf der Ebene des Makrotextes die Funktion, grundlegende Positionen Jesu zu entfalten. Auf dem Weg nach Jerusalem dominieren vor allem Fragen der Schriftinterpretation. In Jerusalem selbst dienen sie dazu, den Weg Jesu in die Passion voranzutreiben. Die folgende Übersicht kann diese Gewichtung veranschaulichen:

Galiläische Streitgespräche (Mk 2,1–3,6; 3,22–27)
- Sündenvergebung (Heilung des Gelähmten): Mk 2,1–12 / Mt 9,1–8 / Lk 5,17–26
- Zöllnergastmahl (Berufung des Levi): Mk 2,13–17 / Mt 9,9–13 / Lk 5,27–32

- Fastenfrage: Mk 2,18–22 / Mt 9,14–17 / Lk 5,33–39
- Ährenraufen: Mk 2,23–28 / Mt 12,1–8 / Lk 6,1–5
- Heilung der verkrüppelten Hand am Sabbat: Mk 3,1–6 / Mt 12,9–14 / Lk 6,6–11
- Beelzebulfrage: Mk 3,22–27 / Mt 9,32–34 / Lk 11,14–23

Streitgespräche auf dem Weg (Mk 8,27–33; 10,1–45)
- Messiasbekenntnis und Satanswort: Mk 8,27–33 / Mt 16,13–23 / Lk 9,18–22
- Ehe und Ehescheidung: Mk 10,1–12 / Mt 19,1–9
- Kindersegnung: Mk 10,13–16 / Mt 19,13–15 / Lk 18,15–17
- Nachfolge und Reichtum: Mk 10,17–31 / Mt 19,16–30 / Lk 18,18–30
- Rangstreit der Jünger: Mk 10,35–45 / Mt 20,20–28 / (Lk 22,24–27)

Jerusalemer Streitgespräche (Mk 11,27–12,37)
- Vollmachtsfrage: Mk 11,27–33 / Mt 21,23–27 / Lk 20,1–8
- (Parabel von den bösen Winzern: Mk 12,1–12 / Mt 21,33–46 / Lk 20,9–19)
- Kaisersteuer: Mk 12,13–17 / Mt 22,15–22 / Lk 20,20–26
- Sadduzäerfrage: Mk 12,18–27 / Mt 22,23–33 / Lk 20,27–40
- Hauptgebot: Mk 12,28–34 / Mt 22,34–40 / Lk 10,25–28
- Davidssohnfrage: Mk 12,35–37 / Mt 22,41–46 / Lk 20,41–44

Weitere Streitgespräche begegnen in der Logienquelle sowie im Sondergut bei Matthäus und Lukas. Bei Johannes sind streitbare Dialoge meist in den Kontext größerer Redeeinheiten eingefügt. Als wichtigste Beispiele können die folgenden Texte gelten:

Logienquelle
- Versuchung Jesu: Mt 4,1–11 / Lk 4,1–13
- Nachfolgeproben: Mt 8,18–22 / 9,57–62
- Täuferanfrage: Mt 11,2–6 / Lk 7,18–23

Matthäus-Sondergut
- Steuermünze im Fischmaul: 17,24–27
- Grenzen der Vergebung: 18,21–35
- lärmende Kinder im Tempel: 21,15–17

Lukas-Sondergut
- Maria und Marta: 10,38–42
- Seligpreisung der Mutter Jesu: 11,27–28
- Erbschaftsstreit: 12,13–15
- Heilung am Sabbat (verkrümmte Frau): 13,10–17
- Ausschluss von der Gottesherrschaft: 13,22–30
- Über Herodes: 13,31–33
- Heilung am Sabbat (wassersüchtiger Mann): 14,1–6
- Zachäus: 19,1–10

Johannes
- Vollmacht des Täufers: 1,24–28
- Tempelaktion: 2,13–22
- Jesus und der Täufer: 3,25–36
- Jesu wahre Speise: 4,31–38
- Werke und Glauben: 6,28–29
- Brot des Lebens: 6,30–66
- Wirken in der Öffentlichkeit: 7,1–9
- Ehebrecherin: 8,1–11
- Gang nach Jerusalem: 11,7–11
- Salbung: 12,1–8

Versucht man, die Inhalte der Konflikte zu bestimmen, dann zeichnen sich einige deutliche Problemfelder ab: Zuerst sind hier die Normenverletzungen Jesu zu nennen, die vor allem den Sabbat betreffen. Aber auch das Aussetzen von Fastenvorschriften oder die gesetzlich unzulässigen Tischgemeinschaften fallen in diesen Bereich. Ein zweites Problemfeld betrifft die Interpretation der Tora. Wenn etwa die Frage nach dem Hauptgebot zur Debatte steht oder die Anerkennung der Steuerpflicht gegenüber dem römischen Kaiser, dann geht es um die Interpretation des Gotteswillens in den Vollzügen des alltäglichen Lebens. Schließlich erscheint als ein Thema mit besonderer Brisanz die messianische Hoffnung Israels, die durch das Auftreten Jesu bei vielen Zeitgenossen neue Nahrung erhält. Hier geht es um die Vollmacht Jesu zu Sündenvergebung oder Dämonenaustreibungen, um die zutreffende Antwort an den Täufer oder die Interpretation des Titels »Davidssohn«. Ein zusätzliches Feld könnte man in der Klärung der Beziehungen im Zusammenhang der Nachfolge sehen. Alle diese Problemfelder verbleiben jedoch im Rahmen dessen, was innerhalb des Judentums zur Zeit Jesu diskutiert wird. Niemals wäre es Jesus z. B. in den Sinn gekommen, den Sabbat selbst in Frage zu stellen. Mit seinen zeichenhaft provozierten Sabbatkonflikten nimmt er lediglich teil an dem Ringen um die richtige Auslegung dieses einen Toragebotes. Allerdings tut er das mit dem Anspruch, den Willen Gottes auf eine ganz unmittelbare Weise zu kennen.

Die Konfliktsituationen, die im Hintergrund der Streitgespräche stehen, muss man sich deshalb wohl insgesamt als sehr vielfältig vorstellen. So zahlreich und unterschiedlich die Gesprächspartner Jesu sind, so abwechslungsreich gestalten sich die Dispute. In den meisten Texten klingt das noch nach, zumal dann, wenn man sorgfältig auf die behandelten Themen achtet. Streitgespräche führt Jesus mit seinen Jüngern ebenso wie mit Pharisäern, mit Gesetzeslehrern und Sadduzäern, Zeloten, Zufallsgästen und Fragern jeder Couleur. Erst die Evangelisten haben hier das Spektrum verengt und die Pharisäer zu den bevorzugten Gegnern Jesu gemacht. Aus der Perspektive der Jahre nach 70 werden die Pharisäer dabei zu Repräsentanten des Judentums überhaupt, von dem sich die Wege der christlichen Gemeinde gerade deutlich und schmerzhaft trennen. So sieht man nun auch in der Geschichte Jesu die Pharisäer schon überall gegen Jesus agieren. Historisch scheint das jedoch eher ein Indiz für Nähe zu sein. Sowohl Jesus als auch den Pharisäern geht es um die Sammlung Israels. Beide bemühen sich um das Volk und ein Leben nach Gottes Willen, das den gesamten Alltag bestimmt. Beide haben sich somit enorm viel zu sagen. Die Wege auf dieses Ziel hin sind unterschiedlich. Doch die gemeinsamen Fragen drängen zu direkter Auseinandersetzung. Man muss sich deshalb hüten, die Pharisäer pauschal als die »Hauptgegner« Jesu zu betrachten. Dass sie von den Evangelisten weithin negativ gezeichnet werden, hat mit den neuen Konfrontationen einer veränderten Zeit zu tun.

Jesus scheut keine Konflikte. Er ist sich dessen wohl bewusst, dass seine Botschaft auch familiäre Bindungen zerreißen kann (Mt 10,34–36 / Lk

12,51–53). In schockierend provozierender Weise macht er sogar den »Hass« gegen die eigene Familie zu einer der Voraussetzungen für Nachfolge (Lk 14,26). Solche Konflikte aber verfolgen keine Politik der Ausgrenzung. Sie sind notwendige Klärungen auf dem Weg in die Einheit des Gottesvolkes. Integration statt Ausgrenzung – das bleibt der Grundtenor der Botschaft Jesu. Die Urchristenheit ist darin dem Beispiel ihres Herrn gefolgt. Sie ringt um die Einheit der immer unüberschaubarer werdenden Zahl von Gemeinden. Aber sie weicht auch harten Auseinandersetzungen nicht aus – wie Paulus, der dem Petrus in Antiochien vor versammelter Gemeinde »ins Angesicht hinein« widersteht (Gal 2,11). Wenn heute in öffentlichen Diskussionen gelegentlich das Stichwort von einer »Kultur des Streites« fällt, dann sollten Christen aufgrund ihrer Beschäftigung mit den Streitgesprächen Jesu dafür schon eine gute Schule durchlaufen haben.

Frauen im Umfeld Jesu

Eine besondere Eigenheit im Verhalten Jesu lässt sich an seiner Beziehung gegenüber Frauen ablesen. Die Frage, ob er selbst verheiratet war, kann man sicher verneinen – obgleich das im damaligen Judentum durchaus als ungewöhnlich gelten musste. Viel auffälliger aber ist die unkonventionelle Rolle, die Frauen als Hörerinnen, Nachfolgerinnen oder Zeuginnen in der Jesusbewegung spielen. Das schlägt sich selbst noch in den Evangelien, die doch durchgängig von einer androzentrischen* Sprache geprägt sind, immer wieder auf überraschende Weise nieder. Die feministische Exegese der letzten Jahrzehnte hat diesen Sachverhalt wieder neu in den Blick gerückt und damit einen wichtigen, lange Zeit nur ungenügend beachteten Zug im Verhalten Jesu herausgearbeitet.

Dass sich die Botschaft von der Gottesherrschaft an Männer und Frauen richtet, wird in den Worten Jesu nicht nur stillschweigend vorausgesetzt, sondern immer wieder ausdrücklich gesagt. Im Bildmaterial der Gleichnisse Jesu tritt die Arbeitswelt von Frauen ganz selbstverständlich neben die der Männer. Neben dem Hirten kommt die Hausfrau zur Sprache (Lk 15,4–10), zu dem bittenden Freund (Lk 11,5–8) gesellt sich die bittende Witwe (Lk 18,1–8), Senfkorn und Sauerteig (Mt 13,31–33) stellen ebenso geschlechtsspezifische Tätigkeitsbereiche zusammen wie Textilarbeit und Weinherstellung (Mk 2,21–22) oder Mehlmahlen und Feldarbeit (Mt 24,40–41). Darin zeigt sich eine Sensibilität, die Frauen als Hörerinnen bewusst wahrnimmt und gezielt anspricht. Ihre spezifische Lebenswirklichkeit ist nicht weniger gleichnisfähig als die der Männer. Diese unterschiedslose Zuwendung deutet schon eine Relativierung des Rollenverständnisses an, das die patriarchale Struktur der Gesellschaft im Umfeld der Jesusbewegung bestimmt. Die Erzählung von Maria und Marta (Lk 10,38–42) gibt sogar dem weiblichen Lernen in der traditionellen Pose des (grundsätzlich männlichen) Schülers einen provozierenden Vorrang gegenüber hauswirtschaftlicher Tätigkeit. Das liefert einen beachtlichen Impuls, auch wenn dabei das Problem der Rollenverteilung selbst nicht grundsätzlich in Angriff genommen wird.

Eine ähnliche Ausgewogenheit begegnet bei den Wundergeschichten. Unter den Geheilten sind auch zahlreiche Frauen, deren Nöte ernst genommen und gelindert werden. Die Geschichte von der blutflüssigen Frau (Mk 5,25–34) berührt, schon angesichts der kultischen Bestimmungen zur Verunreinigung mit Blut im Zusammenhang der Menstruation, ein besonders heikles Thema. Maria Magdalena, die Jesus nach Lk 8,2 von schwerster Krankheit (»sieben Dämonen«) befreit hat, erlebt nach Joh 20,14–17 sogar die erste Erscheinung des Auferstandenen und konkurriert darin mit keinem Geringeren als Petrus (1Kor 15,5; Lk 24,34). Wenn Jesus am Sabbat in der Synagoge heilt und damit bewusst Zeichen setzt, dann wählt er dafür nicht nur einen Patienten (Lk 14,1–6), sondern auch eine Patientin aus (Lk 13,10–17), die zudem als »Tochter Abrahams« (vgl. Zachäus als »Sohn Abrahams« in 19,9) betont aufgewertet wird. Die Geschichte von der Syrophönizierin (Mk 7,24–30) schockiert zunächst durch die überhebliche Abfuhr, die diese Frau in ihrer Not erfährt. Doch dann geschieht wiederum das Überraschende: Die Frau nimmt das kränkende Wort auf und dreht es zu ihren Gunsten herum. Es ist das einzige Streitgespräch, in dem Jesus unterliegt. Eine Begebenheit ganz eigener Art erzählt die Salbungsgeschichte (Mk 14,3–9 / Mt 26,6–13), deren anstößige Züge bei Lukas (7,36–50) massiv gesteigert sind. Die Art, wie Jesus hier in pastoraler Weise auf die Lebensgeschichte einer Frau eingeht, hat noch einmal bei Johannes in 4,1–42 (Samaritanerin) und 8,1–11 (Ehebrecherin) ein Pendant.

Nach alledem verwundert es nicht, Frauen als Nachfolgerinnen zu entdecken. Auch sie verlassen alles, was sie haben, und teilen das Wanderleben Jesu bis hin zu seinem Ende in Jerusalem. Mk 15,41 gebraucht dafür unmissverständlich den terminus technicus »nachfolgen« und hält zugleich fest, dass diese Frauen schon von Galiläa an dabei sind. Lk 8,1–3 nennt einige Namen – sogar Johanna, die Frau eines Verwalters von Herodes Antipas, ist mit dabei. Man darf hier die Wendung »diese (die Frauen) dienten ihnen (Jesus und den Zwölf) mit ihrer Habe« nicht so verstehen, als seien diese Frauen nur eine Art wirtschaftliche Hilfstruppe. Sie fungieren als Zeuginnen der Worte und Taten Jesu wie dessen männliche Begleiter. Am Ostermorgen sind sie die Ersten am Grab und erhalten den Botenauftrag an die Männer, die zu Karfreitag alle geflohen waren. Nichts liegt näher, als dass auch sie später das Evangelium verbreiten. Verkündigungsdienst ist am Anfang gerade kein männliches Monopol. Das zeigen im frühen Christentum so profilierte Frauen wie Euodia und Syntyche (Phil 4,2), Tryphäna und Tryphosa (Röm 16,12), Phöbe (Röm 16,1) oder Apostelpaare wie Priska und Aquila (1Kor 16,19 u. ö.) bzw. Andronikus und Junia (Röm 16,7) auf eindrückliche Weise. Ganz offensichtlich führen sie Ansätze der Jesusbewegung fort, bevor am Ende des 1. Jhs. Frauen wieder zunehmend in ihre traditionellen Rollen zurückverwiesen werden (z. B. 1Tim 2,9–15).

Die Wahrnehmung solcher Eigenheiten darf nicht dazu verleiten, Jesu Freiheit im Umgang mit Frauen in einen platten Kontrast zu seiner jüdischen Umwelt zu setzen. Weder darf man die jüdischen Verhältnisse (die übrigens sehr differenziert zu beurteilen sind) an modernen Maßstäben messen, noch sollte man Jesus als Vorreiter einer Frauenemanzipation feiern. Die Jesusbewegung bleibt Teil einer patriarchalisch strukturierten Gesellschaft, die sie auch nicht zu revolutionieren versucht. Doch es hat erhebliches Gewicht, dass die herrschenden Normen von Jesus nicht etwa theologisch untermauert, sondern deutlich relativiert werden. In welchem Maße schon das als Provokation empfunden wurde, macht die weitere Geschichte des Christentums schnell deutlich. Für das heutige Miteinander von Frauen und Männern in der Kirche gibt es bei Jesus jedenfalls noch manches zu entdecken.

Jesus und die Kinder

Das Verhalten Jesu gegenüber Kindern zeigt ähnlich auffällige Züge. Kein geringerer als Karl Marx hat z. B. wiederholt die »große Kinderfreundschaft« Jesu gerühmt und war bereit, dem Christentum vieles zu verzeihen, »weil es uns gelehrt hat, die Kinder zu lieben.« Zwar gibt es in der Jesusüberlieferung nur relativ wenige Episoden mit Kindern. Dafür aber lassen gerade diese meist auch noch sehr kurzen Geschichten oder Anspielungen eine ganz ungewöhnliche Aufmerksamkeit erkennen, die Jesus gegenüber Kindern aufbringt.

Kinder als Beispiel
- Kind in der Mitte der streitenden Jünger: Mk 9,33–37 / Mt 18,1–5 / Lk 9,46–48
- Kindersegnung: Mk 10,13–16 / Mt 19,13–15 / Lk 18,15–17
- Gleichnis von den maulenden Kindern: Mt 11,16–19 / Lk 7,31–35
- Geschrei der Kinder im Tempel: Mt 21,15–16

Heilung von Kindern
- Töchterchen des Jairus: Mk 5,21–43 / Mt 9,18–26 / Lk 8,40–56
- Töchterchen der Syrophönizierin: Mk 7,24–30 / Mt 15,21–28
- epileptischer Knabe: Mk 9,14–29 / Mt 17,14–21 / Lk 9,37–43

Die Präsenz von Kindern reicht noch weiter, als diese wenigen Texte andeuten. Auch in allen anderen Zusammenhängen, in denen von »Unmündigen«, »Kleinen« oder »Kindern« in einem metaphorischen Sinn die Rede ist, kommt eine spezifische Sicht von Kindsein oder Kindheit in den Blick. Insgesamt erweist sich der Sprachgebrauch als außerordentlich differenziert und greift auf eine breite Palette griechischer Begriffe zurück.

In der antiken Literatur sind Kinder nicht gerade ein zentrales Thema. Meist wird von ihnen nur in Verbindung mit Fragen der Erziehung oder der klugen

Führung einer Hauswirtschaft gesprochen. Die Interessen der modernen Entwicklungspsychologie liegen der Antike völlig fern. Sie vermag die Kindheit noch nicht als eine eigenständige Lebensphase zu betrachten, die ihren Wert in sich selbst hat. Bestenfalls gilt sie ihr als eine Art Vorstufe zum eigentlichen Menschsein. Kindheit bemisst sich deshalb immer an der Zielvorgabe des Erwachsenseins und kann somit nur durch Defizite charakterisiert werden. Natürlich gibt es da in verschiedenen Regionen und zu verschiedenen Zeiten auch ganz unterschiedliche Akzente. Das Judentum z. B. hat in diesem Kontext seine Besonderheit vor allem darin ausgeprägt, dass ihm Kinderreichtum als sichtbares Zeichen des göttlichen Segens gilt. Als eine Gabe des Herrn sind Kinder selbstredend auch in den Bund Gottes mit seinem Volk hineingenommen. In der Unterweisung werden sie schon früh mit den Geboten der Tora vertraut gemacht, um später als Erwachsene dann einmal den Bund bewahren und seine Verpflichtungen weitergeben zu können. Dennoch teilt auch das Judentum grundsätzlich die Sicht seiner hellenistischen Umwelt, nach der Kinder primär durch Mängel charakterisiert sind. Ihr Wesen besteht eben darin, unmündig, unfertig, ungebildet, unvollkommen zu sein. Die Unmündigkeit ist es, die sie am treffendsten kennzeichnet.

Als Unmündige begegnen Kinder auch in den Episoden der Jesusüberlieferung. Doch dabei tritt der Gedanke an ein mangelhaftes Wesen völlig zurück. Kinder werden gerade in ihrer Unmündigkeit gleichnisfähig für die Haltung des Menschen gegenüber der Gottesherrschaft. Sie erscheinen als Modelle eines Glaubens, der selbst nichts zu bieten hat und sich deshalb beschenken lässt. Die Perspektive kehrt sich auf überraschende Weise um: »Wenn ihr nicht werdet wie die Kinder ...!« Anstatt Kindern ausschließlich die Messlatte der Erwachsenen anzulegen, werden Erwachsene nun durch Jesus an der spezifischen Eigenheit unmündiger Kinder gemessen. Die Art und Weise, wie sich Kinder einer Gabe öffnen, wird zur Herausforderung an Erwachsene für die Annahme der Botschaft von der Gottesherrschaft. Das hat mit Romantik oder Verniedlichung nichts zu tun. Das Gleichnis von den maulenden Kindern z. B. (Mt 11,16–19) lässt eine ziemlich genaue Beobachtungsgabe kindlicher Verhaltensweisen erkennen. Eine solche positive Aufnahme kindlicher Unmündigkeit ist vielmehr Teil der überraschenden und provozierenden Art der Verkündigung Jesu in Wort und Tat. Modell des Glaubens sind Kinder in einer doppelten Weise: Die Geschichte von der Kindersegnung (Mk 10,13–16) zeigt, dass voraussetzungslose Offenheit ein Zeichen für die Haltung gegenüber Gott ist. Die Episode von dem Kind in der Mitte der streitenden Jünger (Mk 9,33–37) wiederum macht deutlich, dass Machtlosigkeit und Kleinsein Gleichniswert für den Umgang miteinander – auch in der Gemeinde – besitzen.

Das weite Begriffsfeld von den »Unmündigen / Kindern / Kleinen«, das nun auch im übertragenen Sinne auf Erwachsene Anwendung findet, deutet eine Reihe von Übergängen und Querverbindungen an. Wer immer sich vertrauensvoll und ohne Vorbedingung der Gottesherrschaft öffnet, kann als »Kind« angesprochen werden. Die Rede von den »Kindern Gottes« gewinnt dadurch einen ganz besonderen Klang. Die Aufmerksamkeit für die Kinder überhaupt aber fügt sich dem Verhalten Jesu stimmig ein, der die Unbeachteten und die Ausgeschlossenen zu gleichberechtigten Teilhabern an der Gottesherrschaft macht.

Zöllner und Sünder

Für die »schlechte Gesellschaft«, in die sich Jesus ärgerlicherweise begibt, nennen die Evangelien immer wieder »Zöllner und Sünder« als besonders anstößige Beispiele. Dass Jesus ein Freund der »Zöllner und Sünder« sei (Lk 7,34), scheint stehendes Vorurteil zu sein und lässt beide Begriffe beinahe schon als Synonyme erscheinen. Dennoch meinen sie nicht dasselbe und wecken gerade heute Assoziationen, die ihre ursprüngliche Bedeutung überdecken.

Wenn die Evangelien von Sünde und von Sündern reden, dann haben sie zunächst etwas anderes vor Augen als Paulus. Für Paulus bedeutet die »Sünde« (Sing.) eine Macht, die den Menschen ergreift und versklavt, von der er sich selbst auch nicht befreien kann. Sie ist Teil seiner menschlichen Konstitution, in die er hineingeboren wird. Erst durch Christus wird er aus dieser Bindung herausgerissen. Die bleibende Konfrontation mit der Macht der Sünde vermag er allein durch die nun geschenkte Kraft des Geistes zu bestehen. An Paulus hat sich vor allem die lutherische Theologie in ihrem Verständnis der »Sünde« orientiert. Das Grundproblem der Sünde besteht dabei in der Gottesferne des Menschen, die von Gott her überwunden wird – nicht in den vielen »Sünden« (Plur.), die als moralische Fehlleistungen aufzulisten und zu bearbeiten wären. Die Evangelien setzen hier einen anderen Akzent. Für sie ist viel stärker die alttestamentliche Unterscheidung von »Frevler und Gerechtem« maßgeblich. Der Gerechte lebt nach Gottes Willen, wie er in der Tora offenbart ist, der Frevler aber setzt sich darüber hinweg und verachtet Gottes Gebote. Insofern bemisst sich die Zuordnung zu beiden Gruppen gerade an konkretem Verhalten. Die Tora ist der Maßstab für gerechtes oder frevlerisches Leben. Damit wird aber auch vorausgesetzt, dass man durchaus gerecht, dem Willen Gottes entsprechend leben kann. Anders als bei Paulus ist nicht jeder Mensch von vornherein hoffnungslos in die Macht der Sünde verstrickt. Denn was »Sünden« (Plur.) sind, ist bekannt: Es sind Übertretungen der Tora. Vor diesem Hintergrund lässt sich klar bestimmen, wen die Evangelien als Sünder betrachten. Es sind Glieder des Gottesvolkes, die in ihrem täglichen Leben wissentlich gegen die Tora verstoßen. Sie stellen sich damit selbst an einen Ort außerhalb der Gemeinschaft. Der Fromme aber hält sich von ihnen fern.

Unter den Sündern stellen die »Zöllner« eine Art Spezialfall dar. Sie werden durch ihren Beruf in besonderem Maße dazu veranlasst, gegen Bestimmungen der Tora zu verstoßen. Insofern tauchen sie geradezu als die exemplarischen Sünder auf.

Zöllner als Hörer des Täufers Johannes
- Standespredigt – »Lehrer, was sollen wir tun? – Fordert nicht mehr, als euch verordnet ist!« (LkS 3,12–13)
- Zöllner hören Johannes und geben ihm recht (LkS 7,29)

Jesus in Kontakt mit Zöllnern
- Berufung des Levi / Matthäus – Gastmahl mit »vielen Zöllnern« (Mk 2,13–17 / Mt 9,9–13 / Lk 5,27–32)
  => Matthäus wird als Zöllner in der Jüngerliste eigens betont (Mt 10,3)
- Vorwurf gegenüber Jesus: »Freund der Zöllner und Sünder« (Lk 7,34)
- Zöllner und Sünder als Thema bei den Gleichnissen vom Verlorenen (LkS 15,1)
- Bildmaterial im Gleichnis: Pharisäer und Zöllner im Tempel (LkS 18,9–14)
- Jesus bei dem Oberzöllner Zachäus (LkS 19,1–10)

Mahlgemeinschaften mit Zöllnern und Sündern
- Gastmahl des Levi (Mk 2,13–17 / Mt 9,9–13 / Lk 5,27–32): »Isst er mit den Zöllnern und Sündern?«
- Logion (Mt 11,19 / Lk 7,34): »Der Menschensohn ist gekommen, er isst und trinkt; darauf sagt ihr: Dieser Fresser und Säufer, dieser Freund der Zöllner und Sünder!«
- Einleitung zu den Gleichnissen vom Verlorenen (Lk 15,1–2): »Und die Pharisäer und Schriftgelehrten murrten und sagten: Dieser nimmt die Sünder an und isst mit ihnen!«
- Zachäus (Lk 19,1–10): »Und die es sahen, murrten alle und sagten: Bei einem sündigen Mann ist er hineingegangen, um einzukehren!«

Auch hier muss man sich zunächst von modernen Assoziationen freimachen. In der Umwelt Jesu sind »Zöllner« keine Grenzbeamten, die für Import und Export oder Gepäckkontrollen zuständig wären. »Zoll« ist ein sehr weitgefasster Begriff, der mit Abgaben aller Art – von der Grundsteuer über Standgebühren, personenbezogene Abgaben oder Handelszölle bis hin zu staatlichen Einnahmen – ein außerordentlich breites Spektrum umfasste. Die Eintreibung dieser Abgaben wurde dabei verpachtet, sei es durch Städte oder (wie im römischen System) durch staatliche Gesellschaften. Ein »Zöllner« war also kein Beamter, sondern ein eigenständiger Unternehmer, den man besser als »Abgabenpächter« bezeichnen sollte. Je nach Charakter der zu erhebenden Abgabe konnte auch der geschäftliche Aufwand des Pächters unterschiedlich ausfallen. Neben dem Einmannbetrieb gab es lukrativere Unternehmen mit mehreren Angestellten. Man darf den Abgabenpächter also nicht schon von vornherein als Kollaborateur der Staatsmacht betrachten. Auch wenn er gerade in römisch verwalteten Gebieten von den Behörden abhing, bewahrte er doch eine gewisse Eigenständigkeit. Es gab zur Zeit Jesu sogar Abgabenpächter, die als geachtete und angesehene Mitglieder ihrer jüdischen Gemeinde galten. Angesichts der schwierigen ökonomischen Situation und der geringen Gewinnspannen dürften jedoch Übergriffe und unrechtmäßige Bereicherung an der Tagesordnung gewesen sein. Zumindest sieht das die Volksperspektive so. Der Abgabenpächter wird zum Inbegriff des Betrügers, den man deshalb auch gleich aller anderen Übertretungen der Tora mit verdächtigt. »Zöllner und Sünder« – da gibt es keinen Unterschied.

Wer »Sünder« sind, das zählt der Volksmund zur Zeit Jesu gern in so genannten negativen Reihen auf: »Mörder, Räuber, Abgabenpächter, Ehebrecher, Prostituierte ...«. Solche illustren Listen nennen die Abgabenpächter als eine feste Größe. Auch in den Evangelien haben sie sich erhalten: »Zöllner und Sünder« (Mk 2,15.16 / Mt 9,10.11 / Lk 5,30 / 7,34 / 15,1); »Heide und Zöllner« (Mt 18,17); »Zöllner und Prostituierte« (Mt 21,31.32). Sie sind von allen Gruppen im Gottesvolk ausgeschlossen, gehören nirgends dazu und gelten schlicht als verloren. Besonders macht sich das daran deutlich, dass die Frommen die Tischgemeinschaft mit ihnen meiden. Weder lädt man sie ein, noch lässt man sich von ihnen einladen. Wer es dennoch tut, macht sich mit ihnen gemein. Wenn sich Jesus nun gerade solchen »Sündern« zuwendet und mit ihnen zu Tisch liegt, hat das wiederum zeichenhafte Bedeutung. Er demonstriert damit, dass auch sie Teil des Gottesvolkes sind. Ihnen gilt die Botschaft von der Nähe Gottes ebenso wie den Gerechten. Sie gilt ihnen sogar zuerst, denn »Nicht die Gesunden brauchen den Arzt, sondern die Kranken (Mk 2,17 / Mt 9,12 / Lk 5,31)!« Wiederum ist es Lukas, der diese Intention Jesu besonders dick unterstrichen hat. Zur Aufnahme des Abgabenpächters Levi in den Schülerkreis Jesu fügt er die Geschichte von der Einkehr Jesu bei dem Abgabenpächter Zachäus (19,1–10) hinzu. Mitfreude der Gerechten an der Umkehr der Sünder (15) – das ist ein Leitthema des Lukas.

Gelebte Feindesliebe

Jesu Ethik, wie sie sich aus den Überlieferungen der Synoptiker erkennen lässt, findet ihre Spitze im Gebot der Feindesliebe. Unübersehbar laufen die Antithesen der Bergpredigt auf die Forderungen von Gewaltverzicht und Feindesliebe (Mt 5,38–42.43–48) zu. Die lukanische Feldrede ist ganz auf dieses Gebot hin konzentriert (Lk 6,27–38). Wenn Jesus in der Aufforderung zur »Agape« (der Liebe als positiver, tätiger Zuwendung) schon die Quintessenz der Tora zusammengefasst sah und dies im »Doppelgebot der Gottes- und Nächstenliebe« aussprach (Mk 12,28–31 / Mt 22,34–40 / Lk 10,25–28), dann bietet die Aufforderung zur »Agape« gegenüber einem Feind deren äußerste, radikale Zuspitzung. So hat das schon die Urchristenheit verstanden. Paulus nimmt unter seinen Ermahnungen in Gal 5,13–15 und Röm 13,8–10 auf das Doppelgebot Bezug – obgleich er die Liebe zu Gott dabei im Zusammenhang nicht eigens benennt. Und auch an der Zuspitzung fehlt es nicht, wenn er dann in Röm 12,14 schreibt: »Segnet, die euch verfolgen. Segnet und flucht nicht!«

Jesus hat Gewaltverzicht und Feindesliebe praktiziert und allein dadurch angestoßen, was seine Nachfolger aufnehmen und fortsetzen konnten. Solches

Verhalten ist ebenfalls Provokation, indem es jeder »natürlichen« Reaktion entgegensteht und die Souveränität der »Kinder Gottes« (Mt 5,45.48; Lk 6,35–36) in Anspruch nimmt. Immer wieder zeichnen die Evangelien den Weg Jesu deshalb als ein Beispiel gelebter Feindesliebe. Einige Beispiele können diesen Sachverhalt deutlich machen.

Von der so genannten »Ausrüstungsregel« war bereits die Rede. Während Mk 6,8 den Stock noch zugesteht, wird er von Lk 9,3 und Mt 10,10 ausdrücklich abgelehnt. Die Boten des Evangeliums sollen wie ihr Meister zeichenhaft Verzicht auf jede Form von Selbstverteidigung leisten. In Lk 9,52–56 wird davon berichtet, dass der Weg Jesu nach Jerusalem schon mit einer Panne beginnt: Man verweigert dem als jüdischen Festpilger erkannten Prediger in einem samaritanischen Dorf das Quartier. Jakobus und Johannes drängen daraufhin Jesus zu einer Strafaktion. So wie seinerzeit schon Elija könnte er doch auch ganz einfach Feuer vom Himmel auf dieses Dorf fallen lassen! Doch Jesus lehnt ein solches Strafwunder rigoros ab. Eine Reihe von Handschriften fügt an dieser Stelle sekundär, doch sicher sachgemäß noch einen Tadel ein: »Wisst ihr nicht, welches Geistes ihr seid? Der Menschensohn ist nicht gekommen, um Menschen zu vernichten, sondern zu retten!« Wer Jesus nachfolgt, verlässt nicht nur alle bisherigen sozialen Sicherungen. Auch Rechtsverzicht ist mit der Nachfolge verbunden. Mt 18,23–35 bietet in der Parabel vom »Schalksknecht« (so Luther) ein eindrückliches Beispiel für unbegrenzte Vergebungsbereitschaft. Die einleitende Frage des Petrus nach den Grenzen der Vergebung (18,21–22) wird von Jesus schlicht ad absurdum geführt. Auch Leidensbereitschaft gehört zu den Bedingungen der Nachfolge hinzu, wie die Worte vom Kreuztragen (Mk 8,34–37par; Mt 10,37 / Lk 14,25–27) zeigen. Wer Verfolgung leidet, wird selig gepriesen (Mt 5,11–12 / Lk 6,22–23). Im Kontext der Aussendungsüberlieferung (Mt 10,22–23) sowie im Rahmen der Endzeitrede Jesu (Mk 13,9–13par) wird zu Standhaftigkeit in Verfolgungen ermutigt. Jesus selbst, wie ihn die Evangelisten in der Passionsgeschichte schildern, gibt dafür ein Beispiel. Bei seiner Verhaftung leistet er keinen Widerstand. In den verschiedenen Verhörszenen erweist er sich als Bekenner. Der Gang zur Hinrichtung ist der eines vorbildlichen Märtyrers. Lukas hebt diesen Zug besonders hervor und zeigt Jesus noch in seiner letzten Stunde als Seelsorger gegenüber seinen Mitgefangenen (23,39–43), nachdem er zuvor für seine Peiniger gebetet hatte (23,34). Auch wenn Lukas hier die Szene idealisiert, hält er doch ein entscheidendes Moment fest: Jesus nimmt den Leidensweg an und bewahrheitet so mit seinem Verhalten, was er durch seine Worte verkündet hat. In der Apostelgeschichte überliefert Lukas dann eine Reihe von Episoden, in denen Missionare wie Petrus oder Paulus dem Beispiel Jesu folgen.

Praktizierte »Feindesliebe« schließt Polemik oder Auseinandersetzungen in der Sache nicht aus. Hier spricht das Verhalten Jesu gerade in seinen Zeichenhandlungen eine deutliche Sprache. Jesus hat keine neuen Gesetze gelehrt, sondern die Nähe Gottes verkündigt. Was das im Alltag bedeutet, dafür hat er Zeichen gesetzt. Sie haben seine Zeitgenossen provoziert und mobilisiert. Diese Kraft haben sie auch bis heute nicht verloren.

TEXTBEISPIEL: MK 2,23–28 (ÄHRENABREIßEN AM SABBAT)
Das kleine Streitgespräch hat in der Auslegung eine geradezu »klassische« Bedeutung für die Frage nach den Sabbatkonflikten Jesu gewonnen. Denn während man die Heilungen am Sabbat noch immer als Rettung aus lebensbedrohlicher Situation verstehen könnte, wird hier eine eher unnötige Aktion zum Anlass des Streites: Man darf wohl kaum annehmen, dass die Jünger Jesu ohne diesen Akt des Mundraubes bis zum Ausgang des Sabbats verhungert wären. Allerdings erweckt das Ganze auch nicht den Eindruck einer bewusst inszenierten Zeichenhandlung, sondern wirkt wie ein längst schon zur Gewohnheit gewordener freizügiger Umgang mit dem Sabbatgebot im Kreis der Jünger. Allein die Rechtfertigung ihres Verhaltens durch Jesu trägt wiederum zeichenhafte Züge und wird von Markus auch in diesem Sinne aufgenommen.

Platziert ist diese Episode unter den galiläischen Streitgesprächen (Mk 2,1–3,6; 3,22–27), die nach Jüngerberufung und ersten Wundern grundlegende Positionen Jesu vorstellen. Dabei lässt Markus die kleine Sammlung deutlich erkennbar auf den Sabbatkonflikt als Höhepunkt zulaufen: Auf die Frage nach der Sündenvergebung, der Tischgemeinschaft und der Fastenpraxis folgen zum Abschluss zwei Streitgespräche zur Einhaltung des Sabbatgebotes. Von 2,13 an sind es die Pharisäer, die dabei als Diskussionspartner Jesu auftreten. Diese Konstellation legt sich aufgrund der verhandelten Probleme nahe, auch wenn die Gemeinschaft der Pharisäer ansonsten eher auf Jerusalem und Judäa konzentriert war. In der engen Zusammenstellung der beiden Streitgespräche über die Sabbatheiligung (2,23–28 / 3,1–6) wird von Markus zugleich eine Hervorhebung des Problems sowie seine Betrachtung aus zwei verschiedenen Perspektiven erreicht.

Grund des Konfliktes ist die Frage nach Ausnahmeregelungen im Blick auf das Sabbatgebot. Das Gebot selbst wird von Jesu nicht infrage gestellt. Auch hier verbleibt er mit seiner Position ganz im Rahmen innerjüdischer Diskussionen. Denn um die Frage der Sabbatheiligung wird zur Zeit Jesu unter den verschiedenen jüdischen Gruppierungen heftig gerungen. Dem Sabbat, seit der Exilszeit zu einem wesentlichen Identitätsmerkmal des Judentums geworden, fühlen sie sich alle und ausnahmslos verpflichtet. Allein die Ausführungsbestimmungen zu seiner Durchführung weisen ein breiteres Spektrum auf, das sich zwischen Verschärfung und Erleichterung bewegt. Während etwa die Essener die Sabbatbestimmungen radikalisierten und selbst die Hilfeleistung für in Not geratene Tiere untersagten, versuchten die Pharisäer als eine stärker volkstümliche Bewegung die Zahl der Ausnahmebestimmungen zu vermehren und gewisse Härten abzumildern. Jesus ordnet sich hier näher bei den Pharisäern ein.

In Mk 3,4 spielt er mit der Frage: »Ist es erlaubt, am Sabbat Gutes zu tun oder Böses, einen Menschen zu retten oder zu töten?« auf eine akzeptierte Ausnahmeregel an – woraufhin seine pharisäischen Diskussionspartner in diesem Streitgespräch dann auch besser schweigen. Allerdings geht seine eigene Position noch ein ganzes Stück darüber hinaus. Ermöglichung von Leben ist für Jesus nichts, was nur als Ausnahmeregel vom Gebot der Sabbatheiligung zu betrachten wäre, sondern erschließt überhaupt erst den tiefen Sinn des Sabbats. Was andere Gruppierungen als Klausel verstehen, interpretiert Jesus als die ursprüngliche Intention Gottes, der den Sabbat für den Menschen geschaffen hat. Letztlich ist es die Frage nach der Interpretation der Tora, in die Jesus hier anhand eines besonders sensiblen Falles eingreift.

Der Aufbau des Streitgespräches ist klar und durchsichtig. Im Anfangsrahmen (23) werden der Ort und der konfliktauslösende Vorfall benannt. Unvermittelt schließt sich daran ein Dialog an, der den Streitpunkt behandelt (24–26) und lediglich aus Frage und Antwort besteht. Die ausführlichere Antwort Jesu, die als Gegenfrage formuliert ist, präsentiert bereits durch das analoge Beispiel die Lösung des Konfliktes. Das angefügte Logion (27) überträgt diese Lösung schließlich in eine allgemeingültige Aussage. Sekundär hinzugefügt ist offensichtlich das abschließende Menschensohnwort, das aus der Sicht der nachösterlichen Gemeinde eine christologische Konsequenz formuliert.

»Und es geschah, dass ...« – nach dieser Einleitung kommt der Erzähler relativ schnell zur Sache. Jesus ist am Sabbat mit seinen Jüngern unterwegs. Die Jünger reißen dabei im Vorübergehen Getreideähren ab. Anstößig ist jedoch nur der Mundraub. Zumindest wird die nicht minder spannende Frage des »Sabbatweges« in diesem Zusammenhang nicht weiter erörtert. Die Jünger tun, was eindeutig verboten ist. Philo, ein Zeitgenosse Jesu aus Alexandrien, schreibt: »... nicht ein Reis, nicht einen Zweig, ja nicht einmal ein Blatt abzuschneiden oder irgend eine Frucht zu pflücken ist erlaubt.« Man könnte zur Erklärung verschiedene pragmatische Gründe anführen: Im Gefolge des Wandercharismatikers haben die Jünger keine Gelegenheit, Vorsorge für den Sabbat zu treffen. Da sie auf fremden Unterhalt angewiesen sind, haben sie vielleicht schon längere Zeit mit knurrendem Magen zubringen müssen. Doch das rechtfertigt nicht wirklich ihre unbekümmerte Handlung am Sabbat. Ihre Kritiker erkennen hier wohl ganz richtig eine Grundhaltung, die aus einer sehr viel »liberaleren« Sabbatpraxis erwächst. Woher dort im Ährenfeld plötzlich Pharisäer auftauchen, spielt keine Rolle. Die Form des Streitgespräches dominiert solche erzählerischen Details. Jesus wird von ihnen – fraglos zu Recht – für das Verhalten seiner Anhänger verantwortlich gemacht. Er kontert mit einer Gegenfrage, die schriftgelehrte Bildung verrät und darin auf die Gesprächspartner eingeht. Der Fall Davids, wie er 1Sam 21,1–10 erzählt wird, bietet freilich keine restlos befriedigende Analogie. Denn erstens hat die Aktion Davids nichts mit dem Sabbat zu tun; zweitens geht dabei alle Initiative von David aus, der allein zu dem Priester Abimelech (Mk 2,26: Abjatar!) kommt und um die Brote bittet; drittens wird der Verzehr der Brote selbst gar nicht mehr berichtet. Der Vergleichspunkt liegt an einer anderen Stelle. Die geheiligten »Schaubrote« (Lev 24,5–9) waren durch gesetzliche Vorschrift nicht für den gewöhnlichen Verzehr bestimmt, erst recht nicht vor Ablauf der Wochenfrist. David, der sich von Gott berufen weiß, setzt sich in einer Notsituation indessen über solche gesetzlichen Bestimmungen hinweg. Als Mann Gottes besitzt er die Freiheit zu solchem Handeln – eine Freiheit, die Jesus nun ebenso in Anspruch nimmt. In der Gegenfrage, die auf das Beispiel Davids verweist, äußert sich damit eine ganz besondere Vollmacht, die unausgesprochen auch messianische Erwartungen (Davidssohn!) wecken konnte. Von der Davidsgeschichte her scheint die Motivation der Jünger zum Mundraub durch eine wirkliche Notsituation gegeben zu sein. Das verallgemeinernde Logion (27) hingegen nimmt den Vorfall zum Anlass, den Sabbat als Gabe des Schöpfers für den Menschen nach seiner grundlegenden Intention begreifbar zu machen. Dieser Gedanke ist im Kontext der innerjüdischen Diskussion nicht völlig neu, besitzt jedoch in seiner provozierenden Klarheit etwas Aufrüttelndes. Gegen alle Gefahren, die segensreiche Gabe des Sabbats durch Zusatzbestimmungen zu erdrücken, insistiert Jesus auf dem ursprünglichen Willen des Schöpfers, der den Sabbat um seiner Geschöpfe willen geschaffen hat.

Der Streit um den Sabbat ist kein Streit, in dem sich Jesus gegen »das« Judentum wendet. Im Gegenteil – er nimmt teil an einer innerjüdischen Diskussion, die das gemeinsame Bemühen um ein Leben nach Gottes Willen, wie er in der Tora gegeben ist, widerspiegelt. Mit seinem Verhalten signalisiert Jesus in diesem Kontext: Die Nähe Gottes bzw. der Anbruch der Gottesherrschaft eröffnen einen neuen und direkten Zugang zu einem Leben, das sich aus der Güte des Schöpfers speist.

TEXTBEISPIEL: LK 7,36–50 (JESUS UND DIE SÜNDERIN)
Die Salbungsgeschichte im Lukasevangelium gehört zu den dramatischsten und anstößigsten Erzählungen der Jesusüberlieferung überhaupt. Im Mittelpunkt steht ein Skandal, der Schlagzeilen macht. Eine hysterische Frau, die mit aufgelöstem Haar in eine Tischgesellschaft von Männern eindringt und ausgerechnet den Gast unter Tränen mit erotisch-intimen Gesten bedenkt – das wäre auch heute nicht weniger peinlich. Für das Haus eines Pharisäers aber ist es geradezu unglaublich, zumal, da es sich bei der Frau offenbar um eine stadtbekannte Prostituierte handelt.

Lukas hat die Geschichte völlig anders als die übrigen Evangelisten platziert. Während Markus (14,3–9) und Matthäus (26,6–13) sogar mit Johannes (12,1–8) darin übereinstimmen, dass jene Salbung ihren Ort am Beginn der Passionsereignisse hatte, versetzt sie Lukas in die galiläische Wirksamkeit Jesu. Weder kann er deshalb Jesus die Tat als Vorwegnahme seiner Totensalbung beurteilen lassen noch den Protest der Jünger (namentlich des Judas) ins Spiel bringen. Alles Interesse konzentriert sich dafür auf die Frau und die Reaktion des Gastgebers. Den Gastgeber zieht Jesus durch eine Parabel ins Gespräch, während er sich der Frau durch den Zuspruch der Sündenvergebung zuwendet. Es kann kein Zweifel bestehen, dass hinter allen vier Fassungen der Geschichte die Erinnerung an eine einzige, besonders markante und anstößige Begebenheit steht. Doch die Unterschiede sind so gravierend, dass man die Lukasfassung als eine ganz eigenständige Geschichte betrachten muss. Sie fügt sich dem Thema der »Sünderannahme« ein und tritt damit den Zöllnergeschichten zur Seite.

Die Fülle der Identifikationsmöglichkeiten wirft zugleich die Frage nach dem Anliegen der Geschichte auf. Wer ist darin die Hauptfigur? Handelt es sich um eine Christusgeschichte, die auf die Vollmacht zur Sündenvergebung abzielt? Oder steht der Pharisäer Simon im Mittelpunkt, sodass das Streitgespräch den Ton trägt? Geht es eher um eine Gastmahlsgeschichte, die Jesus in achtbarer und zweifelhafter Tischgesellschaft zugleich präsentiert? Oder muss man die Frau als diejenige betrachten, um die sich alles dreht? Zweifellos sind in der Geschichte verschiedene Erzählelemente miteinander verschmolzen, die alle Berücksichtigung verdienen. Das erzählerische Gerüst wird jedoch durchgängig von dem Auftreten der Frau bestimmt, sodass sich die Intention der Geschichte an ihr und ihrer Darstellung ablesen lassen muss. Eine Besonderheit ergibt sich dabei noch einmal aus der Spannung zwischen den Aussagen in 47a.48 (Liebe als Ursache der Vergebung), 41–43.47b (Vergebung als Ursache der Liebe) und 50 (»Dein Glaube hat dich gerettet!«).

Nach einer kurzen Eröffnung (36), die mit der Bezeichnung von Ort, Gastgeber und Gästen das Szenario beschreibt, setzt die Geschichte sofort mit der Skandalszene (37–38) ein. Alles beginnt wie mit einem Paukenschlag. Im weiteren Verlauf geht es dann vor allem darum, diese Skandalszene »aufzuarbeiten«. Das geschieht in zwei Dialoggängen. Der erste entspinnt sich zwischen Jesus und dem Gastgeber (39–47) und hat den Charakter eines Streitgespräches. In 41–43 findet man darin eingebettet eine Parabel vor. Der zweite fällt sehr viel knapper aus (48–50) und bietet auch nur die Worte Jesu an die Frau. Durch die Übertragung der Parabel von den beiden Schuldnern (44–47) entsteht außerdem ein Kontrastbild zwischen der Frau und dem Gastgeber. Die Reaktion der Tischgesellschaft wird in 49 kurz eingeblendet. Sie fasst das Thema noch einmal zusammen, unter das Lukas seine Fassung der Geschichte stellt: »Wer ist dieser, der auch Sünden vergibt?«

Schon die Eröffnung bietet eine bemerkenswerte Information: Jesus befindet sich diesmal in ehrbarer Gesellschaft, im Hause eines Pharisäers namens Simon. Markus und Matthäus nennen hier nun den Namen Simon, und bei Johannes ist Jesus im Haus der Freunde in Betanien zu Gast. Lukas hingegen zeigt Jesus häufiger als die anderen in einer positiven Beziehung zu Pharisäern. Später erfährt man, dass der Pharisäer Simon Jesus immerhin für einen Propheten gehalten hatte (39) und dass er ihn auch nach seiner Enttäuschung immer noch ehrfürchtig als »Lehrer« anspricht (40). Jesus liegt mit der Gesellschaft zu Tisch. Nur so lässt sich verstehen, wie die Frau »von hinten an seine Füße herantreten« kann. Sie taucht ganz unvermittelt auf, was in einem kleineren Haus und bei geöffneten Türen durchaus vorstellbar ist. Doch gerade dieser überraschende Auftritt schockiert. Allein ihre Anwesenheit bedeutet schon eine Verletzung sämtlicher Verhaltensregeln. Sie kommt ungeladen in das Haus eines frommen Mannes, der auf die Auswahl seiner Tischgenossen sehr sorgfältig zu achten pflegt. Zu denen aber hätte sie niemals hinzugehört, denn sie ist »eine Sünderin«. Man muss wohl aus dieser pauschalen Kennzeichnung schließen, dass sie als Prostituierte gilt. Alle im Raum außer Jesus sind darüber offenbar im Bilde: Wenn Jesus ein Prophet wäre, so hätte er doch wissen müssen, »wer und was für eine« diese Frau ist. Diese Überlegung klingt verächtlich genug. Sie wird auch sogleich eindrucksvoll bestätigt. Denn nun entwickelt sich eine höchst emotionale Szene. Die Frau, die ein Alabastergefäss mit Salböl bei sich trägt, bricht – vermutlich ungewollt – in Tränen aus und trocknet sogleich mit aufgelöstem Haar die Füße Jesu wieder ab. Das verstößt zu ihrer Zeit gegen jedes Schamgefühl. Gelöstes Haar gehört in den Intimbereich. In der Öffentlichkeit galt das als Scheidungsgrund. Doch es wird noch erotischer, indem sie nun Jesu Füße mit Küssen bedeckt und zu salben beginnt. Wenn sie ihm wenigstens das Haupt gesalbt hätte (vgl. Mk / Mt)! Der Gastgeber kann das nur als beschämend empfinden. Die Peinlichkeit des Ganzen ist mit Händen zu greifen. Immerhin belässt es Simon dabei, sich seine Gedanken zu machen. Darüber wird er nun unvermittelt von Jesus, der diese Gedanken errät, ins Gespräch gezogen. Jesus erzählt eine Parabel, die den Simon verwickelt und dazu nötigt, Position zu beziehen. Schlicht und schnörkellos lautet die Bildgeschichte: Zwei Schuldner mit deutlich unterschiedlichen Schuldsummen erhalten überraschend Schuldenerlass. Welcher von beiden wird den großzügigen Gläubiger mehr lieben? Vielleicht sollte man eher nach der größeren Erleichterung fragen. Jedenfalls gibt Simon die richtige Antwort – nicht ahnend, dass sie nun gleich auf sein Verhältnis zu Gott Anwendung finden und ihn in eine höchst unangenehme Parallele setzen wird. Denn jetzt vergleicht Jesus die anstößigen Gesten der Frau mit den (unterlassenen) Gesten der Gastfreundschaft durch Simon. Zu Gunsten des Gastgebers muss man freilich einräumen: Nicht jeder Gast wird im Orient zwangsläufig mit Fußwaschung, Kuss und Salbung des Hauptes empfangen – der besondere und herausgehobene Gast aber schon. Simon hat nicht grob unhöflich gehandelt, sondern er hat lediglich das Besondere nicht getan. Genau da aber liegt der Vergleichspunkt. Eine Reaktion bemisst sich an der Größe der Vorgabe. Durch die Anwendung der Parabel auf die aktuelle Situation erscheinen beide, Simon und die Frau, als Beschenkte. An ihrer Reaktion zeigt sich, wie groß dieses Geschenk war. Die Gerechtigkeit des Pharisäers Simon wird selbstredend anerkannt. Jesus macht ihn nicht madig und gesteht ihm zu, bei Gott nur wenig Schuld zu haben. Ohne Beschönigung wird auch das »Sündersein« der Frau beim Namen genannt. Bei ihr liegt viel an Schuld vor, die es zu erlassen gibt. Entscheidend aber ist, dass Gott überhaupt Schuld vergibt und die gestörte Gemeinschaft wieder herstellt. Im Auftreten Jesu kommt diese frohe Botschaft von der Nähe Gottes, der sich auch den von ihm Getrennten zuwendet, zur Sprache. Deshalb gilt es, die Freude der Beschenkten zu teilen und nicht erneut die alte, von Gott schon vergebene Schuld gegen sie ins Feld zu führen. Mit der Parabel und ihrer Übertragung wird demnach zweierlei erreicht: Zum einen erhält das Verhalten der Frau eine Begründung, zum anderen kommt die unterschiedslose Zuwendung Gottes zu allen Gliedern des Gottesvolkes zum Ausdruck. Schwierigkeiten bereitet die Frage nach der Art, wie diese Zuwendung erfolgt. 47a und der nachfolgende Zuspruch der Sündenvergebung in 48 lassen die Liebe der Frau als Voraussetzung der Vergebung erscheinen. 47b wiederum macht die Größe der Liebe von der vorausgegangenen Vergebung abhängig, was durch die Pointe der Parabel abgesichert wird. In der späteren Auslegungsgeschichte hat sich daran vor allem die Frage entzündet: Gibt es eine Mitwirkung des Menschen zum Heil? Lukas hat solche Probleme noch nicht im Blick. Dass für ihn der Akzent auf der vorausgehenden Vergebung liegt, macht die Parabel deutlich. Deren Spannungen zu den Aussagen in 47a und 48 sind dann aber nicht auf theologische Inkonsequenz oder unbeholfene Bearbeitungen des Textes zurückzuführen, sondern auf die betonte Absicht, die Wechselwirkung zwischen Liebe und Vergebung zu schildern. Auch wenn der erste Schritt von Gott ausgeht, kommt ihm doch eine Bewegung von Seiten des Menschen entgegen. Wenn ein gestörtes Gottesverhältnis wieder geheilt wird, dann ist das ein komplexes Geschehen und kein präzis abgestimmtes Programm. Das zeigt sich auch an dem Schlusssatz, der plötzlich von »Glaube« und »Rettung« spricht. In dem Liebesbeweis der Frau wird bei all seiner provozierenden Anstößigkeit sowohl Umkehr als auch Glauben erkennbar. Und wo dies geschieht, ereignet sich Rettung. In diesem Zusammenhang rückt dann auch das christologische Anliegen der Geschichte noch einmal in den Blick. Dass Gott Sünder annimmt und Schuld vergibt, macht sich an Jesus, dem Herold dieser frohen Botschaft, fest. Ihm gegenüber erweist die Frau ihre Liebe, ihm gegenüber unterlässt Simon die besondere Ehrerbietung. Jesus selbst spricht (wie schon in 5,17–25) die Sündenvergebung vollmächtig zu und handelt damit an Stelle Gottes. Die frohe Botschaft ist keine Zukunftsmusik, sondern gegenwärtige Realität.

In dieser Geschichte von der Salbung Jesu durch die Sünderin klingt schon Entscheidendes von dem Heilsverständnis des Lukasevangeliums an. Deshalb kann sie auch nicht bis zum Beginn der Passionsgeschichte aufgespart werden. Am Anfang der Wirksamkeit Jesu in Galiläa, dort, wo bei Lukas viele grundlegende, programmatische Erzählungen zu finden sind, stellt sie das Thema von Verfehlung und Vergebung vor. Sie tut es auf eine Weise, die durch ihre Dramatik und die Vielfalt der Identifikationsmöglichkeiten zur Umsetzung in neue Erfahrungsbereiche drängt.

TEXTBEISPIEL: MK 10,13–16 (KINDERSEGNUNG)
»Lasst die Kinder zu mir kommen ...« – in jedem Taufgottesdienst erklingen diese einladenden Worte, die als Spitzenaussage des »Kinderevangeliums« bereits zum festen Bestandteil der Taufagende geworden sind. Besondes gern wird auf Fleißbildern die schöne Szene mit dem von Kindern umringten Jesus dargestellt, wobei in der Unterschrift dann stets eine klare Botschaft zu finden ist: »Jesus hat die Kinder lieb!« Wieso auch nicht, wenn es doch in Kirche und Schule eine so intensive Kinderarbeit gibt? Dass Kindheit und Kindsein in der Umwelt Jesu indessen einen ganz anderen Stellenwert besaß als heute, zumal in Mitteleuropa, kommt dabei relativ selten in den Blick. Die meisten Ausleger haben das Lob der Kinder zum Anlass genommen, »Kindsein« in der Vorstellung Jesu zu idealisieren und mit den romantischsten Vorstellungen auszuschmücken. Ob hier wirklich nur ein »Kindernarr« vorgestellt werden sollte?

Die Szene ist bei Markus im Galiläateil zwischen zweiter und dritter Leidensankündigung untergebracht. In 9,33–37 hat sie schon ein Pendant, das sich als Vorverweis lesen lässt: Den Rangstreit der Jünger beendet Jesus dadurch, dass er – zeichenhaft – ein Kind in die Mitte der Männer stellt. Ansonsten geht es in diesem größeren Abschnitt um Episoden, in denen die Zugehörigkeit zur Gottesherrschaft (und damit für Markus: zur Gemeinde) thematisiert wird. Mit dem Streitgespräch über Ehe und Ehescheidung unmittelbar davor (10,1–12) und der Geschichte von dem Reichen unmittelbar danach (10,17–31) erhält die Kindersegnung einen Rahmen, der bereits das Problemfeld familiärer Beziehungen assoziiert.

Jesus zeigt Emotionen. Überhaupt geht es in dieser Geschichte zunächst ziemlich schroff, dann aber sehr liebevoll zu. Die Jünger fahren die Herbeigekommenen an, woraufhin Jesus nun seinerseits unwillig wird. Geradezu demonstrativ umarmt er dann die Kinder und segnet sie schließlich. Das Ganze ist keine »Amtshandlung«, die zu den Pflichten des Wanderpredigers gehörte, sondern wiederum eine Symbolhandlung. Ein Gestus, der aufmerken lässt, wird durch ein begleitendes Wort interpretiert. Inwiefern beides aus dem Rahmen fällt, lässt sich an der Geschichte selbst noch nicht ablesen. Erst im Blick auf den historischen Kontext deutet sich auch hier ein provozierender Charakter der ansonsten doch ganz unverfänglich scheinenden Segnung an.

Der Aufbau des kurzen Textes lässt ein Schwergewicht bei den Worten Jesu erkennen. Nach einer Eröffnung, in der die Kinder als Gegenstand der Auseinandersetzung eingeführt werden (13a), gliedert sich der Abschnitt in zwei Teile: Ablehnung (13b) und Annahme (14–16). Die Ablehnung durch die Jünger dient nur als Aufhänger für die Annahme durch Jesus in Wort und Gestus, die umso breiter gestaltet wird. Die direkte Anrede an die Jünger (14) stellt den Kontrast zwischen beiden Verhaltensweisen besonders scharf heraus. 15 bietet nach der konkreten Behaftung der Jünger bei ihrem konkreten Verhalten dann eine Verallgemeinerung, die den Akzent spürbar verschiebt. Hier findet sich eine »Anwendung« vom Schluss schon an das Ende der kleinen Rede Jesu vorgezogen.

Vieles bleibt aufgrund der knappen Erzählweise offen. Wer bringt die Kinder zu Jesus? Was sind das für Kinder? Wieso soll er sie »berühren«? Man hat hier gelegentlich an eine Bitte um Heilung gedacht. Aber dann wäre die schroffe Reaktion der Jünger völlig unverständlich. Es liegt also näher, hier einfach an Segnung zu denken. Was wäre jedoch gegen die Erteilung eines Segens einzuwenden? Die Abweisung lässt sich erst recht nicht (wie in vielen Kinderbibeln) mit dem Pragmatismus der Jünger erklären, die ihrem Meister einfach ein bisschen Ruhe verschaffen wollen. Die ganze Eröffnung liest sich eher wie die Abbreviatur eines Konfliktes, der irgendeine schwerwiegendere Frage betreffen muss. Das Kommen der Kinder als solches scheint Gegenstand der Diskussion zu sein. Dabei deutet die Antwort Jesu schon an, dass sich das Kommen zu seiner Person mit dem Kommen zur Gottesherrschaft verbindet (14). Lange Zeit galt die Wendung »Hindert sie nicht!« als Indiz dafür, dass im Hintergrund der Geschichte das Problem der Kindertaufe stehen müsse, die hier durch die Worte Jesu ausdrücklich legitimiert würde. Denn an einigen Stellen in der Apostelgeschichte (8,36; 10,47; 11,17) steht die Frage »Was hindert es?« im Kontext des Taufgeschehens. Aber abgesehen davon, dass sich ein stereotyper, formelhafter Gebrauch der Frage auch in der Apostelgeschichte noch nicht überzeugend nachweisen lässt, hätte die Taufe ohnehin keinen Haftpunkt im Leben Jesu. Erst die Gemeinde des Markus könnte die Überlieferung dann so verstanden haben. Das wäre immerhin möglich, wenngleich das Problem ansonsten für das 1. Jh. n. Chr. kaum belegt ist. Man muss also doch eher annehmen, dass die Jünger die Kinder generell aus dem Ausstrahlungsbereich der Botschaft Jesu heraushalten wollen. Sie betrachten nach dem Verständnis ihrer Zeit Kinder als Wesen, die vorzugsweise durch Defizite gegenüber Erwachsenen gekennzeichnet sind. Für sie ist die Gottesherrschaft noch nichts. Sie müssen erst zu vollwertigen Menschen heranwachsen, um die Botschaft aufnehmen zu können. Es geht also um die Zugehörigkeit zur Gemeinschaft der Jesusanhänger – und später dann um die Zugehörigkeit von Kindern zur Gemeinde. Dazu bezieht Jesus eindeutig und überraschend Stellung. Für ihn gelten Kinder bereits uneingeschränkt als Adressaten der Zuwendung Gottes. Sie gehören nicht in den Wartesaal der Gottesherrschaft, sondern mitten hinein. Kinder weisen nicht etwa nur Mängel auf, die erst mit zunehmender Reife überwunden werden müssten, sondern zeichnen sich sogar noch durch Vorzüge aus, die sie den Erwachsenen voraushaben. Deshalb werden sie von Jesus für gleichnisfähig erachtet, den Zugang zur Gottesherrschaft zu beschreiben: »diesen / den so Beschaffenen gehört ...«, »wer nicht die Gottesherrschaft empfängt wie ein Kind ...« Diese ihre Eigenart hat sicher mit der Voraussetzungslosigkeit zu tun, mit der sie Gaben entgegennehmen.

Ansonsten sollte man sich hüten, aus den hier gemeinten Kindern kleine Erzengel zu machen. Jesu Zeichenhandlung ist auch so schon eindrücklich genug. Der abschließende Segensgestus bedeutet uneingeschränkte Annahme. Kinder müssen nicht erst lernen und groß werden, um die Zuwendung Gottes zu erfahren. Schon jetzt wird die Gegenwart des Heils auch für sie erfahrbar.

Die Intention des Textes ist sicher nicht verfehlt, wenn er auf einer späteren Stufe der Überlieferung dann auch für die Taufe von Kindern in Anspruch genommen worden ist. Sein Anliegen ist ursprünglich jedoch ein anderes und weiteres. Kinder sind vor Gott gerade keine defizitären Wesen. Wo sie als solche betrachtet werden, gilt ihnen die Zuwendung Gottes in besonderer, zeichenhafter Weise – ähnlich denen, die auch sonst am Rande oder außerhalb der Gemeinschaft stehen.

TEXTBEISPIEL: LK 19,1–10 (ZACHÄUS)
Die Geschichte von dem Abgabenpächter Zachäus erfreut sich immer wieder bei Evangelisationen einer großen Beliebtheit. Da, wo »Umkehr« verkündigt wird, scheint sie sich aufgrund ihrer klaren Konturen besonders anzubieten: Einer ist fern von Gott, befindet sich aber offenbar auf der Suche. Sein Leben ist durch kräftige Verfehlungen geprägt. In der Begegnung mit Jesus findet er jedoch vorbehaltlose Annahme. Er vollzieht eine Lebenswende und macht durch praktische Schritte wieder gut, was er sich vorher zu Schulden kommen ließ. – Das ist der Stoff, aus dem Predigten gemacht werden. Hier lässt sich die Einladung Gottes gerade an die Fernen anschaulich entfalten.

Bei Lukas steht die Geschichte ohne synoptische Parallelen und entstammt also dem so genannten Sondergut. Sie fügt sich einem Thema ein, das wie ein roter Faden das gesamte Lukasevangelium durchzieht: die Zuwendung Jesu zu den Randgruppen, den Marginalisierten, den Unterprivilegierten, den Ausgeschlossenen. Es ist wiederum eine der anstößigen Geschichten. Denn hier geht es – anders als etwa bei dem Gleichnis vom verlorenen Schaf oder der verlorenen Drachme – um jemanden, der selbst zu seiner Ausgrenzung beigetragen hat. Gerade bei dem kehrt Jesus ein und hält mit ihm Mahlgemeinschaft. Das löst den verständlichen Protest derer aus, die sich um ein Leben nach Gottes Willen bemühen. Wie schon in den anderen vergleichbaren Geschichten wird der Protest auch hier thematisiert. Zugleich ist es im Aufriss des Evangeliums die letzte »Sündergeschichte«. Lukas hat sie am Ende des langen Weges nach Jerusalem platziert und setzt damit noch einmal ein letztes Signal. Gegenüber der Botschaft, die Jesus verkündigt, muss man sich entscheiden. Zachäus steht für diejenigen, die ihr eher unerwartet und überraschend – und damit ärgerlich für andere – zustimmen.

Durch die Einleitung (1) lokalisiert Lukas die Geschichte auf der letzten Reisestation vor Jerusalem. Am Schluss verallgemeinert er sein Anliegen in einem Logion (10), das eine Schlussfolgerung zieht. Die Erzählung selbst gliedert sich in zwei Teile. Im ersten Teil (2–6) werden zwei Bewegungen geschildert, die aufeinander zulaufen und die in die Aufnahme Jesu im Haus des Zachäus einmünden. Während Zachäus eine ausführliche Vorstellung erfährt (2–4), beschränkt sich die Schilderung Jesu auf den Moment der Kontaktaufnahme sowie die wenigen Worte der Selbsteinladung (5). Der zweite Teil (7–9) ist dialogisch angelegt und nimmt den Charakter eines Streitgespräches an. Der Einwand der murrenden Beobachter (7) wird durch Jesus mit Blick auf Zachäus beantwortet (9), der in dem dazwischenliegenden Vers (8) selbst zu Wort kommt. Insgesamt lebt die Erzählung von einem sorgfältig inszenierten Überraschungsmoment: Die negative Figur zieht die Zuwendung Jesu auf sich, der Protest »aller« hingegen wird abgewiesen. Unweigerlich nehmen auch die Leserinnen und Leser zunächst die Position der Menge ein, der dadurch mehr als nur eine Statistenrolle zukommt. Das »letzte« Wort Jesu wird so zum Anfang des Gesprächs in einer letztlich offenen Geschichte.

Der Schauplatz des Geschehens ist Jericho. Jesus befindet sich auf der Durchreise. Bis Jerusalem sind es nur noch 27 km in südwestlicher Richtung. Als Wohnort vieler Priester und Tempelbediensteter, die den kurzen Weg häufiger bewältigen (vgl. Lk 10,30ff), liegt Jericho bereits im Ausstrahlungsbereich der Davidsstadt. Hier weiß man, was Gottes Wille bedeutet. Zachäus ist kein Fremder. Er stammt aus einer jüdischen Familie (9: »Sohn Abrahams«) und trägt einen achtbaren Namen (Zachäus = griechisch für Zakkai / der Gerechte). Allerdings scheint er in der Stadt keinen besonders guten Ruf zu haben, wie das die erzählerische Einführung seiner Person schon erkennen lässt. Man macht ihm keinen Platz, obgleich sein sozialer Status ihm doch zumindest Respekt verschaffen sollte. Als »Oberzollpächter« ist er nicht nur selbstständiger Unternehmer, sondern als solcher auch noch der Vorsteher einer Pachtgesellschaft. Ausdrücklich heißt es zudem, dass er »reich« war. Man kann sich schon denken, woher der Reichtum stammt, auch wenn seine unlauteren Geschäfte erst nachholend in 19,8 benannt werden. Die Missachtung durch die Bürger von Jericho nötigt Zachäus zu einer ganz unstandesgemäßen Aktion. Ein Mann seines Ranges klettert wie ein Straßenjunge auf eine Sykomore! Der Hinweis auf seine Körpergröße verstärkt das Kuriosum noch einmal. Immerhin wird daran schon eines deutlich: Zachäus nimmt es in Kauf, sich der Lächerlichkeit auszusetzen. Er hat ein Interesse an dem Wanderprediger aus Galiläa, dessen Ruf schon bis nach Jericho gedrungen ist. Was er sich dabei von ihm erwartet, bleibt offen. Zunächst sieht es nur nach Neugierde aus. Die freudige Reaktion auf Jesu Worte und die erstaunlich rasche Abkehr von seiner bisherigen Geschäftspraxis lassen dann aber schon eine Vorgeschichte ahnen. Unerwartet kommt es zur Begegnung. Weder das Gedränge noch die belaubte Sykomore legen es nahe, dass Jesus den Zachäus überhaupt wahrnehmen müsste. Doch genau das geschieht. Der Blickkontakt Jesu und seine Worte haben etwas Zwingendes. Er fordert zur Eile auf und begründet seine Selbsteinladung mit den Worten: »Heute muss ich in deinem Haus bleiben!« In diesem »muss« verrät sich der Erzähler Lukas. Immer wieder spricht er davon, dass Dinge geschehen »müssen« und verweist damit auf den planvollen Ablauf der Ereignisse, die Ausdruck einer Heilsgeschichte Gottes mit seinem Volk sind. Die Selbsteinladung Jesu bei Zachäus entspringt also weder der Dreistigkeit eines heimatlosen Predigers noch der glücklichen Idee des Augenblicks, sondern der Regie Gottes. Insofern verliert auch die Entdeckung des Zachäus auf der Sykomore etwas von ihrer Peinlichkeit. Von der Bedeutung des Augenblicks gepackt, steigt er herunter und führt die Einladung aus. »*Heute* muss ich ...« – diese Wendung weist schon voraus auf das »*Heute* ist diesem Haus Heil zuteil geworden.« Die Verkündigung des Heils realisiert sich in der Gegenwart. Sie sagt keine ferne Zukunft an. Zachäus wird von Freude ergriffen – wie schon die Freude ein wichtiges Motiv in den Gleichnissen vom Verlorenen (Lk 15) ist. Doch die Bürger von Jericho können nicht in diese Freude einstimmen. Sie kennen Zachäus zu gut und sind wohl selbst oft genug durch ihn geschädigt worden. Ihr Urteil trifft sicher zu und darf nicht beschönigt werden: »Bei einem sündigen Mann ist er hineingegangen, um einzukehren!« (19,7) Ihnen antwortet Jesus in 19,9 im Blick auf Zachäus mit der Proklamation von »Heil« für dieses Haus, »weil auch er Sohn Abrahams ist.« Wiederum zeigt sich: Jesu Sendung richtet sich zuerst an das Gottesvolk, dem die Verheißungen Abrahams gelten. Davon ist niemand ausgeschlossen. Auch diejenigen, die sich selbst als »Sünder« von Gott getrennt haben, sind in die Sammlung des Gottesvolkes eingeschlossen. Das geschieht ohne Vorbedingung. So verwundert es auch, dass die Antwort Jesu noch einmal von der etwas unmotiviert wirkenden Rede des Zachäus in 19,8 unterbrochen wird. Manche Ausleger haben hier an einen späteren Zusatz mit pädagogischer Absicht gedacht. Aber es ist in der knappen Erzählung einfach der passendste Ort, um jene Lebenswende zur Sprache zu bringen, die bei Zachäus durch die Begegnung mit Jesus ausgelöst wird. Er kann nicht mehr weiterleben wie bisher. Die Vorschläge zur Wiedergutmachung verfolgen eine doppelte Strategie: Wenn Zachäus die Hälfte seines Besitzes für die Armen einsetzen will, dann geht das weit über alle Regelungen zur Wohltätigkeit im damaligen Judentum hinaus. Der vierfache Ersatz in jenen Schadensfällen, die sich noch nachweisen lassen, bewegt sich indessen im Rahmen üblicher Ersatzleistungen. Zachäus gibt also sein Unternehmen nicht auf, begleitet aber künftig seine korrekten Veranschlagungen durch großzügige Liebestätigkeit. Natürlich schildert gerade Lukas diesen Zug der Geschichte so, dass das Verhalten des Zachäus beispielhafte Züge gewinnt. Doch er macht einen solchen Umgang mit Besitz nicht zur Voraussetzung für die Annahme eines »Sünders«. Das verallgemeinernde Wort zum Schluss hält für Lukas noch einmal fest, von wem die Initiative ausgeht (auch wenn Zachäus in dieser Geschichte der Bewegung Jesu entgegenkommt): »Der Menschensohn ist gekommen, um das Verlorene zu suchen und zu retten.«

In der Geschichte von Zachäus finden sich verschiedene Motive miteinander verbunden, die auch sonst bei Lukas Gewicht besitzen. Gott sucht diejenigen, die sich von ihm getrennt haben, und gibt sie nicht auf. In der Begegnung, im Augenblick des Findens, ereignet sich Heil. Noch auf dem Weg zur Passion wird denen, die Jesus aufnehmen, Rettung zuteil. Die Initiative geht vonseiten des Gottessohnes aus. Er selbst lädt sich ein. Aber man kann der Suche Gottes auch entgegenkommen und die Selbsteinladung annehmen. »Umkehr« ist dabei keine Vorbedingung, sondern Konsequenz der wiederhergestellten Gottesbeziehung und schlägt sich nun in konkretem, sozialethisch relevantem Verhalten nieder. Der offene Schluss fordert wie bei den Gleichnissen vom Verlorenen dazu heraus, Position zu beziehen: Wird Umkehr zugestanden? Der Kontrast zwischen davor und danach hat sich jedoch verschärft. Die Frage stellt eine bleibende Herausforderung dar.

TEXTBEISPIEL: MK 11,1–11 (EINZUG IN JERUSALEM)
Das Evangelium des »Palmsonntags« zum Auftakt der Karwoche hat im Laufe der Jahrhunderte eine ganz eigene liturgische Tradition hervorgerufen. Die vielen bildhaften Elemente des Textes drängen auf gestaltende Umsetzung und regen zu neuen Assoziationen an. Auch alle jene Interpretationen aus jüngerer Zeit, die Jesus als den Anführer einer national-revolutionären (zelotischen) Bewegung verstehen wollten, haben dankbar auf diese Geschichte zurückgegriffen. Was von dem historischen Geschehen noch erkennbar bleibt, wird dabei jedoch von den jeweiligen Interessen weitgehend verdeckt.

Im Aufriss des Markusevangeliums markiert die Episode einen wichtigen Punkt: Jesus kommt in Jerusalem an. Der Weg zum Kreuz tritt nun auch geographisch in eine entscheidende Phase. Schon bei der Ankunft Jesu in der Stadt Davids zeichnen sich die kommenden Konflikte ab. Von diesem Augenblick an tritt zugleich die Hoheit des »Davidssohnes« nun zunehmend offener zutage. Dafür sorgt nicht zuletzt die Geschichte von der Heilung des blinden Bartimäus, die unmittelbar davor (10,46–52) den Weg nach Jerusalem in der Nähe von Jericho abschließt. Der Bittruf des Blinden (»Du Sohn Davids, erbarme dich meiner!«) intoniert bereits die messianischen Erwartungen und die Proklamation des »Kommenden«, wie sie dann kurz vor Jerusalem laut werden. Wenn es in 10,52 heißt, dass der Geheilte Jesus auf dem Weg nachgefolgt sei, dann soll man daraus wohl auch seine Anwesenheit und die Wiederholung seines Rufes unter den jubelnden Festpilgern beim Einzug schlussfolgern.

Als besonders auffällig erweist sich die durchgängige Prägung der Geschichte durch alttestamentliche Reminiszenzen. Die Requirierung des Reittieres durch die Jünger (die wenig später eine verblüffend genaue Parallele in der Auffindung des Abendmahlssaales 14,12–16 hat) lässt unwillkürlich an die Geschichte von Saul denken, der seine Eselinnen sucht; Samuel sagt ihm daraufhin eine genaue Ereignisfolge voraus und salbt ihn zum König (1Sam 10,2–10). Ähnlich ist auch die detaillierte Beauftragung des Elija in 1Kön 17,8–16 gestaltet. Der königliche Ritt auf dem Esel drängt die Erinnerung an den Friedenskönig aus Sach 9,9 (»Juble laut, Tochter Zion! Jauchze, Tochter Jerusalem! Siehe, dein König kommt zu dir. Er ist gerecht und hilft; er ist demütig und reitet auf einem Esel, auf einem Fohlen, dem Jungen einer Eselin.«) geradezu unwiderstehlich auf – sodass Mt 21,5 den Vers dann auch gleich noch zitierend hinzugefügt hat. Unterstützung mögen solche Erinnerungen weiterhin von dem Segensspruch über Juda aus Gen 49,10–11 erhalten: »Nie weicht von Juda das Zepter, der Herrscherstab von seinen Füßen, bis der kommt, dem er gehört, dem der Gehorsam der Völker gebührt. Er bindet am Weinstock sein Reittier fest, seinen Esel am Rebstock. Er wäscht in Wein sein Kleid, in Traubenblut sein Gewand.« Dass die Evangelisten ihre Erzählung ganz bewusst in das Licht dieser alttestamentlichen Aussagen gerückt haben, liegt auf der Hand. Eine andere Frage ist es, ob das historische Geschehen im Hintergrund der Erzählung ebenfalls schon von diesen Intentionen bestimmt war. Haben die Festpilger den (zufällig) auf einem Esel reitenden Jesus als den Friedenskönig proklamiert – oder hat Jesus nach Art einer prophetischen Zeichenhandlung diese Proklamation sogar in bewusster Anspielung auf Sach 9,9 selbst provoziert? In diesem Zusammenhang gilt es zu bedenken, dass Jesus ansonsten alle national-messianischen Erwartungen stets von sich weist. Wenn er tatsächlich einen Esel benutzte – musste er dann nicht ahnen, was das auslösen konnte? Vermutlich wird man den historischen Sachverhalt am ehesten in dem auffälligen Schweigen Jesu zum Geschrei der Festpilger und in dem gänzlich unspektakulären Abschluss des Einzuges im »Sight-seeing« Jesu (11) erkennen können.

Die Geschichte besteht aus zwei Teilen. Im ersten Teil wird die wunderbare Auffindung des Reittieres berichtet (1b–7), im zweiten dann der Einzug selbst (8–10). 1–7 gliedert sich in den Auftrag (1), eine szenische Vorhersage der Auffindung (2–3) und die Auffindung selbst. 8–10 gliedert sich in die Schilderung von Gesten (8) und Akklamation (9–10) der begleitenden Festpilger. Beide großen Teile werden von geographischen Angaben gerahmt: 1a nennt zwei Dörfer im Einzugsbereich von Jerusalem als Ausgangspunkt, 11a gibt die Ankunft in Jerusalem bzw. speziell im Tempel als den Zielpunkt an. Der Abschluss in 11b schließt den Kreis: Jesus schaut sich alles an und kehrt zum Nachtquartier wieder nach Betanien (1a) zurück.

Nach der Heilung des blinden Bartimäus in der Nähe von Jericho befindet sich Jesus wieder auf dem Weg. Die Nähe Jerusalems ist längst schon spürbar und wird nun auch erzählerisch markiert. Dass die Reihenfolge der beiden Dörfer Betfage und Betanien verwechselt ist, sollte man Markus nicht als Unkenntnis anlasten. Mit dem Auftrag Jesu an zwei seiner Jünger zur Beschaffung eines Reittieres macht Markus wenigstens zwei wichtige Anliegen sichtbar: Wenn Jesus schon solche relativ unbedeutenden organisatorischen Fragen voraussieht und souverän entscheidet, dann geht er auch den Weg nach Jerusalem in voller Klarheit über alle Bedrohungen und mit der Gelassenheit dessen, der die Ereignisse selbst bestimmt. Außerdem spielt der Auftrag wohl auf das alte Königsrecht zur Beschlagnahmung von Transportmitteln (Num 16,15; 1Sam 8,17) an und weist gemeinsam mit der Auskunft »Der Kyrios braucht ihn!« – für die Leserinnen und Leser deutlich erkennbar – auf die Hoheit Jesu hin. Markus hat den Akt ganz klar als eine prophetische Zeichenhandlung in Anspielung auf Sach 9,9 verstanden. Wenn man auch schon bei Jesus diese Absicht vermutet, dann wohl nur in dem Sinne, dass die Demut und die Niedrigkeit des Friedenskönigs den Ton tragen. Missverständlich bliebe das allemal, denn schon Sach 9,10 kündigt die machtvolle Vernichtung von Rossen, Streitwagen und Kriegsbogen an. Sicher lässt sich lediglich erkennen, wie die Schar der Festpilger, die mit Jesus auf dem Weg ist, (stimuliert durch das Erlebnis mit Bartimäus?) ihre messianischen Erwartungen äußert. Die Gesten (Zweige und Kleider) entstammen dem Königsritual. Die Akklamation Jesu als des »Kommenden« (vgl. die Frage des Täufers nach dem »Kommenden« in Mt 11,3 / Lk 7,19) sprechen in Verbindung mit »der Herrschaft / dem Reich unseres Vaters David« eindeutig politische Hoffnungen aus. Noch in 8,33 hatte Jesus den Petrus, der gegen die Leidensankündigung offenbar an einer politisch-nationalen Messiaserwartung festhielt, scharf als »Satan« angefahren. Jetzt bleiben die Rufe der Festpilger lediglich unbeantwortet. Mit dem Einzug in die Stadt verebbt dann der Tumult. Die Festpilger verlieren sich ebenso wie Jesus im Getriebe der Gassen. Das ist auch aufgrund der topographischen Situation viel verständlicher als die Darstellung eines Matthäus (»Und als er nach Jerusalem hineinkam, erbebte die ganze Stadt.«) oder eines Johannes, der den Empfang Jesu nach der Art eines Herrschers schildert (»die große Schar derer, die zum Fest gekommen waren ... ging hinaus zur Begegnung mit ihm ...«).

Mit der Ankunft Jesu in Jerusalem haben sich verschiedene Erwartungen, Hoffnungen und Befürchtungen verbunden. Sie sind sehr wahrscheinlich durch den Vollmachtsanspruch Jesu, wie er in Wort und zeichenhaftem Verhalten zum Ausdruck kam, herausgefordert worden. Die Botschaft von der Nähe der Gottesherrschaft nun auch in der Davidsstadt zu Gehör zu bringen – das mussten gerade seine Anhänger als ein Ereignis von besonderer Brisanz empfinden. Es lag in der Luft, darin ein Signal für einen politischen Umbruch zu sehen. Jesus selbst aber wird in dem Gang nach Jerusalem sicher den entscheidenden Schritt zur Sammlung Israels gesehen haben. Die nationalen Hoffnungen konnte und wollte er dabei ebenso wenig wie schon zuvor in Galiläa bestätigen. Von den Evangelisten ist die Ankunft Jesu im Rückblick dann als der Einzug des wahren Friedenskönigs geschildert worden. In der Huldigung spiegelt sich schon sein künftiges Geschick, und die Proklamation auf dem Weg erhält ihre Korrektur in der Aufschrift auf dem Kreuz.

TEXTBEISPIEL: LK 22,47–51 (GEFANGENNAHME JESU)

Im Ablauf der Passionsgeschichte stellt die Gefangennahme Jesu einen Wendepunkt dar. Bis dahin wäre auch ein anderer Fortgang der Ereignisse immer noch denkbar. Das Ringen mit Gott in Getsemani hat gerade erst die mögliche Vermeidbarkeit des Todes vor Augen geführt. Ab jetzt aber ist es dafür zu spät. Aus den bisherigen verbalen Angriffen wird Gewalttätigkeit. Die Häscher legen Hand an Jesus. Lukas, ein Meister der literarischen Schlüsselszenen, hat dem Gewicht dieses Momentes auch einen entsprechenden erzählerischen Ausdruck verliehen.

Die lukanische Passionsgeschichte lässt sich in vier große Textblöcke gliedern. Der erste (22,1–38) schildert das Abschiedsmahl nach Art eines umfänglichen Symposiums mit anschließenden Mahlgesprächen. Die Auslieferung Jesu (22,39–65) beherrscht den zweiten Teil. Ein dritter Teil (22,66–23,25) ist dem Prozess vorbehalten, wobei die Zahl der Verhöre durch eine zusätzliche Vorführung vor Herodes Antipas auf drei erhöht wird. Im vierten und letzten Teil schließlich (23,26–56) kommt das Martyrium Jesu zur Darstellung. Den zweiten Teil der Auslieferung prägt ein Dreischritt: In der Getsemaniszene (22,39–46) wird die Auslieferung vorbereitet, in der Verhaftungsszene (47–53) vollzogen und durch die Verleugnung des Petrus (54–65) besiegelt. Von da an wird unumkehrbar, was zu Beginn noch eine gewisse Offenheit besaß.

Lukas fügt gegenüber Markus und Matthäus auffallend viele eigenständige Züge in die Passionsgeschichte ein. Noch einmal sind zahlreiche Sonderüberlieferungen aufgenommen. Bei dem letzten Mahl hält Jesus einen zusätzlichen Vorspruch (22,15–18), bevor die bekannten »Einsetzungsworte« fallen. Unter den anschließenden Mahlgesprächen fällt besonders das Auftragswort an Petrus auf (22,31–32), das schon auf die Flucht der Jünger vorausdeutet. Erzählerisch geschickt werden in dem kurzen Disput über die Rücknahme der »Ausrüstungsregel« (22,35–38) jene Schwerter eingeführt, die später bei der Verhaftung dann plötzlich zur Hand sein werden. In der Getsemaniszene entlastet Lukas die Jünger. Ihr dreimaliger Schlaf reduziert sich auf einen, und der betrifft alle gleichermaßen, ohne dass Petrus besonders genannt würde. Die Jünger schlafen zudem vor »Betrübnis« (22,45) und nicht aus Ermattung. Dafür ist das Gebet Jesu zu einem regelrechten Gebetskampf ausgestaltet, wobei ein Engel Gottes Jesus stärkt (22,41–44). Erneut mahnt Jesus dann die Jünger, und mitten in dieser Gebetsmahnung erscheint die Verhaftungstruppe. Unter den Verhörszenen macht vor allem das dritte, nur von Lukas gebotene Verhör vor Herodes Antipas (23,6–12) deutlich, dass trotz gesteigerter Bemühung übereinstimmend keine Schuld an Jesus festgestellt werden kann. Im direkten Kontrast dazu lässt Lukas bei der Passaamnestie das Volk dreimal den Tod Jesu fordern (23,18–23). Auf dem Weg zum Kreuz tröstet Jesus die klagenden Frauen (23,27–31). Am Kreuz betet er für seine Feinde (23,34) und sorgt für den Delinquenten zu seiner Rechten (23,39,43). Mit Ps 31,6 als Ausdruck tiefsten Gottvertrauens haucht er seinen Geist aus. Zwei Linien zeichnen sich in diesen Besonderheiten ab: Zum einen wird Jesus als der vorbildliche Märtyrer gezeichnet, der seinen Anhängern ein Beispiel für Gottvertrauen in Verfolgung und Todesbedrohung hinterlässt. Zum anderen stellt Lukas mit Nachdruck heraus, dass Jesus nicht das Opfer eines Justizirrtums oder der Verkettung unglücklicher Umstände ist, sondern dass sein Tod in dem planvollen Handeln Gottes beschlossen liegt. Diese beiden Linien lassen sich auch in der Verhaftungsszene wiedererkennen.

Judas und die Verhaftungstruppe treten auf, als Jesus noch seine Jünger ermahnt: »Steht auf und betet, damit ihr nicht in Versuchung geratet!« Das sagt er zu seinen engsten Vertrauten. Judas an der Spitze der Truppe aber ist »einer von den Zwölf«. Allein diese Konfrontation lässt schon Emotionen erwarten. Jesus beherrscht indessen von Anfang an die Szene und übernimmt die Regie. Judas tritt heran, um ihn verabredungsgemäß zu küssen. Doch Jesus kommt ihm zuvor und nimmt ihm mit seiner vorwurfsvollen Frage den Kuss von den Lippen. Judas kann nicht mehr ausführen, was er vorhatte. Er wird fortan auch gar nicht mehr erwähnt. Da aber eskaliert bereits die Situation. Anders als bei Markus und Matthäus sind es nun alle Jünger, die Partei für Jesus ergreifen und kämpfen wollen. »Sollen wir...?« Noch ehe die Frage verklungen ist, hat einer schon zugeschlagen und das erste Opfer nur knapp verfehlt. Brisanterweise handelt es sich dabei auch noch um einen Sklaven des Hohenpriesters. Nur Johannes sagt übrigens, dass Petrus dieser eine gewesen sei (18,10–11); Lukas lässt das offen. Alles ist damit auf eine gewaltsame Konfrontation eingestellt. Die Truppe versteht sich auf den Gebrauch von Waffen. Die galiläischen Fischer wissen sich ebenfalls zu wehren. Man könnte spätestens jetzt noch Jesus in Sicherheit bringen. In dieser Situation geschieht jedoch etwas Überraschendes. Die übrigen Evangelisten berichten lediglich, dass Jesus seinen Verteidigern Einhalt geboten habe. Nach Lukas aber betätigt er sich jetzt noch ein letztes Mal als Wundertäter: Er heilt das Ohr seines verletzten Feindes. Es geht nicht nur darum, die Gewalt zu stoppen, sondern den Schaden, den sie bereits angerichtet hat, wieder zu heilen. Souverän, als ginge es nicht um seinen Kopf, wendet sich Jesus dann zu den Anführern. Lukas erweckt den Eindruck, als ob dies »die Hohenpriester, Tempelhauptleute und Ältesten« seien. Das ist real ganz unvorstellbar. Natürlich machen die Autoritäten sich nicht selbst bei Nacht und Nebel auf den Weg. Aber für Jesus als den Herrn seines eigenen Geschickes sind sie nach Lukas die einzigen angemessenen Ansprechpartner. Sie stellt er zur Rede und macht ihnen ihre hinterlistige Aktion zum Vorwurf: Nicht die offene Auseinandersetzung haben sie gesucht, sondern sie haben sich der »Macht der Finsternis« bedient.

An dem entscheidenden Wendepunkt der Passionsgeschichte stellt Lk 22,47–53 Jesus als den dar, der Aggression verurteilt und Gewaltverzicht praktiziert. Anstatt in Notwehr loszuschlagen, versorgt er die Wunden seiner Feinde. So wird die Szene auch für die Leserinnen und Leser des Lukas zum Wendepunkt, der einen Ausweg aus der Spirale von Gewalt und Gegengewalt aufzeigt.

Taufe

Rätsel des Ursprungs

Wie aus dem Nichts taucht die christliche Taufe in den Schriften des Neuen Testaments auf. Nirgends wird von ihrer Einsetzung berichtet, nirgends findet sich eine Begründung für die angewendete Praxis. Dennoch wird sie unbestritten in allen Gemeinden der Urchristenheit praktiziert, wie unterschiedlich auch sonst deren theologische Positionen gewesen sein mögen.

Den »Missionsbefehl« Jesu in Mt 28,18–20 kann man für einen Ursprung der Taufe nicht in Anspruch nehmen. Denn wie schon seine trinitarische Tauformel zeigt, spiegelt sich in diesen Worten die Missions- und Taufpraxis der christlichen Gemeinde zur Zeit des Matthäus wider. In der älteren Aussendungsüberlieferung erhalten die Jünger den Auftrag, die Gottesherrschaft zu verkündigen, beglaubigt durch ihre Vollmacht über Dämonen sowie zur Heilung von Krankheiten. Ein Taufbefehl ist damit nicht verbunden. Man muss die Frage stellen, ob die Jünger überhaupt selbst getauft waren? Joh 1,35–39 erzählt, wie zwei der Täuferjünger in die Nachfolge Jesu überwechseln. Wie Jesus selbst mochten sie sich wohl der Johannestaufe unterzogen haben. Aber galt das für alle, die sich in der Folgezeit zu Jesus bekannten? Als ein Signal mit Aufforderungscharakter haben die Evangelisten die Taufe Jesu durch Johannes jedenfalls nicht dargestellt.

Paulus räumt der Taufe einen hohen Stellenwert ein. In Röm 6 widmet er ihr eine durchdringende Erklärung und spielt auch sonst immer wieder auf ihre konstitutive Bedeutung für die Zugehörigkeit zu Christus an. Aber in krassem Gegensatz dazu steht die Gleichgültigkeit, mit der er ihren praktischen Vollzug behandelt. In 1Kor 1,14–17 betont er nachdrücklich, niemanden in Korinth getauft zu haben, bis ihm dann doch einige Ausnahmen einfallen. Aber an mehr kann er sich nicht erinnern, und so schließt er den Passus mit der lakonischen Bemerkung ab, Christus habe ihn nicht gesandt, um zu taufen, sondern um das Evangelium zu verkündigen. Lässt sich denn beides voneinander trennen?

Der Parteienstreit in Korinth ist übrigens einer der seltenen Fälle, in denen die Taufe auch einmal in innerkirchliche Streitigkeiten hineingezogen wurde. Ansonsten stellt sie bis heute im ökumenischen Gespräch das einzige Thema dar, bei dem es einen gesamtchristlichen Konsens gibt: Die Taufe wird gegenseitig anerkannt, ohne im Falle einer Konversion* noch einmal neu vollzogen werden zu müssen. Eine Ausnahme stellen hier lediglich die Baptisten sowie einige Nachfahren reformatorischer Täufergruppen dar. Wie aber hat man sich in den Anfängen über eine solche Geltung der Taufe verständigt? Woher bezog die Taufe eine solche Autorität, die sie zu einem der wichtigsten Bausteine bei der Schaffung der kirchlichen Einheit werden ließ? Wer hat der Taufe jene Form gegeben, die sie relativ kontinuierlich durch die Zeiten hindurch bewahren konnte? Die Ursprünge der Taufe werden wohl immer im Dunkel bleiben. Allein ihre Geschichte lässt sich klarer erkennen.

Impulse aus der Umwelt

»Baptizein«, das griechische Wort für »taufen«, bedeutet zunächst nur »eintauchen, untertauchen, sich waschen« und kann eine ganze Reihe verschiedener Waschungsrituale beschreiben. An solchen Ritualen hat es im Judentum zur Zeit Jesu nicht gefehlt. Abgesehen davon, dass die Reinheitsbestimmungen der Tora auch zu einem hohen Standard der Körperhygiene überhaupt beitrugen, hatten diese Waschungsrituale vor allem religiöse bzw. kultische Bedeutung. Zahlreiche Tauchbadanlagen (so genannte »Mikwen«) aus der Zeit Jesu lassen sich heute noch archäologisch nachweisen.

Bei den Essenern, die es mit den priesterlichen Reinheitsvorschriften besonders genau nahmen, gehörten regelmäßige Waschungen zum täglichen Programm. Die Texte aus Qumran lassen erkennen, dass damit auch die Motive der Sündenvergebung sowie der Geistverleihung verbunden sein konnten. Unklar bleibt allerdings, ob es neben den täglichen Selbstwaschungen auch ein einmaliges Tauchbad als Initiationsritus* beim Eintritt in die Gemeinschaft gegeben hat.

Waschungen praktizierten auch prophetische Einzelgestalten. Josephus berichtet z. B. in seiner Lebensbeschreibung (Vit 2), er habe drei Jahre als Schüler bei einem gewissen Banus in der Wüste verbracht, der Kleider aus Baumrinde trug, wilde Kräuter aß »und sich öfter bei Tage wie in der Nacht mit kaltem Wasser wusch«. Johannes der Täufer hatte offenbar Kollegen. In einem Punkt aber unterscheidet sich sein Ritus auffällig von allen anderen Waschungsritualen und kommt darin der christlichen Taufe am nächsten: Johannes vollzog die Taufe als einen einmaligen Akt, und er selbst vollzog sie als Täufer an anderen. Seine Taufe war eine Umkehrtaufe zur Vergebung der Sünden. Sie geschah im Horizont des drohenden Gerichtes, das Johannes in Bildern von prophetischer Wucht seinen Hörern vor Augen malte. Wohl deshalb hat seine Taufe auch keinen gemeinschaftsstiftenden Charakter gewonnen. Sein Schülerkreis, der gelegentlich Erwähnung findet, war nicht das Ergebnis seiner Tauftätigkeit. Johannes richtete seine Predigt ganz auf »den Kommenden« aus und meinte damit Gott, der in Kürze zum Gericht erscheinen werde.

Eine Waschung als Ritual einer Lebenswende findet man auch bei der Aufnahme von Proselyten in das Gottesvolk. Wer (als Mann) zum Judentum übertreten wollte, musste sich nach vorausgegangener Unterweisung der Beschneidung und einem Tauchbad unterziehen, das im Beisein zweier Zeugen stattfand. Mit dieser »Proselytentaufe« erfolgte somit die erste in einer langen Reihe von

Waschungen, zu denen der Konvertit nun regelmäßig verpflichtet war. Zugleich lag ihre Bedeutung in der exemplarischen Reinigung von aller bisherigen heidnischen Unreinheit. Allerdings ist der Brauch für die Zeit Jesu nicht ganz sicher belegt, und auch hier spielten die Anwesenden nicht die Rolle von Täufern, sondern lediglich die von Zeugen des Geschehens.

Tauchbäder als Initiationsriten waren vor allem in den Mysterienkulten der hellenistischen Welt beheimatet. Entscheidend ist, dass sie durch einen Täufer vollzogen wurden. Außer Wasser fand gelegentlich auch (Stier-)Blut Verwendung. Die Adepten wurden in weiße Gewänder gehüllt und erfuhren durch den liturgischen Vollzug eine Art ritueller Identifikation mit der Gottheit. Gerade darin ergeben sich so enge Analogien zur christlichen Taufe, dass die Vertreter der religionsgeschichtlichen Schule die Mysterienfrömmigkeit überhaupt als den Wurzelboden der christlichen Taufe ansahen. Zwar ist man gegenüber einer solchen Herleitung heute wieder sehr viel vorsichtiger geworden, aber dass die Mysterien die Entwicklung des christlichen Taufverständnisses auf einer sekundären Ebene beeinflusst haben, bleibt wohl unbestritten.

Ein unmittelbarer Bezug ist jedoch allein zur Taufe des Johannes zu erkennen. Immerhin hat sich Jesus selbst von Johannes taufen lassen. Dieser Umstand war für die frühe Christenheit beschwerlich genug, als dass sie ihn »erfunden« hätte. Denn gegenüber ihren Kritikern geriet sie dadurch in eine doppelte Erklärungsnot: Ist nicht der Täufling dem Täufer untergeordnet, und widerspricht nicht das Nebeneinander zweier konkurrierender Bewegungen der Überlegenheit des Gottessohnes? Am konsequentesten verfährt hier Lukas, der Jesus erst auftreten lässt, als sich der Täufer bereits in Haft befindet. Am großzügigsten bleibt der Evangelist Johannes, der Täufer- und Jesusbewegung nebeneinander bestehen lässt. Alle Evangelisten aber betonen übereinstimmend, dass Johannes der Vorläufer des Messias sei und mit dessen Proklamation seine Aufgabe erfüllt habe. Die Synoptiker berichten von einer Himmelsstimme bei der Taufe Jesu, durch die die Rangordnung geklärt wird. Johannes lässt den Täufer selbst »Zeugnis geben« und Jesus als das »Lamm Gottes« bezeichnen.

Die Taufe Jesu begründete jedenfalls kein neues Ritual. Das ganze Interesse der Tauferzählung ruht auf ihren christologischen Aussagen. Hinsichtlich ihres Vollzuges konnte sie jedoch als Modell dienen, das nach Ostern mit neuen Inhalten gefüllt wurde. Der Ritus eines einmaligen Tauchbades bot sich an, die Verbindung mit Christus zum Ausdruck zu bringen und symbolisch zu vermitteln.

Taufpraxis der Urchristenheit

Von der urchristlichen Taufpraxis erfahren wir nur nebenbei. Paulus setzt die Taufe selbstredend voraus und spielt gelegentlich auf sie an (Gal 3,27; 1Kor 12,13; Röm 6,3 u. ö.). Möglicherweise war der Parteienstreit in Korinth auch dadurch geprägt, dass sich verschiedene Gruppen auf die Autorität ihres jeweiligen Täufers beriefen. Paulus jedenfalls wehrt solche Positionen ab. Die Hochschätzung der Taufe reicht in Korinth so weit, dass sich einige Gemeindeglieder sogar stellvertretend für ihre verstorbenen Angehörigen taufen lassen (1Kor 15,29). Was auch immer genau hinter dieser rätselhaften Praxis stecken mag: Die Taufe muss nicht erst eingeführt werden. Eher geht es darum, Auswüchse zurechtzustutzen.

In der Apostelgeschichte finden sich einige Erzählungen, die von der Taufe Einzelner oder größerer Menschengruppen handeln. Eine kleine Übersicht kann ihre Streuung veranschaulichen:

- 2,38–41: Massentaufe von 3000 Personen zu Pfingsten
- 8,12–17: Massentaufen in Samarien
- 8,36–39: Taufe eines Ministers aus Äthiopien
- 9,18: Taufe des Paulus (vgl. rückblickend 22,16)
- 10,44–48: Taufe von gottesfürchtigen Heiden im Haus des Kornelius (vgl. Rückblick Apg 11)
- 16,15: Taufe der Lydia mit ihrem Haus in Philippi
- 16,30–33: Taufe des Gefängnisaufsehers mit allen den Seinen in Philippi
- 18,8: Taufe des Krispus mit seinem ganzen Haus und vieler Korinther
- 19,1–7: Komplettierung der Johannestaufe zur christl. Taufe in Ephesus

An allen diesen Geschichten fällt auf, dass es sich um »Schnelltaufen« handelt. Alles vollzieht sich im zeitlichen Rahmen eines Tages, oft nur weniger Stunden. Immer sind es besondere Situationen der Missionsgeschichte, die den Ablauf bestimmen. Eine vorauslaufende Unterweisung erfolgt bestenfalls durch die Predigt der Missionare, und ein Bekenntnis der Täuflinge lässt sich eher erahnen, als dass es ausdrücklich mitgeteilt würde. Um die »Agende« einer urchristlichen Taufe zu rekonstruieren, bieten diese Erzählungen kaum Anhaltspunkte.

Die Elemente der urchristlichen Taufpraxis muss man aus vielen verstreuten Bemerkungen zusammensuchen. Und erst, wenn man die Angaben des Paulus und der Apostelgeschichte zusammenfügt, ergibt sich ein einigermaßen stimmiges Bild:

– Vollzogen wird die Taufe immer durch einen Täufer. Eine Selbstwaschung wie im Judentum hat es bei der christlichen Taufe nie gegeben. Als Täufer begegnen uns etwa Paulus (1Kor 1,14–17), Philippus (Apg 8,12.38), Hananias (Apg 9,17–19) und natürlich der Kreis der Apostel in der Jerusalemer Gemeinde. Auch die passive Wendung »er ließ sich taufen« belegt, dass der Täufling nicht selbst aktiv wird.

– Die Unterweisung erscheint in der Frühzeit noch nicht als ein fest geregelter Bestandteil des Taufgeschehens. Grundsätzlich geht die Missionspredigt der Taufe voraus, aber ein bestimmtes Pensum an Lernstoff muss der Täufling offenbar nicht nachweisen. Paulus befand sich in Damaskus drei Tage lang in Klausur, der Minister aus Äthiopien liest einige Stunden im Propheten Jesaja.

Es genügt die klare Erkenntnis, wer Jesus Christus ist, um getauft werden zu können.
- Taufbekenntnisse fehlen erstaunlicherweise in den kurzen Episoden der Apostelgeschichte. Um diesem Mangel abzuhelfen, haben spätere Handschriften in Apg 8,37 noch ein kleines Prüfungsgespräch hinzugefügt: »Philippus aber sprach zu ihm [dem Äthiopier]: ›Wenn du von ganzem Herzen glaubst, ist es möglich / wirst du gerettet.‹ Er aber antwortete: ›Ich glaube, dass Jesus Christus der Sohn Gottes ist.‹« Auch wenn es sich hier um eine sekundäre Erweiterung handelt, dürfte der kurze Dialog ein Stück urchristlicher Taufagende wiedergeben. Ähnliche Bekenntnisformeln lassen sich noch öfter finden. Röm 10,9 z. B. fügt sich am besten in den Kontext des Taufgeschehens ein: »Denn wenn du mit deinem Mund bekennst ›Jesus ist der Herr‹ und in deinem Herzen glaubst ›Gott hat ihn von den Toten auferweckt‹, so wirst du gerettet werden.«
- Die Anwesenheit von Taufzeugen könnte man in der formelhaften Wendung »Was hindert [noch die Taufe]?« vermuten, die an einigen Stellen auftaucht. Der Äthiopier stellt in Apg 8,36 diese Frage selbst, in Apg 10,47 und 11,17 wird sie von Petrus im Blick auf die Taufe von Nichtjuden vorgebracht.
- Wichtigstes Element ist fraglos die Anrufung des Namens Jesu Christi. Dabei sind zwei Varianten überliefert, die auch den Akzent des Geschehens jeweils anders bestimmen. »Ich taufe dich *im* Namen Jesu Christi!« besagt, dass der Taufakt als solcher Jesus Christus unterstellt wird. Der Auferstandene und Erhöhte selbst vollzieht die Taufe. »Ich taufe dich *auf* den Namen Jesu Christi!« hingegen betont, dass der Täufling nun Jesus Christus übereignet, dass mit dem Vollzug der Taufe seine Christuszugehörigkeit begründet wird. Beide Aspekte gehören zusammen. Entscheidend ist die ausschließliche Bindung an Christus, die in der Anrufung des Namens zum Ausdruck kommt.
- Dann erfolgt das Untertauchen in fließendem Wasser. In der Frühzeit und unter den Bedingungen der Mission wird das stets ein Open-air-Ereignis gewesen sein. Erst später baut man eigene Baptisterien oder geht zur Taufe durch Übergießen über. Die technische Seite einer Taufe von 3000 Menschen zu Pfingsten mitten in Jerusalem überlässt Lukas der Fantasie seiner Leserinnen und Leser. Welche symbolische Bedeutung jedoch gerade das Untertauchen besaß, macht Paulus in Röm 6 deutlich: Es steht für die Todesbedrohung, für das Mitsterben mit Christus, um aus den Fluten gerettet auch mit Christus aufzuerstehen.
- Ein letztes Element bietet die Handauflegung zur Übermittlung des heiligen Geistes. Hier bieten die Fallbeispiele der Apostelgeschichte ein ganz buntes Bild und lösen beide Akte (Wassertaufe und Geistverleihung) auch voneinander ab. Erst vom 2. Jh. an lässt sich ihre Zusammengehörigkeit sicher belegen.

Diese Sammlung von Andeutungen und Hinweisen lässt zwar noch viele Fragen offen, bietet aber immerhin ein Bild, das den Vollzug der Taufe in seinen wichtigsten Elementen sichtbar macht.

Taufe und Geistverleihung

Die Frage nach dem Zusammenhang von Taufe und Geistverleihung ist im Verlauf der Kirchengeschichte immer wieder neu aufgebrochen. Bis in die charismatische Bewegung der Gegenwart hinein sorgt sie für Zündstoff. Denn es regt sich ein Unbehagen, die Gabe von Gottes unverfügbarem Geist an einen institutionalisierten Akt gebunden zu sehen, zumal, wenn er die Taufe von Säuglingen betrifft. Rechtfertigt es hier nicht gerade die Apostelgeschichte, die Gabe des Geistes vom Vollzug der Taufe abzulösen?

Eine einheitliche Regelung wollen die Episoden der Apostelgeschichte nicht bieten. Weder macht Lukas die Taufe selbst zum Thema, noch ist er an einer Systematik seiner Geschichten interessiert. Je nach Situation kann er deshalb ein Auseinandertreten von Taufe und Geistverleihung darstellen.

In einigen Fällen folgt die Geistverleihung der vorausgegangenen Taufe nach. Den Hörern der Pfingstpredigt stellt Petrus nach Apg 2,38 in Aussicht, dass sie den heiligen Geist empfangen werden, wenn sie sich taufen lassen. Philippus wirkt erfolgreich in Samarien, und viele lassen sich aufgrund seiner Predigt taufen. Allerdings bedarf es dann noch einer »Nachbesserung« durch die Jerusalemer, die nach Samarien kommen, um die Gabe des Geistes beten und denselben schließlich allen Getauften durch Handauflegung vermitteln (Apg 8,14–17). Hier scheint Lukas doch deutlich von der Absicht bestimmt zu sein, die Philippusmission im Nachhinein noch einmal legitimieren zu lassen. Einen besonderen Fall stellen die Johannesjünger in Ephesus dar, denen Paulus auf seiner dritten Missionsreise begegnet (Apg 19,1–7). Eingeführt werden sie als »Jünger«, womit in der Apostelgeschichte durchgängig Christen bezeichnet werden. Dennoch kennen sie nur die Johannestaufe. Ihre Taufe wird deshalb auch nicht »komplettiert« wie in Apg 8, sondern überhaupt erst gültig vollzogen – nämlich »auf den Namen Jesu«. Der Geist kommt über sie, nachdem ihnen Paulus anschließend die Hände auflegt.

Die Geistverleihung kann der Taufe aber auch vorausgehen. Hananias legt nach Apg 9,17 dem erblindeten Paulus die Hände auf und sagt ihm die Gabe des Geistes zu. Daraufhin kann dieser wieder sehen (als erste Auswirkung der Geistgegenwart?) und lässt sich taufen. Besonders auffällig ist die Reihenfolge im Falle des Kornelius. Noch während der Predigt des Petrus kommt der Geist über die Versammlung, was sich in ekstatischen Phänomenen äußert und Petrus davon überzeugt, dass nun auch der Taufe nichts mehr im Wege stehen könne (Apg 10,44–48; 11,15–17). Das Motiv liegt offen zutage: Der zögerliche Petrus muss durch den Geist Gottes erst »überrumpelt« werden, um den unerhörten Schritt zur Taufe von Nichtjuden zu vollziehen. Es sind ganz offensichtlich besondere Situationen, die das Auseinandertreten von Taufe und Geistverleihung in einigen Taufepisoden der Apostelgeschichte veranlassen.

Grundsätzlich aber gehört beides wohl von Anfang an zusammen. In 1Kor 12,13 sieht Paulus die Taufe »in einem Geist« geschehen, alle Getauften sind

»mit einem Geist getränkt«. Immer wieder sind Anspielungen auf die Taufe mit Hinweisen auf den Geist verbunden (1Kor 2,12; 6,11; 2Kor 1,21f u. ö.). Den Status des Getauften kann Paulus synonym als »Neuheit des Lebens« (Röm 6,4) und als »Neuheit des Geistes« (Röm 7,6) bezeichnen. Die Christen spricht er als solche an, die vom Geist Gottes erfüllt sind. Und damit meint er alle – nicht nur diejenigen, die mit besonderen, zusätzlichen Charismen ausgerüstet sind: »Wenn wir aus dem Geist leben, dann lasst uns dem Geist auch folgen (Gal 5,25).« Die Voraussetzung (»wenn schon«) umfasst alle, die auf den Namen Jesu Christi getauft sind, die Aufforderung (»dann lasst uns«) zeigt, dass ein Leben aus dem Geist nicht als Automatismus abläuft.

Auf jeden Fall bedürfen Taufe und Geistverleihung weder einer Wiederholung noch einer Ergänzung. Dass sie dennoch erneuerungsbedürftig bleiben, ist ein Grundsatz christlicher Ethik: Lasst uns auch entsprechend leben!

Theologie der Taufe

Von der Taufe des Johannes hat die christliche Taufe ein Motiv übernommen: Umkehr und Vergebung der Sünden (1Kor 6,11; Apg 2,38). Mit der Taufe wird ein Schlussstrich unter das bisherige Leben gezogen. Das neue Leben aber entspricht einer neuen Schöpfung (2Kor 5,17). Mit Nachdruck legt Paulus in Röm 6 dar, dass die Taufe aus dem Machtbereich der Sünde herausreißt und in den Machtbereich des Gottesgeistes versetzt. Dadurch wird sie zum Ritual einer Lebenswende.

Die zentrale Bedeutung der Taufe besteht jedoch darin, dass sie die Zugehörigkeit zu Christus begründet. In starken und eindrucksvollen Bildern hat Paulus dieses Anliegen in Röm 6,3–11 beschrieben und damit das wichtigste Fundament zu einer Theologie der Taufe gelegt. Wie eine Schlagzeile fasst der erste Satz den Inhalt zusammen: Taufe ist »Taufe in den Tod Jesu«. Wer getauft wird, erhält also Anteil an seinem Geschick. Auf drastische Weise spricht Paulus von mitgekreuzigt werden, mitsterben, mitbegraben werden – der Täufling wird »miteingepflanzt in die Gleichheit seines Todes«. Das heißt, dass die mit der Taufe vollzogene Lebenswende nicht einem edlen Entschluss zu künftiger Besserung entspringt, sondern in Bindung an Jesu Leiden und Sterben erfolgt. Denn nur so kann das neue Leben dann auch ganz analog als ein Mitleben mit Christus, eben als eine neue Schöpfung, den Kreislauf von Sünde und Tod durchbrechen. Nicht das Vorbild Jesu ist es, das zu einem Neuanfang motiviert, sondern eine Art Schicksalsgemeinschaft, die alle Getauften ergreift und mitreißt. So eng ist für Paulus die Verbindung zu Christus, dass er sie förmlich als ein »Anziehen Jesu Christi« (Gal 3,27; Röm 13,14) darstellen kann oder die Christuszugehörigkeit der Getauften als ein »Sein in / mit Christus« beschreibt.

Theologisch fundamental hat Paulus damit die Taufe als das Urdatum des Christseins interpretiert. Sie erfolgt als ein persönlicher Akt, der das Heil auch ganz persönlich und konkret zueignet. In dieser persönlichen Verbindung gründet eine neue Existenz, die dann als »Neuheit des Lebens« (Röm 6,4) oder als »neue Schöpfung« (2Kor 5,17) benannt wird. Die Christuszugehörigkeit beschränkt sich dabei aber nicht auf eine Beziehung individueller Frömmigkeit. Sie hat vielmehr eine Reihe sozialer Implikationen. Alle, die »in Christus hinein« getauft sind, sind »in einen Leib hineingetauft worden« (1Kor 12,13). Ihre Christuszugehörigkeit konstituiert somit auch Gemeinschaft untereinander. Was dies konkret bedeutet, sagt Paulus in Gal 3,28: »nicht ist Jude noch Grieche, nicht ist Sklave noch Freier, nicht ist männlich und weiblich. Denn alle seid ihr eins in Christus Jesus« (vgl. 1Kor 12,13; Kol 3,9–11). Hier wird keine verlockende Utopie beschrieben, sondern Realität. In den paulinischen Gemeinden muss man das mühsam lernen. Juden und Nichtjuden praktizieren Tischgemeinschaft, Freie und Sklaven sitzen gemeinsam am Tisch des Herrn, Frauen beten und prophezeien in der Gemeindeöffentlichkeit. Das glich zur Zeit des Paulus einem Sprengsatz, der auch schon bald nach dem Tod des Apostels wieder entschärft worden ist. Aber der Anspruch, dass die in der Taufe vermittelte Christuszugehörigkeit auch im alltäglichen Leben Gestalt gewinnen muss, ist geblieben.

Spuren einer Tauftheologie finden sich auch in anderen Schriften des Neuen Testaments. In Joh 3 etwa diskutiert Jesus mit Nikodemus darüber, was es heißt, aus Wasser und Geist wiedergeboren zu werden – so wie Tit 3,5 ganz direkt vom »Bad der Wiedergeburt« sprechen kann. Kol 2,12–15 hat das Taufverständnis von Röm 6 aufgenommen. Das Bild vom Ablegen und Anziehen, in dem die Gewänder der Getauften anklingen, wird weiter ausgebaut (Kol 3,9–10; Eph 4,22–24; 6,10–20; 1Thess 5,8). 1Petr 1,3–4,11 enthält so viele Bezüge zur Taufe, dass man den Abschnitt gelegentlich sogar als Teil einer urchristlichen Taufliturgie verstanden hat. Aber erst um die Mitte des 2. Jhs., z. B. bei dem Märtyrer Justin, kommt es zu dem Versuch, die überlieferte Praxis in einer systematischen Erklärung des Taufgeschehens aufzuarbeiten.

Säuglingstaufe – ein Spezialfall

Um die Mitte des 20. Jhs. wurde zum Problem, was jahrhundertelang als Selbstverständlichkeit gegolten hatte: Darf man kleine Kinder – genauer Säuglinge – taufen? 1943 erschien eine kleine Schrift von Karl Barth, in der diese Frage grundsätzlich verneint wurde. Später, in der Tauflehre seiner Kirchlichen Dogmatik (IV/4, 1967), findet sich die Position dieser Schrift noch einmal ausführlicher dargelegt. Barth betonte im Zusammenhang des Taufgeschehens vor allem die Antwort des Menschen auf das, was Gott in Christus getan hat – eine

Antwort, die nur als mündige und bewusst verantwortete denkbar ist und von einem Säugling noch nicht gegeben werden kann.

In der heftigen Debatte, die sich vor allem in den 60er und 70er Jahren entspann, wurde auch der neutestamentliche Befund einer erneuten Prüfung unterzogen. Wie sah die älteste Taufpraxis aus? Lassen sich im Neuen Testament Indizien für eine Taufe von Säuglingen entdecken? Inzwischen hat sich hier eine gewisse Ernüchterung eingestellt. Sicher nachweisen lässt sich die Säuglingstaufe erst vom 3. Jh. an. Die wenigen neutestamentlichen Aussagen, die in der Diskussion eine Rolle gespielt haben, sind schnell genannt.

Im Mittelpunkt des Interesses stehen die so genannten »Oikos / Haus-Formeln«: Immer wieder wird berichtet, dass sich einzelne Persönlichkeiten taufen ließen »mit ihrem ganzen Haus« (1Kor 1,16; Apg 10,2/11,14; 16,15.33; 18,8). Dabei tritt das »Haus« als eine soziologische Größe in den Blick. An seiner Spitze steht der Hausvater, dem Frau und Kinder, Schutzbefohlene und Sklaven zugeordnet sind. Seine Entscheidung in Sachen Religion gilt auch für die ganze Gemeinschaft. Schon im alten Israel wurden Sklaven, die in den Verband des Hauses eintraten, beschnitten und damit dem Gottesvolk eingegliedert. Meint die Formel dann analog, dass die Taufe des Hausvaters »mit dem ganzen Haus« auch die Kinder samt Säuglingen mit umfasste? Auszuschließen ist das nicht, aber es lässt sich anhand der vorliegenden Belege auch nicht zwingend erweisen. Ob man die Taufe tatsächlich in Analogie zur Beschneidung gesehen hat, ist (trotz Phil 3,3; Kol 2,11–13) unsicher. In 1Kor 7,14 etwa geht Paulus davon aus, dass die »Heiligkeit« der christlichen Mutter, die mit einem Nichtchristen verheiratet ist, auch das Kind mit einbezieht. Es bedarf keiner Taufe, sondern wird durch seine Mutter »geheiligt«, also dem Machtbereich Jesu Christi unterstellt.

Umstritten ist auch die Geschichte von der Kindersegnung (Mk 10,13–16par), wie sie bis heute bei jeder Säuglingstaufe verlesen wird. Einem Bezug auf die Taufe steht entgegen, dass sie eben nicht von der Taufe handelt. Aber das wäre auch im Kontext des Evangeliums ein Anachronismus, sodass man nach anderen Spuren suchen muss. Zum einen lässt der Sprachgebrauch »Hindert sie nicht!« an die mit dem Taufgeschehen verbundene Frage »Was hinderts?« denken. Zum anderen fügt Markus diese Episode in eine Reihe von Perikopen über Gemeindeprobleme ein. Welches Problem aber könnte den Unwillen der Jünger verständlich machen? Segenshandlungen jedenfalls unterlagen keiner Beschränkung. Könnte hier nicht doch die Taufe von Kindern Anlass für die Einfügung dieser Geschichte gewesen sein, die nun dazu diente, eine neu aufkommende Praxis zu legitimieren?

Solange man die Sündlosigkeit der Kleinkinder vertrat und solange sich das Wachstum der Gemeinden eher extensiv durch missonarische Aktivitäten vollzog, wird die Säuglingstaufe noch kein entscheidendes Problem dargestellt haben. Das änderte sich erst, als Kinder nun schon über mehrere Generationen in christlichen Familien geboren wurden und die Spannung einer Naherwartung des Kommens Christi nachließ. Theologisch fundiert wurde die Säuglingstaufe dann spätestens durch Augustins Lehre von der Erbsünde, die auch den Säugling schon in Schuld geboren und der Erlösung bedürftig sieht.

Mit einem einfachen Rückgriff auf das Neue Testament lässt sich die Diskussion um die Säuglingstaufe heute jedenfalls nicht entscheiden. Sie ist Teil eines Gesamtverständnisses der Taufe, das die Aussagen des Neuen Testaments in einen größeren Kontext systematischer Überlegungen einbeziehen muss.

TEXTBEISPIEL: APG 8,26–40 (MINISTER AUS ÄTHIOPIEN)
Unter den Taufepisoden der Apostelgeschichte ist die Erzählung von dem Minister aus Äthiopien sicher eine der interessantesten. Nachdem bislang nur von Massentaufen die Rede war, wird nun ein individueller Fall vorgestellt. Er gehört noch in jenen Teil, der die Ausstrahlung der Verkündigung über den engeren Kreis der Jerusalemer Gemeinde hinaus darstellt (6,1–9,31). Dabei wird zugleich ein weiter Horizont aufgerissen: Philippus hat bereits in Samarien sowie in der Küstenebene missioniert, und mit dem Äthiopier rückt Nordafrika in den Blick. Die ersten Verfolgungen vermögen also die Ausbreitung des Evangeliums nicht aufzuhalten. Im Gegenteil – sie werden zum Auslöser, in neue Regionen vorzustoßen. So schließt sich die Geschichte des Paulus dann auch folgerichtig und stimmig an.

Die Geschichte in Apg 8,26–40 ist die Geschichte einer Begegnung. Zwei Erzählperspektiven treffen aufeinander. Zunächst beginnt alles aus der Sicht des Philippus. Dann schwenkt der Erzähler um und konzentriert sich auf den Äthiopier. Am Schluss laufen beider Wege wieder auseinander. Der Hauptteil aber (8,29–38) lebt von ihrer Begegnung und ist dementsprechend auch als Dialog gestaltet. Im Zentrum steht dabei jene Schriftstelle aus Jes 53,7–8, die den Dialog verursacht und schließlich zur Taufe führt.

Mit Bedacht hat Lukas die Episode genau an dieser Stelle platziert. Denn der Äthiopier ist für ihn nicht nur ein bemerkenswerter Einzelfall. Er repräsentiert zugleich eine Gruppe, der er in der Ausbreitung des Evangeliums hier ihren Platz zuweist. Das macht sich schon auf der Erzählebene bemerkbar. Der Mann auf dem Wagen kommt nicht gerade zufällig daher. Sorgfältig ist er ausgewählt worden, und Philippus wird durch keinen Geringeren als einen Engel des Herrn ganz gezielt zu ihm hingeschickt. Er trifft auf eine prominente Persönlichkeit, einen Finanzminister der Kandake, der Königin der Äthiopier. Der »äthiopische Mann« ist seiner Nationalität nach also Nichtjude. Seine Heimat wird man wohl im heutigen Sudan zu suchen haben. Schwieriger indessen ist sein religiöser Status zu bestimmen. Da, wo sich in den deutschen Übersetzungen meist der Titel eines »Kämmerers« findet, steht im griechischen Text »Eunuche«. Soll er damit im real-biologischen Sinn als ein Kastrat bezeichnet werden? Oder ist damit nur der Titel eines hohen Staatsbeamten gemeint, wie er in Königreichen üblich war, die von Frauen regiert wurden? Abgesehen davon, dass es doch wenig freundlich wäre, den Mann erzählerisch gerade durch einen körperlichen Makel zu bezeichnen, hätte er nach den Bestimmungen der Tora als Kastrat auch nicht am Tempelkult teilnehmen dürfen. Er kommt aber ganz offensichtlich von einer Wallfahrt nach Jerusalem zurück. Der »Eunuche« steht so wohl am ehesten für den Titel eines Ministers. Was aber bewegt einen äthiopischen Minister, das zu tun, was nur die Pflicht eines Juden ist? Ist er ein so genannter »Gottesfürchtiger«, der sich als Nichtjude dem Gott Israels zuwendet und nach der Tora zu leben versucht, ohne den letzten Schritt einer Konversion zu vollziehen? Darauf könnte hindeuten, dass er nach Jerusalem gereist war, »um anzubeten«. Aber von Gottesfürchtigen berichtet Lukas dezidiert erst in Apg 10, und der weite Weg des Äthiopiers hätte dann im Jerusalemer Tempel auch schon im Vorhof der Heiden enden müssen. Wahrscheinlicher ist, dass er von Lukas als Proselyt eingeführt wird, also als einer, der die Eingliederung in das Gottesvolk durch Unterweisung, Beschneidung und Tauchbad vollzogen hat. Proselyten waren ohne Unterschied zur Wallfahrt verpflichtet und konnten im Tempel auch ihre Opfer darbringen. Dies wird dem vorliegenden Fall schon eher gerecht. Der Äthiopier hat bei dieser Gelegenheit eine (kostspielige) Rolle erworben. Der Prophet Jesaja scheint ihm auch durchaus nicht fremd zu sein. Nur diese schwierige Stelle bereitet ihm Mühe.

Im Mittelpunkt steht die Auseinandersetzung mit Jes 53,7–8. Der Äthiopier liest laut, und der schriftkundige Philippus erkennt sofort, um welche Stelle es sich handelt. Es mag etwas zudringlich klingen, den hochrangigen Reisenden zu fragen: »Verstehst du auch ...?« Aber dieser Satz ist mindestens zu gleichen Teilen an die Leserinnen und Leser der Apostelgeschichte gerichtet und soll signalisieren: Die Schrift erschließt sich nicht von allein. Vor allem zur christologischen Lektüre bedarf es einer Anleitung. Mit seiner Frage verrät der Äthiopier theologische Bildung: Bis heute diskutieren die Ausleger, wer in diesem vierten »Gottesknechtslied« (Jes 52,13–53,12) gemeint sei. Für Lukas aber ist die Antwort klar: Jesus Christus. Eine Interpretation muss er nicht mehr liefern. Es genügt festzustellen, dass Philippus dem Äthiopier Jesus verkündigte, »ausgehend von dieser Schriftstelle«. In der Urchristenheit war Jes 53 insgesamt ein wichtiger Text, auf den auch an anderen Stellen des Neuen Testaments angespielt wird. In seinem Licht haben die Christen ihre Glaubenserfahrung gedeutet. Philippus gelingt es, diese Erfahrung anhand der Lektüre von Jes 53 zu vermitteln. Auch wenn Juden und Christen bis heute unterschiedliche Wege der Interpretation gegangen sind – für Christen bleibt die Einsicht von entscheidendem Gewicht, dass die Geschichte Jesu Christi tief in der Geschichte des Gottesvolkes verwurzelt ist. Eine solche Einsicht gehört auch in die grundlegende Taufunterweisung hinein. Es ist freilich ein Schnellkurs, den der Äthiopier hier absolviert. Aber Lukas erzählt die Geschichte nicht, um den Regelfall der Taufpraxis darzustellen. Ihm geht es darum, dass die Verkündigung nun auch Proselyten aus der fernen Diaspora erreicht, die auf dem Boden gemeinsamer Schriftkenntnis zur Erkenntnis Jesu Christi geführt werden können.

Aufschlussreich bleibt die kleine Taufszene allemal. Der »Katechumene« äußert den Wunsch, getauft zu werden, wozu ihn der Anblick eines Wasser führenden Wadi veranlasst. »Was hinderts?« könnte Reflex einer stereotypen Frage an die Zeugen des Taufgeschehens sein. Ein Täufer vollzieht die Taufe. Dass dies an irgendein Amt gebunden wäre, wird nicht sichtbar. Alles ist denkbar knapp erzählt. Lukas erwähnt weder ein Bekenntnis noch die Anrufung des Namens Jesu Christi. Und auch die Eingliederung in eine Gemeinde fällt angesichts der besonderen Situation aus. Ebensowenig kann man den Äthiopier zum ersten Missionar seiner Heimat machen. Zumindest sagt Lukas nichts, was in diese Richtung deuten würde.

Der Schluss trägt wunderhafte Züge. So wie schon ein Engel einleitend den Philippus in Bewegung setzt und ihm der Geist Gottes unterwegs den konkreten Wagen bezeichnet, so entrückt der Geist des Herrn den Philippus nun nach getaner Arbeit und führt ihn in der Küstenebene neuen missionarischen Aufgaben zu. Wie so oft deutet Lukas damit an: Es ist nicht die Zufälligkeit des Alltages oder die clevere Strategie der Missionare, sondern die Regie Gottes, die dem Evangelium zur Durchsetzung verhilft. Das gilt in den großen Dimensionen der Missionsgeschichte ebenso wie für jeden biographisch bestimmbaren Anfang eines christlichen Lebens.

Abendmahl

Probleme mit dem Abendmahl

In der protestantischen Tradition ist die Abendmahlsfeier ganz allmählich an den Rand des Gemeindelebens gerückt. Besonders seit den Zeiten der Aufklärung wurde sie auf wenige feste Termine im Kirchenjahr reduziert. Da, wo man öfter feierte, gliederte man die Abendmahlsfeier aus der gottesdienstlichen Liturgie aus und machte sie zu einer angehängten Veranstaltung, für die gewöhnlich nur ein kleines Häufchen der Gottesdienstbesucher zurückblieb. Kein Wunder, dass sich dem Abendmahl gegenüber eine zunehmende Beklommenheit eingestellt hat. Schon die Zulassung, im ohnehin schwierigen Alter der Pubertät an die Konfirmation gebunden, durch Unterweisung und Prüfung vorbereitet, hebt ja den ersten Abendmahlsgang als eine ernste, gewichtige Angelegenheit hervor. Manch einem sind dabei vor dem Altar die Knie weich geworden – und die Angst, sich zu verschlucken oder plötzlich losprusten zu müssen, haben wohl alle Konfirmandinnen und Konfirmanden durchlebt. Wer dann auf dem Kissen kniet, bemüht, das Gleichgewicht zu halten, und dabei von weit oben Hostie und Kelch herabgereicht bekommt, muss beinahe zwangsläufig das Abendmahl als eine individuelle Begegnung des armen Sünders mit seinem Herrn verstehen.

Es hat lange gedauert, um die Festfreude der urchristlichen Herrenmahlsfeier wieder zu entdecken. Einen wichtigen Impuls vermittelte dabei der Kirchentag in Nürnberg 1979. Die Lorenzkirche war bis auf den letzten Platz gefüllt, als nach einem langen Tagesprogramm zum Thema Abendmahl der Abend nun mit einer gemeinsamen Feier beschlossen werden sollte. Ein »Feierabendmahl« war angesagt, sorgfältig vorbereitet und durch Elemente geprägt, die die Gemeinde mit ihren Sorgen und Freuden unmittelbar in das Geschehen einbezog. Die Erfahrungen des Nürnberger Kirchentages haben seither ihre Kreise gezogen und in vielen Gemeinden zu einer Wiederbelebung des Abendmahls geführt. Von der angehängten Feier kehrt das Abendmahl zurück in den Gemeindegottesdienst. Neue Formen betonen den Gemeinschaftscharakter. Man steht im großen Kreis um den Altar, nimmt einander wahr und reicht sich selbst die Gaben weiter. Auch die Teilnahme von Kindern ist in diesem Zusammenhang ganz neu zur Sprache gekommen. Abendmahl wird immer stärker als die Feier der Gemeinde erlebt, der man nicht mit klopfendem Herzen entgegenzittern muss, sondern auf die man sich freut und die man braucht.

Die ersten Christen feierten vermutlich jeden Tag, wenigstens aber einmal in der Woche. Ihre Feier nannten sie ganz einfach »Brotbrechen« oder »Danksagung« (= Eucharistie). Paulus spricht von dem »Tisch« oder dem »Mahl des

Herrn« oder umschreibt das Geschehen als »Gemeinschaft des Blutes bzw. des Leibes des Herrn«. In dem späten Judasbrief findet sich auch der Ausdruck »Agape«, der hier soviel wie »Liebesmahl« bedeutet. Unser heute dominierender Sprachgebrauch vom »Abendmahl« kommt so im Neuen Testament noch nicht vor. Er nimmt Bezug auf die letzte Mahlzeit Jesu mit seinen Jüngern, die nach dem Bericht der Synoptiker eben an einem Abend stattfand. Diese letzte Abendmahlzeit hat das Verständnis der christlichen Feier nachhaltig geprägt und bedarf deshalb auch einer besonders aufmerksamen Betrachtung.

Abschied und Deuteworte

Übereinstimmend erzählen die Synoptiker, dass sich Jesus am Abend vor seinem Tod noch einmal mit den Zwölfen zum Mahl versammelt habe. Schon Paulus weiß das aus urchristlicher Überlieferung, noch lange vor der Niederschrift der Evangelien: »In der Nacht, in der er ausgeliefert wurde, nahm er das Brot...« (1Kor 11,23). Allein Johannes übergeht diese Mahlzeit bzw. gibt ihr einen anderen Akzent: Jesus wäscht nach Joh 13 bei der letzten Abendmahlzeit seinen Jüngern die Füße. Markus als der älteste der Evangelisten fügt das Beisammensein in ein ganz bewusst gestaltetes Schema der Passionswoche ein und ordnet es dabei dem Donnerstag zu. Seine Gliederung haben Matthäus und Lukas übernommen, allein Letzterer hat die Abfolge geringfügig verändert:

Vorbereitung des Raumes	Mk 14,12–16	Mt 26,17–19	Lk 22,7–13
Ankündigung des Verrats	Mk 14,17–21	Mt 26,20–25	Lk 22,14.21–23
Mahl	Mk 14,22–25	Mt 26,26–29	Lk 22,18–20
Gang zum Ölberg	Mk 14,26	Mt 26,30	Lk 22,39

Der ganze Erzählzusammenhang zeigt eine Reihe von Merkwürdigkeiten. Zwei der Jünger werden losgeschickt, um einen Raum für die Mahlzeit zu suchen und vorzubereiten. Ein Wasserträger soll sie zu dem Haus geleiten, dessen Besitzer dann auch problemlos zustimmen werde. Entweder läuft hier eine konspirative Aktion ab, oder es hat ein wohl bekanntes Erzählschema auf die Geschichte eingewirkt: So wie seinerzeit Saul seine Eselinnen suchte und die Königswürde fand, so wie Elija am Bach Kerit versorgt wird, so wie Jesus beim Einzug in Jerusalem zu einem Reittier kommt, so erfolgt auch die Auffindung des Abendmahlssaales aufgrund göttlicher Regie. Die Ankündigung des Verrats löst Bestürzung im Zwölferkreis aus. Aber erstaunlicherweise führt sie nicht zur Entdeckung des Verräters. Das angekündigte Zeichen (Hand in der Schüssel / über dem Tisch) geht offenbar in der Verwirrung unter, wie auch die direkte Bezeichnung des Judas in Mt 26,25 auf der Erzählebene ungehört verhallt. Alles Interesse liegt darauf zu zeigen: Die zum Mahl versammelte Runde ist keine Eliteeinheit. Jeder hält es für möglich, der Auslieferer zu sein. Selbst der engste

Kreis von Anhängern ist nicht perfekt und bedarf der Vergebung. Die später berichtete Jüngerflucht und die Verleugnung des Petrus werden diesen Sachverhalt bestätigen. Der Mahlbericht schließlich lässt mehr Fragen offen als er beantwortet. Genau genommen bietet er nur Fragmente einer Erzählung. Alles ist reduziert auf die wenigen, entscheidenden Worte. Nichts wird darüber gesagt, ob sie in eine kleine Ansprache eingebunden waren, was man sonst noch gesprochen hat oder woraus die Mahlzeit denn eigentlich bestand. Die Deuteworte selbst erscheinen bereits in liturgischer Prägnanz. Vier Elemente sind es, die das Mahl in seiner exemplarischen Knappheit bestimmen:

Brotwort	»Das ist mein Leib ...«
Kelchwort	»Das ist mein Blut ...« /
	»Dieser Kelch ist der neue Bund in meinem Blut ...«
Wiederholungsbefehl	»Das tut zur Erinnerung an mich.«
Ausblick	»Ich werde nicht mehr vom Gewächs des Weinstocks trinken, bis ...«

Alle vier Elemente sind auch in 1Kor 11,23–26 zu finden, wobei der Ausblick bei Paulus auf eine andere Weise formuliert ist. Das Kelchwort wird in unterschiedlicher Gestalt überliefert, und der Wiederholungsbefehl wird nur bei Paulus und Lukas angefügt. Im Mittelpunkt stehen natürlich die beiden Deuteworte über Brot und Wein. Denn in ihnen konzentriert sich ein Verständnis des Todes Jesu, das für die Abendmahlsfeier insgesamt Bedeutung gewonnen hat.

Wenn man die »Abendmahls-« oder »Einsetzungsworte« bei ihren verschiedenen Tradenten miteinander vergleicht, dann fallen einige Besonderheiten sofort ins Auge.

Mt 26,26–29	Mk 14,22–25	Lk 22,16–20	1Kor 11,23–26
Das ist mein Leib.	Das ist mein Leib.	Das ist mein Leib, der für euch gegeben wird. *Das tut zur Erinnerung an mich.*	Das ist mein Leib für euch. *Das tut zur Erinnerung an mich.*
Das nämlich ist mein Blut des Bundes, das für viele vergossen wird zur Vergebung der Sünden.	Das ist mein Blut des Bundes, das vergossen wird für viele.	Dieser Kelch ist der neue Bund in meinem Blut, das für euch vergossen wird.	Dieser Kelch ist der neue Bund in meinem Blut. *Das tut, sooft ihr trinkt, zur Erinnerung an mich.*
Ich sage euch aber: Ich werde von jetzt an nicht mehr trinken von diesem Gewächs des Weinstocks bis zu jenem Tag, da ich aufs neue mit euch davon trinke in der Königsherrschaft meines Vaters.	Amen, ich sage euch, dass ich nicht mehr trinken werde vom Gewächs des Weinstocks bis zu jenem Tag da ich aufs Neue trinke in der Königsherrschaft Gottes.	Denn ich sage euch, dass ich von nun an nicht mehr trinken werde vom Gewächs des Weinstocks, bis die Königsherrschaft Gottes kommt.	Denn sooft ihr esst dieses Brot und den Kelch trinkt, verkündigt ihr den Tod des Herrn bis er kommt.

Ihr Wortlaut liegt in zwei Fassungen vor, bei denen auf der einen Seite Paulus und Lukas, auf der anderen Seite Markus und Matthäus beieinander stehen. Matthäus ist offensichtlich ganz von Markus abhängig; Lukas wiederum scheint eher zwischen Paulus und Markus zu stehen. Beide Fassungen unterscheiden sich dadurch, dass der paulinische Typ asymmetrisch von Leib und Kelch, der markinische Typ symmetrisch von Leib und Blut spricht. Variantenvielfalt herrscht hinsichtlich der Zweckbestimmung von Leib und Blut: Völlig symmetrisch formuliert nur Lukas, die anderen Fassungen haben das »für euch« bzw. »für viele« jeweils unterschiedlich platziert, und lediglich Matthäus fügt noch das Moment der Sündenvergebung hinzu. Der Wiederholungsbefehl liegt konsequent nur bei Paulus vor. Der endzeitliche Ausblick (der bei Lukas dem Brot- und Kelchwort vorangeht) stimmt bei den Synoptikern weitgehend überein; hier weicht allein Paulus ab.

Jeder Versuch, hinter die beiden ältesten Fassungen zurück bis zu einem ursprünglichen Wortlaut Jesu vorzudringen, stößt auf unüberwindliche Schwierigkeiten. Denn sowohl Paulus als auch Markus folgen bereits einer liturgisch geprägten Überlieferung. Wenn sich Paulus auf den Herrn beruft (»Denn ich habe vom Herrn empfangen, was ich euch überliefert habe...« 1Kor 11,23), dann meint er hier keine unmittelbare Offenbarung, sondern analog 1Kor 15,3 Gemeindeüberlieferung. Deutlich ist den Worten der Gebrauch in der gottesdienstlichen Feier anzumerken. Dabei werden theologische Akzente gesetzt, wie das z. B. der Wiederholungsbefehl bei Paulus oder die Betonung der Sündenvergebung bei Matthäus schon andeuten. In den Abendmahlsworten begegnet also vor allem ein wichtiges Stück urchristlicher Theologie, die das Verständnis des Todes Jesu reflektiert.

Brot- und Kelchwort bringen die Heilsbedeutung des Todes Jesu zum Ausdruck. Sein Tod geschah stellvertretend und als Stiftung eines neuen Bundes. Im Hintergrund taucht dabei die prophetische Verheißung aus Jer 31,31–34 auf. Brot und Wein repräsentieren den Herrn und geben Anteil an den ausgesprochenen Verheißungen. Die maßgebliche Perspektive geht deshalb nach vorn: Nicht die wehmütige Erinnerung an vergangene Tage, sondern die hoffnungsvolle Erwartung der kommenden Gottesherrschaft drückt der Feier ihren Stempel auf. Für Paulus ist die Feier terminiert, »bis er kommt«. Markus hat als Zielpunkt jenes Wort vom Gewächs des Weinstockes aufgenommen, das die gespannte Erwartung der Gottesherrschaft im Munde Jesu bewahrt. Zweifellos spielt auch die Erinnerung eine Rolle (»das tut zur Erinnerung an mich«). Doch der Ton liegt auf der Zukunftshoffnung. Die Gemeinde feiert schon jetzt die Gottesherrschaft, auch wenn deren Vollendung noch aussteht.

Passafest und Passamahl

Klar und deutlich haben die Synoptiker das letzte Mahl Jesu als ein Passamahl dargestellt. Bei der Suche des Raumes geht es darum, wo man »das Passa«

essen könne. Damit ist natürlich am »ersten Tag des Festes der ungesäuerten Brote« das Passalamm gemeint, das am Nachmittag des »Rüsttages« geschlachtet und in der Nacht zum ersten Festtag im Kreis der Familie bzw. der Wallfahrergemeinschaft verzehrt wird. Die ganze Passionsgeschichte spielt sich vor dem Hintergrund dieses wichtigsten Wallfahrtsfestes ab, zu dem Jerusalem von einer großen Menschenmenge erfüllt war.

Viele Eigenheiten der Mahlzeit fügen sich in diesen Kontext stimmig ein: Festpilgern musste der Raum für die Mahlzeit von den Einwohnern unentgeltlich überlassen werden; die Mahlzeit begann erst am späten Abend; nur beim Passamahl war es üblich, Deuteworte über den Speisen zu sprechen; man liegt zu Tisch und schließt mit dem Lobgesang; die Nacht muss in der Stadt bzw. im erweiterten Stadtgebiet verbracht werden. Vor allem J. Jeremias hat in seinem Buch über »Die Abendmahlsworte Jesu« (1935) diesen Zusammenhang mit einer eindrucksvollen Fülle an Belegen zu untermauern versucht. Allerdings sprechen auch gewichtige Gründe dagegen.

Das größte Rätsel geben die unterschiedlichen Datierungen zwischen Johannes und den Synoptikern auf. Beide sind sich darin einig, dass Jesus an einem Freitag starb. Für die Synoptiker war dieser Freitag der 15. Nisan, der Abend zuvor, am 14. Nisan, dann folgerichtig der Termin des Passamahles. Für Johannes aber ist der Todesfreitag Jesu der 14. Nisan. Jesus stirbt, als im Tempel noch die Passalämmer geschlachtet werden. Das letzte Mahl fällt demnach auf den 13. Nisan und ist, wie Johannes es ja auch darstellt, eben kein Passamahl.

Eine Reihe von weiteren Indizien spricht für die Datierung des Johannes: Ein Prozess, besonders eine Hinrichtung, ist am Festtag nur schwer vorstellbar; die Amnestie (des Barrabas) ist nur sinnvoll, wenn sie noch vor dem Fest stattfindet; Simon von Kyrene wird ausgerechnet am Festtag kaum von seinem Feld gekommen sein, und die Gelegenheit zum Kauf eines Leichentuches war dann auch schon vorbei. Die Datierung des Johannes erhält zudem von Paulus Unterstützung, wenn er in 1Kor 5,7 sagt: »Denn auch Christus ist als unser Passalamm geschlachtet worden.«

Man wird sich also zwischen Johannes und den Synoptikern entscheiden müssen. Alle Ausgleichsversuche, wie etwa die Annahme unterschiedlicher Kalendersysteme, konnten bislang keine wirklich befriedigende Lösung erzielen. Die Entscheidung fällt deshalb nicht leicht, weil beide ihr theologisches Interesse durchaus nicht verbergen. Die Synoptiker wollen den Tod Jesu als stellvertretendes Sühnopfer verständlich machen und benötigen dazu den Rahmen des Passamahls. Johannes liegt daran, Jesus als »Lamm Gottes« darzustellen, wozu er die Analogie zur Schlachtung der Lämmer braucht. Größere Wahrscheinlichkeit kommt nur insofern Johannes zu, als bei ihm alle die Anstöße wegfallen, die das Prozessgeschehen an einem so hohen Festtag verursachen würde. Die Frage, ob das letzte Mahl wirklich ein Passamahl war, kann jedenfalls nicht eindeutig beantwortet werden.

Fraglos fand das letzte Mahl Jesu im Lichte des bevorstehenden Passafestes statt, unabhängig davon, ob man am 13. oder am 14. Nisan zusammenkam. Die Festvorbereitungen, die Menschenmenge in der Stadt, die politische Brisanz eines jeden Wallfahrtsfestes – dies alles muss auch das Abschiedsmahl Jesu geprägt haben. Dennoch warnen die unterschiedlichen Datierungen davor, die Bedeutung dieses Mahls einlinig aus dem Sinnhorizont des Passamahles abzuleiten. Mahlfeiern waren im Leben des Judentum ebenso wie in Religion und Alltag der hellenistischen Welt fest etabliert. Die Urchristenheit bedurfte nicht ausschließlich dieses einen Mahltyps, um ihre regelmäßige Feier zu begründen und zu gestalten. Auch Jesus selbst hat mit seinen Anhängern immer wieder zu Tisch gesessen, sodass die Erinnerungen oder Impulse mit Sicherheit vielfältiger gewesen sind, als dass sie sich auf dieses eine, wenngleich mit dem Gewicht des Abschiedes versehene Mahl beschränken ließen.

Jesu anstößige Mahlzeiten

Miteinander essen galt in allen Kulturen und Religionen der Antike als Ausdruck besonders intimer Gemeinschaft. Im Judentum aber war dieser Gedanke durch die Reinheits- und Speisevorschriften der Tora noch einmal aufgewertet. Tischgemeinschaft blieb nicht allein auf den Glaubensgenossen, sondern genauer nur auf jenen, der die Bestimmungen der Tora erfüllte, beschränkt. Es war die Aufgabe des Hausvaters, auf die Integrität der Gäste an seinem Tisch zu achten. In der Diaspora stieß die Absonderung gerade im Falle der Tischgemeinschaft immer wieder auf das Unverständnis der nichtjüdischen Umwelt.

Vor diesem Hintergrund müssen die zahlreichen Mahlszenen, in denen die Evangelisten Jesus immer wieder darstellen, als ein ganz besonderes Charakteristikum gelten. Nicht zufällig spielt das erste Wunder nach Johannes auf einer Hochzeitsfeier, bei der Jesus für Nachschub an Wein sorgt. Und am häufigsten von allen Wundererzählungen ist gerade die Speisungsgeschichte in ihren beiden Fassungen überliefert worden. Die Gegner Jesu nahmen dieses auffällige Verhalten zum Anlass, ihn im Gegensatz zu dem asketischen Täufer Johannes rundheraus als einen »Fresser und Weinsäufer« (Mt 11,19 / Lk 7,34) zu bezeichnen. Kritik an seinem Mahlverhalten wird immer wieder laut: An die Fastenpraxis der Pharisäer hält er sich nicht (Mk 2,18–20par), am Sabbat begeht er in einem Kornfeld Mundraub (Mk 2,23–28par), und seine Jünger setzen sich mit ungewaschenen Händen zu Tisch (Mk 7,1–4par). Nun mag es in der Natur der Sache liegen, dass ein Wanderprediger auf die Gelegenheit und auf die Gastfreundschaft anderer angewiesen ist, sodass der Bruch von Konventionen nicht unbedingt verwundern muss. Entsprechend häufig wird auch von Einladungen zu Gastmählern berichtet. Welches Gewicht darauf liegt, wird jedoch daran sichtbar, dass die Evangelisten auch den Auferstandenen in seiner neuen Wirklichkeit gerade beim Essen zeigen: Den Emmausjüngern gehen die Augen erst auf, als der fremde Wanderer das Brot bricht (Lk 24,13–35), den Elfen erscheint der Auferstandene beim Mahl (Mk 16,14) und isst mit ihnen (Lk 24,36–53), am See Tiberias hat er den heimkehrenden Fischern bereits ein kleines Frühstück am Strand bereitet (Joh 21,1–15). Dazu passt die Vorliebe, mit der Jesus gerade das Bildfeld eines Festessens in seinen Gleichnissen nutzt, wenn er von der Gottesherrschaft spricht:

Festmahlgleichnisse
- großes Abendmahl (Lk 14,15–24) / königliche Hochzeit (Mt 22,1–10)
- kluge und törichte Jungfrauen bei der Hochzeit (Mt 25,1–13)
- Platz beim Festmahl / Adressaten der Einladung (Lk 14,7–14)
- Freudenmahl bei der Rückkehr des verlorenen Sohnes (Lk 15,11–32)

Bild vom endzeitlichen Freudenmahl
- Völkerwallfahrt und Tischgemeinschaft mit den Erzvätern (Mt 8,11 / Lk 13,29)
- Wort vom Gewächs des Weinstocks (Mk 14,25 / Mt 26,29 / Lk 22,18)
- Essen und Trinken in der Gottesherrschaft / Rangstreit (Lk 22,30)

Damit nimmt er eine Erfahrung auf, die seinen Hörerinnen und Hörern geläufig war. Den entscheidenden Anstoß aber stellen die Sündermahlzeiten Jesu dar. Gerade mit denen sitzt er immer wieder zu Tisch, die aufgrund ihrer Lebensführung normalerweise von der Tischgemeinschaft ausgeschlossen waren:

Sündermahlzeiten Jesu
- Gastmahl des Levi (Mk 2,13–17 / Mt 9,9–13 / Lk 5,27–32): »Isst er mit den Zöllnern und Sündern?«
- Logien (Mt 11,19 / Lk 7,34): »Der Menschensohn ist gekommen, er isst und trinkt; darauf sagt ihr: Dieser Fresser und Säufer, dieser Freund der Zöllner und Sünder!«
- Einleitung zu den Gleichnissen vom Verlorenen (Lk 15,1–2): »Und die Pharisäer und Schriftgelehrten murrten und sagten: Dieser nimmt die Sünder an und isst mit ihnen!«
- Zachäus (Lk 19,1–10): »Als die Leute das sahen, empörten sie sich und sagten: ›Bei einem sündigen Mann ist er hineingegangen, um einzukehren!‹«

Selbst das letzte Mahl, wie es die Synoptiker schildern, ist nicht das Mahl der Vollkommenen. Judas hat sein Arrangement schon getroffen, und die Bestürzung der Übrigen macht jeden zu einem potenziellen Verräter. Dennoch erfahren sie vorbehaltlose Annahme durch Jesus, so wie die Gäste bei all den anderen anstößigen Mahlzeiten auch. Das musste sich der Erinnerung tief einprägen und nach Ostern zu einem starken Impuls werden, solche Mahlgemeinschaft nun auch ohne Jesus fortzusetzen. Denn zweifellos hat sich die urchristliche Mahlfeier aus mehreren Wurzeln gespeist und ist nicht allein durch ihre »Einsetzung« am Vorabend der Kreuzigung Jesu zu erklären. Darauf weist schon die Tatsache hin, dass das Passamahl oder auch ein Totengedächtnismahl nur einmal im Jahr stattfindet, die Urchristenheit aber von Anfang an mit mindestens wöchentlicher Regelmäßigkeit zur Mahlfeier zusammenkommt.

Aus diesem Grunde verdienen auch andere Gemeinschaftsmähler im Umfeld der frühen Gemeinden Beachtung. Nicht nur in jüdischen Familien gab es eine durch feste Konventionen geregelte Mahltradition, die durch die verschiedenen Segenssprüche selbstverständlich stets religiösen Charakter trug. Auch in der hellenistischen Umwelt, besonders in den Mysterienkulten und in den religiösen Vereinen, waren gemeinsame Mahlzeiten fest etabliert. Die Formen glichen sich weitgehend, nur die Bedeutungen, die man ihnen beilegte, unterschieden sich. Wenn sich die ersten Christen zu gemeinsamen Mahlzeiten zusammenfanden, so war dies im Kontext ihrer Umwelt zunächst etwas durchaus nahe Liegendes. Sie liefen sogar Gefahr, gerade aufgrund ihrer Gemeinschaftsmahle mit anderen Vereinen oder gar mit den Mysterien verwechselt zu werden.

In der Forschung ist es Hans Lietzmann gewesen, der deshalb einen doppelten Ursprung des Abendmahls vermutet hat: In Palästina habe man zunächst Liebesmahle ohne sakramentalen Charakter gehalten, die an die Mahlzeiten Jesu anknüpften, in den hellenistischen Gemeinden hingegen sei der Typus einer sakramentalen Gedächtnisfeier entstanden. Der letztere Typ aber habe sich dann zunehmend durchgesetzt. Inzwischen ist man gegenüber solchen klaren Unterscheidungen zurückhaltender geworden. So eindeutig lassen sich die Wurzeln heute kaum noch freilegen. Ganz sicher aber ist die Entstehung der urchristlichen Mahlfeier ein komplexer Vorgang, bei dem verschiedene Einflüsse eine Rolle spielen. Die Erinnerung an die Mahlzeiten Jesu wird dabei ebenso präsent gewesen sein wie der Rückbezug auf sein letztes Mahl. Und außerdem hat man getan, was Menschen zu allen Zeiten und in allen Kulturen getan haben, um ihrer Gemeinschaft einen sinnfälligen Ausdruck zu geben: miteinander essen und trinken.

Turbulenzen in Korinth

Hätte es in Korinth keinen Streit gegeben und hätte Paulus nicht schlichtend darauf eingehen müssen, dann wüssten wir heute sehr viel weniger über die urchristliche Abendmahlspraxis (wie über einige andere Fragen auch). Die Gemeinde dieser wirtschaftlich und kulturell bedeutenden Metropole, Hauptstadt der Provinz Achaia, spiegelt das spannungsvolle soziale und religiöse Miteinander ihrer Umwelt wider. Wohlhabende, auch politisch einflussreiche Gemeindeglieder stehen einer breiten Gruppe von Angehörigen der Unterschicht gegenüber, Judenchristen und Heidenchristen mit polytheistischer Vergangenheit müssen miteinander auskommen. Alle aber leben in einer weltoffenen Stadt und haben Teil an deren buntem, aktivem, durch unterschiedlichste Einflüsse bestimmtem Leben.

Die Probleme in der Gemeinde sind vielfältig. Nach der Abreise des Paulus entstehen Gruppen, die sich jeweils auf bestimmte Autoritäten berufen. Die sexuelle Freizügigkeit der Stadt Korinth dringt in die Gemeinde ein. Es gibt Konflikte über Vermögensangelegenheiten. Im Kontakt zu den nichtchristlichen Nachbarn erhalten Alltagsprobleme wie etwa die Frage des Verzehrs von »Götzenopferfleisch« (das im Zusammenhang heidnischer Riten geschlachtet worden ist) ein ganz neues Gewicht. Vor allem aber kommt es im Gottesdienst immer wieder zu Turbulenzen. Ausführlich geht Paulus in 1Kor 11–14 darauf ein. Strittig sind dabei das Verhalten von Männern und Frauen beim Gebet (11,1–16), die Gestaltung der Abendmahlsfeier (11,17–34) und der Umgang mit ekstatischen Phänomenen, speziell der Zungenrede, in der Öffentlichkeit der Gemeindeversammlung (12,1–11 / 14,1–40). »Unordnung« ist es, die Paulus hier feststellt (1Kor 14,33). Deshalb fügt er in die Erörterung der ekstatischen Verwirrungen noch zwei grundsätzliche Klärungen ein: Gemeinde ist als »Leib Christi« ein lebendiger, durch gegenseitige Abhängigkeit geprägter Organismus (12,12–31), und die Liebe ist als der »köstlichere Weg« einziger Maßstab allen Miteinanders (13,1–13). In diesem Licht steht auch die Kritik der Verhältnisse beim Abendmahl.

Offensichtlich stehen soziale Spannungen im Mittelpunkt. Wohlhabende Gemeindeglieder stellen ihre Häuser als Versammlungsorte der Gemeinde zur Verfügung und kommen mit ihren Mitteln auch für die Finanzierung der Mahlfeiern auf. Dabei geht es aber nicht etwa um ein paar Hostien und ein wenig Wein, sondern um die Ausrichtung eines kompletten Essens. Die Einsetzungsworte in 1Kor 11,25 (»nahm er den Kelch *nach dem Mahl*«) deuten schon darauf hin: Zwischen Brot- und Kelchwort liegt eine Mahlzeit mit Sättigungscharakter. Genau daran aber entzündet sich der Streit. Die Stifter der Gaben langen ordentlich zu, während die anderen das Nachsehen haben. Zwei Gruppen fallen somit auseinander, die von Paulus in aller Deutlichkeit als die »Habenichtse« und »die mit dem eigenen Mahl« charakterisiert werden. Das aber veranlasst ihn zu dem Ausruf: »Was ihr bei euren Zusammenkünften tut, ist keine Feier des Herrenmahls mehr!« (11,20)

Der Abstand zwischen beiden Gruppen äußert sich auf verschiedene Weise. Grundproblem scheint zu sein, dass die Wohlhabenden, die über ihre Zeit verfügen können, schon vor dem Eintreffen der anderen mit dem Essen beginnen. »Wartet aufeinander!« (11,33), muss sie Paulus mahnen. Die Habenichtse indessen, als Sklaven oder als Lohnarbeiter im Hafen in ihrer Freizeit eingeschränkt, kommen erst hinzu, wenn alles schon läuft. Dem Sättigungsmahl, das von den Einsetzungsworten gerahmt wird, geht also schon ein Voressen voraus. Dieses »eigene Mahl« setzt sich aber auch während des Sättigungsmahles, zu dem nun auch die Habenichtse eingetroffen sind, fort und schlägt sich in unterschiedlichen Portionen nieder. »Denn jeder nimmt sein eigenes Mahl ein während des Essens, und dann hungert der eine, während der andere schon betrunken ist.« (11,21) Nicht alles, was die Wohlhabenden einbringen, gelangt also in die Hände der gesamten Gemeinschaft. Man kann überlegen, ob dazu nicht auch gehaltvollere Speisen gehören wie Fisch, Fleisch oder Gebäck, während die anderen sich mit Brot begnügen müssen. Hier wird ganz einfach fortgesetzt, was auch sonst schichtspezifisches Verhalten ausmacht: Freie Männer haben Rechte, Sklaven nicht. Mit der Einheit des Leibes Christi ist es im Alltag eben nicht so einfach.

Dieses unsolidarische Verhalten prangert Paulus an, so wie er schon in 1Kor 8 und 10 bei der Frage des Fleischverzehrs die »Starken« zur Rücksichtnahme auf die »Schwachen« aufgefordert hatte. Wer die »Habenichtse« beschämt, verachtet die Gemeinde Gottes (11,22). Die Wohlhabenden verfügen ja über Häuser, in denen sie ganz standesgemäß essen und trinken können, wenn ihnen danach ist. Und dann fährt Paulus ein ziemlich scharfes Geschütz auf: Wer bei der Mahlfeier der Gemeinde isst und trinkt, »ohne den Leib zu unterscheiden«, der isst und trinkt sich selbst zum Gericht (11,29). Diese »Unterscheidung des Leibes« meint die Unterscheidung zwischen dem Herrenmahl und dem eigenen, privaten Mahl. Beides darf in der Gemeinde nicht miteinander vermischt werden. Was zu Hause geschieht, ist Privatsache. Aber die Teilhabe am Herrenmahl hebt die sozialen Unterschiede auf, die ja bei allen Getauften ohnehin schon ihre Relevanz verloren haben: »Ist der Kelch des Segens, über den wir den Segen sprechen, nicht Teilhabe am Blut Christi? Ist das Brot, das wir brechen, nicht Teilhabe am Leib Christi? Ein Brot ist es. Darum sind wir viele ein Leib; denn wir alle haben teil an dem einen Brot.« (10,16–17) Es ist ein Skandal, wenn im Herrenmahl die sozialen Unterschiede demonstrativ herausgestellt und die Bedürftigen beschämt werden. Wo es dennoch geschieht, wird die Gemeinde das Gericht Gottes auf sich ziehen. In diesem Sinne deutet Paulus den Tatbestand, dass es in Korinth Kranke und auch einige Todesfälle gibt (11,30). So mahnt er eindringlich zur Selbstprüfung. Wer unwürdig am Herrenmahl teilnimmt, macht sich schuldig. Es wäre ganz verkehrt, die Forderung nach »würdiger« Teilnahme mit einer steifen Haltung, einem zerknirchten Gemüt oder einer akkuraten Kleiderordnung zu verwechseln. Das griechische Wort für »würdig« bedeutet grundsätzlich so viel wie »einer bestimmten Sache entsprechend, angemessen«. Die Sache ist klar benannt: Es geht um ein Verhalten, das der Gemeinschaft des Leibes Christi entspricht. Alles, was diese Gemeinschaft beeinträchtigt oder gar zerstört, muss also vor Beginn des Herrenmahls ausgeräumt werden.

Möglicherweise haben diese Auseinandersetzungen in Korinth eine Entwicklung in die Wege geleitet, in deren Verlauf sich der Charakter des Sättigungsmahls allmählich in den einer symbolischen Mahlzeit verwandelte. Lange Zeit jedenfalls sind in der christlichen Herrenmahlsfeier noch die knurrenden Mägen befriedigt worden. Doch weit darüber hinaus haben die Auseinandersetzungen in Korinth geklärt: Gemeinschaft mit Christus bedingt Gemeinschaft untereinander, die alle Schranken zu überwinden vermag.

Mahltheologie bei Johannes

Es fällt auf, dass Johannes der Überlieferung von dem letzten Mahl Jesu mit seinen Jüngern eine ganz eigenständige Gestaltung gibt. Ohne Zweifel wird in Joh 13 dieses letzte Mahl geschildert, aber statt der »Einsetzungsworte« wäscht Jesus seinen Jüngern die Füße, woran sich dann die langen Abschiedsreden (13,31–16,33) anschließen. Johannes geht es nicht um einen historischen Haftpunkt, sondern um die theologische Durchdringung dessen, was im Abendmahl geschieht. Deshalb hat er seine »Abendmahlstheologie« in den großen Kontext einer Rede Jesu eingefügt und dadurch mit einer ganzen Reihe wichtiger Bezüge verknüpft. Die »Brotrede« in Joh 6 ist zugleich auf durchdachte Weise mit ihrem Kontext verbunden:

6,1–15	Speisung der 5000
	(vgl. Mk 6,30–44 / Mt 14,13–21 / Lk 9,10–17)
6,16–21	Nachtfahrt der Jünger / Seewandel Jesu
	(vgl. Mk 6,45–52 / Mt 14,22–33)
6,22–59	Brotrede
6,22–26	Überleitung: Volksmenge folgt Jesus über den See nach Kafarnaum
6,27–51b	Hauptteil: Jesus ist »das Brot des Lebens«
6,51c–59	sakramentaler Teil: »Fleisch essen / Blut trinken«
6,60–71	Reaktionen
6,60–65	Abwendung vieler: »das ist eine harte Rede«
6,66–71	Zuwendung / Bekenntnis des Petrus: »Du bist der Heilige Gottes!«
	(vgl. Mk 8,27–30 / Mt 16,13–20 / Lk 9,18–21)

Von 6,1 bis 6,71 wird ein großer thematischer Bogen gespannt. Das Speisungswunder führt die Thematik ein: Alle bekommen, was sie zum Leben brauchen. Mit der Nachtfahrt und dem Seewandel erfolgt ein Wechsel der Szene, nachdem nun erneut die Volksmenge auftritt. Deren Sehnsucht nach Sättigung (6,26) wird zum Auslöser einer Selbstoffenbarungsrede, in der sich Jesus als das »Brot vom Himmel« bezeichnet. An diesen Passus nun sind die Verse 51c–59 angefügt, in denen im Anschluss an die Metaphorik vom Lebensbrot »Fleisch essen« und »Blut trinken« als Weg zur Erlangung von »Leben« geschildert wird. An diesen Aussagen aber scheiden sich die Geister: Während viele von Jesus abrücken, formuliert Petrus sein Bekenntnis. Im Gesamtkontext wird das Mahlgeschehen also vor allem auf Jesus als den Offenbarer Gottes bezogen. Der Gedanke des Selbstopfers tritt dahinter zurück.

Im Blick auf das Abendmahlsverständnis ist der »sakramentale« Passus in 6,51c–59 Höhepunkt der ganzen Einheit. Eindeutig wird darin auf die Abendmahlsworte und auf das Abendmahlsgeschehen angespielt, wenngleich statt des »Leibes« nun viel massiver und anstößiger vom »Fleisch« die Rede ist. Der Kontext von Kap. 6 erscheint insgesamt als eine Art Leseanweisung für diese schwierigen Verse. Dennoch ist nicht zu übersehen, dass hier deutliche Spannungen gegenüber dem Kontext bestehen. Nach der Brotrede hat Zugang zum

Leben, wer an den Sohn Gottes glaubt – nach 6,51c–59 hat Zugang zum Leben, wer das Fleisch des Menschensohnes isst und sein Blut trinkt. Während in der Brotrede »essen« im übertragenen Sinne für »glauben« steht, wird in 6,51c–59 »essen und trinken« ganz real im Sinne einer Aufnahme der sakramentalen Gaben verstanden. In der Brotrede offenbart sich der irdische Jesus auf metaphorische Weise als »Brot des Lebens« – in 6,51c–59 aber heißt es wieder ganz realistisch: »dieses Brot *ist* mein Fleisch, das ich geben *werde*«. Dass auch 6,60 glatt an 6,51b anschließen könnte, kommt hinzu. Viele Ausleger haben deshalb den Passus als einen späteren Zusatz verstanden, in dem eine kirchliche Redaktion die Aussagen des Evangelisten in der Brotrede aufgenommen und interpretiert hat.

Auf jeden Fall zeigt der vorliegende Text ein weiter entwickeltes Verständnis des Abendmahls. Die Wirksamkeit der Gaben tritt stärker hervor. Analog zum Glauben vermittelt die Mahlgemeinschaft den Glaubenden Zugang zum Leben. Essen und trinken schafft eine bleibende Verbindung zum Herrn: Die Wendung in 6,56 »Wer mein Fleisch isst und mein Blut trinkt, der bleibt in mir, und ich bleibe in ihm.« schlägt schon einen Bogen zu dem Bild vom Weinstock und seinen Reben (15,1–8), mit dem in den Abschiedsreden die Christuszugehörigkeit umschrieben wird. Geschieht also im Abendmahl selbst eine Vermittlung von Heil? Es liegt nahe, dass ein späteres Missverständnis seinen Ausgang in diesen bei Johannes noch offenen Aussagen nimmt. Zu Beginn des 2. Jhs. bezeichnet Bischof Ignatius von Antiochien das Abendmahl als eine »Arznei zur Unsterblichkeit«. Damit beginnt eine Entwicklung, die den Genuss der Gaben, zumindest in der Volksfrömmigkeit, in den Bereich magischer Handlungen rückt. Johannes indessen ist von einem ganz anderen Anliegen bewegt. Die »Fleischwerdung« des Wortes (Joh 1,14) will er gegen jeden Verdacht schützen, es könne sich dabei nur um einen scheinbaren Vorgang gehandelt haben. Der Gottessohn war wirklicher Mensch, was nun auch die Worte in 6,51c–59 auf anstößige und ärgerliche Weise bezeugen. In der Feier des Abendmahls aber wird diese Tatsache immer wieder vergegenwärtigt und verkündigt.

Kinder beim Abendmahl?

Im Zuge der Wiederentdeckung des Abendmahls ist auch die Teilnahme von Kindern erneut diskutiert worden. Dabei stellt sich die Frage, welche Zulassungsbedingungen aus den neutestamentlichen Texten zu erheben sind.

Die frühe Kirche hat hier eine eindeutige Grenze gezogen. Am Abendmahl, dessen Liturgie sogar einer internen Geheimhaltung unterlag, nahmen nur die Getauften teil. Aus 1Kor 14,16.24 erfährt man zwar, dass auch »Ungläubige oder Unkundige« in der gottesdienstlichen Versammlung anwesend sind. Die Abendmahlsfeier aber hat wohl von Anfang an nur diejenigen vereint, die durch die Taufe in die Gemeinde als den »Leib Christi« eingegliedert waren. Für

Paulus ist die Abendmahlsfeier unmissverständlich die Feier des »Leibes Christi« (1Kor 10,16–17). Wer getauft ist, gehört dazu. Abstufungen oder Klassenunterschiede gibt es im Leib Christi nicht.

Theologisch ist die Frage damit grundsätzlich geklärt. Kinder, sofern sie getauft sind, sind »Glieder am Leib Christi« und nehmen an seiner Feier teil. Damit wird aber schon sichtbar, wie eng die Frage nach Kindern beim Abendmahl mit der Frage nach der Säuglingstaufe verbunden ist. Stimmt man der Säuglingstaufe zu, dann kann man auch für die Teilnahme am Abendmahl keine zusätzlichen Bedingungen einführen. Denn gerade bei dem unmittelbar verständlichen, elementaren Geschehen von Essen und Trinken empfinden Kinder Zugehörigkeit und Ausgrenzung besonders klar. Der Vollzug spricht hier eine viel deutlichere Sprache als alle rationalen Erklärungen. Natürlich bedarf es dabei bestimmter »Tischsitten« wie überall sonst auch. Aber kein Mensch käme wohl auf den Gedanken, Kinder erst dann an den Familientisch aufzunehmen, nachdem sie ein entsprechendes Examen absolviert haben. In der Gemeinschaft von Eltern und Geschwistern lernen sie, und ohne diese Gemeinschaft wäre ein Familienleben kaum denkbar. Die Angst, dass die Grenzen zwischen Abendmahl und einfachem Essen verschwimmen könnten, ist unbegründet: Es liegt an der Art der Abendmahlsfeier, was sie auf verbale und nonverbale Weise auch den teilnehmenden Kindern vermittelt. Die orthodoxen Kirchen z. B. sehen hier keine Probleme und nehmen schon Kleinstkinder nach ihrer Taufe in die Abendmahlsgemeinschaft auf. Die Selbstprüfung, die Paulus in 1Kor 11,28 fordert, zielt auf gemeinschaftsgemäßes Verhalten. Das gilt für Kinder wie Erwachsene gleichermaßen. Eine Bindung der Teilnahme an rationale Voraussetzungen geht jedoch an der Intention der Abendmahlsfeier vorbei.

So leicht sich die Frage in der Theorie beantworten lässt, so schwierig bleibt sie freilich in der Praxis. Lange gewachsene Traditionen lassen sich auch durch bessere Einsicht nicht einfach beiseite schieben. Und gerade Paulus mahnt ja dazu, auch bei grundsätzlich geklärten Problemen dennoch Rücksicht aufeinander zu nehmen. Übergangsformen haben deshalb ihr gutes Recht. In vielen Gemeinden hat es sich z. B. eingebürgert, dass Eltern ihre Hostie mit ihren Kindern teilen. Eine glaubwürdige, stimmige Abendmahlspraxis entsteht jedenfalls nicht aufgrund von Thesenpapieren. Dazu bedarf es längerer Wachstums- und Lernprozesse. Aber vielleicht könnte gerade die Diskussion um das Kinderabendmahl zum Anstoß werden, das eigene Abendmahlsverständnis neu zu bedenken und sich mit der Gemeinde auf den Weg der Entdeckung zu begeben.

Agenden – Agapen – Alternativen

In Jud 1,12 taucht für die christliche Mahlfeier das Stichwort »Agape« auf. Es hat in den letzten Jahrzehnten einen neuen Aufschwung erlebt, seit zunehmend auch alternative Formen der Abendmahlspraxis ausprobiert worden sind. Waren Agapen in der Frühzeit der Kirche etwas anderes als eucharistische Feiern?

Am Anfang wurde jede Abendmahlsfeier als ein Sättigungsmahl gehalten. Bis in das 2. Jh. hinein blieb diese Situation bestehen. Erst allmählich begann eine Ablösung der Sättigung von der Feier »des Leibes und des Blutes des Herrn«. Dennoch feierte man auch weiterhin Sättigungsmahlzeiten, die nun jedoch einen stärker caritativen Charakter erhielten und speziell den Bedürftigen in der Gemeinde galten. Ihre Unterscheidung von den urchristlichen Abendmahlsfeiern fällt in den Texten des 2.–4. Jhs. schwer. Die Begriffe Agape und Eucharistie werden ohnehin weitgehend synonym gebraucht. Auch die Agapen versammeln nur die Gläubigen, werden von Gebeten und einer festen Liturgie bestimmt, mitunter sogar vom Bischof geleitet, häufig wohl auch in unmittelbarer Verbindung mit der gottesdienstlichen Versammlung gehalten. Erst bei Tertullian (um 200), Hippolyt (Anfang 3. Jh.) oder in einer syrischen Kirchenordnung (2. Hälfte 3. Jh.) tritt deutlich zutage, dass diese Liebesmahle von der gottesdienstlichen Eucharistie unterschieden wurden.

Wenn heute »Agape« gefeiert wird, so meint man in der Regel ein gemeinsames Sättigungsmahl mit Elementen des Gebetes und der Meditation, das offen ist für Getaufte und Ungetaufte. Eine Anknüpfung an frühchristliche Formen ist dabei nur bedingt möglich. Als bewusste und neue Alternative zur gottesdienstlichen Feier sollte dann aber auch die Gestaltung eine erkennbar eigenständige sein – mit anderen Speisen, Gefäßen, Worten und Gesten. So könnten Agapefeiern etwas werden, was sie in der Frühzeit wohl nicht waren: eine missionarische Chance der Gemeinde, die eine Integration auch der Interessierten und Unentschlossenen ermöglicht.

Neue liturgische Entwürfe haben auch für die gottesdienstliche Feier alternative Formen entwickelt. Bei gleicher Grundstruktur gibt es längst einen großen Variantenreichtum der einzelnen »Bausteine«. Das neue Gottesdienstbuch etwa bietet heute einen viel breiteren Spielraum, die Gestaltung der Abendmahlsfeier der jeweiligen Gemeindesituation anzupassen. Lebendige Feiern, vom Erleben der Gemeinschaft bestimmt, bedürfen solcher Vielfalt. Ihre Mitte ist Christus, auf den alle Getauften – auch über die Grenzen der Konfessionen hinaus – ausgerichtet bleiben.

TEXTBEISPIEL:
MT 8,5–13 (HAUPTMANN VON KAFARNAUM UND ESCHATOLOGISCHES MAHL)
Auf den ersten Blick hat die Erzählung über den Hauptmann von Kafarnaum nichts mit der Thematik des Abendmahls zu tun. Anstatt einer Mahlzeit geht es um eine Heilung, wobei der Kranke sogar aus der Ferne und allein durch das vollmächtige Wort Jesu gesund wird (vgl. noch Joh 4,46–53). Die Geschichte stammt aus der so genannten »Logienquelle« und stellt dort neben der Versuchungsgeschichte die einzige Erzählung überhaupt dar. Doch die parallele

Fassung in Lk 7,1–10 lässt wenigstens zwei markante Unterschiede erkennen. Zum einen wird der Hauptmann bei Lukas nicht selbst vorstellig, sondern entsendet die Ältesten der jüdischen Gemeinde als seine Fürsprecher. Zum anderen fügt nur Matthäus in 8,11–12 jenes Wort ein, das von dem künftigen Festmahl in der Gottesherrschaft spricht. Bei Lukas findet es sich erst viel später (13,28–29) und in einem ganz anderen Zusammenhang.

Der Ausblick auf ein künftiges Festmahl in Mt 8,11–12 schlägt nun doch den Bogen zur Mahlthematik. Denn hier wird eine Perspektive eröffnet, die es für den Hauptmann bis dahin noch nicht gibt. Als Nichtjude kann er mit Juden keine Tischgemeinschaft halten. Solange er nicht zum Judentum übertritt und diesen Schritt durch Beschneidung und Tauchbad vollzieht, gehört er nicht zum Gottesvolk hinzu. In dieser Situation steht das Wort von der künftigen Mahlgemeinschaft als eine Verheißung: »Viele werden von Osten und Westen kommen und zu Tisch liegen mit Abraham und Isaak und Jakob in der Gottesherrschaft!« Die Gottesherrschaft wird also die Grenze zwischen Israel und den Völkern aufheben und alle, die sich zu Gott bekennen, in der Gemeinschaft eines universalen Gottesvolkes versammeln! Lukas, der seine Fassung der Geschichte ohne diesen Ausblick erzählt, schlägt denselben Bogen auf eine andere Weise. In Apg 10 / 11 stellt er noch einmal einen Hauptmann namens Kornelius vor, der als Nichtjude an den Gott Israels glaubt. Zu diesem Gottesfürchtigen, der in Cäsarea wohnt, wird Petrus durch göttlichen Auftrag gesandt und verkündigt ihm das Evangelium. Dann vollzieht er, überwältigt vom Geist Gottes, die Taufe des Hauptmanns und aller seiner Hausgenossen. Nach diesem Ereignis, das Lukas als eine Art »Pfingsten der Heiden« schildert, bleibt Petrus noch einige Tage bei Kornelius. In Jerusalem muss er sich daraufhin rechtfertigen, dass er »mit Nichtjuden gegessen habe« (Apg 11,3). Wenn Lukas in der Geschichte von Kornelius exemplarisch den Durchbruch zur Völkermission darstellt, erfüllt sich damit auch für ihn die erhoffte Tischgemeinschaft eines universalen Gottesvolkes.

Unmittelbar nach der Bergpredigt (5–7) hat Matthäus einen Komplex von Wundererzählungen platziert (8–9). Die Geschichte des Hauptmanns von Kafarnaum steht hier an zweiter Stelle und erscheint nach den summarischen Aussagen in 4,23–25 als eine der ersten ausführlicher berichteten Wundertaten Jesu überhaupt. Da ist es zweifellos von Bedeutung, dass gerade ein Nichtjude im Mittelpunkt des Geschehens steht. Welchen Wert Matthäus auf diesen Umstand legt, macht jenes Wort über die künftige Tischgemeinschaft in der Gottesherrschaft deutlich: Jesus lässt den Bittsteller einfach stehen und wendet sich seinem Gefolge zu, dem er nun eine kleine Rede hält. Dann erst spricht er den Hauptmann wieder direkt an und sagt ihm die Heilung seines Sohnes zu. Von daher ergibt sich auch die Struktur des Abschnittes. Nach der einleitenden Lokalisierung (5) beginnt die Erzählung sofort mit einem Dialog zwischen Bittsteller und Wundertäter (5–9). Dann erfolgt die Ansprache Jesu an seine Nachfolger

(10–12). Den Schluss bildet die Zusage der Heilung und eine abschließende Bestätigung ihres Erfolges (13).

Drei Motive aus der Ansprache Jesu in 10–12 verdienen besondere Beachtung. Zum Ersten bestätigt Jesus dem Hauptmann einen Glauben, wie er ihn sonst in Israel nicht gefunden habe. Auch an anderen Stellen findet man den Hinweis auf solche »ärgerlichen Vorbilder«, die gegenüber den Angehörigen des Gottesvolkes einen Vorzug erhalten. Hatte schon der Täufer denen, die sich auf Abraham als ihren Vater beriefen, entgegnet, Gott könne »aus diesen Steinen dem Abraham Kinder erwecken« (Mt 3,9 / Lk 3,8), so setzt Jesus die Reihe fort: In der Synagoge von Nazaret verweist er auf die Witwe von Sarepta bei Sidon und den syrischen Feldhauptmann Naaman, die Gottes Zuwendung erfahren haben (Lk 4,25–27); die Männer von Ninive und die Königin von Saba werden im Gericht als Ankläger gegen die jüdischen Zeitgenossen Jesu auftreten (Mt 12,41–42 / Lk 11,31–32). An die Präsentation des Hauptmanns als eines Vorbildes im Glauben schließt sich das Wort von der künftigen Tischgemeinschaft in der Gottesherrschaft an. In ihm sind zwei weitere Motive eng miteinander verbunden: das Motiv von der Völkerwallfahrt und das Motiv von dem endzeitlichen Freudenmahl. Von einer Zeit, in der die Völker den Gott Israels als den einzig wahren Gott erkennen und aus allen Himmelsrichtungen mit ihren Gaben in Jerusalem zusammenströmen werden, ist in ganz verschiedenen Texten des Alten Testaments die Rede (Jes 2,2–4 / Mi 4,1–3; Jes 60; Jer 3,17; Sach 2,14–15; Ps 68,29–30; 72,10–11 u.ö.). Dass die Heilszeit dabei in einem großen Freudenmahl gipfelt, an dem auch die Völker teilhaben, schließt daran an. Bei Jes 25,6 findet sich der alttestamentliche Haftpunkt dieser Erwartung: »Der Herr der Heere wird auf diesem Berg für alle Völker ein Festmahl geben mit den feinsten Speisen, ein Gelage mit erlesenen Weinen, mit den besten und feinsten Speisen, mit besten, erlesenen Weinen.« In der frühjüdischen Literatur und in den rabbinischen Texten ist dieses Freudenmahl dann breit und farbig ausgemalt worden. Es taucht auch im Neuen Testament noch an einigen anderen Stellen auf. So kündigt Jesus z.B. beim letzten Mahl seinen Verzicht auf »die Frucht des Weinstocks an«, bis er sie neu trinken werde in der Gottesherrschaft (Mk 14,25 / Mt 26,29 / Lk 22,18). Unter den Mahlgesprächen bei Lukas sagt er seinen Jüngern zu, dass sie an seinem Tisch essen und trinken werden in seiner Herrschaft (Lk 22,28–30). Offb 19,7–9 spricht vom »Hochzeitsmahl des Lammes«. Die von den Propheten verkündete Heilszeit und die von Jesus proklamierte Gottesherrschaft finden ihren deutlichsten Ausdruck also im Bild eines großen, gemeinsamen Festmahls. In diesem Festmahl werden alle Schranken gefallen sein, die jetzt noch Tischgemeinschaft verhindern. Glaubende aus Israel und den Völkern gehören dazu. Diese große Vision kommt bei Matthäus nun genau dort zur Sprache, wo Jesus den Glauben des nichtjüdischen Hauptmanns rühmt. Zur Zeit des Matthäus ist die Tischgemeinschaft von Juden- und Heidenchristen längst Realität. Die christliche Gemeinde aber hat die Feier des Herrenmahls offenbar von Anfang an im Horizont dieses endzeitlichen Freudenmahls begangen.

Zu der Geschichte selbst sind nur noch wenige Bemerkungen zu machen. Der Hauptmann von Kafarnaum ist ein Centurio, der also eine Hundertschaft befehligt. In Kafarnaum befindet er sich im Herrschaftsgebiet des Herodes Antipas und steht vermutlich in seinen Diensten. Dass er Nichtjude ist, wird an dem selbstkritischen Einwand (8), vor allem aber an der Gegenüberstellung zu Israel (10) ausreichend deutlich. Es handelt sich um einen der so genannten »Gottesfürchtigen«, von denen vor allem die Apostelgeschichte häufig berichtet. Als Gottesfürchtige bezeichnete man Nichtjuden, die sich zu dem Gott Israels bekannten, am Synagogengottesdienst teilnahmen, die jüdische Gemeinde z. T. großzügig unterstützten (vgl. Lk 7,5), jedoch die mit der Beschneidung verbundene Konversion nicht vollzogen. Aus ihrem Kreis hat die christliche Mission der Frühzeit offenbar viele Anhänger gewonnen. Der »Knecht« des Hauptmanns (so die meisten Übersetzungen) ist nach dem griechischen Text vermutlich sein Sohn; nur in der Lukasfassung steht eindeutig »Sklave«. Der Hauptmann weiß genau um die Probleme, die der Jude Jesus bekommt, wenn er das Haus eines Nichtjuden betritt. Deshalb appelliert er an dessen verbale Vollmacht, gespeist aus den Erfahrungen seiner eigenen Befehlsgewalt. Davon ist Jesus derart beeindruckt, dass er der Bitte nachkommt und zum ersten Mal mit einer Heilung die Grenzen des Gottesvolkes überschreitet. Ein weiteres Mal wird er das in 15,21–28 gegenüber einer Kanaanäerin bzw. Syrophönizierin tun. Darin deutet sich schon der Weg von Israel zu den Völkern an, den die Gemeinde erst nach Ostern beschreitet – zunächst noch zögernd, dann aber immer konsequenter. Dass dieser Weg von dem Streit um die Tischgemeinschaft begleitet ist, weiß Matthäus wohl. Darum wird gerade hier die Zusage von dem endzeitlichen Freudenmahl schon zum Leitbild für den glaubenden Hauptmann. Dass die Zusage in 8,12 auch mit einer Gerichtsdrohung verbunden ist, hat man später im Sinne einer Ablösung und Verwerfung Israels verstanden. Die Gemeinde des Matthäus versucht darin zunächst nur das Paradox zu verarbeiten, dass Israel im Ganzen den Glauben an Jesus Christus nicht angenommen hat.

Die Brisanz, die allein das Faktum einer gemeinsame Mahlzeit haben kann, ist heute kaum noch nachvollziehbar. Zur Zeit Jesu bedurfte es großer prophetischer Visionen, um die Gemeinschaft Israels und der Völker gerade im Bild des Festmahls darstellen zu können. Die Feier des christlichen Herrenmahls hat sich diese Vision zu eigen gemacht und als Kennzeichen für die Tischgemeinschaft des universalen Gottesvolkes betrachtet. Die Überwindung von Trennung und die Festfreude der Gottesherrschaft sind seither zu unverzichtbaren Elementen im Charakter jeder Abendmahlsfeier geworden.

TEXTBEISPIEL: LK 15,1-2 (KRITIK AN JESU MAHLGEMEINSCHAFTEN)
Durch die kurzen Bemerkungen 15,1–3 hat der Redaktor Lukas eine Einleitung geschaffen, mit der die folgenden drei Gleichnisse vom Verlorenen zu einer

erzählerischen Einheit zusammengebunden werden. Die Wendung »Er sprach aber zu ihnen dieses Gleichnis (Sing.)« zeigt an, dass Lukas hier auch thematisch eine Einheit sieht. Genau genommen spannt sich der Bogen noch bis 16,14–15 und schließt damit auch die Parabel vom ungerechten Verwalter mit ein, denn dort kommen nun Pharisäer noch einmal abschließend als Hörer der Rede Jesu ins Spiel. Allein 16,1 (»Er sagte aber auch zu den Jüngern ...«) markiert in der großen Periode eine deutlichere Zäsur.

Die Eröffnung stellt zwei gegensätzliche Gruppen vor und benennt ein Problem, das zwischen beiden strittig ist. »Zöllner und Sünder« stehen auf der einen, »Pharisäer und Schriftgelehrte« auf der anderen Seite. Umfasst die erste Gruppe jene, die sich durch ihre Missachtung der Tora von Gott getrennt haben (wobei die »Zöllner« bzw. Abgabenpächter als exemplarische »Sünder« fungieren), so wird die zweite Gruppe von denen repräsentiert, die sich in besonderer Weise um ein Leben nach den Geboten der Tora bemühen. Der Streitpunkt betrifft das Thema der Tischgemeinschaft. Wer nach der Tora lebt, darf nicht mit Sündern speisen. Da sich Jesus über diese Bestimmung hinwegsetzt, zieht er die Kritik von Pharisäern und Schriftgelehrten auf sich. Die vorliegende Verbindung des Problems mit den Gleichnissen vom Verlorenen ist sekundär. Lukas macht die Gleichnisse zur Rechtfertigung Jesu für seine anstößigen Mahlgemeinschaften. Historisch lässt sich der Streitfall als solcher indessen ausreichend durch andere Beispiele belegen. Die gleiche kritische Rückfrage erfolgt etwa auch in Mk 2,16par oder Lk 19,7. Gemeinsames Mahlhalten gilt in allen Kulturen und Religionen als eine Form intimer Gemeinschaft, die grundsätzliche Übereinstimmung der Teilnehmer sowohl voraussetzt als auch demonstriert. Insofern kommt den »Sündermahlzeiten« Jesu eine besondere Bedeutung im Kontext seiner zeichenhaften Handlungen zu.

Das strittige Problem bedarf noch einer genaueren Erklärung. Wer heute den Staat Israel besucht oder zu Hause jüdische Gäste empfängt, wird sehr schnell mit dem Phänomen eigenständiger Regeln im Blick auf die täglichen Mahlzeiten konfrontiert. Sie sind eingebunden in ein komplexes Konzept von »rein und unrein«, das sich dem außenstehenden Beobachter nicht leicht erschließt. Dabei haben die konkreten Bestimmungen seit biblischen Zeiten auch manche Wandlungen erfahren. Grundsätzlich geht es um zwei miteinander verbundene Bereiche: a) Was darf gegessen werden? und b) Mit wem darf man gemeinsam speisen? Die engere Frage der Speisevorschriften selbst entscheidet dann in der Regel auch über die Tischgenossenschaft – um sicherzustellen, dass dabei keine unerlaubten Vermischungen geschehen.

Grundlegend sind zunächst die Bestimmungen der Tora, die vor allem im Blick auf den Fleischgenuss zwischen reinen und unreinen (= erlaubten und unerlaubten) Tieren unterscheiden. Aas oder Zerissenes gelten generell als verboten. Für den Verzehr bestimmte Tiere müssen vielmehr auf eine rituell vorgeschriebene Weise geschlachtet (= geschächtet) werden. Dabei geht es speziell um das vollständige Ablaufen des Blutes. Denn weil nach alttestamentlicher Auffassung das Blut als der Sitz des Lebens gilt, ist auch der Blutgenuss in jeder Form untersagt. Andere Bestimmungen treten hinzu. So darf beispielsweise Fleischiges und Milchiges nicht miteinander vermischt werden, was ursprünglich aus Gründen des Tierschutzes festgelegt war und sich erst später in weiteren differenzierten Vorschriften verselbstständigte. Solche Unterscheidungen erstrecken sich dann letztlich auf die Zubereitung aller anderen Speisen bis hin zur Brotbereitung. Für die Frage der Tischgemeinschaft gibt es dabei im Mutterland kaum Probleme. Hier gelten die Bestimmungen der Tora auch für die Fremden im Lande. Anders sieht das im Exil bzw. dann in der Diaspora aus. Dan 1 berichtet z. B. sehr anschaulich von den drei Kriegsgefangenen am Hofe des Großkönigs in Babylon, die lieber von Wasser und Gemüse leben, als sich mit den Köstlichkeiten von der königlichen Tafel zu verunreinigen. So kommt es in hellenistischer Zeit insgesamt zu einer Aufwertung und Verschärfung der Speisevorschriften. Der einheitliche Kulturraum der hellenistischen Welt lässt die Grenzen zwischen den Völkern und Religionen verwischen. Auch das Judentum sieht sich einer zunehmenden Tendenz zur Assimilierung ausgesetzt. In dieser Situation wird gerade die Einhaltung der Speisevorschriften zu einer Art Ausweis jüdischer Identität bzw. zu einem Akt des Bekenntnisses gegenüber der andersgläubigen Umwelt. Sie manifestiert zugleich die Absonderung von den Völkern, zumal in der Diaspora. Besonders die Speisevorschriften stoßen dort auf Unverständnis und führen zum Vorwurf des »Menschenhasses«. Der jüdische Autor des so genannten Aristeasbriefes (1. Jh. v. Chr., Ägypten) fasst dieses Kennzeichen z. B. in die Worte: »Damit wir uns nun mit nichts beflecken und nicht im Verkehr mit Schlechtem verdorben würden, umschloss er (der Gesetzgeber = Mose) uns von allen Seiten mit Reinheitsvorschriften, Geboten über Speisen und Getränke (142).« Speisevorschriften und Tischgemeinschaft werden nun zu einem vordringlichen Ausdruck der Treue zur Tora gegen alle Versuche, sich der synkretistischen* Religiosität der hellenistischen Welt auszuliefern. Es ist also eine eher defensive Strategie, die in der späteren rabbinischen Thelogie dann noch weiter ausgebaut und verfeinert wird. Sie hat entscheidend zum Überleben des Judentums beigetragen und dafür gesorgt, dass die Treue zu Gottes Gebot ihren Ort in alltäglichen, existenziellen Lebensvollzügen bewahren konnte.

Für die christliche Mission der Frühzeit stellt die Tischgemeinschaft zwischen Juden und Nichtjuden ein ganz besonderes Konfliktfeld dar. In den ersten Gemeinden, die sich nun aus »Juden-« und »Heidenchristen« zusammensetzen, bricht der Konflikt bereits in der Feier des Herrmahles auf, das ja in dieser Zeit noch als komplettes Sättigungsmahl gehalten wird. Die Gemeinschaft am Tisch des Herrn hebt die geforderte Grenze auf und zieht vermutlich von da aus auch ihre weiteren Kreise. In Antiochien kommt es in dieser Frage zwischen Paulus und Petrus bzw. den Jakobusleuten aus Jerusalem zum offenen Streit – und zum zeitweiligen Bruch (Gal 2,11–21). Gemeinden wie die in Korinth oder Rom sehen sich mit dem Problem des Fleischverzehrs konfrontiert, der in seiner unterschiedlichen Handhabung zu schweren Spannungen führt (1Kor 8/10; Röm 14). Das so genannten »Apostoldekret«, das Lukas in Apg 15,20.29 (vgl. noch 21,25) historisch unzutreffend mit dem Apostelkonvent in Jerusalem verbindet, schlägt eine Kompromissformel vor, die auch den Nichtjuden zumindest ein Minimum an Rücksichten auferlegt. Erst mit der zunehmenden Ablösung der christlichen Gemeinde vom jüdischen Synagogenverband gegen Ende des 1. Jhs. verlieren auch diese Fragen allmählich an Relevanz.

Die anstößigen Tischgemeinschaften Jesu mit »Zöllnern und Sündern« befinden sich noch ausschließlich im Kontext jüdischer Frömmigkeit. Nicht die Differenzen zwischen Juden und Nichtjuden, sondern die Spannungen zwischen jüdischen »Gerechten« und jüdischen »Sündern« bilden den Problemhorizont. Der weitere Kontext zeigt indessen an, wie sensibel der ganze Bereich ist, den Jesus hier berührt. In Fragen der Tischgemeinschaft schalten die Signale sehr schnell auf rot. Wenn Jesus sich über diese Bestimmungen hinwegsetzt, dann macht er deutlich: Die unterschiedslose Zuwendung Gottes hat Vorrang vor der Einhaltung von Regeln bzw. der Erfüllung von Vorbedingungen. Von diesem zeichenhaften Verhalten sind auch Impulse für die Gestaltung des christlichen Herrenmahles ausgegangen. Es ist nicht die Feier der Elite, sondern ein Geschehen, das die solidarische Gemeinschaft in den Mittelpunkt rückt.

TEXTBEISPIEL: MK 14,12–16.22–25 / MT 26,17–19.26–29 (LETZTES MAHL)
Die Szene des letzten Mahles Jesu im Kreis seiner Jünger steht durch eine reiche Bildtradition vor aller Augen: Viele Altarbilder haben das Motiv zur »Kulisse« für die um den Tisch des Herrn versammelte Gemeinde gemacht. Die Flut der Darstellungen reicht von schlichten Andachtsbildern bis hin zu Leonardos großem Abendmahl. Darin drückt sich bereits die konstitutive Bedeutung aus, die Theologie und Frömmigkeit diesem letzten Mahl für das Selbstverständnis christlicher Gemeinschaft zuerkannt hat. Im Gegensatz dazu fällt auf, wie knapp und unprätentiös die Geschichte selbst erzählt wird. Die Evangelisten bieten anstelle einer Schilderung des Geschehens nur wenige, theologisch bedeutsame Höhepunkte.

Im Kontext der Passionsgeschichte setzt sich das Mahlgeschehen aus vier Szenen zusammen (siehe oben). Allein Lukas hat in 22,1–38 den Passus ausgebaut und zu einem Symposium mit anschließenden Mahlgesprächen gestaltet, wie es den Gebildeten der hellenistischen Welt vertraut war. Bei Markus und Matthäus aber, die hier ganz eng zusammengehen, reduziert sich alles auf die knappe Darstellung von 1. Vorbereitung des Raumes, 2. Ankündigung des Verrats, 3. Mahl, 4. Gang zum Ölberg. Die Ankündigung des Verrats, die während des Mahles erfolgt, hat für den Gesamtzusammenhang eine wichtige Funktion: Sie macht eindrücklich die potenzielle Schuldhaftigkeit aller Versammelten deutlich, die der Vergebung im Mahl (Mt 26,28) gleichermaßen bedürftig sind. Unterschiede bestehen zwischen Markus und Matthäus hinsichtlich der Akzentuierung: Mk 14,12–16 verbindet die Vorbereitung des Raumes mit dessen wunderbarer Auffindung; den beiden ausgesandten Jüngern sagt Jesus die Begegnung mit einem Mann voraus, der sich durch einen Wasserkrug ausweist und sie zum richtigen Ort geleiten soll. In Mt 26,17–19 sind es indessen alle Jünger, die aufbrechen und ohne Umwege zu »dem und dem« geschickt werden, was sie auch gehorsam erledigen. Bei den »Einsetzungsworten« fügt Mt 26,28 dem Becherwort noch die Bestimmung »zur Vergebung der Sünden« hinzu. Ansonsten übernimmt er Abfolge und Wortlaut getreu von Markus.

Fragt man nach der Struktur, so fällt vor allem das Defizit an verbindenden erzählerischen Elementen auf. In beinahe stichpunktartiger Kürze werden Stationen benannt. Ausschmückungen, Reflexionen, Kontextschilderungen usw. sucht man vergeblich. Allenfalls der erste Teil zur Vorbereitung des Raumes bietet hier in der Markusfassung eine indirekte szenische Gliederung: Nach der einleitenden Zeitbestimmung (12a) beginnt der Abschnitt mit der Frage der Jünger (12b), woran sich der breit ausgeführte Auftrag Jesu anschließt (13–15), gefolgt von einer knappen Bestätigung seiner Ausführung (16). Während bei Markus noch Begegnung und Verhandlung der Boten mit dem geheimnisvollen Wasserträger vorausschauend »durchgespielt« werden, finden sich bei Matthäus als Gliederungselemente nur noch Auftragserteilung und Durchführung. Die Mahl-»schilderung« selbst referiert nach einem denkbar kurzen Hinweis auf die Situation selbst nur die drei Worte Jesu: Brotwort, Kelchwort, Ausblick. Dass jede jüdische Mahlzeit, besonders aber das Passamahl, ein mehrfach gegliedertes, von verschiedenen Gängen bestimmtes und durch ausführliche Gespräche begleitetes Geschehen war, dass dabei nicht nur der »Hausvater« sprach, dass irgendwann ja auch das Passalamm verzehrt werden musste usw., kommt überhaupt nicht in den Blick. Die gesamte Runde ist ausschließlich auf Jesus hin orientiert: auf seinen Auftrag und auf seine Worte. Das allein soll durch die Erzählung eingeprägt werden.

Der »erste Tag des Festes der ungesäuerten Brote (als sie das Passalamm schlachteten)« datiert die Vorbereitung des Raumes etwas ungenau und missverständlich auf den Rüsttag zum Fest. So unterschiedlich Markus und Matthäus nun die Auffindung des Raumes berichten – beide stimmen sie darin überein, dass Jesus selbst die Ereignisse in Gang setzt und mit vollem Bewusstsein seinem Geschick entgegengeht. Hebt Markus das Vorherwissen Jesu als Ausdruck göttlicher Regie hervor, so lässt Matthäus Jesus sagen: »Meine Zeit ist nahe ... «. Jesus führt sich selbst als »Lehrer« ein, was den Worten beim Mahl bereits im vorhinein den Charakter von »Lehre« verleiht. Auf der Erzählebene wird durch diese ganze Szene eine Spannung aufgebaut, die dann auch die Bedeutsamkeit des Mahles selbst spürbar steigert. Betrachtet man die Verratsankündigung als retardierendes Moment, so bilden die Deuteworte Jesu beim Mahl den Höhepunkt. Beide Evangelisten betonen, dass Jesus mit »den Zwölfen« zu Tisch liegt. Das sieht nach einer Auswahl aus, da ansonsten gerade das Passamahl als Fest der Familie einschließlich Frauen und Kinder (das Jüngste hatte die wichtige Funktion, die entscheidenden Fragen an den Hausvater zu richten!) gefeiert wurde. Wiederum scheint die Hervorhebung der »Zwölf« an dieser Stelle zeichenhafte Bedeutung zu besitzen. Im Kontext des wichtigsten Wallfahrtsfestes, in dem die Befreiung Israels aus der Sklaverei als ein Grunddatum des Glaubens Israels vergegenwärtigt wird, sind die Zwölf als Repräsentanten des Gottesvolkes mit Jesus versammelt. Sein rituelles und verbales Vermächtnis gilt dem Gottesvolk. Deshalb schildern die Synoptiker (anders als Johannes) auch so nachdrücklich die Bezugnahme Jesu auf den Brauch des Passamahles. Dort sind Deuteworte zu den verzehrten Speisen fester Bestandteil des Programms: »Frage: Warum unterscheidet sich diese Nacht von allen anderen Nächten? In allen anderen Nächten essen wir ... In dieser Nacht aber ...? Antwort: Einst waren wir ...« Auch Jesus nimmt offensichtlich diesen Brauch auf, interpretiert aber nicht das ungesäuerte Brot, die Bitterkräuter, das Lamm usw., sondern allein das Brot und den Wein – und dies mit einer eigenständigen, neuen Deutung, die seine Person zum Gegenstand hat. Was der genaue, »historische« Wortlaut dieser Deuteworte war, lässt sich aufgrund ihrer bei den Evangelisten längst schon liturgisch überformten Gestalt nicht mehr ganz eindeutig bestimmen. Aber das Wort vom »Gewächs des Weinstocks« zeigt an, dass Jesus dieses Mahl mit dem Wissen um oder der Ahnung von seinem nahen Ende verband. In ihrer heutigen Form bringen die Worte bereits ein klares Verständnis der Heilsbedeutung des Todes Jesu zum Ausdruck. Das Stichwort vom »Blut des Bundes« greift alttestamentliche Bundestheologie auf und assoziiert in dieser besonderen Situatuion zugleich die Verheißung eines »neuen Bundes« aus Jer 31,31–34. Die Bestimmung des Bundesblutes »für die Vielen« sowie der Zusatz zur Sündenvergebung bei Matthäus unterstreichen (im Rückblick?) die Sinndeutung des bevorstehenden Todes. Das ganze Geschehen aber steht unter der Verheißung einer »Neuauflage« dieses Mahls in der Gottesherrschaft.

Markus und Matthäus schildern das letzte Mahl Jesu mit den Zwölfen so, dass alles auf dessen gemeinschaftsstiftende Elemente konzentriert ist. Es ist nicht die Gemeinschaft der Vollkommenen, aber eine Gemeinschaft derer, die Vergebung erfahren. Diese Gemeinschaft hat repräsentativen Charakter und erscheint als Keimzelle eines erneuerten Gottesvolkes. Sie versammelt sich im Auftrag ihres Herrn, der sie einberuft, vorbereitet und durch seine Anwesenheit bestimmt. Dabei beruft sie sich auf seinen Tod und seine Auferstehung als das Grunddatum ihrer Hoffnung und feiert so bereits in der Vorwegnahme dessen, was noch kommt: die Vollendung der Gottesherrschaft.

Abkürzungsverzeichnis der biblischen Bücher
(nach den »Loccumer Richtlinien«)

Altes Testament		Neues Testament	
Gen	Genesis = 1. Buch Mose	Mt	Evangelium nach Matthäus
Ex	Exodus = 2. Buch Mose	Mk	Evangelium nach Markus
Lev	Levitikus = 3. Buch Mose	Lk	Evangelium nach Lukas
Num	Numeri = 4. Buch Mose	Joh	Evangelium nach Johannes
Dtn	Deuteronomium = 5. Buch Mose	Apg	Apostelgeschichte des Lukas
Jos	Buch Josua	Röm	Brief an die Römer
Ri	Buch der Richter	1Kor	1. Brief an die Korinther
Rut	Buch Rut	2Kor	2. Brief an die Korinther
1Sam	1. Buch Samuel	Gal	Brief an die Galater
2Sam	2. Buch Samuel	Eph	Brief an die Epheser
1Kön	1. Buch der Könige	Phil	Brief an die Philipper
2Kön	2. Buch der Könige	Kol	Brief an die Kolosser
1Chr	1. Buch der Chronik	1Thess	1. Brief an die Thessalonicher
2Chr	2. Buch der Chronik	2Thess	2. Brief an die Thessalonicher
Esra	Buch Esra	1Tim	1. Brief an Timotheus
Neh	Buch Nehemia	2Tim	2. Brief an Timotheus
Tob	Buch Tobit [griech.]*	Tit	Titus
Jdt	Buch Judit [griech.]*	Phlm	Brief an Philemon
Est	Buch Ester [+ griech. Zusätze*]	Hebr	Brief an die Hebräer
1Makk	1. Buch der Makkabäer [griech.]*	Jak	Brief des Jakobus
2Makk	2. Buch der Makkabäer [griech.]*	1Petr	1. Brief des Petrus
Ijob	Buch Ijob / Hiob	2Petr	2. Brief des Petrus
Ps	Buch der Psalmen	1Joh	1. Brief des Johannes
Spr	Buch der Sprichwörter	2Joh	2. Brief des Johannes
Koh	Buch Kohelet = Prediger Salomo	3Joh	3. Brief des Johannes
Hld	Hoheslied Salomos	Jud	Brief des Judas
Weish	Buch der Weisheit Salomos [griech.]*	Offb	Offenbarung des Johannes
Sir	Buch Jesus Sirach [griech.]*		
Jes	Buch Jesaja		
Jer	Buch Jeremia		
Klgl	Klagelieder Jeremias		
Bar	Buch Baruch [griech.]*		
Ez	Buch Ezechiel		
Dan	Buch Daniel [+ griech. Zusätze*]		
Hos	Buch Hosea		
Joël	Buch Joël		
Am	Buch Amos		
Obd	Buch Obadja		
Jona	Buch Jona		
Mi	Buch Micha		
Nah	Buch Nahum		
Hab	Buch Habakuk		
Zef	Buch Zefanja		
Hag	Buch Haggai		
Sach	Buch Sacharja		
Mal	Buch Maleachi		

Die mit * markierten Schriften bezeichnen die so genannten »Apokryphen« des Alten Testaments.

Glossar der im Text nicht unmittelbar erläuterten Fachbegriffe

Androzentrisch (180)*	von griech. »anēr = Mann«: männerzentriert – zur Bezeichnung einer Form von Sprache und Denken, die Frauen unsichtbar macht
Apokryph (28)	griech. »apokryphos = verborgen«: eine sachlich etwas unscharfe, jedoch weithin eingebürgerte Bezeichnung von Schriften außerhalb der Bibel, die deren Gattung (z. B. prophetische Schrift, Weisheitsschrift, Offenbarungsschrift, Evangelium, Apostelgeschichte, Brief) aufnehmen und fortschreiben
Apologetisch (30)	von griech. »apologia = Verteidigung«
Centurio (33)	im röm. Militär Führer einer Hundertschaft; die meisten Übersetzungen geben diesen Begriff mit »Hauptmann« wieder
Charismatisch (21)	von griech. »Charisma = Gnaden- bzw. Geistesgabe«: charismatische Gestalten sind solche, die unmittelbar vom Geist Gottes bestimmt sind und von denen dieser Geist ausstrahlt
Dekapolis (25)	griech. »Zehnstädtegebiet«: Region hellenistischer Städte vorwiegend östlich des Jordans, die auch an das Ostufer des Sees Gennesaret grenzt
Diaspora (96)	griech. »Zerstreuung«: aus der Perspektive des »Mutterlandes« in Palästina galten die jüdischen Gemeinden in anderen Provinzen des Imperium Romanum als solche in der »Diaspora«
Häretiker (19)	von griech. »heiresis = Schule«: zunächst relativ wertfreier Begriff für eine Philosophie, religiöse Gruppierung oder Lehrmeinung; später zunehmend negativ für die vom Glaubensbekenntnis der Großkirche abweichenden Sondergruppen
Hellenistisch (27)	der Begriff »Hellenismus« beschreibt die Welt bzw. die Epoche, in der nach dem Tod Alexanders des Großen (324 v. Chr.) das gesamte Mittelmeergebiet zu einem weithin einheitlichen Kulturraum wird, geprägt von griech. Sprache und Stadtkultur, geformt in der Verschmelzung griech. und oriental. Traditionen
Ikonographisch (134)	von griech. »eikon = Bild«: die Ikonographie ist allgemein die Lehre von den Bildinhalten oder Bildtypen der (christl.) Kunst
Initiationsritus (205)	Ritus, der den Eintritt in einen neuen religiösen Status vermittelt und veranschaulicht – so z. B. Beschneidung oder Taufe
Konversion (204)	latein. ursprünglich »Bekehrung«: im heutigen Sprachgebrauch bevorzugt für den Übertritt von einer Konfession in die andere
Legat (21)	latein. »Gesandter«: im Imperium Romanum wurden die kaiserlichen Provinzen von einem Legaten, die senatorischen Provinzen von einem Prokonsul verwaltet
Liberale Theologie (60)	von latein. »liber = frei«: theologische Richtung im 19. / 20. Jh., die anstelle konventioneller dogmatischer Vorgaben stärker das religiös-sittliche Bewusstsein des Einzelnen betonte
Metaphorisch (97)	bildlich / übertragen: metaphorische Rede lebt von der Spannung zwischen zwei ursprünglich nicht zusammengehörigen Begriffen bzw. Sinnbereichen (z. B. Augapfel) und der dadurch hervorgerufenen sprachlichen Innovation; die Theorie der Metapher wird in Philosophie und Sprachwissenschaft breit diskutiert; vgl. auch die Ausführungen S. 121

* Die Seitenzahl verweist auf das erste Vorkommen

Mysterien / Mysten (40)	von griech. »mysterium = Geheimnis«: die antike Religiosität kennt eine Reihe von Mysterien = Geheimkulten (z. B. in Eleusis, des Dionysios, des Attis, der Isis, des Mithras usw.), in denen die Mysten = die Eingeweihten eine schrittweise Einführung und Vervollkommnung erfahren
Paläographisch (30)	Paläographie = die Lehre von alten Schreibweisen, die sich mit der Entzifferung und Erforschung handschriftlicher Texte sowie ihren sprachlichen / graphischen Eigenheiten befasst
Parusie (127)	griech. »Ankunft«: allgemein für die Erwartung des Kommens Christi am Ende der Zeit (meist: »Wiederkunft«)
Perikope (26)	griech. »Abschnitt«: die zur gottesdienstlichen Verlesung vorgesehene Textpassage, aber auch allgemein die in sich abgeschlossene literarische Texteinheit
Pneumatisch (59)	von griech. »pneuma = Geist«: bei Paulus zielt der Begriff stets auf die Wirksamkeit des Geistes Gottes / des heiligen Geistes im Menschen; in 1Kor 15 umschreibt die Unterscheidung von »psychischem« und »pneumatischem« Leib die Zugehörigkeit konkreter Körperlichkeit zu dieser erfahrbaren Wirklichkeit bzw. zur Wirklichkeit Gottes
Präfekt / Prokurator (21)	latein. »Statthalter«: Judäa wurde z.Zt. Jesu als Teil der röm. Provinz Syrien zunächst (6–44) von einem »Präfekten«, später dann (44–66) von einem »Prokurator« verwaltet; der Begriff Präfekt stammt aus der Militärhierarchie, der Begriff Prokurator aus der Finanzverwaltung
Qumran (30)	Siedlung der Essener (einer der bedeutenden »Religionsparteien« z.Zt. Jesu) am Toten Meer, vermutlich eine Art »Verlagshaus« der Essener; berühmt durch den Fund zahlreicher Schriftrollen im Jahre 1947
Semantisch (121)	in der Sprachwissenschaft bezeichnet der Begriff »Semantik« die Lehre von der Wortbedeutung, die nach dem Wortinhalt, seinen Beziehungen und Wandlungen fragt; ein »semantisches Feld« bezeichnet das Geflecht möglicher Bedeutungsinhalte
Synedrion (69)	griech. »Ratsversammlung«: höchstes Organ der jüdischen Selbstverwaltung z.Zt. Jesu, bestehend aus 70 Mitgliedern verschiedener religiöser »Fraktionen« unter dem Vorsitz des Hohenpriesters
Synkretistisch (234)	von griech. »Synkretismus = Vermischung«: vorzugsweise für die Verschmelzung verschiedener religiöser Traditionen (griech. und oriental. Herkunft) in der Welt der Antike
Theophanie (50)	griech. »Gotteserscheinung«: das AT kennt einen Typos von Erzählungen, die das Erschrecken auslösende Auftreten Gottes schildern